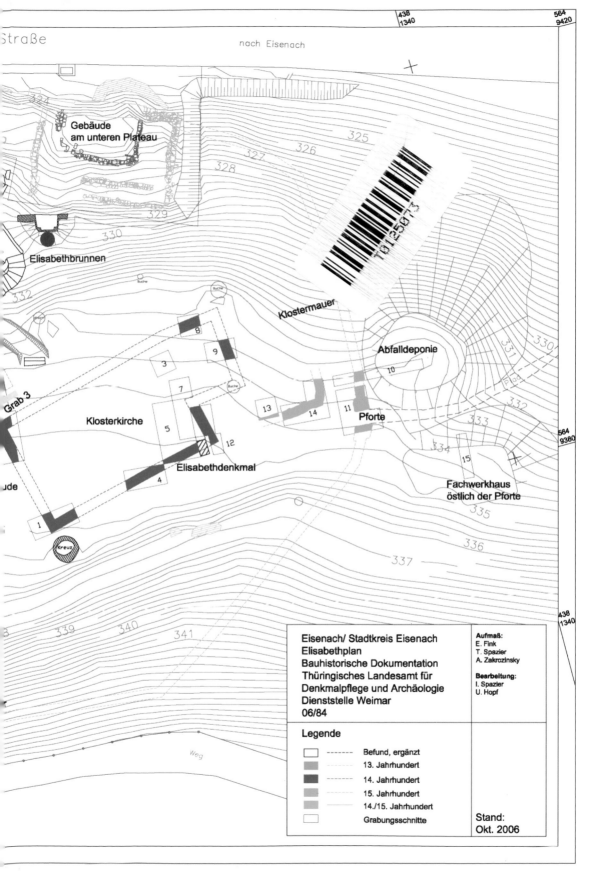

Straße

nach Eisenach

Gebäude
am unteren Plateau

Elisabethbrunnen

Klostermauer

Abfalldeponie

8

9

3

7

5

12

4

Grab 3

Klosterkirche

Elisabethdenkmal

13

14

11

10

Pforte

15

Fachwerkhaus
östlich der Pforte

1

Kreuz

Weg

Eisenach/ Stadtkreis Eisenach Elisabethplan Bauhistorische Dokumentation Thüringisches Landesamt für Denkmalpflege und Archäologie Dienststelle Weimar 06/84	Aufmaß: E. Fink T. Spazier A. Zakrozinsky Bearbeitung: I. Spazier U. Hopf

Legende

☐	-------	Befund, ergänzt
▨	-------	13. Jahrhundert
■	-------	14. Jahrhundert
▨	-------	15. Jahrhundert
▨	-------	14./15. Jahrhundert
☐		Grabungsschnitte

Stand:
Okt. 2006

WARTBURG-JAHRBUCH 2007

WARTBURG-JAHRBUCH 2007

Herausgegeben von der
Wartburg-Stiftung
in Zusammenarbeit mit dem
Wissenschaftlichen Beirat

SCHNELL UND STEINER

Regensburg 2008

Herausgeber:

Wartburg-Stiftung Eisenach,
Burghauptmann Günter Schuchardt

Wissenschaftlicher Beirat:
Prof. Dr. Ernst Badstübner (Berlin), Vorsitzender
Prof. Dr. G. Ulrich Großmann (Nürnberg)
Prof. Dr. Jens Haustein (Jena)
Prof. Dr. Gunther Mai (Erfurt)
Prof. Dr. Matthias Werner (Jena)
Prof. Dr. Eike Wolgast (Heidelberg)

Bilbliografische Information der Deutschen Bibliothek
Die Deutsche Bibliothek verzeichnet diese Publikation in der Deutschen
Nationalbibliografie; detaillierte bibliografische Daten sind im Internet
über http://dnb.ddb.de abrufbar

© Wartburg-Stiftung Eisenach
ISBN 978-3-7954-2216-5

INHALT

Vorwort

Das Jahr 2007 stand ganz im Zeichen des Elisabeth-Jubiläums, das mit der 3. Thüringer Landesausstellung «Elisabeth von Thüringen – Eine europäische Heilige» auf der Wartburg und in der Eisenacher Predigerkirche einen international beachteten Höhepunkt erlebte. Auch das Wartburg-Jahrbuch reflektiert Jubiläumsjahr und Ausstellung, doch widmet es sich nach der ausführlichen Publizierung durch Katalog und Aufsatzband dem so genannten Elisabethplan, einem Gelände unterhalb der Burg, auf dem Elisabeths Hospital und ein spätmittelalterliches Franziskanerkloster standen. Im Mittelpunkt stehen vor allem Dokumentation und die Auswertung der archäologischen Grabung, die in Vorbereitung des Jubiläums 2006 dort durchgeführt wurde. Dokumentiert werden darüber hinaus aber auch die Ergebnisse früherer Grabungen, die der Öffentlichkeit bisher nicht zugänglich waren. Weitere Beiträge zur schriftlichen Überlieferung und zum Baugeschehen ergeben ein abgerundetes Gesamtbild zur Geschichte des Elisabethplans, das über Hospital- und Klosterzeit fortgeführt wird. Damit liefert der Band einen spezifischen Beitrag zum Elisabethjahr 2007 und beseitigt zugleich ein bisheriges Desiderat in der Geschichtsschreibung der Wartburg. Berichte, Beiträge zu Wartburg-Preis und die Jahreschronik wahren die Kontinuität des Periodikums, Rückblicke auf Vorbereitung und Durchführung der Landesausstellung informieren über deren baulichen und technisch-organisatorischen Aufwand.

AUFSÄTZE

Die Ausgrabungen am Elisabethplan
unterhalb der Wartburg

Udo Hopf und Ines Spazier

Zur archäologischen Forschungsgeschichte
des Elisabethplans

Das nordöstlich unterhalb der Wartburg gelegene Areal des sogenannten Elisa-bethplans weist in seiner Oberflächenstruktur eine künstliche Terrassierung des teilweise stark hanglagigen Geländes auf. Die überlieferten Gebäude des Fran-ziskanerklosters, der «Elisabethzelle», samt Kirche und Ummauerung waren bereits vor dem Dreißigjährigen Krieg verschwunden bzw. als Baumaterial auf die Wartburg verbracht worden. Lediglich der im Gelände befindliche Elisa-bethbrunnen fungierte bis 1886 als Wasserversorgung der Wartburg und erfuhr dadurch eine ständige Unterhaltung.

Das Gelände des Elisabethplans unterlag des Öfteren Eingriffen und Über-formungen. Erste Maßnahmen zur Einebnung des oberen Plateaus erfolgten in den Jahren nach 1700[1]. Einige Mauerpartien des 2006 ergrabenen Hospital-gebäudes waren bereits im 18. Jahrhundert an der steilen Hangseite freigelegt worden und werden in der Beschreibung von Montalembert 1833 erwähnt,[2] bevor sie wieder unter dem nachrutschenden Abbruchschutt des 16. Jahrhun-derts verschwanden. Der Wartburgbaumeister des 19. Jahrhunderts, Hugo von Ritgen, wandelte den Brunnen und das Umfeld 1851 in eine romantisierende Gedenkstätte um. Dabei erfolgten wiederum Eingriffe in die Plateaus[3]. Sowohl bei dieser Baumaßnahme[4] als auch beim Verlegen einer Wasserleitung von der

1 Carl Wilhelm Schuhmacher: Merkwürdigkeiten der Stadt Eisenach und ihres Bezirkes in alphabetischer Ordnung. Eisenach 1777, S. 59. Danach soll Herzogin Sophie Charlotte von Sachsen-Weimar-Eisenach den Platz, der gern von Katholiken aufgesucht würde, herrichten lassen haben.

2 [Charles Forbes René] Graf von Montalembert: Leben der heiligen Elisabeth von Ungarn, Landgräfin von Thüringen und Hessen (1207–1231)/aus dem Französischen übersetzt und mit Anmerkungen vermehrt von Jean Philippe Städtler. Regensburg ³1862, S. 309.

3 Max Baumgärtel: Die Wartburg. Ein Denkmal deutscher Geschichte und Kunst. Berlin 1907, S. 342.

4 Hugo von Ritgen: Der Führer auf der Wartburg. Ein Wegweiser für Fremde und ein Beitrag zur Kunde der Vorzeit. Leipzig 1860, S. 7.

Wartburg zum Elisabethbrunnen im Jahre 1905 stieß man mehrfach auf Mauerreste[5], die allerdings nicht genauer untersucht wurden. Zu weiteren Abtragungen bzw. Einebnungen kam es beim Anlegen eines Rosengartens auf dem oberen Plateau in den Jahren 1924/25[6]. Die dabei freigelegte Mauerpartie ließ man bis in die 1980er Jahre ungesichert offen liegen. 1956–1957 fanden nochmals tiefgehende Eingriffe in das obere und untere Plateau ohne nachfolgende Konservierungsarbeiten im Rahmen von Abschachtungen und archäologischen Untersuchungen statt[7]. 1958 bis 1960 ließ der damalige Direktor der Wartburg-Stiftung Dr. Sigfried Asche weitere, teilweise fragwürdige Suchschachtungen durch Oberschüler vornehmen[8]. Die Grabung des Museums für Ur- und Frühgeschichte Thüringens in Weimar vom 20. Mai bis zum 5. Oktober 1964 unter der Leitung von Hans–Joachim Barthel fand ausschließlich auf dem unteren Plateau statt[9].

Obwohl damit im 20. Jahrhundert bereits drei Grabungen in unterschiedlicher fachlicher Qualität in das Gelände eingegriffen hatten, lagen außer einem Gebäudegrundriss und Mauerzügen divergierender Zeitstellung auf dem unteren Plateau und einer Torsituation auf dem oberen Plateau keine verwertbaren Erkenntnisse zur ursprünglichen Bebauung des Elisabethplans vor. Bis auf Einzeldarstellungen gab es bis zum Jahre 2005 noch keine Auswertung der bei diesen Grabungen geborgenen Funde[10].

Nach der zusammenfassenden wissenschaftlichen Aufarbeitung der bisherigen Untersuchungen durch Ines Spazier 2004/05[11] wurde eine weitere archäologische Grabung auf dem oberen Plateau des Elisabethplans mit Blick auf den 800-jährigen Geburtstag der heiligen Elisabeth im Jahre 2007 forciert. Als Arbeitsgrundlage dafür erfolgte im Herbst 2004 eine dreidimensionale Vermessung des gesamten Geländes durch das damalige Thüringische Landesamt

---

5 GEORG VOSS: Die Wartburg (P. LEHFELDT und G. VOSS: Bau- und Kunstdenkmäler Thüringens. Heft 41. Großherzogtum Sachsen-Weimar-Eisenach. Amtsgerichtsbezirk Eisenach). Jena 1917, S. 229.

6 HERRMANN NEBE: Das Wartburgjahr 1925/26. Bauarbeiten, Funde, Ausgrabungen. In: Wartburg-Jahrbuch. 4(1926), 21–64, hier S. 50–52.

7 – 1956/57 durch Roderich Wichmann, Gotha, im Auftrag der Warburgstiftung, (Wartburg-Stiftung Eisenach, Archiv, Akte 528 Elisabethplan, Akte Roderich Wichmann, Gotha vom 05.09.1956 – 18.09.1957 und Akte Z 1 – Grundrisszeichnungen).
   – 1957 durch das Museum für Ur -und Frühgeschichte Thüringens in Weimar (Wartburg-Stiftung Eisenach, Archiv, Akte 527 Grabungstagebuch).

8 Fotos von unfachmännisch freigelegten Mauern ohne Angabe der genauen Lage befinden sich im Bildarchiv der Wartburg-Stiftung.

9 Wartburg-Stiftung Eisenach, Archiv, Akte 528 Wartburggrabung «Am Elisabethplan» Grabungsjahr 1964, Akte Z 2 – Grabungszeichnungen.

10 RALF-JÜRGEN PRILLOFF: Eine mittelalterliche knöcherne Kernspaltflöte aus dem Umfeld der Wartburg. In: Wartburg-Jahrbuch 2004. 13(2005), S. 8–14.

11 INES SPAZIER: Der Elisabethplan in Eisenach, Stkr. Eisenach. Die Ausgrabungsergebnisse von 1924/25 bis zur Sanierung 2005, Manuskript, Stand 11/2005.

für Archäologie mit Museum für Ur- und Frühgeschichte, Weimar[12]. Des
Weiteren folgte im selben Jahr in einem begrenzten Bereich auf der oberen
Terrasse des Elisabethplans eine geophysikalische Untersuchung[13]. Diese zeigte
einige als Gebäudegrundrisse interpretierbare Anomalien im Untergrund auf.
Bei der Grabung wurden die sich abzeichnenden Eckpunkte der Anomalien
zum Anlegen von Grabungsschnitten genutzt. Infolge dessen ließen sich die
bei der archäologischen Untersuchung 2006 aufgedeckten Befunde als Standorte der Klosterkirche samt Klausur und der Ummauerung aus dem 14./15.
Jahrhundert lokalisieren. Dazu kam die fast vollständige Freilegung der Grundmauern des Hospitals aus dem 13. Jahrhundert.

Die archäologische Untersuchung auf dem Elisabethplan fand vom 18.
April bis zum 30. Oktober 2006 statt[14], worüber 2007 und 2008 bereits einige
Kurzvorstellungen der historischen und aktuellen Befunde und Funde publi-
ziert worden sind[15].

Die Topographie und Geologie des Elisabethplans

Der Elisabethplan besteht aus einem größeren, teilweise künstlich angelegten
oberen Plateau auf einer Geländehöhe von etwa 335 m NN und einem schmalen nördlich gelegenen unteren Plateau auf einer Geländehöhe von etwa 327 m

12 Das Aufmass erfolgte durch Thomas Spazier und Erhard Fink.
13 Raphael Dlugosch und Tim Schüler: Bericht zu den geophysikalischen Untersuchungen am
    Elisabethplan nördlich der Wartburg, Stadt Eisenach. Ungedrucktes Manuskript. Landesamt
    für Archäologie mit Museum für Ur- und Frühgeschichte Thüringens. Weimar 2004; siehe den
    gleichnamigen Beitrag beider Autoren in diesem Wartburg-Jahrbuch.
14 Die fachliche Anleitung lag in den Händen von Dr. Ines Spazier (Thüringisches Landesamt für
    Denkmalpflege und Archäologie) und die Grabungsleitung bei Udo Hopf, der als Bauhistoriker
    mit den Grabungstechnikern Ralf Rohbock und Klaus-Dieter Tischler sowie dem Vermesser
    Andrè Zakrozinsky sämtliche Arbeiten vor Ort erledigte. Die Dokumentation der
    Grabungsergebnisse in beschreibender, fotografischer und zeichnerischer Form liegt im Archiv
    des Thüringischen Landesamtes für Denkmalpflege und Archäologie, Dienststelle Weimar, und
    im Archiv der Wartburg-Stiftung Eisenach vor – Udo Hopf: Dokumentation der archäologi-
    schen Grabung auf dem Elisabethplan unter der Wartburg bei Eisenach 2006. Archiv Thüringi-
    sches Landesamt für Denkmalpflege und Archäologie, Dienststelle Weimar.
15 Bisher maßgeblich – Udo Hopf, Ines Spazier und Petra Weigel: Elisabethverehrung und
    Elisabethgedenken der Wettiner. Das Elisabethhospital und das Franziskanerkloster St. Elisa-
    beth unterhalb der Wartburg – Archäologische Befunde und schriftliche Zeugnisse. In: Dieter
    Blume und Matthias Werner (Hrsg.): Elisabeth von Thüringen – eine europäische Heilige.
    Aufsätze. Petersberg 2007, S. 245–269; s. auch Udo Hopf, Ines Spazier und Petra Weigel:
    Zelle der St. Elisabeth unterhalb der Wartburg. – In: Thomas T. Müller, Bernd Schmies und
    Christian Loefke (Hrsg.): Für Gott und die Welt – Franziskaner in Thüringen. Text- und Katalog-
    band zur Ausstellung in den Mühlhäuser Museen vom 29. März bis 31. Oktober 2008 (Mühl-
    häuser Museen. Forschungen und Studien. 1). Paderborn 2008, S. 226 f.; weitere Beiträge siehe
    in diesem Wartburg-Jahrbuch unter «Wartburgliteratur – Neuerscheinungen und Nachträge».

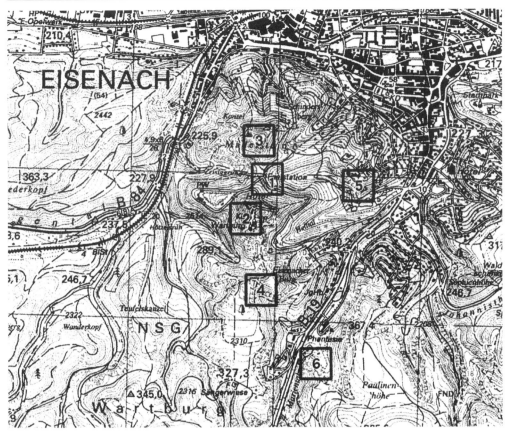

Abb. 1:
Eisenach,
Stkr. Eisenach, Lage
des Elisabethplanes
südlich der Stadt
und im Umfeld
zahlreicher Burgen:
1 Elisabethplan,
2 Wartburg,
3 Burgruine Mädel-
stein (Metilstein),
4 Eisenacher Burg,
5 Frauenburg,
6 Burgruine Rudolf-
stein.

NN am Nordhang des Wartberges. Das Gelände liegt heute in einem geschlossenen Waldgebiet, das von mehreren mittelalterlichen Höhenburgen dominiert wird (Abb. 1), von denen die Wartburg die bekannteste und exponierteste ist. Das Hofniveau der etwa 300 m südlich gelegenen Wartburg liegt mit 411 m NN ca. 80 m höher. Ca. 200 m westlich des Elisabethplans, in der Geländehöhe des oberen Plateaus, befindet sich der Sattel zwischen dem Wartberg und dem ebenfalls im Mittelalter mit einer Burg bekrönten Metilstein mit einer Höhe von 385 m NN (Abb. 2, Abb. 3). Die erstmals 1248 genannte Burg[16] ist in einer Entfernung von ca. 530 m nördlich der Wartburg und 300 m nordwestlich des Elisabethplanes errichtet worden. Eine dritte Wehranlage ist die Eisenacher Burg. Sie liegt etwa 400 m südlich der Wartburg und 650 m Luftlinie südlich des Elisabethplanes. Sie wird in dem thüringisch-hessischen Erbfolge-

16 GERD BERGMANN: Straßen und Burgen um Eisenach. Eisenach 1993, S. 78.

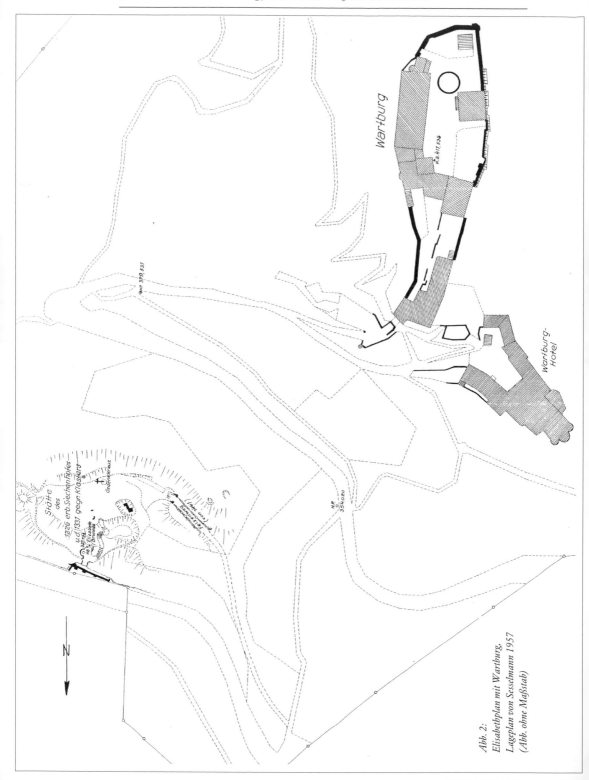

Abb. 2:
Elisabethplan mit Wartburg,
Lageplan von Sesselmann 1957
(Abb. ohne Maßstab)

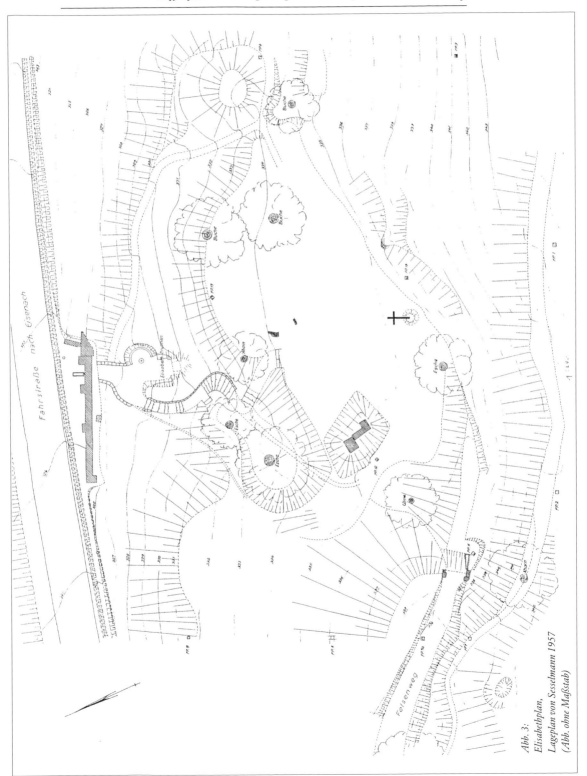

krieg (1247–1263) erstmalig genannt[17]. Zwei weitere spätmittelalterliche Burgen befinden sich mit der Frauenburg (am heutigen Hainstein, 700 m östlich des Elisabethplanes und dem Rudolfstein (1,3 km südsüdwestlich des Elisabethplanes) im weiteren Umfeld des Fundplatzes[18].

Das Zentrum der – von diesem Sattel über historische Wegeverbindungen durch die Steinrinne oder das Helltal erreichbaren – Stadt Eisenach liegt etwa 2 km nördlich des Wartberges auf einer Höhe von ca. 230 NN.

Das obere Plateau des Elisabethplans wurde unter Einbeziehung einer vorhandenen relativ ebenen Mulde durch die künstliche Abtragung des nach Süden ansteigenden Felsens und der Auffüllung des abgetragenen Materials an dem nach Norden abfallenden Hang auf einer Größe von etwa 1400 m² angelegt. Die Herstellung dieses Plateaus mit einer Ost-West Ausdehnung bis 70 m und einer Nord-Süd Breite bis 25 m erfolgte im Zuge der Errichtung des Franziskanerklosters ab 1331.

Die Beschaffenheit des Untergrunds unter den jüngeren Auflagerungen des oberen Plateaus konnte durch die angelegten Sondierungen weitgehend geklärt werden. Das gesamte Areal wird durch die Quellmulde des Elisabethbrunnens bestimmt. Die Mulde ist durch ein erosionsbedingtes Relief im Rotliegendenkonglomerat der Eisenach-Folge geprägt. Der anstehende Felsen in diesem Areal fällt mit einer Neigung von 30° bis 50° nach Norden ab. Während die Felsrücken im östlichen und westlichen Bereich des untersuchten Areals zum Zeitpunkt der Errichtung des Klosters völlig frei lagen, befand sich in der Mitte des Plateaus die in unterschiedlicher Mächtigkeit (vermutlich mehr als 2,00 m) mit Konglomeratverwitterungsboden gefüllte Quellmulde. Auf diesem Verwitterungsboden wiederum liegt eine bis zu 0,70 m starke Schicht aus Lößlehm. Der obere Bereich des Lößlehms geht in einer Stärke von bis zu 0,20 m in Schwarzerdeboden über. Der Lößlehm konnte in den Schnitten II, XVI, XIX und XX dokumentiert werden. Die wohl schon im Pleistozän mit Ablagerungen gefüllte Erosionsrinne der Quellmulde besaß vor dem Bau des Elisabethklosters in ihrer Ost-West Ausdehnung eine zur Mitte sanft geneigte Oberfläche mit einem Gefälle von ca. 8° nach Norden. Die auf den Felsen aufliegenden Schichten bilden den Wasserspeicher des einzigen relevanten Quellhorizontes am gesamten Wartberg an dessen ansonsten bis in das 18. Jahrhundert steilen, felsigen und fast bewuchsfreien Hängen.

---

17 Manfred Beck und Hilmar Schwarz: Die Eisenacher Burg. In: Wartburg-Jahrbuch 1996. 5(1997), S. 35–66.

18 Ines Spazier und Roland Geyer: Archäologische Denkmale aus Eisenach und Umgebung sowie dem Wartburgkreis, Nord. In: Eva Speitel (Red.): Eisenach und Umgebung Wartburgkreis, Nord (Archäologischer Wanderführer Thüringen. 11). Langenweißbach 2007, S. 9–142, hier S. 93.

Die Bautätigkeiten und Untersuchungen am unteren Plateau
zwischen 1956/57 und 1964

Die Mauer an der unteren Fahrstraße wurde seit 1956/57 freigelegt, die Arbeiten hielt man fotografisch fest. Bereits 1957 setzte eine Sanierung der Mauer ein (Abb. 4). Die Untersuchungen wurden von dem ehrenamtlichen Bodendenkmalpfleger H. Riede aus Eisenach im Jahr 1959 fortgesetzt[19]. Die Mauer wurde als mittelalterliche Umfassungsmauer angesehen, die zum Schutz der Quelle erbaut worden sein sollte[20].

Abb. 4:
Unteres Plateau des Elisabethplans, die Mauer an der Fahrstraße nach der Freilegung im Frühjahr 1957 und während der Rekonstruktion im Juni 1957, Foto von R. Wichmann (Gotha)

Im Jahr 1964 wurden die an der Fahrstraße in den 50er Jahren begonnenen Freilegungsarbeiten von H.-J. Barthel vom Museum für Ur- und Frühgeschichte Weimar fortgesetzt[21]. Durch die unsachgemäße Art und Weise der vorangegangenen Ausgrabungen waren leider zahlreiche fundführende Schichten ohne Dokumentation abgetragen worden.

Die Grabungsfläche von 1964 umfasste eine Fläche von 335,5 m² mit einer Ausdehnung von 30,50 m (W-O) x ca. 11 m (N-S). Sie wurde von der Klosterumfassungsmauer an der Fahrstraße im Norden sowie der Böschung im Süden

---

19 Die Untersuchungen fanden unter Leitung des damaligen Direktors der Wartburg-Stiftung, Herrn Sigfried Asche, statt. Leider fertigte Herr Riede von seinen «Grabungen» keine Dokumentation an. Das 1959 sehr umfangreiche Fundmaterial ist beim Landesamt in Weimar inventarisiert.
20 Sigfried Asche: Die Wartburg. Geschichte und Gestalt. Berlin 1962, S. 32.
21 Die Untersuchungen fanden vom 20. 5. bis 5. 10. 1964 statt.

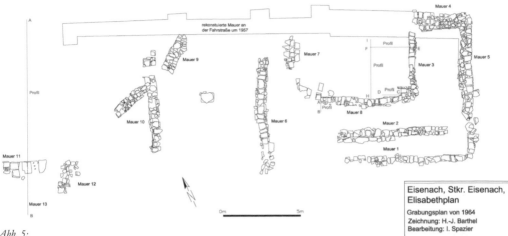

Eisenach, Stkr. Eisenach,
Elisabethplan
Grabungsplan von 1964
Zeichnung: H.-J. Barthel
Bearbeitung: I. Spazier

Abb. 5:
Unteres Plateau,
Lage der Mauern
und Profile,
Grabung 1964

Abb. 6:
Unteres Plateau,
die zahlreichen
Fundamente lassen
sich zwei Gebäuden
zuordnen.

und im Osten und einem Nord-Süd verlaufenden Profilschnitt im Westen begrenzt. Zu Beginn der Ausgrabung wurden bereits freiliegende Mauerreste gesäubert, vermessen und in einem Plan[22] fortlaufend beziffert festgehalten (Abb. 5, Mauern Nr. 1–8). Danach untersuchte man die stratigraphische Einbindung der Befunde. Die Mauer an der Fahrstraße bindet im Osten in eine Mauer (Nr. 5) ein, die knapp 8 m den Hang hinauf zieht, dann rechtwinklig

---

22 Im Plan von H.-J. Barthel ist die Mauer Nr. 4 an der Fahrstraße nur im Osten steingerecht aufgenommen worden. Nach Westen verlief sie schematisch als Strich dargestellt. Zur Vervollständigung des Grabungsplanes wurde ihr Verlauf von einem Lageplan von 1957 übernommen.

nach Westen abknickt und bis zur Einfassung des Elisabethbrunnens läuft (Nr. 1). In diesem Bereich ist sie ebenso wie die im Westen Nord-Süd verlaufende Steinreihe (Nr. 6) gestört, wobei letztere sicher an die Mauer der Fahrstraße anschloss. Parallel zu dem äußeren südlichen (Nr. 1) verläuft ein 0,80 m breiter Steinverband (Nr. 2), der nicht einbindet. Damit modelliert sich ein Gebäude mit einer Fläche von 14,00 m (W-O) x 9,70 m (N-S) und der lichten Abmessung von 12,50 x 8,20 m heraus (Gebäude II, Abb. 6). Während die Mauer im Norden aus mehreren 0,90 bis 1,20 m breiten Steinlagen besteht, ist sie im Süden teilweise nur eine Steinlage breit.

Ein weiteres rechteckiges Gebäude (I) lag im Inneren des ersten und setzte sich aus den Mauern Nr. 3, 4, 7 und 8 mit den Maßen von 8,50 m (W-O) und 6,20 m (N-S) zusammen. Die lichte Abmessung beträgt 7,10 x 4,50 m. Der

Abb. 7:
Unteres Plateau. Das Gebäude I mit einer lichten Abmessung von 7,10 x 4,50 m besaß eine dreistufige Treppe an der Westseite und ein Lichtnische an der östlichen Wand.

Zugang erfolgte über eine dreistufige Treppe von Westen. Der Keller war bis zu einer Tiefe von 1,65 m erhalten. Er besaß an der östlichen Wand eine Lichtnische (Abb. 7). Als Baumaterial diente Wartburg-Konglomerat, das in Lehm gesetzt war.

Die Mauerstärke des Fundamentes schwankt zwischen 0,45 m im Osten und 0,60 m im Süden und war zweireihig gesetzt. Die 1,20 m breite Nordwand, wie alle anderen in Schalenbauweise entstanden, musste dem Druck des Gebäudes am leicht abfallenden Hang nach Norden standhalten. In ihrem Mauerverband sind mehrere Bauphasen zu erkennen. Die Mauer sitzt auf dem gewachsenen Fels auf.

Beim Entfernen der im Keller eingefüllten Schichten wurden ein West-Ost Profil (Abb. 8) und ein Nord-Süd Profil (Abb. 9) aufgenommen. In beiden Profilen konnte eine rotbraune Lehmschicht als Fußboden des Gebäudes I dokumentiert werden. Darüber zog sich eine Strate bestehend aus Mörtel, Ziegeln, Scherben (Abb. 8, Schicht 9; Abb. 9, Schicht 6), die von einer rotge-brannten Lehmschicht (Abb. 8, Schichten 8 und 10; Abb. 9, Schicht 5) bzw. von Holzkohlebändern überlagert wird. Im Schichtaufbau dokumentieren sich die verbrannten Balken und der abgeflossene Lehm eines Fachwerkhauses. An der östlichen Innenwand befand sich in den oben beschriebenen Schichten ein größerer Keramikkomplex des 14./15. Jahrhunderts, der die Zerstörung des Kellers dokumentiert. Die Entstehungszeit des Kellers konnte nicht geklärt werden. Das Gebäude wurde nach dem Brand mit einer Lehmschicht einplaniert (Abb. 8, Schichten 4 und 5; Abb. 9, Schicht 4).

Die zeitliche Einordnung des inneren Kellers (I) zum äußeren Bau (II) sollte durch Sondageschnitte geklärt werden. Die Mauern Nr. 2, 5 und 6 sowie teilweise 4 lagen auf dem «Bauschutt der Klosteranlage», das heißt sie wurden auf dem Bauschutt des abgebrannten Gebäudes I errichtet. Die Mauer Nr. 6 ist durch die Umbauarbeiten der Wasserleitung zum Elisabethbrunnen so stark gestört worden, dass zu ihrer stratigraphischen Einbindung keine Aussagen mehr möglich sind. Ebenso ist der ursprüngliche Baubefund bei Mauer Nr. 4 durch die Sanierungsarbeiten 1956/57 nicht mehr vorhanden.

Mit Gebäude I wurde ein straßenseitig liegender, einräumiger Keller mit einer von außen zugängigen Tür angelegt. Mit seiner lichten Abmessung von 7,10 x 4,50 m besaß er eine Nutzfläche von 31,95 m². Er war teilweise noch bis in einer Tiefe von 1,65 m erhalten. Zur Deckenkonstruktion und zum Aufgehenden können keine Aussagen gemacht werden. Er wird einen Fachwerkbau getragen haben, der eine Abdeckung aus Ziegeln und Schieferplatten besaß. Seine Größe spricht für ein spätmittelalterliches Bauwerk, das wohl im Verlauf des 14. Jahrhunderts entstand und nach einem Brand im 15. Jahrhundert eingeebnet worden ist. Danach wurde es nach Westen, Osten und Süden erweitert. Das 14,00 x 9,70 m große Gebäude (II) war ein mehrgeschossiger, repräsentativer Bau, der auch nach der Aufhebung des Klosters Bestand hatte. Vor allem die im Fundmaterial vorgefundenen bemalten Fensterglasscheiben sprechen dafür, dass das Gebäude bis mindestens zum Ende des 16. Jahrhunderts noch stand.

Im Westteil der Untersuchungsfläche konnten ab Juli 1964 fünf weitere, nicht zusammenhängende Steinreihen aufgenommen werden (Abb. 5, Nr. 9–13). Die nicht rechtwinklig zur Fahrstraße verlaufende Mauer Nr. 9 wurde mit den Baumaßnahmen Hugo von Ritgens in Verbindung gebracht. Sie war auf einer Höhe von 0,70 m, einer Breite von 0,80 m und einer Länge von 2,50 m erhalten und in den rotbraun schotterartigen Boden eingetieft. Zwischen den

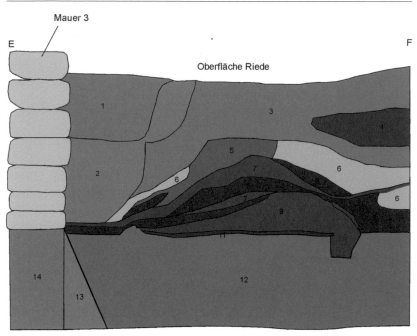

Mauer 3

E

Oberfläche Riede

F

anstehender Fels

0   1 m

Abb. 8:
Unteres Plateau,
Innenraum Keller Ge-
bäude I, West-Ost-Profil
(E–F). Legende:
1 Störung Riede;
2 verfüllte Störung Riede;
3 planierter Boden;
4 dunkelgrau gefleckt
mit rotem Lehm;
5 dunkelgrau, gefleckt
mit Holzkohle;
6 weißes Mörtelband
mit Ziegelresten;
7 Holzkohleschicht,
8 rotgebrannter Lehm,
dunkel;
9 Mörtel mit rotem
Lehm, Holzkohle
und Ziegelresten;
10 rotgebrannter
Lehm, hell;
11 rotbraunes Band;
12 und 14 aufgefüllter
Boden; 13 Böschung;
Steine (grau).

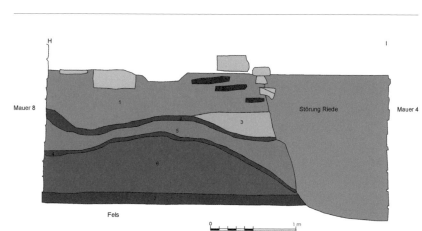

H

I

Mauer 8

Störung Riede

Mauer 4

Fels

0   1 m

Abb. 9:
Unteres Plateau,
Innenraum Keller von
Gebäude I, Nord-Süd-
Profil (H–I). Legende:
1 braungelber Lehm;
2 roter Lehm;
3 gelber Lehm;
4 Holzkohleband;
5 dunkelbraun
gelber Lehm;
6 Schicht mit Mörtel,
Ziegel und Scherben;
7 rot gebrannte Lehm-
diele; Steine (hellgrau).

Mauern Nr. 6 und 9 wurde ein massiv in Mörtel gesetzter Stein von 0,40 x 0,30 x 0,40 m Größe dokumentiert und als Fundament einer Säule gedeutet. Südlich davon konnten zwei steinerne Verbände freigelegt werden, die im spitzen Winkel zueinander verlaufen und auf einer Länge von 5 m bzw. 2,50 m erhalten waren, wobei die kürzere Mauer von beiden angesetzt ist (Abb. 10).

Abb. 10:
Unteres Plateau,
Westteil
der Grabungsfläche.
Verlauf von Mauer
10 von Nord nach
Süd.

Die längere wurde auf dem gewachsenen Felsen gebaut, deren Westseite war mit Steinen in Hausteinqualität gearbeitet. Im Bereich «rechts von Mauer 10 und rechts neben Mauer 9» wurde umfangreiches Fundmaterial geborgen, das zeitlich für den Abbruch der Mauern steht und in das ausgehende 14. bis beginnende 16. Jahrhundert eingeordnet werden kann.

Im Westen wurde eine Fläche von 7 x 10,50 m bis auf den anstehenden Fels freigelegt. Dabei kamen im Südwesten drei weitere Mauerfundamente zu Tage (Abb. 5, Nr. 11–13). Sie sind alle drei sehr fragmentarisch erhalten.

Die archäologische Untersuchung 2006

Der Grabungsverlauf 2006

Die Grabung auf dem oberen Plateau des Elisabethplans, wie erwähnt von April bis Oktober 2006, erfolgte im Vorfeld der Thüringer Landesausstellung zum 800-jährigen Geburtstag der heiligen Elisabeth im Jahre 2007. Ziel der Grabung war, das historisch überlieferte Gebäude des Hospitals von 1226 als auch das Franziskanerkloster aus der Zeit ab 1331 archäologisch zu fassen. Eine vollständige Freilegung des Plateaus war aus finanziellen und zeitlichen Gründen nicht vorgesehen.

Auf der Arbeitsgrundlage der dreidimensionalen Vermessung des gesamten Geländes und der geophysikalischen Untersuchung der oberen Terrasse des Elisabethplans zeigten sich bereits einige als Gebäudegrundrisse interpretierbare Anomalien im Untergrund[23]. Bei der Grabung wurde der sich an der Südwestecke des größten Gebäudegrundrisses abzeichnende Eckpunkt, etwa mittig auf der Südseite des Plateaus, zum Anlegen des ersten Grabungsschnittes (Schnitt I) genutzt. Nachdem sich hier tatsächlich der Ausbruchgraben einer Mauerecke herausstellte, wurde unter denselben Voraussetzungen der Schnitt II angelegt. Auch hier kam als Befund der Mauerausbruchgraben einer Gebäudeecke an das Tageslicht. Die zwischen 0,96 m bis 1,15 m starken Mauergründungen ließen sich im Zusammenhang mit der sich so ergebenden Gebäudegröße bzw. Breite als Südwest- und Nordwestecke der Klosterkirche deuten. Mit Hilfe weiterer Sondierungen (Schnitt III bis IX) konnten der Grundriss und die Binnenstruktur der Klosterkirche soweit wie möglich rekonstruiert werden. Die auf dem geophysikalisch erstellten Plan relativ zweifelsfrei sichtbaren Mauerzüge wurden in diesem Zusammenhang nicht weiter archäologisch untersucht. Dabei zeigte sich, dass durch das in den Ausbruchgräben verbliebene Steinmaterial innerhalb der relativ mächtigen Auffüllungsbereiche des Plateaus im Norden der Mauerverlauf besser zu verfolgen war als in den geringmächtigen Auffüllungen auf dem abgearbeiteten Felsen im südlichen Plateaubereich.

Besonders schwierig stellte sich die Erkundung des ehemaligen Ostabschlusses der Kirche dar. Hier tangierten zwei mächtige Buchen direkt den vermuteten Mauerverlauf, so dass nur kleinflächige Sondierungen angelegt werden konnten (Schnitt VI und IX). Die Baumwurzeln beeinträchtigten ebenso die Flächengröße im Schnitt VIII, zudem hier erst in einer Tiefe von mehr als 2,50 m der anstehende Felsen unter der klosterbauzeitlichen Auffüllung erreicht werden konnte.

---

23 Vgl. in diesem Wartburg-Jahrbuch Dlugosch/Schüler, Bericht (wie Anm. 13) bes. Abb. 6 und 8.

Weitere Sondierungen nach Osten wurden angelegt, um den endgültigen Nachweis zur Lage und Gestalt des Ostabschlusses der Kirche zu erhalten (Schnitt XII bis XIV). Dabei wurde der Standort eines weiteren massiven Gebäudes unbekannter Funktion östlich der Kirche festgestellt und teilweise untersucht.

In auffälligen Strukturen der Oberfläche östlich der ehemaligen Klosterkirche sind die Schnitte X, XI und XV angelegt worden. Hier konnte die Klostermauer mit der Ostpforte, die Abfalldeponie und ein weiteres als «Klosterschänke» interpretierbares Gebäude außerhalb des ummauerten Areals partiell untersucht werden.

Diese Untersuchungen schlossen den Hospitalstandort aus der 1. Hälfte des 13. Jahrhunderts im östlichen Plateaubereich aus. Somit kam es zum maschinellen Anlegen zweier Grabungsschnitte (Schnitt XVI und XVII) im westlichen Bereich des oberen Plateaus und darüber hinaus. Auf dem Plateau konnten lediglich die Reste eines Estrichfußbodens und die Ausbruchgräben von Mauergründungen geschnitten werden, die zur Klausur der Elisabethzelle gehörten. Auf der zur Klosterzeit bewuchsfreien Felsrippe westlich des oberen Plateaus hingegen konnten die Standorte von Fachwerkhäusern und eines Massivbaues angeschnitten werden. Letzterer wurde durch die entsprechenden Kleinfunde als Schmiede gedeutet. Damit war dieses Areal innerhalb der Ummauerung des Klosters als der Standort der Ökonomie und Wohnort der Laienbrüder des Klosters zu deuten. Untersuchungen über die Grabungsschnitte XVI und XVII hinaus gab es nur im Bereich einer aufgedeckten menschlichen Bestattung (Grab 1, Schnitt XVII).

Im westlichsten Abschnitt der stellenweise sichtbaren grabenförmigen Einsenkung der Oberfläche, in welcher der Ausbruchgraben der Klostermauer vermutet wurde, ist mit dem maschinell angelegten Schnitt XVIII der Verlauf der Mauer geklärt worden. Da nun auch westlich der ehemaligen Klosterkirche das eigentliche Grabungsziel nicht erreicht worden war, kam es zur maschinellen Erweiterung des Schnittes II nach Westen und Süden. Außer den Ausbruchgräben der westlich der Kirche in zwei Bauphasen angebauten Klausur konnten zwei parallel zur Kirche liegende Mönchsgräber dokumentiert werden.

Mittig in der ursprünglichen Quellmulde, im Abstand von 2,33 m von der Nordwand der Klosterkirche, sind letztendlich zwei bis über 1,50 m hoch erhaltene Mauerzüge eines großen, rechteckigen Hauses partiell freigelegt worden. Diese sind aufgrund der Kleinfunde in die 1. Hälfte des 13. Jahrhunderts zu datieren und konnten damit als der Rest des überlieferten Hospitals oder Siechenhauses interpretiert werden. Um die Erkenntnisse zu diesem Gebäude zu vervollständigen, kam es zur maschinellen Herstellung von Schnitt XIX und XX. Damit konnten sowohl die umgestürzte und noch im Verband liegende

Nordwand und die Westwand des Gebäudes erfasst werden. Die Mauerbefunde mit einem Gesamtgrundriss von ca. 8,00 m x 10,30 m sind als massiver Unterbau eines Fachwerkhauses zu deuten.

Um die freigelegten Mauerzüge vor dem Verfall zu schützen, wurden sämtliche Grabungsschnitte nach dem Abschluss der Untersuchungen wieder verfüllt. Die Grundrisse der Klosterkirche und des Hospitals zeichnen Gabionen oberflächig nach.

DER ELISABETHBRUNNEN UND DIE NUTZUNG DES AREALS
VOR DER ERRICHTUNG DES HOSPITALS

Im Bereich des unteren Plateaus (Abb. 11) konnten in den Grabungskampagnen des 20. Jahrhunderts Keramikscherben des 12. Jahrhunderts geborgen werden, die jedoch sekundär verlagert vorgefunden wurden[24]. Dieser Befund deutet auf frühzeitige Nutzung der hier befindlichen Quelle. Sie diente neben der Filterzisterne auf dem hinteren Burghof[25] von Anfang an zur Wasserversorgung der Wartburg. Die seit dem 19. Jahrhundert mit einer frühmittelalterlichen Brunnenmündung aus Italien versehene Tankzisterne auf dem vorderen Burghof entstand erst in jüngeren Ausbauphasen[26].

Die Quelle des Elisabethbrunnens weist in feuchten Witterungsperioden einen ständigen Abfluss auf. Bei ausbleibenden Niederschlägen und starker Kälte versiegt der Zufluss aus der relativ kleinflächigen Mulde in wenigen Tagen. Vermutlich ist schon im 12. Jahrhundert die Quellfassung für einen Laufbrunnen mit Filterfunktion hergestellt worden, um eine saubere Wasserversorgung der Burg zu gewährleisten. Dazu schlug man im unteren Bereich der Quellmulde einen runden Schacht mit einer Tiefe von ca. 1 m in den Felsen. Darauf sitzen vier Werksteinringe mit durchgehenden Lagerfugen aus Rätsandsteinquadern mit einer Gesamthöhe von 1,20 m. Die Tiefe des Schachtes sollte nach der Literatur angeblich sieben Meter betragen[27]. Ein Untersuchungsbericht des Brunnens mit Grundriss- und Schnittzeichnungen vom März 1957 bezeugt eine tatsächliche Tiefe von nur 2,20 m[28]. Die Quadergröße

---

24 SPAZIER, Manuskript 2005 (wie Anm. 11) und Beitrag SPAZIER/HOPF in diesem Band S. 90 ff.
25 DIRK HÖHNE: Die Wasserversorgung der Schaumburg bei Schalkau, Lkr. Sonneberg, eine bemerkenswerte Zisternenanlage in Südthüringen (mit einem Exkurs über Zisternenbauten mit Wasserreinigung im mitteldeutschen Raum). In: Alt-Thüringen. 35(2002), S. 161–224 und Tafel 7–15, hier S. 196–198 und Tafel 15.
26 KLAUS WESSEL: Der Brunnen im Vogteihof der Wartburg. Mit einem Nachwort von ERNST BADSTÜBNER. In: Wartburg-Jahrbuch 2001. 10(2002), S. 9–24.
27 Voss, Wartburg 1917 (wie Anm. 5) S. 154 und HILMAR SCHWARZ: Der Elisabethplan unterhalb der Wartburg. In: Wartburg-Jahrbuch 1995. 4(1996), S. 59–90, hier S. 77.
28 Wartburg-Stiftung Eisenach, Archiv, Akte 528 Grabungsdokumentation März 1957 von RODERICH WICHMANN. Zeichnung mit GR und Schnitt vom 29. 3. 1957.

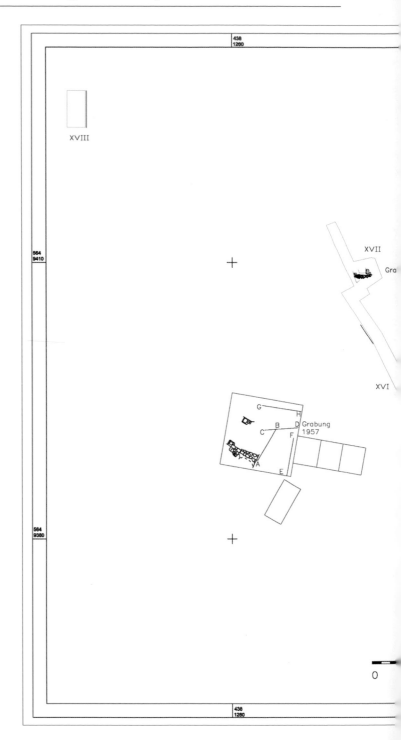

*Abb. 11:
Der Lageplan
der Grabungs-
schnitte, 2006*

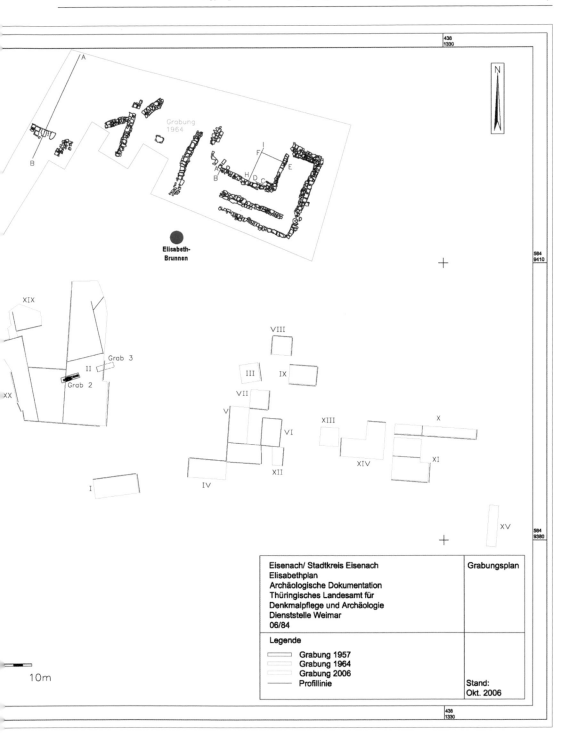

Elisabeth-
Brunnen

Grabung
1964

XIX

Grab 3

II

Grab 2

XX

I

VIII

III

IX

VII

V

VI

XIII

X

XIV

XI

XII

IV

XV

N

438
1330

584
9410

584
9380

438
1330

10m

Eisenach/ Stadtkreis Eisenach	Grabungsplan
Elisabethplan	
Archäologische Dokumentation	
Thüringisches Landesamt für	
Denkmalpflege und Archäologie	
Dienststelle Weimar	
06/84	

Legende

- Grabung 1957
- Grabung 1964
- Grabung 2006
- Profillinie

Stand:
Okt. 2006

und das Material entspricht dem hauptsächlich am Palas der Wartburg verbauten Steinmaterial. Die Oberflächenbearbeitung der auf ihrer Schauseite konkav gekrümmten Quader ist durch die lange Nutzungszeit nicht mehr zu erkennen. Durch mehrere Öffnungen geringen Durchmessers in den aufgesetzten Steinlagen dringt das Wasser in unterschiedlichen Höhen in den Schacht. Von dort war es bis zum 20. Jahrhundert über einen Überlauf in einen Steintrog geleitet worden. Der Schacht hatte somit lediglich eine Filterfunktion für den Laufbrunnen, in dem sich eingespülte Feststoffe absetzen konnten. Eine senkrechte Schöpfvorrichtung war demnach nicht vonnöten. Auch das niedrige Gewölbe der Brunnenstube, vermutlich im 16./17. Jahrhundert aus Bruchsteinen über dem Schacht errichtet[29], lässt den Einbau einer Schöpfvorrichtung nicht zu. Seit 1851 ist dem Brunnengewölbe ein neoromanisches Brunnenhaus in Form eines hohen hangseitig offenen Tonnengewölbes vorgebaut.

Wie wichtig der Elisabethbrunnen für die Wartburg bis zum Bau der Wasserleitung im Jahre 1886 war, zeigt der Schriftwechsel in den Kommandantenakten der Jahre 1840 und 1851–1854, die von Rosemarie Domagala bezüglich der Trinkwasserversorgung ausgewertet wurden[30]. Die Beschreibungen zeigen die besonderen Schwierigkeiten der Wasserversorgung der Burg aus dem Elisabethbrunnen auf. Diese gipfelten dahingehend, dass Wasser zur Zeit des Versiegens des Laufbrunnens aus dem Helltal, in dem auch die Fischteiche der Wartburg lagen, auf den Berg getragen werden musste[31]. Der Transport erfolgte noch im 19. Jahrhundert meist zu Fuß, zuweilen mit Pferdewagen, während die Wartburgesel ihre großen Zeiten als Versorger in Mittelalter und Neuzeit hinter sich hatten. Um das Wasser vom Brunnen auf die Burg zu tragen, sind unter anderem die Soldaten der Wache, die Knechte des Wirtschaftsverwalters oder fünf bis sechs arme Frauen herangezogen worden. Seit dem 16. Jahrhundert ist auf der Wartburg ein Brauhaus bezeugt, welches ebenfalls das Wasser des Elisabethbrunnens benötigte. Nach den archäologischen Befunden und den historischen Beschreibungen[32] wurde der Elisabethbrunnen vom 12. Jahrhundert bis zum Bau der Wartburgwasserleitung mit Hochbehälter auf dem Bergfried im Jahre 1886 durchgehend genutzt.

Der Brunnen und das darüber gelegene, relativ ebene Plateau waren sicher der Ausgangspunkt sowohl für die Errichtung des Hospitals als auch des Franziskanerklosters. Es ist davon auszugehen, dass in unmittelbarer Nähe der

---

29 SCHWARZ, Elisabethplan (wie Anm. 27) S. 76–78. Abbildungen aus den Jahren 1730, 1750 und aus der 1. Hälfte des 19. Jahrhunderts zeigen eine niedrige, mit einer Türöffnung versehene Brunnenstube mit einem davor liegenden Laufbrunnen.

30 ROSEMARIE DOMAGALA: Die Gaststätten auf der Wartburg. Teil I: Die Schenke im Ritterhaus. In: Wartburg-Jahrbuch 1992. [1](1993), S. 74–89, hier S. 84–88.

31 HILMAR SCHWARZ: «Die Kapelle zur rechten Hand». Zu einer vermuteten Wartburg-Kapelle und ihren Ursprüngen unter den Ludowingern. In: Wartburg-Jahrbuch 1997. 6 (1998), S. 48–90, hier S. 53.

so wichtigen Wasserstelle schon seit dem 12. Jahrhundert eine ständige Behausung für Wächter, Eseltreiber, Brunnenmeister usw. vorhanden war. Auch wenn die Standorte der frühesten Gebäude durch spätere Überbauungen nicht mehr nachweisbar sind, so gibt die aufgefundene Keramik aus dem 12. Jahrhundert einen Hinweis auf deren Existenz.

Im Bereich des oberen Plateaus konnte aus der Zeit vor dem 13. Jahrhundert keine Kulturschicht nachgewiesen werden. Nach der Stratigraphie der archäologischen Sondierungen befanden sich im östlichen Areal dieses Plateaus der bewuchsfreie Fels und im westlichen ein Schwarzerdehorizont auf der schon beschriebenen Lößlehmauflagerung. Auf dem Schwarzerdehorizont konnte in den Schnitten II, XIX und XX innerhalb eines kleinen Bereiches eine Kulturschicht mit Laufhorizonten und Keramik des 13. Jahrhunderts dokumentiert werden. Den Kulminationspunkt der Kulturschicht bildet der Grundriss des ergrabenen Hospitalsgebäudes. Dieser Befund verweist darauf, dass das obere Plateau überhaupt erst mit dem Bau dieses Hauses erschlossen worden war.

Das Hospital der heiligen Elisabeth auf dem Elisabethplan im 13. Jahrhundert

Über den Standort, die Bauzeit und die Gestalt des 1226 errichteten Hospitals (Abb. 12 und Abb. 13) sind wir nur durch wenige zeitgenössische Aufzeichnungen unterrichtet [33]. Danach wird der Standort als steinig und mit Felsen versehen beschrieben. Ein als «magna domus» («großes Haus») bezeichnetes Gebäude soll demnach im Frühjahr 1226 als Unterkunft für Arme und Kranke gedient haben [34]. Weitere Angaben entstammen der Chronik des um 1360 in Eisenach gebürtigen Johannes Rothe [35]. Dieser beschrieb die Gründung des Franziskanerklosters auf dem Elisabethplan im Jahre 1331. Er erwähnte, dass Markgraf Friedrich der Ernsthafte und seine Frau Mechthild den Grundstein zur Klosterkirche legten «... unde buwete das selbe clostirchen von deme holtze, das uff des selben houfestat gestanen hatte. unde do sente Elesbet ir siechen hielt, do is nu des clostirs kirche ...».

Tatsächlich konnte als zeitlich älteste bauliche Struktur des Elisabethplans auf dem oberen Plateau die südliche Gründungsmauer eines großen Gebäudes unmittelbar nördlich neben der Nordwestecke der im 14. Jahrhundert errichte-

32 Schwarz, Elisabethplan (wie Anm. 27) S. 75–80.

33 Albert Huyskens: Quellenstudien zur Geschichte der hl. Elisabeth, Landgräfin von Thüringen. Marburg 1908, S. 119, 156 f.

34 Schwarz, Elisabethplan (wie Anm. 27) S. 59 ff.; Hopf/Spazier/Weigel, Elisabethverehrung 2007 (wie Anm. 15) S. 258.

35 Rochus von Liliencron (Hrsg.): Düringische Chronik des Johann Rothe (Thüringische Geschichtsquellen. 3. Bd.). Jena 1859, S. 562 f.

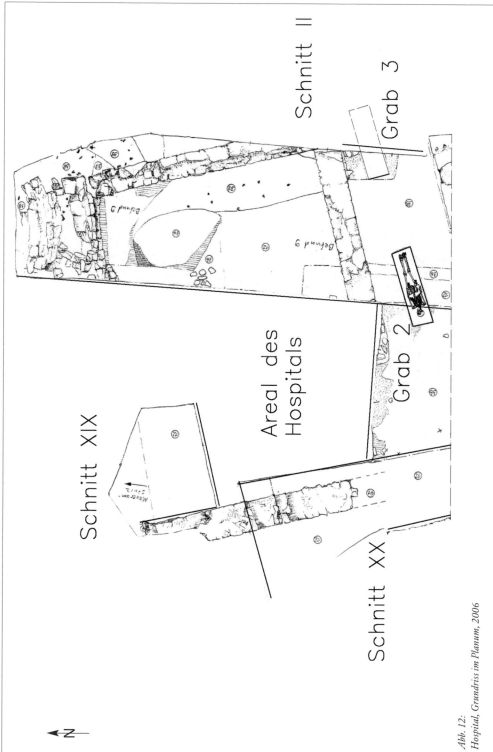

Abb. 12:
Hospital, Grundriss im Planum, 2006

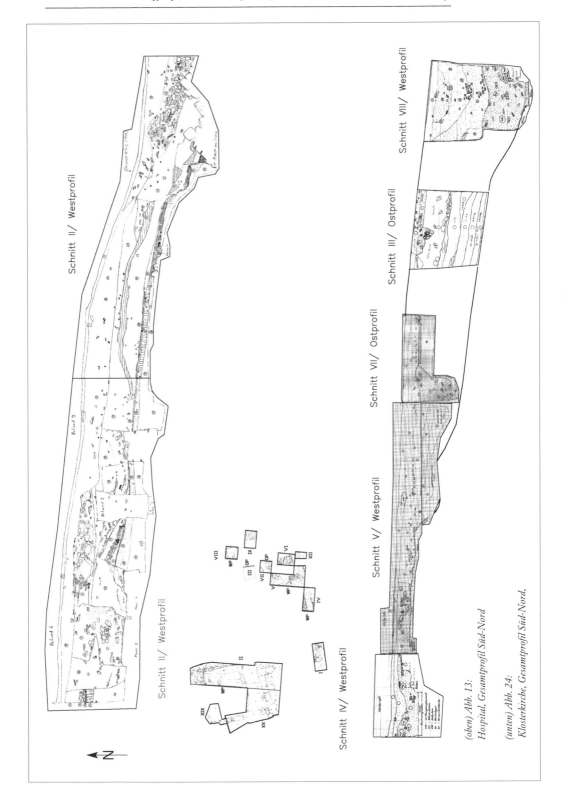

Schnitt II/ Westprofil

Schnitt II/ Westprofil

Schnitt IV/ Westprofil

Schnitt V/ Westprofil

Schnitt VII/ Ostprofil

Schnitt III/ Ostprofil

Schnitt VIII/ Westprofil

(oben) Abb. 13:
Hospital, Gesamtprofil Süd-Nord

(unten) Abb. 24:
Klosterkirche, Gesamtprofil Süd-Nord,

Abb. 14:
Hospital,
Schnitt II,
Planum nach Süden

ten Kirche des Franziskanerklosters im Abstand von 2,33 m ergraben werden. Die Ausdehnung der ergrabenen Mauerzüge betrug letztendlich im Osten 7,95 m, im Westen ca. 8,00 m sowie im Norden ca. 10,45 m und im Süden 10,25 m und war damit der Grundriss eines leicht schiefwinkligen, nahezu recheckigen Gebäudes.

Die im Schnitt II auf einer Länge von 4,13 m und einer Höhe von 1,15 m teilweise freigelegte Südmauer wies im Aufgehenden eine Stärke von 0,68 m und in der Gründung von 0,74 m auf. Im Ostprofil des Schnittes II ließ sie sich bis zur inneren Südostecke des Gebäudes freilegen. Der westliche Verlauf der Südwand stellte sich in einer Länge von 1,70 m als Ausbruchgraben dar. Die Mauer war in späterer Zeit – vermutlich im Zusammenhang mit dem Bau der Klausurgebäude des Klosters im 14. Jahrhundert – ausgebrochen worden, so dass ihr Verlauf bzw. ihre Gesamtlänge nicht mehr gänzlich nachvollzogen werden konnte. Weiter nach Westen anschließend konnte weder eine Mauergründung noch eine Störung der archäologischen Schichtung festgestellt werden. Da die genaue Lage der Südwestecke des ergrabenen Baus durch eine jüngere Störung nicht mehr nachzuweisen war, bliebe somit an dieser Stelle eine Öffnung im massiven Unterbau der Südwand des Gebäudes in einer Breite von 2,80 m übrig. Diese wäre mit dem aufliegenden Laufhorizont durchaus als Eingang in das Souterraingeschoss des Hauses zu interpretieren (Abb. 14 und Abb. 15).

Abb. 15:
Hospital,
Schnitt II, Planum,
Übersichtsfoto nach
Westen

Die auf ihrer gesamten erhaltenen Länge von 6,39 m freigelegte Innenschale der Ostwand besaß bei einer Höhe von max. 1,34 m ebenfalls eine Stärke von 0,68 m im Aufgehenden. Davon verfügte das bis zu einer Höhe von 0,89 m in vier Lagen erhaltene aufgehende Mauerwerk über eine nach Osten weisende Schauseite, die mit hammergerechten Quadern aus Rotliegendenkonglomerat in hoher Hausteinqualität hergestellt war. Die Mauern reichten in keinem Fall bis auf den anstehenden Felsen. Sie gründeten fast überall in dem der Quellmulde auflagernden Lösslehm (siehe Abschnitt Topgraphie und Geologie). Lediglich am Westprofil des Schnittes II stand die Südwand des Gebäudes mit zwei Steinlagen und ca. 0,50 m im Verwitterungsboden des Rotliegenden. Die unterste Lage war teilweise als Rollschicht mit hochkant gestellten Bruchsteinquadern in den Fundamentgraben gesetzt worden (Abb. 16 und Abb. 17).

Das gesamte Mauerwerk war zweischalig mit hellgrauem, mittelfeinem Kalkmörtel versetzt. Die Füllung zwischen den Mauerschalen bestand aus kleinteiligem, zum Teil als opus spicatum vollständig in Kalkmörtel versetztem Bruchsteinmauerwerk. Der nördliche Bereich der Ostwand war mit der gesamten Nordwand wohl im 18. Jahrhundert nach Norden umgestürzt. Der dabei

Abb. 16:
Hospital,
Schnitt II, Ostprofil,
Mauerinnenschale
Süd

zerstörte Bereich der Ostwand wies eine Länge von etwa 1,56 m auf. Damit betrug die Gesamtlänge der Ostwand an ihrer Außenkante 7,95 m. Die hangabwärts nach Norden umgestürzte Nordwand lag zum Großteil noch im Mauerverband an Ort und Stelle. Sie hatte eine nachweisbare maximale Höhe von

Abb. 17:
Hospital,
Schnitt II, Ostprofil,
Mauerinnenschale
Mitte

Abb. 18:
Hospital,
Schnitt II, Ostprofil,
Mauerinnenschale
Nord

1,92 m bei einer Stärke von ebenfalls 0,68 m. Die im Schnitt XIX auf eine Länge von 2,14 m freigelegte Westwand des Gebäudes setzte sich im Schnitt XX weiter nach Süden fort. Sie besaß eine erhaltene Gesamtlänge von 5,89 m. Auch die Westwand des Gebäudes brach nach Norden mit dem Umsturz der

Nordwand ab. Die noch in die Mauer eingebundenen größeren Eckquader bezeugen an dieser Stelle die Nordwestecke des Gebäudes. Die Stärke der in vier Steinlagen mit einer Höhe von 0,78 m im aufgehenden Mauerwerk erhaltenen Westwand betrug, mit einem geringen Absatz zur Gründung, abweichend zu den anderen Wänden 0,80 m. Die erhaltene Gesamthöhe maß 1,58 m (Abb. 18 und Abb. 19).

Die Grundfläche des Innenraumes des ergrabenen Gebäudes betrug etwa 60 m². Die Neigung des freigelegten Laufhorizontes innerhalb des Gebäudegrundrisses spricht jedoch gegen die ständige Nutzung als Fußboden eines bewohnbaren Raumes. Der Höhenunterschied des Nord-Südgefälles betrug auf einer Länge von 5,50 m etwa 0,80 m. Von Westen nach Osten war auf einer Länge von 2,90 m immerhin noch ein Gefälle mit einem Höhenunterschied von 0,35 m vorhanden. Diese Neigung entsprach der natürlichen Hanglage der Quellmulde vor ihrer Bebauung. Weiterhin betrug die Stärke der Kulturschicht unter dem Laufhorizont mit eingelagerten Keramikscherben, Tierknochen und wenig Kleinfunden lediglich 5–8 cm. Die Datierung der Funde entspricht zum Großteil der ersten Hälfte des 13. Jahrhunderts. Die Auffüllungen über diesem Laufhorizont können eindeutig in die Zeit der Errichtung des Klosters ab 1331 datiert werden.

Da direkt auf dem relativ stark geneigten Untergrund kein Wohnbereich gelegen haben kann, ist zu schlussfolgern, dass der massive Sockelbereich des Gebäudes – trotz seines recht breiten Eingangs – nur als Souterrainraum gedient haben kann. Dieser im Allgemeinen nur als untergeordneter Keller

Abb. 20:
Hospital, Schnitt II,
Westprofil 2 Mitte

Abb. 21:
Hospital,
Schnitt XIX,
Westprofil,
Mauerinnenschale

genutzte Unterbau unter einer Holzbalkendecke kann als Substruktions-
geschoss bezeichnet werden[36]. Auch für das Souterraingeschoss des romanischen Wohnbaus der Burg Gleichen und am Palas der Wartburg konnte diese
Form eines nicht ausgebauten Souterraingeschosses mit stark geneigten
Fußböden bei archäologischen Untersuchungen beobachtet werden[37] (Abb. 20
und Abb. 21).

Der Gesamtgrundriss des leicht schiefwinkligen Gebäudes nordwestlich der Klosterkirche lässt sich als massiver Unterbau eines Fachwerkhauses deuten. Über der höchsten erhaltenen Steinlage des Mauerwerks saß nach den anhaftenden Mörtelresten mindestens noch eine weitere. Darauf stand vermutlich das als Ständerbau mit Riegelschwellen rekonstruierbare Gebäude. Auf den Riegelschwellen muss ein Fußbodeneinbau aus Deckenbalken und Dielen die Nutzungsebene des Gebäudes gebildet haben.

Zur Gestalt und Struktur des Fachwerkaufbaus selbst können anhand der Grabungsbefunde nur wenige Aussagen getroffen werden. Die Ausfachung bestand danach aus Lehmzinselwerk ohne Kalkputz. Der Innenraum wurde höchstwahrscheinlich nur in einer Ebene genutzt. Die Raum- bzw. Wandhöhe betrug wohl kaum mehr als 3 m. Der gesamte Wartberg besaß im 13. Jahrhundert, schon aus Gründen des Sichtfeldes zur Verteidigung der Wartburg, keinen Waldbewuchs. Somit stand das ergrabene Gebäude exponiert und der Witterung gegenüber relativ ungeschützt am Berghang. Der Bau von repräsentativen Giebeln wäre entsprechend dem Standort vermutlich auszuschließen. Das Dach könnte danach voll abgewalmt mit einem kurzen First entsprechend der Gebäudelängsausdehnung vorstellbar sein. Die Deckung des Hospitalgebäudes mit Holzschindeln kann als belegt angesehen werden, da Dachziegel erstmals mit dem Klosterbau des 14. Jahrhunderts im Grabungsbefund auftauchen. Selbst auf der Wartburg sind vor dem 14. Jahrhundert keine Dachziegel nachzuweisen. Der Palas der Wartburg, der auch das Schindelhaus genannt wurde, war noch bis 1549 mit Holzschindeln gedeckt. Ebenso wäre ein Strohdach bei der exponierten Lage des Hospitalgebäudes kaum von langem Bestand gewesen. Bei einer Dachneigung von mindestens 45° besaß das vermutete Walmdach des ergrabenen Gebäudes von der Oberkante des massiven Unterbaus bis zum Dachfirst eine Höhe von 7,50 m. Mit dem massiven Unterbau hätte die Gebäudehöhe über der hangabwärts liegenden Nordwand immerhin 10 m betragen (Abb. 22).

Der Bau eines solchen, für diese Zeit «großen Hauses» erforderte eine Mindestbauzeit von 1,5 Jahren und eine nicht unbeträchtliche finanzielle Grundlage. Nach den archäologischen Befunden und den historischen Überlieferungen[38] lässt sich das Gebäude durchaus als das Hospital der heiligen Elisabeth interpretieren. Der Baubefund ist ebenso mit dem schon zu Beginn

---

36 Judith Bangerter-Paetz: Saalbauten auf Pfalzen und Burgen im Reich der Staufer von ca. 1150–1250. Hannover, Univ., Diss., 2005, S. 55 f

37 Elmar Altwasser: Aktuelle Bauforschung am Wartburg-Palas. Bericht und Resümee. In: Günter Schuchardt (Hrsg.): Der romanische Palas der Wartburg (Bauforschung an einer Welterbestätte. Bd. 1). Regensburg 2001, S. 23–106, hier S. 68 mit Anm. 41.

38 Zu den Funden im Folgenden und zur historischen Überlieferung in Hopf/Spazier/Weigel, Elisabethverehrung 2007 (wie Anm. 15) S. 246 und 258–259.

Abb. 22:
Hospital,
Schnitt XX, Planum
nach Westen

der 70er Jahre des 20. Jahrhunderts ergrabenen Bau des Hospitals der heiligen Elisabeth in Marburg vergleichbar. Die massiven Grundmauern des ältesten Baubefundes im Areal der Marburger Elisabethkirche werden analog als Ständerbau, einer Frühform des Fachwerkbaus, mit einer Größe von etwa 8 m x 8 m gedeutet[39]. Wie auf dem Elisabethplan gab es auch in Marburg keine Vorgängerbebauung des Platzes, so dass davon ausgegangen werden muss, dass es sich bei beiden Gebäuden um den Neubau des Hospitals und nicht um nachgenutzte Häuser handelte.

DAS GEBÄUDE DES HOSPITALS
BIS ZUM BAU DES FRANZISKANERKLOSTERS

Über das Schicksal des Hospitals nach dem Weggang der verwitweten Landgräfin Elisabeth sind wir in keiner Weise unterrichtet. So gibt es keine Überlieferung, dass sich nach der Heiligsprechung Elisabeths im Jahre 1235 möglicherweise auch das Hospital am Fuße der Wartburg zu einem Wallfahrtsort entwickelte. Denkbar ist jedoch, dass das noch neue Gebäude nach Aufgabe des Hospitalbetriebes nach 1228 schon aufgrund seiner Lage am Brunnen weitergenutzt worden ist. Zumindest zeigen die archäologischen Befunde, dass das Haus bis zur Errichtung des Klosters im Jahre 1331 instand

---

39 RAINER ATZBACH: Das Hospital der Heiligen Elisabeth in Marburg. In: BLUME/WERNER, Aufsätze 2007 (wie Anm. 15) S. 93–105.

gehalten wurde, da der Innenraum in dieser Zeit als «Baustelleneinrichtung» für den Klosterbau diente. Die archäologischen Befunde bezeugen auf einem Laufhorizont mit Keramikeinlagerungen aus der 1. Hälfte des 13. Jahrhunderts einen direkt aufliegenden Nutzungshorizont zur Kalkaufbereitung.

Der Baukalk zum Bau der Klosterkirche wurde offensichtlich vor Ort gebrannt. Im westlichen Bereich innerhalb des ummauerten Klosterareals können noch heute hierher verbrachte, ungebrannte Muschelkalklesesteine beobachtet werden. An zwei Stellen im Schnitt II der archäologischen Sondierungen konnten größere Konzentrationen von Rückständen der Kalkproduktion auf dem Laufhorizont innerhalb der Mauern des Hospitals lokalisiert werden. Die Rückstände bestanden vorwiegend aus den ungebrannten Steinkernen der zur Kalkgewinnung verwendeten Muschelkalk- und Travertinlesesteine. In den Rückständen der Kalkproduktion lagen weiterhin ausgesiebte Holzkohlestücke und Kiesel aus unterschiedlichen Gesteinen. Zwischen diesen kleinflächigen Abraumhalden befand sich etwa mittig auf dem Laufhorizont des ergrabenen Gebäudes eine mit Lehm umrandete Fläche. Auf dieser wiederum konnte eine aus mehreren dünnen Schichten bestehende Kalkauflagerung in einer Stärke bis 5 cm freigelegt werden. Vermutlich handelte es sich hierbei um den Platz zum Aufbereiten bzw. Löschen des gebrannten Kalkes für den Kirchbau.

Über dieser Kalkschicht zeigt eine durchgehende bis zu 18 cm starke Lehmschicht im Inneren des Gebäudes und Bauschutteinfüllungen von Süden, dass der Abbruch des Fachwerkaufbaus offensichtlich erst mit der fortgeschrittenen Errichtung der Kirche und der Klausurgebäude erfolgte. Das könnte bedeuten, dass man das Holz des Fachwerks tatsächlich sekundär in den neuen Klostergebäuden verbaute.

Entscheidende Augenmerke zur Datierung des Fachwerkabbruchs sind zum einen die durchgehende Schicht von Steinabschlägen aus Rhätsandstein, die direkt auf der Lehmschicht innerhalb der Gebäudemauern aufliegt. Diese entstammt der Steinbearbeitung der Werksteine für die Klosterkirche. In der Hospitalzeit wurden nur wenige Bruchsteine aus Rhätsandstein verbaut, jedoch fand keine steinmetzmäßige Bearbeitung von Rhätsandsteinen statt.

Des Weiteren liegen in den archäologischen Schichten aus der Zeit vor dem Klosterbau keine Fragmente von Dachziegeln vor. Der erstmalige Nachweis für Dachziegel auf dem Elisabethplan erfolgt im Zusammenhang mit der Schutteinfüllung vom Bauhorizont der Klosterkirche im Schnitt II. In dem von Süden in den Grundriss des Hospitals eingefüllten Schutt konnte eine Konzentration von Dachziegelfehlbränden geborgen werden.

Die Steine der Mauern des Hospitalgebäudes hätten normalerweise als Baumaterial für den Neubau des Klosters gedient. Ob in diesem Fall aufgrund des Genius loci das Mauerwerk mehr oder weniger unbehelligt blieb, sei dahingestellt. Auch ziehen sich die Klausurgebäude eigenartigerweise im Winkel um den Standort des ehemaligen Hospitalgebäudes. Das Mauergeviert ist nach dem Abtragen der Fachwerkkonstruktion offensichtlich zügig mit Abraum und Bauschutt eingeebnet worden, so dass die Maueroberkante wenige Dezimeter unter dem Nutzungshorizont des Klosters zu liegen kam. Nach den Grabungsbefunden war der Standort zur Klosterzeit unbebaut, da keine weiteren Störungen in der Auffüllung festgestellt werden konnten. Auch beim Anlegen der Mönchsgräber in der 2. Hälfte des 14. Jahrhunderts scheint die Lage des Hospitalgebäudes noch bekannt gewesen zu sein, da dieser Bereich offensichtlich ausgegrenzt wurde. Spätestens mit der Auflassung des Klosters 1525 ging das Wissen um den ehemaligen Hospitalstandort verloren. Bezeichnend dafür ist die Tatsache, dass mit der Niederlegung der Klostergebäude ab 1539 zwar deren Mauern fast restlos ausgebrochen wurden, die Grundmauern des Hospitals jedoch bis heute relativ ungestört im Boden blieben. Somit war zum Zeitpunkt der Abtragung der Klostergebäude der ehemalige Standort des Hospitals nicht mehr bekannt und sein Mauerwerk blieb «unentdeckt».

Lediglich im 18. Jahrhundert kam es aus unbekannten Gründen zur Freilegung der Ost- und Nordwand des Gebäudes bis zur Mauerunterkante. Westlich der Ostwand wurde dazu eine ca. 1,50 m breite Schachtung bis zur nördlichen Innenschale der Südwand vorgetrieben. Auch die östliche Außenschale der Ostwand war bis in eine Tiefe von 0,60 m unter der Maueroberkante freigelegt worden. Datiert werden diese Arbeiten durch wenige Keramikscherben und Kleinfunde, welche in der untersten Verfüllung der Schachtung geborgen werden konnten. Das Mauerwerk wurde jedoch nach der Freilegung nicht abgebrochen, sondern stand einige Jahre bzw. Jahrzehnte frei, wie herausgewitterter Mörtel und herunter gestürzte Steine des Mauerschädels zeigen. Nach dem hangseitigen Umsturz der gesamten Nordwand in einem Stück verschüttete nachrutschender Abbruchschutt des Klosters aus dem 16. Jahrhundert im Laufe der folgenden Jahre das freigelegte Areal. Diese Mauerreste werden offensichtlich in der Beschreibung des Geländes von Montalembert 1833 erwähnt[40].

Spätestens mit dem Bau der Treppe zum Elisabethbrunnen unter Hugo von Ritgen im Jahre 1851 stieß man wiederum auf die Ostwand des ehemaligen Hospitals. Ohne eingehende Untersuchung deutete Ritgen diese lediglich als Hinweise auf Gebäude[41]. Die bei der Grabung 2006 an einigen Stellen freigelegte Bleiwasserleitung von der Wartburg zum Elisabethbrunnen aus dem Jahre 1905 berührte in ihrem Verlauf sowohl die West- als auch die Ostwand des massiven Hospitalunterbaus. Die schon genannten Ausgrabungen im 20. Jahrhundert betrafen dieses Areal nicht.

40 Montalembert/Städtler, Leben 1862 (wie Anm. 2) S. 309.
41 Ritgen, Wartburg 1860 (wie Anm. 4) S. 7.

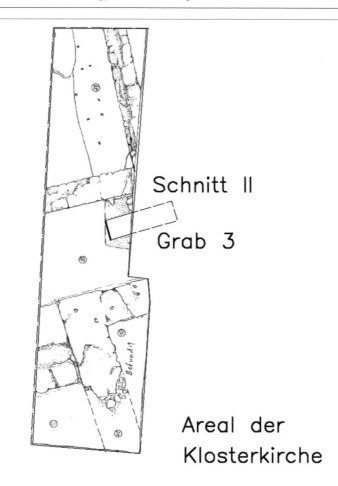

N

Schnitt II

Grab 3

Areal der
Klosterkirche

Abb. 23:
Klosterkirche, Grundriss
im Planum

Abb. 24:
Klosterkirche,
Gesamtprofil Süd-Nord,
auf Seite 29 (unten)

Schnitt I

Schnitt VIII

Schnitt III

Schnitt IX

Schnitt VII

Schnitt V

Schnitt VI

Schnitt XII

Schnitt IV

Das Franziskanerkloster zwischen
1331 und 1525 bzw. um 1600

Über die Bau- und Nutzungsgeschichte des Franziskanerklosters bzw. der Elisabethzelle auf dem Elisabethplan sind wir durch einige Überlieferungen informiert[42]. Bisher unbekannt war die Tatsache, dass das Kloster außer als zeitweiliger Aufbewahrungsort der Elisabethreliquien offensichtlich auch als Archiv der Wettiner diente, vorausgesetzt, es liegt keine Verwechslung mit dem nachgewiesenen wettinischen Archiv in der Elisabeth-Kemenate des Wartburg-Palas vor. So besagt eine Nachricht des ehemaligen Eisenacher Franziskanermönchs und späteren ersten evangelischen Predigers und Superintendenten der Stadt Gotha, Friedrich Myconius[43] folgendes:

«So ist des Wassers halben ein gering, elend Ding um Gotha gewesen, und man hat sich des Hauptborns gegen Waltershausen, des Breitenborns, des Eselborns und Antoniusborns und anderer Ziehebrunnen behelfen müssen, bis in der Zeit Landgraf Balthasars die Leina von dem Wald herab um die Berge durch die Äcker und Wiesen, welches alle Thüringer sehr verdrossen, darzu viel Arbeit gekostet, aufs allerkünstliche Anno 1369 in die Stadt Gotha gebracht worden ist. Die Historien, Register und Brief sind zu Eisenach in St. Elisabethklösterlein unter dem Schloß bis auf den bäurischen Aufruhr anno 1525 bewahrt worden. Aber es haben es die von Gotha nicht groß geacht, daß man auch nu nicht weiß, wie der künstlich Meister genannt, der das Wasser hereinbracht hat. Also grob und undankbar ist die Welt für alle Wohltaten.»

Über die bauliche Gestalt und Topographie sowie Struktur und Funktion der ehemaligen Bebauung des Areals lagen jedoch so gut wie keine Informationen vor. Im Rahmen der Grabungen im Jahre 2006 wurde deshalb ein besonderes Augenmerk auf die Klärung der klosterzeitlichen Bebauung gelegt. Eine Kurzvorstellung der historischen und aktuellen Befunde und Funde liegt bereits in einigen Publikationen vor[44].

Der Grundriss der Klosterkirche

Unmittelbar südlich des als Hospital zu interpretierenden Gebäudes konnte mit Hilfe von elf archäologischen Sondierungen (Schnitt I bis IX, XII, XIII) der Grundriss der Klosterkirche (Abb. 23 und Abb. 24) rekonstruiert werden. In

---

42 SCHWARZ, Elisabethplan (wie Anm. 27) und HOPF/SPAZIER/WEIGEL, Elisabethverehrung 2007 (wie Anm. 15) S. 259–264 sowie HOPF/SPAZIER/WEIGEL, Zelle 2008 (wie Anm. 15) S. 226–227.

43 OTTO CLEMEN (Hrsg.): FRIEDRICH MYCONIUS: Geschichte der Reformation (Voigtländers Quellenbücher. 68). Leipzig 1914, Neudr. Gotha 1990. Nach seiner Handschrift, Gotha 1541 ff. (Universitäts- und Forschungsbibliothek Erfurt-Gotha, Chart. A 339, fol. 451–495), S. 83.

44 HOPF/SPAZIER/WEIGEL, Zelle 2008 (wie Anm. 15) S. 293–301.

den ersten zwei, aufgrund der als Mauerverlauf gedeuteten geomagnetischen Anomalien, angelegten Sondierungen (Schnitt I und II) kam als Befund der Mauerausbruchgraben je einer Gebäudeecke an das Tageslicht. Die zwischen 0,96 m bis 1,15 m starken Mauergründungen ließen sich im Zusammenhang mit den weiteren Grabungen als Südwest- und Nordwestecke der Klosterkirche deuten. Im Schnitt I befand sich unter einer dünnen Humusschicht von ca. 10 cm Stärke der Abbruchhorizont des Kirchgebäudes. Nach Norden im ehemaligen Innenraum des Gebäudes lag eine starke Auffüllung aus Kalkmörtel und Putzresten oberhalb des seiner Auslage beraubten Fußbodens. Der mit Abbruchschutt aus kleinteiligen Bruchsteinen aus Rotliegendensandstein und Wartburgkonglomerat sowie Kalkmörtel und Dachziegelbruch verfüllte Fundamentgraben war meist direkt auf dem anstehenden Felsen gegründet. Dazu war die Felsoberfläche stellenweise geglättet bzw. leicht stufig abgearbeitet worden. Nur im Westen gründete sich die Mauer nicht auf Felsen, sondern in dem Konglomeratverwitterungsboden innerhalb der Quellmulde. Mit dem Ausbrechen der Gründungsmauer war sämtliches brauchbares Steinmaterial entnommen worden. Lediglich an den Felsen anhaftende Mörtelreste und Teile der Mauerfüllung waren noch in situ vorhanden (Abb. 25 und Abb. 26).

Im Schnitt II stellte sich die Fläche von 2,00 m x 2,00 m unter einer dünnen Humusauflage vollständig als Ausbruchgrube dar. In einer Tiefe von 1,50 m konnte die Nordwestecke der Kirche in Form der untersten Lage der Gründungsmauer aus Platten des Rotliegendensandsteins gefasst werden. Nach Westen anschließend kamen zwei weitere parallel verlaufende Mauergrün-

Abb. 25: Schnitt I, Planum nach Süden

dungen mit einer Stärke von ca. 1,00 m zu Tage. Im weiteren Grabungsverlauf
konnten diese den Klausurgebäuden des Klosters zugeordnet werden. Die sondierten Mauern im Schnitt II gründeten nicht auf Felsen, sondern in dem aufliegenden Konglomeratverwitterungsboden. Mit der Erweiterung von Schnitt
II nach Norden und Süden konnte an dieser Stelle der Verlauf der Mauer in
Form einer vermörtelten Gründungslage in einer Breite von 1,10 m, einer Ost-
West Länge von 1,90 m und einer Nord-Süd Länge von 2,30 m freigelegt werden. Nach Süden wies der Untergrund unter dem Ausbruchgraben lediglich
eine höhere Festigkeit durch Verdichtung auf.

Da östlich von Schnitt I eine den Mauerverlauf andeutende Widerstands-
anomalie im geophysikalischen Vermessungsplan nicht mehr erkennbar war,
wurde mit Schnitt IV und V der vermutete Verlauf der Südwand weiter nach
Osten verfolgt. Hier war der höchste Punkt einer Felsrippe gekappt worden und
der Fundamentgraben der Südwand der Klosterkirche wenige Zentimeter tief
auf einem durchgehenden Niveau in das anstehende Rotliegendenkonglomerat eingetieft worden. Auch hier konnten nur noch an den Felsen anhaftende Mörtelreste festgestellt werden. Südlich der Südwand im Schnitt V sind zwei
direkt an der ehemaligen Wand eingetiefte Postenlöcher mit einem Durchmesser von 10 cm dokumentiert worden. Diese stehen offensichtlich im
Zusammenhang mit einer Mauerrüstung zur Bauzeit der Klosterkirche (Abb.
27 und Abb. 28).

Der Anschluss des weiteren Mauerverlaufs nach Osten war hier durch den
1991 eingebauten Fundamentblock der Bronzestatue der heiligen Elisabeth

gestört (Abb. 29). Im Schnitt XII ließ sich der Standort der Südostecke der Klosterkirche auf einer leicht abgearbeiteten, mit Mörtel behafteten Fläche auf einer nach Norden und Süden abfallenden Felsrippe nachweisen. Die Ecke der Maueraußenkante war durch eine Ausnehmung im Felsen vermutlich für eine Kennzeichnung durch einen Holzpfosten markiert. Das Abknicken der Mauer

Abb. 29:
Schnitt VI,
V und IV mit der
Bronzestatue der
hl. Elisabeth
nach Südwesten

nach Norden konnte im Schnitt VI erschlossen werden. Den mit einem Gefälle von ca. 30° nach Norden abfallenden Felsen hatte man deshalb mit einer treppenartigen Abstufung innerhalb des Fundamentgrabens abgearbeitet. Auf der untersten der freigelegten Stufen, in einer Tiefe von 1,20 m unter der Erdoberfläche, war die erste Lage der Mauergründung teilweise erhalten geblieben. Auf den darüber liegenden Stufen markierten wiederum nur anhaftende Mörtelreste den ehemaligen Mauerverlauf.

Durch das Wurzelwerk einer mächtigen Buche war es nicht möglich, den Verlauf der Ostwand nach Norden weiter zu verfolgen. Mit der Sondierung VII konnte anhand des angeschnittenen Ausbruchsgrabens in dessen Südostecke das Abschwenken des Mauerverlaufs von Norden nach Osten ermittelt werden. Um die vollständige Ausdehnung der Kirche nach Norden festzustellen, war in der Verlängerung der bereits im Schnitt II ergrabenen Nordostecke und der Flucht der im geomagnetischen Vermessungsplan sichtbaren Anomalie der Schnitt VII angelegt worden. Der Ausbruchgraben der unmittelbar auf dem Felsen gegründeten Nordwand konnte hier in einer Tiefe von 2,40 m unter der heutigen Erdoberfläche auf einer Länge von 2,00 m verfolgt werden. Damit war klar, dass der Grundriss der Kirche auf seiner Nordseite bis zur Nordostecke geradlinig durchlief und nur auf der Südseite einen eingezogenen Bereich besaß (Abb. 30 und Abb. 31).

Da sowohl auf der Ostecke als auch auf der Westecke des vermuteten Chores große Buchen ihren Standort hatten, konnte der Schnitt IX nur in deren Zwischenraum angelegt werden. Wie in den vorhergehenden Schnitten

lag auch hier der Ausbruch einer auf dem abgearbeiteten und abgestuften Felsen vorhanden gewesenen östlichen Gründungsmauer in einer Tiefe von 1,70 m vor. Der Grundriss der Klosterkirche mit einem gerade abgeschlossenen

und südlich eingezogenen Chorbereich konnte mit dieser Tatsache soweit wie möglich geklärt werden.

Die Kirche auf dem Elisabethplan besaß nach den Grabungsbefunden eine Länge von 25 m bei einer Gesamtbreite von 12,20 m. Der gerade geschlossene Chor hatte eine gering nach Norden abweichende Ostung. Mit einer Länge von 5,90 m, einer Breite von 7,10 m und einer Mauerstärke von ca. 1,00 m besaß der Chor im Inneren mit 5,10 m Breite und 5,90 m Länge einen fast quadratischen Grundriss auf einer Grundfläche von über 30 m². Das Langhaus maß im Inneren 173,4 m² bei einer Länge von 17 m und einer Breite von 10,20 m. Bezüglich einer Abtrennung des Chores vom Langhaus in Form eines massiven Lettners konnten keine Befunde festgestellt werden. Auch wenn ein einseitig eingezogener und platt geschlossener Chor nicht unbedingt zu den klassischen Grundrissformen von Franziskanerklosterkirchen gehört, so ist er doch bei weiteren Kirchen der Franziskaner im deutschen Sprachraum nachweisbar[45]. Nach den Befunden waren die Fundamentgräben für die Grundmauer der Kloster-

---

45 FELIX SCHEERER: Kirchen und Klöster der Franziskaner und Dominikaner in Thüringen. Jena 1910 und ROLAND PIEPE und JÜRGEN WERINHARD EINHORN: Franziskaner zwischen Ostsee, Thüringer Wald und Erzgebirge. Bauten, Bilder, Botschaften. Paderborn u. a. 2005. So wiesen die Franziskanerkirchen in Weimar, Saalfeld, Weida, Altenburg, Oschatz, Kaiserslautern und Angermünde einen einseitig eingezogenen Chor auf. Ebenso besaßen die Dominikanerklosterkirchen in Eisenach und Jena lediglich ein Seitenschiff nach Norden.

kirche vor ihrer Errichtung auf dem stark bewegten Untergrund offensichtlich mit hölzernen Pfosten abgesteckt worden. Auf dem bloßliegenden Konglomerat konnte diese Absteckung nicht ohne Fixierung im Felsen erfolgen. Davon hat sich genau vor der Maueraußenkante der Südostecke des Langhauses ein geringmächtiges Pfostenloch erhalten, welches hier in den anstehenden Felsen eingetieft worden war. Um die Quader der Grundmauer der Kirche im Ostbereich relativ horizontal auf dem hier nach Norden stark abschüssigen Felsen zu gründen, wurde dieser in der Gründungsbreite stufenartig abgearbeitet (Schnitt I, VI, VIII und IX). Weitere horizontal abgearbeitete Bereiche des ursprünglich zum Teil noch über der geplanten Fußbodenhöhe liegenden Felsens konnten in den Schnitten IV, V und XII dokumentiert werden. Lediglich die Nordwestecke der Kirche wurde nicht auf dem Felsen, sondern im Konglomeratverwitterungsboden gegründet. Der an dieser Stelle in einer Stärke von 0,60 m anstehende Lößlehm wurde im Bereich des Fundamentgrabens abgeräumt.

Aufgrund des beträchtlichen Niveauunterschiedes durch die Hanglage erfolgte während des Aufmauerns der Grundmauer die sukzessive Auffüllung des Innenraumes bis auf die spätere Fußbodenhöhe der Kirche. Dazu bediente man sich vor allem des bezüglich der Mauergründung abgespitzten Felsmaterials. In den innerhalb der Auffüllung angelegten Schnitten III und VII ließen sich die unterschiedlich eingefüllten und planierten Auffüllungen gut beobachten. Laufhorizonte, Bauhorizonte mit Steinabschlägen und Kalkauflagerungen sowie Arbeitsflächen von Steinmetzen auf der planierten Auffüllung als auch außerhalb der Grundmauern der Klosterkirche vermitteln einen Eindruck von der Baustelle des 14. Jahrhunderts.

Vergleichsweise betrug die Bauzeit einer Kirche in der Größe der beschriebenen mindestens 10 bis 15 Jahre, nach anderen Schätzungen und Belegen zwei bis drei Jahre. Nach der um 1440 abgefassten Chronik des Klosters lag der Bauabschluss in der Amtszeit des Klostervorstehers Thidericus Wynecke zwischen 1336 und 1349[46]. Danach wurde in dieser Zeit die Tafel des großen Altars, das Chorgestühl, eine Orgel und eine Uhr angeschafft.

---

46 P. MICHAEL BIHL (Hrsg): Chronica Conventus Ordinis Fratrum Minorum ad S. Elisabeth prope Isenacum. Chronik des Franziskanerklosters zur hl. Elisabeth bei Eisenach. Anhang B zu: JOSEPH KREMER: Beiträge zur Geschichte der klösterlichen Niederlassungen Eisenachs im Mittelalter (Quellen und Abhandlungen zur Geschichte der Abtei und Diözese Fulda. 2). Fulda 1905, S. 167–177, hier S. 174 cap. 7; siehe auch SCHWARZ, Elisabethplan (wie Anm. 27) S. 71.

Das Baumaterial und die Architektur des
aufgehenden Mauerwerks der Klosterkirche

Wie das Material der Abschläge von Steinhauern und Steinmetzen im Bauhorizont der Klosterkirche zeigt, wurden für den Bau ausschließlich Sandsteine und Konglomerate des Rotliegenden und Rätsandsteins genutzt. Im freigelegten Ausbruchgraben der Kirchenmauer lagen Reste von Bruch-, Hau- und Werkstein vor. Dazu kann bemerkt werden, dass der Sandstein des Rotliegenden auf Grund seiner geringen Festigkeit vorwiegend als Bruchstein in der Mauergründung eingesetzt worden war. Die unterste Lage der Nordwestecke der Kirche aus kleineren Platten dieses Materials konnte noch in situ dokumentiert werden. Zwei große Bruchsteinquader aus Konglomerat mit einer Größe von 0,60 m x 0,80 m x 0,35 m verblieben im Ausbruchgraben von Schnitt I und IX. Wenige mittelgroße Hausteine in Quaderform aus demselben Stein gingen offensichtlich im Ausbruchschutt verloren. Weitere große Quader aus Konglomerat, deren Oberfläche materialbedingt nicht ganz die Qualität von Werksteinen erreicht, sind im 19. Jahrhundert als Treppenstufen zum Elisabethbrunnen sekundär verwendet worden. Man kann davon ausgehen, dass für den Bau der Klosterkirche vorwiegend Quader aus Hausteinen des Rotliegendenkonglomerats in einer Größe verwendet wurden, die den Einsatz von Hebetechnik notwendig machte.

Sämtliche Bausteine der Architekturgliederung wie Eckquader, Fenster- und Türgewände sowie Gesimse bestanden aus Werksteinen des Rhätsandsteins. Der Arbeitsplatz eines Steinmetzes konnte im Schnitt VII auf einer Auffüllung innerhalb des Kirchengrundrisses freigelegt werden. Außer Bruchstücken der Eckquaderung, profilierten Gesimsteilen und Gewändesteinen konnten fünf Bruchstücke vom Maßwerk der Kirchenfenster aus dem Abbruchschutt folgender Schnitte geborgen werden:
– Schnitt II (Inv. Nr. 06/84-18) – Schnitt V (Inv. Nr. 06/84-78) – Schnitt IX (Inv. Nr. 06/84-94) – Schnitt XIV (Inv. Nr. 06/84-189) sowie zwischen den Schnitten V und VI (Inv. Nr. 06/84-79) (Abb. 32 und Abb. 33).

Die Fenster der Klosterkirche bestanden aus zweibahnigen, spitzbogigen Fenstergewänden, die über dem Kämpfer mit Maßwerk gefüllt waren. Die Maßwerkteile bestehen vorwiegend aus Fragmenten spitzbogiger, stehender Dreiblattformen. Ausfälzungen in den Maßwerköffnungen weisen auf eine ehemals vorhandene Verglasung der Fenster. Fragmente aus grünem Flachglas konnten in einigen Grabungsschnitten geborgen werden. Die Glasfragmente lagen unter anderem direkt auf den erhaltenen Fußbodenplatten im Schnitt V.

Nach den wenigen, erst nach der Ruinierung bzw. Niederlegung der Klosterkirche entstandenen Abbildungen besaß der Chor in seinem Ostgiebel

Abb. 32:
Schnitt V,
Maßwerkfragment
in situ

Abb. 33:
Maßwerkfragment
aus Schnitt IX

eine Dreifenstergruppe. Nach der Chorbreite ist an dieser Stelle jedoch eher ein einzelnes Fenster zu vermuten. Dagegen könnte ein zweites Fenster nach Osten in der 5,10 m breiten Langhausostwand gesessen haben. Die Langhausnordwand ist auf der ältesten Abbildung der Klosterkirche mit mindestens fünf Fenstern dargestellt[47]. Soweit diese Ansicht nicht völlig fiktiv ist, könnte auch das den Tatsachen entsprochen haben.

---

47 SCHWARZ, Elisabethplan (wie Anm. 27) Abb. 1, S. 69. Das Eisenach um 1589 darstellende Bild entstand vermutlich erst in der zweiten Hälfte des 17. Jahrhunderts.

Das zweischalige Mauerwerk der Klosterkirche war ausschließlich mit Kalkmörtel vermauert. Die Fassaden waren in ihrer Endphase vermutlich noch teilweise mit einer groben Kalkschlichte aus der Bauzeit überzogen. Für das Kircheninnere konnte ein Glattputz aus feinem Kalk nachgewiesen werden. Fassungsreste lagen auf den Kalkputzen als Fondton in gebrochenem Weiß vor.

Die Rekonstruktion der Wandhöhen der Klosterkirche kann in Analogie erfolgen. Demnach besaßen die Langhauswände entsprechend der Breite eine Mindesthöhe von 12 m. Entsprechend der Hangneigung wäre die Langhausnordwand demnach mit einer Höhe von 15 Metern vorstellbar. Der Westgiebel müsste bei einer Dachneigung von mindestens 56° eine Firsthöhe von 23 m besessen haben. Die Firsthöhe des Ostgiebels am eingezogenen Chor entsprach bei einer Breite von 7,10 m einer Höhe von ca. 19 m.

Abb. 34:
Mönch-Nonne-
Dachdeckung der
Klosterkirche aus
unterschiedlichen
Schnitten

Im Ab- und Ausbruchschutt sämtlicher den Bereich der Klosterkirche betreffenden Grabungsschnitte konnte Dachziegelbruch einer Mönch-Nonne-Ziegeleindeckung in Kalkmörtel beobachtet werden. Der erste Nachweis für Dachziegel auf dem Elisabethplan erfolgte mit dem Bauhorizont der Klosterkirche im Schnitt II. Im Schutt des Bauhorizontes konnte zudem eine Konzentration von Dachziegelfehlbränden (ausschließlich Mönche) geborgen werden (Abb. 34), die vermutlich aus den Lieferungen aussortiert worden waren (Schnitt II Inv. Nr. 06/84-19 und 22).

Im östlichen und westlichen Bereich des Kirchgrundrisses (Schnitte II, V, VI, VII, VIII und besonders im Schnitt IX) wurde auffällig gehäuft durchlochter Dachschiefer aus dem Ausbruchgraben geborgen. Dieser Befund deutet auf den Standort je eines verschieferten Dachreiters im Firstbereich über dem westlichen und dem östlichen Giebel der Klosterkirche. Damit kann nach Analogien ein etwa 10 m hoher verschieferter und in der Regel achteckiger Dachreiter mit spitzem Helm und Laterne, ähnlich den ältesten Darstellungen der Klosterkirche aus dem 17. Jahrhundert, rekonstruiert werden[48]. Der Standort auf dem Ostgiebel entspräche damit der Schauseite in Richtung Eisenach bzw. des Marientals[49]. Der Dachreiter auf dem Westgiebel war vermutlich etwas kleiner. Das Material des relativ starken Dachschiefers entspricht dem am Rand des Thüringer Waldes ausstreichenden Kupferschiefer und ist als bauzeitliche Dachdeckung auf Türmen bzw. Dachreitern weiterer spätmittelalterlicher Bauwerke der Umgebung nachweisbar (Burg Haineck, Mitte des 15. Jahrhunderts; Rathaus Waltershausen, 1441).

Das Fußbodenniveau der Klosterkirche konnte in mehreren Schnitten gefasst und dokumentiert werden. Die Auslage des Fußbodens bestand zum Teil aus quadratischen Ziegelplatten mit einer Größe von 22 cm x 22 cm und einer Stärke von 4 cm. Ein kleiner Ausschnitt dieses Plattenfußbodens von 1,80 m x 0,90 m war in situ erhalten geblieben. Hier lagen die Ziegelplatten in einem dünnen, bis 3 cm starken Kalkbett entweder direkt auf dem abgearbeiteten Felsen oder auf einer Ausgleichschicht aus Konglomeratkies mit einer Stärke von 15 cm auf den Auffüllungen innerhalb der Klosterkirche. Bruchstücke weiterer quadratischer Ziegelplatten konnten im Abbruchschutt des gesamten Klosterareals beobachtet werden. Aus dem Abbruchhorizont direkt über dem Fußbodenniveau im Schnitt VI, V, VI und VII konnten Bruchstücke von Ziegelplatten mit einer gekrümmten Form geborgen werden. Diese Ziegelplatten (Inv. Nr. 06/84-80) besitzen eine durchschnittliche Breite von 8,5 cm bei einer Mindestlänge von ca. 25 cm und einer Stärke von 5,5 cm. Mit ihren Radien könnten sie einen Kreis mit einem Durchmesser von ca. 1 m bilden. Weder ein vollständiges Exemplar dieser Ziegelplatten noch eines der Plattenbruchstücke in direkter Fußbodenlage waren auffindbar. Somit ist keine Rekonstruktion der Fußbodengestaltung möglich. Diese hätte nach Vergleichen eine kreis- oder schuppenförmige wie auch anderweitige ornamentale Form besessen haben können.

Durch seine Lage direkt auf dem abgearbeiteten Felsen im Süden und einer Auffüllung von mehr als zwei Metern Höhe im Norden besaß der Fußboden der Kirche ein leichtes Gefälle von ca. 0,40 m von Südwesten nach Nordosten. Die durchschnittliche Höhe lag bei der Plattenauslage im Schnitt V auf 334,12 m über HN, im Schnitt I bei 334,32 m, im Schnitt IV bei 334,23 m, im Schnitt VI bei 334,09 m, im Schnitt VII bei 334,03 m, im Schnitt III bei 334,02 m und im Schnitt IX bei 333,90 m über HN.

---

48 SCHWARZ, Elisabethplan (wie Anm. 27) Abb. 1, S. 69.
49 SCHWARZ, Elisabethplan (wie Anm. 27) S. 69.

DIE KLAUSURGEBÄUDE

DIE BAUPHASE DES 14. JAHRHUNDERTS

Die westlich der Kirche liegenden, nach den Quellen lediglich sechs Mönchen dienenden Klausurgebäude konnten bei den Untersuchungen nur teilweise aufgedeckt werden (Abb. 35 und Abb. 36). Die Gebäude sind vermutlich in ihrer ersten Bauphase bis in die Mitte des 14. Jahrhunderts errichtet worden.

Abb. 35: Klausurgebäude, Grundriss im Planum

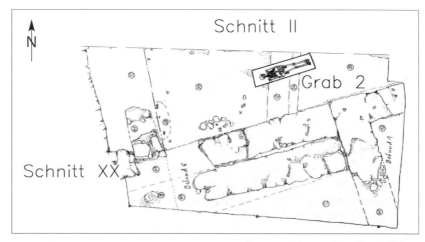

Abb. 36: Schnitt II, Planum, Übersichtsfoto nach Westen

Bei den angelegten Grabungsschnitten II, XX und XVI zeigte sich, dass sich massives Gründungsmauerwerk westlich an die Nordwestecke der Kirche anschloss. Das in zwei Bauphasen errichtete Mauerwerk im Schnitt II reicht – wie auch die Nordwestecke der Kirche – an keiner Stelle bis auf den anstehenden Felsen, sondern war in dem der Quellmulde auflagerndem Lößlehm in einer Tiefe von 1,50 unter der heutigen Erdoberfläche gegründet. Im Schnitt II stieß eine in ihrer untersten Lage erhaltene Mauergründung stumpf an die Nordwestecke der Klosterkirche an. Die Gründung war in der Flucht der Langhausnordwand errichtet worden und besaß eine Stärke von ca. 1,00 m. In Technik und Material mit der Kirche vergleichbar und nach den Befunden in etwa zeitgleich mit dieser errichtet, war die Mauer in einer Länge von 4,50 m erhalten geblieben. Die Fortsetzung nach Westen war durch den Neubau einer Mauer im 15. Jahrhundert ausgebrochen worden. Der fast ausschließlich mit Humus verfüllte Ausbruchgraben der älteren Mauer konnte in der Nordseite des Westprofils von Schnitt II dokumentiert werden. Die südlich, fast parallel zur älteren liegende jüngere Mauergründung hat einen Abstand von nur 10 cm zur älteren und schnitt selbige in ihrem westlichen Bereich durch eine geringe Richtungsänderung. Weiterhin wurde durch den Mauerneubau eine Ecksituation der älteren Mauer gestört, die 2,00 m westlich der noch in ihrer untersten Lage erhaltenen Gründung nach Norden abwinkelte. Hier konnte die noch in einer Länge von 1,80 m und in bis zu drei Steinlagen Höhe erhaltene Gründung nach Norden weiter verfolgt werden. Anschließend waren sämtliche Mauerreste durch einen Ausbruch entfernt worden. Der Untergrund unter dem Ausbruchgraben wies lediglich eine höhere Festigkeit durch Verdichtung auf.

Da in einer Entfernung von 2,80 m nach Norden die Westwand des Hospitals erhalten geblieben war, konnte die Klausurnordwand in dem dazwischen liegenden Bereich nur nach Westen abknicken. Der im Schnitt XVI Nord-Süd geschnittene und Ost-West verlaufende Ausbruchgraben mit einer Gründungsunterkante in einer Tiefe von 0,80 m unter der heutigen Erdoberfläche könnte die Weiterführung der älteren Wand der Klausurgebäude andeuten. Auch in der geomagnetischen Untersuchung zeigte sich ein weiterer Verlauf der Mauer bzw. deren Ausbruchgrabens nach Westen an. Reste eines sondierten Estrichfußbodens lassen sich ebenfalls mit den älteren Klausurgebäuden in Verbindung bringen.

Anhand der Befunde lässt sich ein ab den 1330er Jahren mit der Klosterkirche errichtetes Gebäude interpretieren, dessen Nordwand im Abstand von ca. 2,50 m fast parallel zur Südwand des Hospitals errichtet worden war. Auf der Höhe der Südwestecke des Hospitals knickte das Gebäude offensichtlich nach Norden ab, um nach ca. 2,00 m wieder nach Westen umzuschwenken. Im Zusammenhang mit der Errichtung dieser Ecksituation kam es vermutlich zur Zerstörung bzw. zum Ausbruch des Mauerwerks des Hospitals in diesem

Abb. 37:
Schnitt II,
Westprofil Süd

Abb. 38:
Schnitt II,
Westprofil Nord

Bereich. Der Standort der West- und Südwand des als Klausurgebäude des 14. Jahrhunderts bezeichneten Bauwerks konnte aus Zeit- und Kostengründen nicht mehr sondiert werden. Das zumindest in seinem Untergeschoß massiv errichtete Gebäude hatte nach Westen eine Ausdehnung von mindestens 20 m.

DIE BAUPHASE DES 15. JAHRHUNDERTS

Wie schon erwähnt, verlief im Schnitt II parallel südlich der älteren eine jüngere Mauergründung (Abb. 37 und Abb. 38). Auch sie stieß stumpf an die Westwand der Klosterkirche und besaß nach Westen eine erhaltene Länge von 5,00 m. Hier war wie bei der älteren Mauer nur noch die untersten Lage aus großen Sandsteinplatten des Rotliegenden erhalten geblieben. Der weitere Verlauf der südlichen Gebäudewand nach Westen entspricht in etwa dem Verlauf der älteren. Das schon 1924/25 ergrabene, zweifach abgewinkelte Mauerstück passt in Technik und Material durchaus in die Südwand des jüngeren Klausurgebäudes[50]. Die Anschlüsse dazu konnten als Ausbruchgraben verfolgt werden. Der weitere Verlauf der West- und Südwand der Klausurgebäude des 15. Jahrhunderts ist nicht mehr sondiert worden. In der geomagnetischen Untersuchung sind nach Westen weitere Strukturen erkennbar, die den Verlauf der Mauer vermuten lassen.

Abb. 39 (links): Maßwerkfragment, Kreuzstockfenster aus Schnitt II

Abb. 40: Maßwerkfragment, Kreuzstockfenster und Dachziegeln aus Schnitt II

Im Ausbruchgraben der Mauer in der Sondierung II, aus der Zeit nach der Auflassung des Klosters, konnten zwei große Bruchstücke von Kreuzstockfenstern mit Maßwerk geborgen werden (Inv. Nr. 06/84-16). Nach der Chronik des Franziskanerklosters ist in der Zeit des Guardian Conrad von Vargila (1393-1424) ein Nebenhaus an der vorhandenen Küche errichtet worden «... edificavit domum contiguam coquine ...»[51]. 1432 schaffte man Gerätschaften zum

---

50 NEBE, Wartburgjahr 1926 (wie Anm. 6) S. 50–52.
51 BIHL, Chronica 1905 (wie Anm. 46) S. 176 cap. 10.

Bierbrauen an und baute 1436 ein neues Haus mit einem beheizbaren Raum und Speisesaal «... domum novam cum estuario et cenaculo ...»[52]. Zu diesem Baudatum könnten die Kreuzstockmaßwerkfenster durchaus passen und damit die ergrabene jüngere Gründungsmauer datieren.

Die Dachdeckung der Klausurgebäude des 15. Jahrhunderts konnte in Resten geborgen werden. Dabei handelte es sich einerseits um die traditionelle Mönch/Nonne-Ziegeldeckung, andererseits um eine Deckung aus Flachziegeln mit zwei Krempen, die an ihrem Stoß mit Mönchen überdeckt waren. Sämtliche Klausurgebäude sind vermutlich ab 1539 abgebrochen worden. Der Ausbruch der Grundmauern erfolgte wahrscheinlich mit den Baumaßnahmen auf der Wartburg in den 90er Jahren des 16. Jahrhunderts und war vermutlich um 1600 bereits abgeschlossen. Lediglich auf dem unteren Plateau kam es Mitte des 16. Jahrhunderts zur Erneuerung bzw. zum Wiederaufbau eines Gebäudes am Elisabethbrunnen, ehe auch dieses vermutlich im Verlauf des Dreißigjährigen Krieges endgültig wüst fiel (Abb. 39 und Abb. 40).

Die Ummauerung des Klosters

Die Existenz einer Ummauerung des Franziskanerklosters war bis zu den Grabungen im Jahre 2006 lediglich aus den archivalischen Quellen[53] und den Abbildungen[54] bekannt. Nach deren Aussagen handelte es sich um einen relativ eng um die Bebauung liegenden, ovalen Mauerring. Über die genaue Lage und Ausdehnung waren jedoch keine Angaben bekannt. Daher ist in älteren Rekonstruktionsversuchen lediglich das obere Plateau des Elisabethplans mit einer engen, um die Klosterkirche laufenden Mauer dargestellt[55]. Nachdem aufgrund der künstlichen Aufschüttung östlich der ehemaligen Klosterkirche der Schnitt X angelegt worden war, konnte in dessen westlichem Bereich die Gründung der Klostermauer gefasst werden.

Die noch mit zwei Lagen Bruchsteinmauerwerk im Aufgehenden erhaltene Mauer war an ihrer oberen Abbruchkante 0,80 m stark. Ein Versprung in Höhe der ehemaligen Oberfläche zur Zeit des Mauerbaus brachte die Stärke der Mauergründung auf ca. 1,00 m. In einer Tiefe von 2,10 m zur heutigen Erd-

---

52 Bihl, Chronica 1905 (wie Anm. 46) S. 176 cap. 11.

53 Schwarz, Elisabethplan (wie Anm. 27) S. 89; Auszug aus dem ThHStA Weimar, Reg. L. pag. 695–706. «1539. Bau der Wartburg ... die Steine zu dem Bauen sollten von dem am Berge gelegenen Klösterlein genommen werden, doch dass die Kirche und die Mauer darum ganz gelassen und nicht umgebrochen würden.»

54 Hopf/Spazier/Weigel, Elisabethverehrung 2007 (wie Anm. 15) Abb. 13 und 14. S. 260 und 261; siehe Schwarz, Elisabethplan (wie Anm. 27) Abb. 1, S. 69 und Abb. 2, S. 72.

55 Nicolai, Ulrich: Die Gedächtniskirche des Rosenwunders vor der Ausgrabung. Architekturbild des Elisabethenklosters über dem Elisabethbrunnen unterhalb der Wartburg. In: Eisenacher Tagespost. Eisenach 3. 9. 1927.

oberfläche war die Mauer direkt auf dem nach Norden abfallenden Felsen gegründet. Die Oberfläche zur Zeit des Mauerbaus lag auf einer 0,50 m starken humosen Auffüllung mit Keramik des 13./14. Jahrhunderts. Nach dem Mauerbau wurde vor derselben die Abfalldeponie des Klosters mit Material des 15./16. Jahrhunderts angeschüttet. Damit lässt sich die Errichtung der Klostermauer etwa in die 1. Hälfte des 15. Jahrhunderts datieren. Vor der inneren (westlichen) Mauerschale war in einer Bauphase des 16. Jahrhunderts im Abstand von 0,50 m eine unregelmäßige einlagige Steinreihe großer Bruchsteine aus Muschelkalk und Rotliegendenkonglomerat vorgelegt worden. Mit dem Gefälle der Oberfläche nach Norden senkte sich auch die Steinsetzung vor dem inneren Mauerfuß nach Norden ab.

Nördlich der Grabungsfläche (Schnitt X) konnte der Verlauf der Klostermauer anhand der hier noch eindeutig sichtbaren Hohlform des Ausbruchgrabens weiterverfolgt werden. Er endet oberhalb östlich der schon 1956/57 und 1964[56] freigelegten Gebäudereste des unteren Plateaus. Ein Anschluss der Klostermauer an diese Gebäude konnte nicht gefasst werden.

Die Erweiterung der Untersuchungsfläche nach Süden in eine auf ehemalige Bebauung hinweisende Oberflächenstruktur mit dem Schnitt XI führte zur Freilegung der östlichen Klosterpforte.

DIE PFORTE DES KLOSTERS NACH OSTEN

Mit dem Schnitt XI konnte die gesamte östliche Pforte des Klosters im Planum freigelegt werden (Abb. 41 und Abb. 42). Das Mauerwerk der Pforte war wie an der Mauer selbst in ein bis zwei Lagen des Aufgehenden erhalten geblieben. Das nördliche Widerlager der Pforte stellte sich als Mauerklotz von 1,25 m Breite

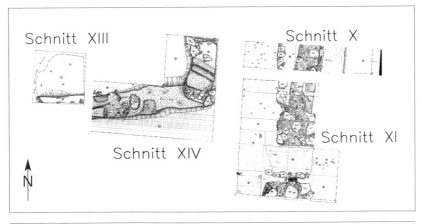

Schnitt XIII

Schnitt X

Schnitt XIV

Schnitt XI

N

Abb. 41: Grundriss der Pforte im Planum

---

56 SPAZIER, Manuskript 2005 (wie Anm. 11).

und 1,50 m Tiefe dar. Nach Osten sprang das Widerlager um 0,20 m aus der Mauerflucht hervor. Das südliche Pendant des Widerlagers besaß eine Tiefe von fast zwei Metern, die Breite war nur auf 0,60 m freigelegt worden. Die lichte Weite der Pforte betrug 1,40 m. Die Freilegung erfolgte bis auf den vor der Niederlegung der Gebäude genutzten Laufhorizont. Ein Türgewände mit Schwelle konnte nicht nachgewiesen werden. Im südlichen Bereich innerhalb des Durchgangs ist eine in den humosen Untergrund des Laufhorizontes verlegte Rinne aus Bruchsteinen und einem Dachziegel (Nonne) freigelegt worden. Die 1,70 m lange Rinne besaß ein Gefälle nach Osten und war offensichtlich zur Ableitung des Oberflächenwassers aus dem ummauerten Areal hergestellt worden. Nach dem direkt auf dem Laufhorizont geborgenen Fundmaterial befand sich über der Pforte ein Überbau in Form eines teilmassiven Gebäudes. Vermutlich war die Pforte zwischen den Widerlagern überwölbt. Mehrere quadratische Ziegelplatten (Inv. Nr. 06/84-114) der ursprünglich auf der Einwölbung liegenden Fußbodenauslage konnten aus dem Abbruchschutt geborgen werden. Teile mehrerer kleiner Fenstergewände aus Rhätsandstein (Inv. Nr. 06/84-113) und Flachglasbruchstücke (Inv. Nr. 06/84-112) verweisen auf Fenster in dem Pfortenüberbau. Auch Backsteine konnten aus dem Abbruchschutt dieses Gebäudes geborgen werden. Die Dachdeckung bestand wiederum aus einer Mönch/Nonne-Ziegeldeckung.

Das Tor des Klosters nach Westen

Vom Schnitt XI nach Südwesten ist der stellenweise als Ausbruchgraben sichtbare Verlauf der Mauer bis zur Oberkante des hier vorhandenen Steilabfalls nördlich des Eselspfads eingemessen worden. Weiter westlich knickte die Mauer oberhalb des schon 1957 ergrabenen Tors des Klosters[57] nach Norden ab, um auf der Südseite der Klenge[58] weiter nach Westen zu verlaufen. Mit diesem überlieferten Baujahr und dem Fundniederschlag lässt sich der gesamte Bau der Klostermauer in das 2. Viertel des 15. Jahrhunderts datieren, da diese, zumindest in ihrem südwestlichen Verlauf, erst mit der Herstellung der Klenge errichtet worden sein kann. Für den Verlauf der Mauer auf der nördlichen Felskante der Klenge wurde diese im Gegensatz zur südlichen Felskante horizontal abgearbeitet, um als Gründungsfläche der Mauer zu dienen.

Das Tor selbst konnte bei der Freilegung der Klenge 1957 freigelegt und dokumentiert werden. Die teilweise in Felsen eingearbeitete südliche Torwange besaß einen nach Osten anschließenden Mauerzug mit einer dokumentierten Länge von 5,30 m. Östlich der nördlichen Torwange sind noch heute sichtbare horizontale Flächen für die Mauergründung stufenförmig in den Felsen gearbeitet worden. Dieser Befund ist jedoch bei der Grabung 1957 weder erkannt noch dokumentiert worden. Heute nicht mehr vorhandene, mit einer Abfasung versehene Vorlagen aus Werksteinen im feldseitigen Sockelbereich beider Torwangen waren bei der Grabung 1957 freigelegt worden. Sie bildeten den Unterbau eines architravierten, vermutlich spitzbogigen Torgewändes. Die lichte Weite des Tores betrug etwa 2,30 m. Nach den Befunden muss ein recht großes Torhaus auf dem Unterbau aufgesessen haben.

Die westliche Sondierung der Klostermauer

Der Mauerverlauf am westlichen Abschluss der Klostermauer (Abb. 43) zeigt sich wiederum als ausgeprägte Hohlform zwischen zwei künstlichen Aufschüttungsflächen an der Spitze des Plateaus zwischen Eselspfad und Straße. Um den Mauerverlauf eindeutig nachzuweisen, wurde innerhalb der Hohlform eine weitere Sondierung niedergebracht. Der Schnitt XVIII durchteufte die Auffüllung des Ausbruchgrabens bis in eine Tiefe von 2,00 m, um hier die alte Oberfläche zu erreichen, in welche die Gründung der Klostermauer eingetieft worden war. Der Ausbruchgraben konnte bis in eine Tiefe von 0,60 m

---

57 Wartburg-Stiftung Eisenach, Archiv, Akte 528 Elisabethplan. Akte Z 1 Grabungszeichnungen.

58 Die «Klenge» ist die Bezeichnung einer künstlich in den Felsen gebrochenen Zufahrt zum Klostertor, die nach der Klosterchronik 1441 angelegt worden war, vgl. Schwarz, Elisabethplan (wie Anm. 27) S. 74 f.

unter der alten Oberfläche verfolgt werden. Das im Ausbruchgraben verbliebene Abbruchmaterial aus Rotliegendensandstein ist im Planum von 1,00 m x
1,00 m dokumentiert worden. Auf Grund der nicht gewährleisteten Stand-
sicherheit des Grabungsschnittes konnte die genaue Gründungstiefe der Klostermauer nicht festgestellt werden. Der weitere Verlauf der Hohlform des
Ausbruchgrabens wendet sich vom Schnitt XVIII nach Norden und verschleift
sich im Steilabfall zur Straße. Ein Anschluss an die Nordmauer des unteren
Plateaus wird angenommen, konnte jedoch nicht weiter sondiert werden.

Die Zusammenfassung zur Klostermauer

Die Ummauerung der Elisabeth-Zelle erfolgte nach den Befunden in der
1. Hälfte des 15. Jahrhunderts. Wie sich die Abgrenzung des Klosterareals vor
dem Bau dieser Mauer darstellte, lässt sich ohne weitere archäologische
Untersuchungen nicht beantworten. Die mehr als 260 m lange Mauer umgab
ein annähernd ovales Gelände, das eine Ausdehnung von max. 92 m Länge
und max. 65 m Breite besaß. Die Mauerhöhe betrug nach Vergleichen mit
anderen Klosteranlagen ca. 3 bis 4 m bei einer Mauerstärke von 0,80 m. Nach
Westen unterbrach der Haupteingang des Klosters mit einer hakenförmigen
Toranlage den relativ ovalen Bering. Eigens für dieses Tor wurde nach den
Quellen 1441 eine Zufahrt, die «Klenge», durch den Felsen gebrochen. Hier
konnte das Kloster von Eisenach über einen Fahrweg durch das Predigertor
und den Hohlweg der Steinrinne erreicht werden. Dieser Fahrweg war von

jeher der Hauptweg zur Wartburg. Für den Verlauf der Mauer auf der nördlichen Felskante der Klenge wurde diese im Gegensatz zur südlichen Felskante horizontal abgearbeitet, um als Gründungsfläche der Klostermauer zu dienen. Das Tor selbst konnte bei der Freilegung der Klenge 1957 dokumentiert werden. Die teilweise in den Felsen eingearbeitete südliche Torwange besaß einen nach Osten anschließenden Mauerzug mit einer dokumentierten Länge von 5,30 m. Östlich der nördlichen Torwange waren horizontale Flächen für die Mauergründung stufenförmig in den Felsen gearbeitet worden. Dieser Befund blieb jedoch bei der Grabung 1957 unerkannt. Die mit einer Abfasung versehenen Vorlagen im feldseitigen Sockelbereich der Torwangen waren der Unterbau eines architravierten, vermutlich spitzbogigen Torgewändes. Die lichte Weite des Tores betrug etwa 2,30 m. Nach den Befunden muss ein recht großes Torhaus auf dem Unterbau aufgesessen haben.

Das geborgene Fundmaterial datiert den Grabungskomplex des Tores ebenfalls in das 15. Jahrhundert. Neben zeitlich bestimmbarer Keramik fand sich eine Münze in der untersten, direkt auf dem Fels liegenden Schicht. Es ist ein Coburger Heller, der zwischen 1475 und 1482 geprägt wurde[59].

Im Osten der Klostermauer öffnete sich eine Pforte zu einem Fußweg in das Mariental. Wie das westliche Tor so war auch die Pforte bei einer Durchgangsbreite von 1,40 m mit einem Torhaus überbaut.

Die Klostermauer beinhaltete lediglich die Abgrenzung des Klosterareals zur Außenwelt. Ein strategischer Wert als Wehrmauer ist grundsätzlich zu verneinen. Der Mauerring und die Kirche sollten nach der schriftlichen Überlieferung mit dem Beginn der Niederlegung des Klosters 1539 zwar erhalten bleiben, wurden aber nach den Befunden und erhaltenen Baurechnungen sicher spätestens ab 1549 abgebrochen[60].

WEITERE TEILWEISE UNTERSUCHTE GEBÄUDE

DAS GEBÄUDE ÖSTLICH DER KLOSTERKIRCHE

Im südlichen Teil von Schnitt XIII östlich der Klosterkirche konnte der Ausbruchgraben einer Ost-West verlaufenden Mauergründung sondiert werden. Aufgrund dessen erfolgte östlich anschließend das Anlegen von Schnitt XIV. Dieser wurde während der Grabung entsprechend dem Verlauf des Ausbruchgrabens nach Osten und Norden erweitert. Die direkt auf dem stark nach

---

59 Siehe Beitrag in diesem Warburg-Jahrbuch INES SPAZIER und UDO HOPF: Die archäologischen Mittelalterfunde vom Elisabethplan unterhalb der Wartburg. Katalog, Abb. 41; auch INES SPAZIER: Ausgrabungsfundstücke Franziskanerkloster Elisabethplan unterhalb der Wartburg. In: MÜLLER/SCHMIES/LOEFKE, Franziskaner 2008 (wie Anm. 15) S. 293–301, hierzu S. 300.

60 SCHWARZ, Elisabethplan (wie Anm. 27) S. 75.

Norden abfallenden Felsen ruhende, im Durchschnitt 1,00 m starke Mauergründung, war im westlichen Bereich in bis zu zwei Steinlagen erhalten geblieben. Auch an der Südostecke und im nördlichen Bereich des Ausbruchgrabens befanden sich einige Bruchsteine im Mörtelverband auf dem zum Teil abgearbeiteten Felsen. Während die Gründungstiefe am Westprofil ca. 1,10 m unter der heutigen Oberfläche lag, erreichte das Nordprofil den Felsen bei 1,70 m. Die Gründung war sehr unsauber eingebracht und stellenweise nur mit Erde als Bindemittel versetzt. Hier zeigte sich, dass die Mauergründung in einem bereits mit Konglomeratverwitterungsboden relativ horizontal aufgefüllten Gelände erfolgte. Der auf einer Länge von 7,50 m erfasste südliche Ausbruchgraben fluchtete nicht ganz mit dem Verlauf der südlichen Kirchwand. Der Schnitt XII zeigte keinen Befund zum Anschluss dieser Mauer an die Südostecke der Kirche. Nach Norden konnte der Ausbruchgraben der Ostwand des Gebäudes in einer Länge von 2,50 m dokumentiert werden. Die zur Südwand in einem leicht stumpfen Winkel abknickende Ostwand verlief mit einem Abstand von etwa 3,50 m parallel zur Klostermauer. Zu Größe, Gestalt und Funktion des Gebäudes können keine Aussagen gemacht werden. Der Grundriss des Gebäudes liegt im Zwickel des nach Süden eingezogenen Chorbereichs der Klosterkirche. Die sich daraus ergebende Maximalgröße des Gebäudes hätte demnach eine Länge (Ost-West) von ca. 10,00 m bei einer Breite (Nord-Süd) von ca. 5,00 m besessen. Es liegen jedoch keine Hinweise vor, ob es sich dabei um einen jüngeren Choranbau oder überhaupt um ein Gebäude oder Gebäudeteil mit sakraler Nutzung handelte. Die im Ausbruchgraben befindlichen Steine und Mörtelreste verweisen auf einen Bruchsteinbau aus Rotliegendensandstein und Konglomerat. Bruchstücke von rechteckigen Fenstergewänden aus Rhätsandstein könnten zum Bau gehört haben. Innerhalb der Grundmauer befand sich eine Auffüllung aus Konglomeratverwitterungsboden ohne den Nachweis einer Fußbodenauslage. Die Dachdeckung kann nach den Funden aus einer Ziegeldeckung mit Mönch/Nonne oder Krempziegeln bestanden haben. Die Errichtung des Gebäudes erfolgte nach sämtlichen Befunden wohl nicht vor dem 15. Jahrhundert. In den Quellen wird für das 2. Viertel des 15. Jahrhunderts über umfangreiche Bautätigkeiten berichtet[61].

Wie bei den anderen Gebäuden des Klosters, so erfolgte vermutlich auch hier die Niederlegung in der Zeit ab 1539, in den nachfolgenden Jahrzehnten auch das Ausbrechen der Gründung. Die Ausbruchgräben waren nach den Grabungsbefunden bis zum Planieren des Geländes in den Jahren 1924/25 sichtbar[62]. In den oberen Einfüllungen fanden sich Keramik, Glas und Porzellanscherben aus dem ersten Viertel des 20. Jahrhunderts.

DAS FACHWERKHAUS ÖSTLICH DER PFORTE

Auf der Feldseite der östlichen Klosterpforte ist noch heute ein Pfad hangabwärts in Richtung Marienal als Hohlform auszumachen. Unmittelbar nördlich vor dem ergrabenen Pfortengrundriss wird dieser Pfad von dem künstlichen Hügel der Abfalldeponie des Klosters begrenzt. Auf der gegenüberlie-
genden südlichen Seite des Pfades ist wiederum eine künstliche Geländeform
sichtbar. Das Plateau mit einer Ost-West ausgerichteten Grundfläche von ca.
12 m x 6 m wurde mit dem Schnitt XV sondiert. Dabei konnte unter einem ca.
0,40 m hohen Abbruchhorizont eine unregelmäßige, ebenfalls Ost-West verlaufende Steinsetzung festgestellt werden. Hierbei handelte es sich offensichtlich um den Schwellenunterbau eines Fachwerkhauses. Dessen Ausfachung
bestand nach den Befunden aus Travertinbruchsteinen in Kalkmörtel. Flachglasbruchstücke verweisen auch hier auf Fenster. Die Dachdeckung bestand
wiederum aus einer Mönch/Nonne-Ziegeldeckung. Auffallend im Fundmaterial war ein Bestand von Keramikscherben relativ großer Gefäße. Das fast ausschließlich aus ziegelfarbiger, unglasierter Keramik bestehende Inventar beinhaltete vor allem Schüsseln, Krüge, Töpfe und Napfkacheln (Inv. Nr. 06/84-
121)[63].

Die Datierung des Fundmaterials liegt in der Zeit des 14./15. Jahrhunderts.
Zur Größe und Funktion des Fachwerkhauses können nur Vermutungen an-
gestellt werden. Da es sich außerhalb der Klostermauer befand, könnte es sich
hier eventuell um eine Pilgerherberge in Form einer beheizbaren «Klosterschänke» gehandelt haben. Das Gebäude bestand vermutlich bis zur Aufhebung des Klosters 1525.

DIE BEBAUUNG DER ÖKONOMIE NORDWESTLICH DER KLAUSUR

Mit den Schnitten XVI und XVII wurden weitere Sondierungen angelegt
(Abb. 44 und Abb. 45), um einen möglichen Abschluss der Bebauung bzw.
des Areals des Klosters nach Westen festzustellen. Im Schnitt XVII wurde
dabei der Nachweis erbracht, dass der gesamte Bereich westlich der Quellmulde vor der Mitte des 16. Jahrhunderts frei von Auflagerungen war und hier
der blanke Felsen des Rotliegendenkonglomerats zu Tage trat. Jedoch war der
südlich durch die Klenge abgeschnittene und nach Norden abfallende
Felsrücken Bestandteil des ummauerten Klosterareals.

---

61 SCHWARZ, Elisabethplan (wie Am. 27) S. 73.
62 NEBE, Wartburgjahr 1926 (wie Anm. 6) S. 50–52.
63 Siehe Beitrag, SPAZIER/HOPF, Fundmaterial, Abb. 37.

Mehrere in den Felsen eingearbeitete Strukturen deuteten hier den Standort zeitlich differenzierter Gebäude an. In einer Erweiterung des Schnittes
XVII nach Norden konnte dazu eine nach Südosten ausgerichtete massive
Gebäudeecke aus der Spätzeit des Klosters freigelegt werden. Eine Erweiterung
der Grabungsfläche unterblieb jedoch aus finanzieller und zeitlicher Begrenzung der Grabung. Das Fundspektrum innerhalb der Gebäudestrukturen beinhaltet Material, das auf eine Nutzung dieses außerhalb der Klausur gelegenen
Areals als Ökonomie des Klosters schließen lässt. Eine quadratische, teilweise
ummauerte Aussparung im Felsen unmittelbar südöstlich der schon erwähnten jüngeren Gebäudeecke hat vermutlich zum Werkstattbereich einer
Schmiede gehört. Hier konnten außer Konzentrationen von Holzkohle etwa
20 unterschiedliche Fragmente aus Eisen geborgen werden. Weiterhin sind im
Schnitt XVII Keramikscherben des 14. bis 16. Jahrhunderts und Flachglasreste
geborgen worden. Eine Besonderheit ist der Fund von Backsteinen unterschiedlicher Größe und Formate, darunter spitzwinkeliger Formsteine (Inv.
Nr. 06/84-157, 163, 164).

Den Wohn- und Arbeitsplatz nutzten die Laienbrüder nach dem Fundniederschlag vom 14. bis zum 16. Jahrhundert. Nach der Niederlegung des
jüngsten Gebäudes, vermutlich ab 1539, diente das Areal zum Abstapeln der
von den Gebäuden abgenommenen Dachziegel. Ein Dachziegelstapel (Abb.
58) konnte im Schnitt XVI im Westprofil dokumentiert werden. Eine etwa
zeitgleich beigesetzte, unmittelbar auf dem Felsen liegende menschliche
Bestattung (Grab 1) fand sich ebenfalls südöstlich der schon erwähnten
Gebäudeecke.

Abb. 45:
Schnitt XVII,
Planum Süd der
Ökonomie nach
Osten

Die Abfalldeponie des Klosters

Auffällig in der Topographie des Elisabethplans ist ein künstlich aufgeschütteter Hügel, der sich in steiler Hanglage am östlichen Ende des oberen Plateaus erstreckt. Der mit seinem höchsten Punkt noch über dem Niveau des Plateaus liegende Hügel hat einen Durchmesser von ca. 17 m x 25 m und eine der Hanglage geschuldete Höhe von ca. 9 m. Zur Klärung der Beschaffenheit des Hügels wurde der Ost-West ausgerichtete Schnitt X angelegt (Abb. 46). Dabei stellte sich heraus, dass der Steilabfall des Plateaus vermutlich schon seit der Hospitalzeit bis zur Auflassung des Klosters zum Verkippen der anfallenden Siedlungsabfälle genutzt worden war. Die im westlichen Bereich der Sondierung gefasste Klostermauer zeigte, dass selbige in einer ca. 0,60 m starken humosen Auffüllung mit Keramikscherben des 13. Jahrhunderts gegründet worden war. Über dieser, bei der Mauergründung in der 1. Hälfte des 15. Jahrhunderts, teilweise abgetragenen Auffüllung, war in der Sondierung die schichtenweise Ablagerung unterschiedlichster Abfälle der Klosterzeit ablesbar. Die Stratigraphie der bis 2,20 m tiefen und östlich der Klostermauer 6 m langen Sondierung zeigte Straten von Küchenabfällen des 15./16. Jahrhundert, getrennt von Holzkohlebändern, und die humosen Reste organischer Abfälle. Vier Straten zeigten Dachziegelfragmente im Zusammenhang mit Mörtelkonzentrationen. Hierbei handelte es sich um den Bauschutt, der bei der in Abständen notwendigen Umdeckung der Ziegeldächer der Gebäude anfiel. Die untersten zwei Straten wiesen dabei Reste einer Mönch/Nonne-Ziegeldeckung in Gipsmörtel auf. Die oberen hingegen bestanden teilweise aus Krempziegeln und wenigen Fittichziegeln in Kalkmörtel. Aus der obersten, direkt unter dem Humus liegenden Strate konnte neben Keramikfragmenten aus der 1. Hälfte des 16. Jahrhunderts ein eiserner Schlüssel geborgen werden. Diese Schicht zeigt damit den Abbruch der Nutzung und das Auflassen der Klostergebäude ab 1525 eindeutig an.

Die Gräber

Das Mönchsgrab (Grab 2)

Das vor der Erweiterung des Schnittes II nach Westen angelegte Westprofil zeigte etwa mittig zwischen dem Ausbruchgraben der älteren Mauergründung der Klausurgebäude und der Südwand des Hospitalgebäudes eine Störung mit humoser Einfüllung. Dabei handelte es sich um eine Grabgrube mit einer West-Ost ausgerichteten Körperbestattung (Abb. 47 und Abb. 48). Die ca. 0,60 m breite und unter jüngeren Auffüllungen 1,30 m tiefe Grabgrube durch-

EISENACH
ELISABETHPLAN
VORG.NR. 06/84
SCHNITT 10
OST PR
18.07.06

Abb. 46:
Abfalldeponie,
Schnitt X, Ostprofil

teufte die gesamten Straten der klosterbauzeitlichen Baurückstände, insbesondere die Kalkauflagerungen und Dachziegelfehlbrände. Sie durchstieß ebenso
den Nutzungshorizont des Hospitals und endete in der anstehenden Löß-
auflagerung der Quellmulde des Elisabethbrunnens.

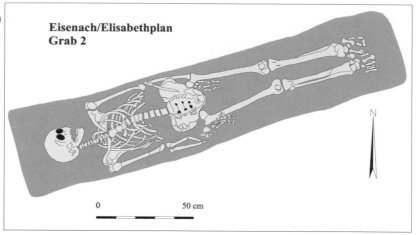

Im Planum hatte die rechteckige Grabgrube bei einer Breite von 0,60 m eine Länge von 2,10 m. Die geostete Ausrichtung lag im Abstand von 1,50 m nördlich parallel zur Flucht der Klosterkirche. Das recht filigrane, aber wohl maskuline Skelett in gestreckter Rückenlage war ohne hölzerne Einbauten bestattet worden. Die Körpergröße betrug etwa 1,67 m. Die Hände befanden

Abb. 48:
Schnitt II, Planum 2
von Grab 2
nach Westen

sich in Schoßlage, der Kopf war leicht nach Norden geneigt. Die christliche Bestattung ohne Beigaben kann aufgrund der Stratigraphie in die Zeit nach der Fertigstellung der älteren Klausurgebäude und vor der Niederlegung derselben datiert werden. Damit handelte es sich um die Bestattung eines Franziskanermönchs aus der 2. Hälfte des 14. Jahrhunderts.

Nach der Dokumentation ist das Grab ohne Entnahme der Knochen verfüllt worden. Da sich innerhalb der Kirche kein Hinweis auf Gräber fand, wurden die Mönche offensichtlich auf dem freien Platz nördlich der Kirche und der Klausur bestattet. Der Bereich südlich der Klosterkirche war zum Anlegen von Gräbern aufgrund des unmittelbar unter der Erdoberfläche anstehenden Felsens sicher ungünstiger. Andererseits war den Mönchen offensichtlich nicht bewusst, dass sie ihre verstorbenen Brüder direkt im Quellhorizont des Elisabethbrunnens bestatteten. Darüber möchte sich der Verfasser momentan keine weiteren Gedanken machen.

Abb. 49: Schnitt II, Planum 1 von Grab 3 nach Westen

Ein weiteres Mönchsgrab (Grab 3)

Im Abstand von 1,80 m östlich der Grabgrube von Grab 2 zeichnete sich in dessen Flucht eine weitere Störung im Planum und im Ostprofil von Schnitt II ab (Abb. 49). Die hier ebenfalls die klosterbauzeitlichen Kalkauflagerungen durchteufende rechteckige Störung wurde auf einer Länge von 0,80 m und in einer Tiefe von 1,80 m im Planum freigelegt. Da es sich hierbei offensichtlich um ein

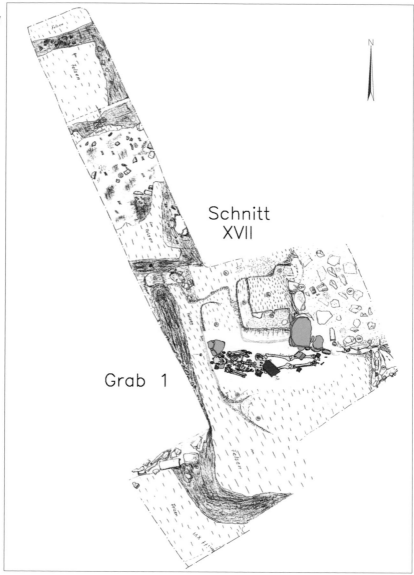

weiteres Mönchsgrab handelte, ist auf Grund anderer Prioritäten auf eine vollständige Freilegung verzichtet und die Bestattung im Boden belassen worden.

Ein sekundär verlagerter menschlicher Oberschenkelknochen konnte ca.
30 Zentimeter über dem Planum von Grab 3 geborgen werden und verweist
auf das Vorhandensein weiterer Mönchsgräber.

Die Bestattung westlich der Klausur (Grab 1)

Mit Hilfe eines Kleinbaggers wurden die Schnitte XVI und XVII angelegt, um einen möglichen Abschluss der Bebauung bzw. des Areals des Klosters nach Westen festzustellen. Dabei kam am östlichen Ende von Schnitt XVII in einer Tiefe von 0,40 m der Schädel einer unmittelbar auf dem Felsen liegende menschliche Bestattung zum Vorschein (Abb. 50, Abb. 51 und Abb. 52). Das Skelett in gestreckter Rückenlage war West-Ost ausgerichtet. Die Arme lagen auf der Brust nach oben angewinkelt, die Reste der Handknochen auf den Schlüsselbeinen. Der Unterkiefer war nach unten abgeklappt. Direkt auf dem Gesichtsschädel lag die Hälfte eines Fittichziegels. Ein weiterer, fast vollständiger Nonnenziegel bedeckte den Schoß und den rechten Oberschenkel. Ein würfelförmiger mittelgroßer Quader aus Rotliegendenkonglomerat lag auf dem linken Unterschenkel. Der gesamte Körper war von einem mit Ziegelbruch durchsetzten humosen Boden bedeckt. Eine Grabgrube oder Reste hölzerner Einbauten konnte nicht festgestellt werden. Lediglich eine Kante des anstehenden Felsens war, offenbar beim Ausheben des Grabes, am Kopfende der Bestattung leicht abgeschlagen worden. Der gesamte Untergrund bestand aus künstlich in den Felsen eingearbeiteten Strukturen, die hier den Standort verschiedener älterer, zeitlich differenzierter Gebäude anzeigten. Die Bebauung der unmittelbar nördlich in Höhe der Knie des Skeletts stehende massive

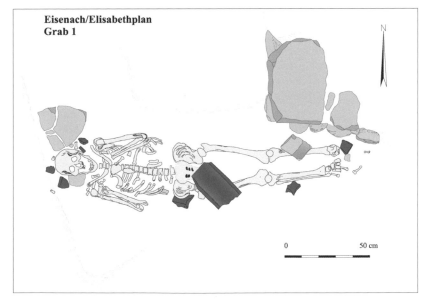

Eisenach/Elisabethplan
Grab 1

0   50 cm

Abb. 51:
Grab 1

Abb. 52:
Schnitt XVII,
Planum 1,
Übersichtsfoto mit
Grab 1 nach Westen

Gebäudeecke war zur Zeit der Bestattung bereits ruiniert. Offenbar hatte man den Leichnam nach seiner Niederlegung nur mit einer geringmächtigen Erdüberdeckung versehen. Durch diese Lage, nur wenige Dezimeter unter der Erdoberfläche, waren fast sämtliche Hand- und Fußknochen durch Nager verschleppt worden. Einige Kleinknochen lagen außerhalb des anatomischen Verbandes an unterschiedlichen Stellen des Skeletts (Abb. 53, Abb. 54 und Abb. 55).

Da die Bestattung nicht im Bereich der Mönchsgräber lag, sondern im Areal der zum Zeitpunkt seines Begräbnisses schon ruinösen Ökonomiegebäude des Klosters, kann die Datierung wohl erst nach der Auflassung und teilweisen Niederlegung des Klosters liegen. Weiterhin erfolgte die Bestattung zwar mit einer West-Ost Ausrichtung, doch zeigt die Lage von Dachziegeln und Steinen direkt auf Gesicht und Körper eher einen unchristlichen Ritus (Abb. 56 und Abb. 57).

Bei den Recherchen zur Bau- und Nutzungsgeschichte des Elisabethplans lagen unter anderem Archivauszüge aus dem Thüringischen Hauptstaatsarchiv Weimar [64] vor. Dabei handelt es sich, wenn auch nicht explizit ausgewiesen, um Auszüge aus den angeblich nicht mehr erhaltenen Wartburgrechnungsbüchern. Zu 1549: «Es wäre daher gut, den Sal (den Palas) mit Ziegeln zu

---

64 SCHWARZ, Elisabethplan (wie Anm. 27) S. 89; Auszüge aus dem ThHStA Weimar, Reg. L. pag. 695–706. Angeblich sind die Primärquellen, nämlich die «Acta das Schloß Wartburg betr. 1499 –1673» in den Nachkriegswirren 1945 einem Brand in seinem Auslagerungsort zum Opfer gefallen.

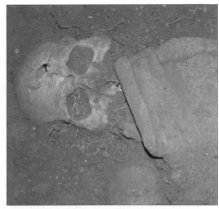

Abb. 53:
Grab 1,
Planum 1
nach Westen

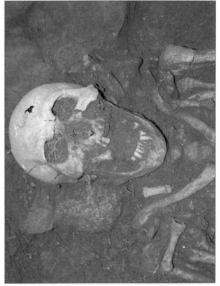

Abb. 54:
Grab 1,
Schädel während
der Freilegung

Abb. 55:
Grab 1,
Schädel

Abb. 56 (links):
Grab 1,
Becken

Abb. 57:
Grab 1,
Unterschenkel

Abb. 58:
Schnitt XVI,
Westprofil mit
Ziegelstapel

decken. Unter dem Schlosse stünde eine Kirche, St. Elisabeth Kloster genannt, welche unnütze sei und von selber einfalle, ... darauf ward befohlen, das Schindelhaus (den Palas) mit den Ziegeln ... auf der Kirchen unter der Wartburg zu decken.»

Da die Rechnungsbücher immer die Ausgaben des vergangenen Jahres beinhalteten, müsste es sich in diesem Fall um die Bautätigkeiten des Jahres 1548 handeln. Die Primärquellen sollten, soweit vorhanden, unbedingt dahingehend überprüft werden. Die Quelle gibt zumindest den Zeitpunkt an, an dem es zum Abdecken der Dachziegel vom Kirchdach kam. Andere Klostergebäude waren schon seit 1539 abgetragen worden[65]. In unmittelbarer Nähe der Bestattung konnte im Westprofil von Schnitt XVI ein liegen gebliebener Dachziegelstapel angeschnitten werden (Abb. 58).

Bei den weiteren Recherchen hinsichtlich der Bau- und Nutzungsgeschichte tauchte dazu eine Nachricht auf, die besagt, dass im Jahre 1548 ein nach 16 Jahren Haft – davon acht auf der Wartburg – verstorbener Gefangener, der Täufer Fritz Erbe, auf dem Elisabethplan begraben worden war[66].

Alles in allem könnte es sich bei der aufgefundenen «unchristlichen» Be-

---

65 Ebenda.
66 PETRA SCHALL: Der Täufer Fritz Erbe – Gefangener im Südturm der Wartburg. In: Wartburg-Jahrbuch 1994. 3(1995), S. 85–95, hier S. 95; Thüringisches Hauptstaatsarchiv Weimar, Eisenacher Rechnungen, Nr. 3210, «Rechenung des Amptes Eyssenach», 1548, Bl. 90^v.

stattung um den Gefangenen Fritz Erbe oder vielleicht um einen der weniger prominenten Mitgefangenen handeln. Den eindeutigen Beweis der Identität des Fundes werden uns jedoch auch weitere Forschungsmethoden schuldig bleiben müssen.

Bauhistorische Zusammenfassung

Die Grabung auf dem oberen Plateau des Elisabethplans im Jahre 2006 erbrachte im Wesentlichen drei Bauphasen (Abb. 59, siehe vorderer Vorsatz und Abb. 60, siehe hinterer Vorsatz dieses Wartburg-Jahrbuches).

Die erste Bauphase (13. Jahrhundert)

Die erste Bauphase ab 1226 beinhaltete den Grundriss eines etwa 8,00 m breiten und 10,35 m langen Gebäudes als massiven Unterbau eines Fachwerkhauses. Das ca. 0,70 m starke Mauerwerk hatte sich stellenweise bis in eine Höhe von 1,60 m erhalten und besaß bis zu vier Steinlagen des Aufgehenden. Anhand des vorwiegenden Fundspektrums aus dem 13. Jahrhundert innerhalb des nach Süden mit einer Öffnung versehenen Mauergevierts und weiterer oben genannter Befunde lässt sich hier der von der Landgräfin Elisabeth gegründete Hospitalbau vermuten (Abb. 61).

Abb. 61: Elisabethplan, Rekonstruktionsversuch der Bebauung um 1230

Abb. 59: Lageplan der bauhistorischen Dokumentation und die Abb. 60: Lageplan mit unterlegter geomagnetischer Untersuchung, befinden sich auf dem vorderen bzw. hinteren Vorsatz dieses Buches.

DIE ZWEITE BAUPHASE (14. JAHRHUNDERT)

Die zweite Bauphase setzte mit der Gründung eines Franziskanerklosters am Standort des Hospitals ab 1331 ein. Dabei kam es vorerst zur Nutzung des noch bestehenden Gebäudes als «Baustelleneinrichtung». Im Zuge der Errichtung der Klosterkirche und der westlich anschließenden Klausurgebäude wurde der Fachwerkaufbau des Hospitals abgebrochen.

Die Klosterkirche war 25 m lang und 12,20 m breit. Die Saalkirche besaß einen südlich einseitig eingezogenen und platt geschlossenen Chor. Das Mauerwerk aus Konglomerat und Sandsteinen des Rotliegenden in Hausteinqualität besaß Eckquader, Gesimse und zweibahnige, einfarbig verglaste Maßwerkfenster aus Rätsandsteinwerksteinen. Die Fußbodenauslage bestand aus Ziegelplatten unterschiedlicher Form und Größe. Der mit Mönch/Nonne-Deckung versehene Kirchbau trug auf seinem First ein oder zwei verschieferte Dachreiter.

Abb. 62:
Elisabethplan,
Rekonstruktionsver-
such der Bebauung
um 1350

Das zumindest in seinem Untergeschoß massiv errichtete Klausurgebäude besaß einen Estrichfußboden und hatte westlich der Kirche eine Ausdehnung von mindestens 20 m. Zwei ergrabene Mönchsgräber nördlich von Kirche und Klausur stammten ebenfalls aus der 2. Hälfte des 14. Jahrhunderts (Abb. 62).

DIE DRITTE BAUPHASE (15. JAHRHUNDERT)

Die dritte Bauphase setzte in der 1. Hälfte des 15. Jahrhunderts ein. Dazu werden schon in den Quellen die Errichtung mehrerer neuer Gebäude wie Speisesaal, Brauhaus, Nebenhaus und eine neue Zufahrt erwähnt. In der archäologischen Untersuchung spiegelte sich der Bauboom in der Neuerrichtung der Klausur wieder. Dazu wurden die alten Gebäude offensichtlich völlig niedergelegt und ein Neubau, etwas nach Süden versetzt, mit Maßwerkkreuzstockfenstern im massiven Erdgeschoß geschaffen. Die Gesamtgröße der Klausur konnte nicht weiter untersucht werden. Südöstlich des Chores der Klosterkirche entstand ein massives Gebäude unbekannter Bedeutung mit einem Grundriss von ca. 10 m x 5 m.

Mit der Herstellung der neuen Zufahrt durch den anstehenden Felsen 1441 baute man ein Tor in Richtung Westen. Eine Ummauerung des Klosterareals erfolgte mit einem annähernd ovalen Mauerring in einer Länge von ca. 92 m bei einer Breite von ca. 65 m. Der Gesamtumfang besaß eine Mauerlänge von mehr als 260 m. Die Mauerhöhe betrug ca. 3 m bis 4 m bei einer Stärke von 0,80 m. Eine Pforte öffnete sich zu einem Fußweg nach Osten in das Marienthal.

Abb. 63:
Elisabethplan,
Rekonstruktionsversuch
der Bebauung um 1525

Sowohl das Tor mit einer lichten Weite von 2,30 m als auch die Pforte mit einer Durchgangsbreite von 1,40 m waren mit einem Torhaus überbaut. Südöstlich vor der Pforte stand auf einem künstlich angelegten Plateau ein als vermutliche Herberge angesprochenes Fachwerkgebäude mit umfangreichem Geschirrinventar. Die Untersuchung einer Hügelaufschüttung nordöstlich vor der Klosterpforte erbrachte den Befund der Abfalldeponie des Klosters.

Auf dem Felsplateau westlich der Klausurgebäude konnte der Standort der Ökonomie des Klosters festgestellt werden. Mehrere in den Felsen eingearbeitete Strukturen deuteten hier den Standort zeitlich differenzierter Gebäude an. Des Weiteren konnte eine nach Südosten ausgerichtete, massive Gebäudeecke freigelegt werden. Eine Erweiterung des Untersuchungsbereiches unterblieb jedoch aus finanzieller und zeitlicher Begrenzung der Grabung.

Sämtliche Gebäude des Klosters wurden mit der seiner Aufhebung 1525 funktionslos und vermutlich zwischen 1539 und Ende des 16. Jahrhunderts abgetragen. Die Mauergründungen sind in den meisten Fällen bis zum Anstehenden ausgebrochen worden. Im Abbruchschutt des Klosters konnte eine Bestattung geborgen werden, deren Identität möglicherweise mit dem 1548 als Gefangener auf der Wartburg verstorbenen Täufers Fritz Erbe in Verbindung gebracht werden kann (Abb. 63).

Bericht zu den geophysikalischen Untersuchungen am Elisabethplan nördlich der Wartburg, Stadt Eisenach

Raphael Dlugosch und Tim Schüler

1. Einleitung

Nordwestlich und etwa auf halber Strecke zwischen der Stadt Eisenach und der Wartburg befindet sich eine heute als «Elisabethplan» bezeichnete Verebnungsfläche in der Flanke des Berges. Dabei handelt es sich um die obere einer zweistufigen Terrasse, welche nahe der Zufahrtsstraße zur Wartburg liegt und den Elisabethbrunnen einschließt. Der Elisabethplan misst heute etwa 70 x 25 m und ist über einen Durchbruch im Fels von Westen her leicht zugänglich. Nach schriftlicher Überlieferung und archäologischem Befund[1] soll auf der Terrasse um 1225 von der Landgräfin und späteren Heiligen Elisabeth ein Hospital errichtet worden sein. Von 1331 bis 1525 existierte dort ein Kloster, welches in der Folgezeit abgerissen und dessen Baumaterial bei dem Ausbau der Wartburg verwendet wurde. Zum Zeitpunkt der Untersuchung war nur noch eine ebene Grünfläche erhalten, welche im Süden und Südwesten von anstehendem Konglomerat begrenzt wurde und in den übrigen Richtungen langsam in einen lichten Laubwald überging. Grabungsfunde von 1924/25 auf dem Elisabethplan und Ausgrabungen auf der unteren Terrasse in den 1950er und 1960er Jahren brachten Mauerreste zutage, welche vermutlich dem Zeitraum des Bestehens des Klosters zuzuordnen sind. Eine flächenhafte Ausgrabung des Elisabethplans war bis dahin ausgeblieben.

2. Ziel

Ziel der Untersuchung war das Auffinden von Bauresten in Vorbereitung auf die künftigen archäologischen Untersuchungen. Die Untersuchungen geschahen auf Anregung von Frau Dr. Ines Spazier vom damaligen Landesamt

---

1 Hilmar Schwarz: Der Elisabethplan unterhalb der Wartburg. In: Wartburg-Jahrbuch 1995. 4(1996), S. 59–90; Udo Hopf, Ines Spazier und Petra Weigel: Elisabethverehrung und Elisabethgedenken der Wettiner. Das Elisabethhospital und das Franziskanerkloster St. Elisabeth unterhalb der Wartburg – Archäologische Befunde und schriftliche Zeugnisse. In: Dieter Blume und Matthias Werner (Hrsg.): Elisabeth von Thüringen – eine europäische Heilige. Aufsätze. Petersberg 2007, S. 245–269.

für Archäologie zur Vorbereitung einer zukünftigen archäologische Grabung, die 2006 erfolgt ist. Die geophysikalischen Messungen dienten zum Auffinden von Bauresten und anderen Spuren unter der Erdoberfläche, um die Grabungsschnitte gezielt und erfolgversprechend anlegen zu können.

3. Verfahren/Durchführung

Bei der Prospektion wurden zwei geophysikalische Verfahren, die Gradientengeomagnetik und die Gleichstromgeoelektrik, angewandt.

3.1 Geomagnetik

Abb.1:
Lage des Messraster (rot) in Gauß Krüger Koordinaten.
Im Hintergrund liegt ein von Th. Spazier erstelltes digitales Geländemodell.

Für die geomagnetische Kartierung wurde das Fluxgate Gradiometer FM36 der Firma Geoscan verwendet. Als Geräteeinstellung wurden ein Messpunktabstand von 0,125 m und eine Mittelung über 16 Messwerte gewählt. Das Gebiet wurde zur Messung in 20 x 10 m große Raster eingeteilt (vgl. Abb. 1). Die vermessenen Profile sind dabei etwa Ost-West orientiert und haben einen

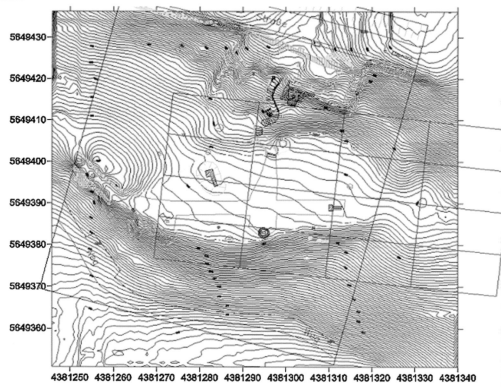

Abstand von jeweils 0,5 m. Aus Gründen eines zügigen Messfortschrittes wurde im Zickzack-Modus gemessen. Daraus resultiert eine Messpunktauflösung von 0,13 m in Ost-West- und 0,5 m in Nord-Süd-Richtung. Die Rohdaten wurden mit dem Programm Geoplot 2.01 der Firma Geoscan ausgelesen und bearbeitet. Dazu gehört eine Drift- und Parallaxenkorrektur mit den Funktionen «zero mean traverse» und «destagger».

3.2 GEOELEKTRIK

Die geoelektrischen Messungen wurden mit dem Gerät Geopulse Imager 50 der Firma Campus durchgeführt. Dies geschah in zwei Kampagnen, am 31. März sowie am 11. und 15. November 2004. Dabei wurden 50 Elektroden im Abstand von 0,5 m auf nahezu Nord-Süd orientierten Profilen ausgesteckt und diese mit einer Elektrodenanordnung nach Wenner-α und mit zunehmenden Elektrodenabstand ($a=0,5$; $1,0$; $1,5$; ...; $3,5$ m) sukzessiv vermessen. Um eine dreidimensionale Information der Widerstandsverteilung im Untergrund zu erhalten, wurden 13 parallele Profile im Abstand von je ca. 3 m angelegt (vgl. Abb. 2 und 3). Die Auflösung dieser Elektrodenanordnung beträgt maximal, das heißt im oberflächennahen Bereich, 0,5 m in Nord-Süd-, 3 m in Ost-West- und 0,25 m in Z-Richtung. Mit zunehmender Eindringtiefe verschlechtert sich die Auflösung jedoch schnell. Da für die Modellierung

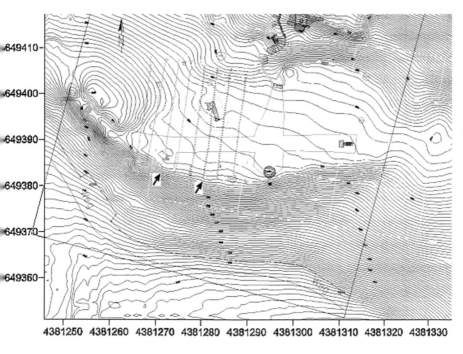

Abb. 2.:
Lage der im Nov. 2004 vermessenen Elektroden in Gauß Krüger Koordinaten (Pfeile).
Im Hintergrund liegt ein von Th. Spazier erstelltes digitales Geländemodell.

Abb. 3:
Lage der Elektroden in lokalen Koordinaten.
Kreuze im November 2004 vermessen,
Kreise aus Aufzeichnungen vom März 2004
rekonstruiert. Die Oberfläche ist aus den
Koordinaten der Elektroden berechnet.

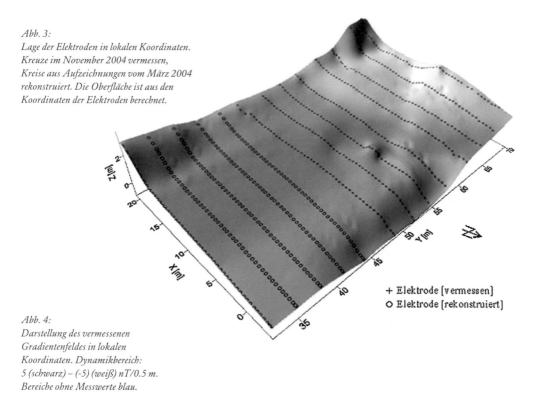

+ Elektrode [vermessen]
O Elektrode [rekonstruiert]

Abb. 4:
Darstellung des vermessenen
Gradientenfeldes in lokalen
Koordinaten. Dynamikbereich:
5 (schwarz) – (-5) (weiß) nT/0.5 m.
Bereiche ohne Messwerte blau.

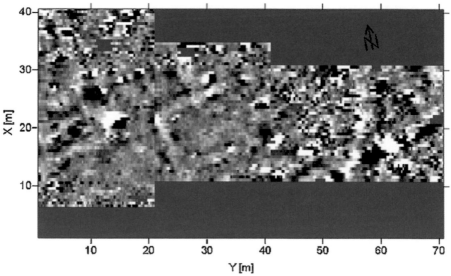

auch die Topographie eine nicht zu vernachlässigende Rolle spielt, wurde zusätzlich zu der Lage auch noch die Höhe der einzelnen Elektroden bestimmt. Anschließend wurden die Messwerte mit der Software RES2DINV der Firma Geotomo Software modelliert. Dazu wurden die dort voreingestellten Parameter übernommen.

4. Ergebnisse

4.1 Geomagnetik

Nach der Vermessung des Gradientenfeldes lässt sich der Elisabethplan geomagnetisch zweiteilen (vgl. Abb. 4). Deutlich hebt sich ein zentraler Bereich im Westen von den darum angeordneten magnetisch «unruhigen» Bereichen ab. In ihm sind einige lineare Anomalien mit einem negativen Gradienten zu erkennen (vgl. Abb. 5 und 6). Sie streichen überwiegend Südwestwest-Nordostost bzw. rechtwinklig dazu und sind etwa 2 m breit. Auch in dem östlichen Bereich ist eine gebogene, Nord-Süd orientierte Struktur zu erkennen. Dieser «ruhige» Bereich stimmt recht gut mit der als Grünfläche genutzten Fläche überein. In den blauen Bereichen in Abbildung 4 war aufgrund von Bäumen oder starken Bewuchs kein Messen mehr möglich.

Abb. 5:
Darstellung des vermessenen Gradientenfeldes mit nachgezeichneten linearen Anomalien (blau). Dynamikbereich: 5 (schwarz) – (-5) (weiß) nT/0.5 m. Bereits ausgegrabene Mauerreste (grau) sind hinterlegt.

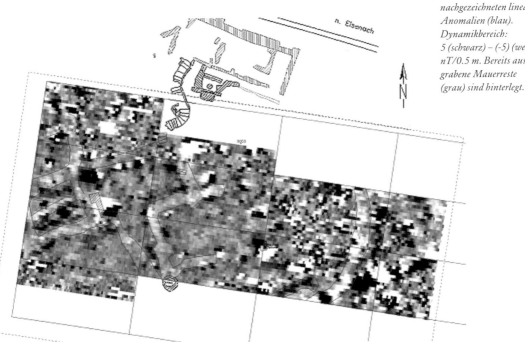

Abb. 6:
Lineare Anomalien des
Gradientenfeldes (blau)
und bereits ausgegrabene
Mauerreste (grau).

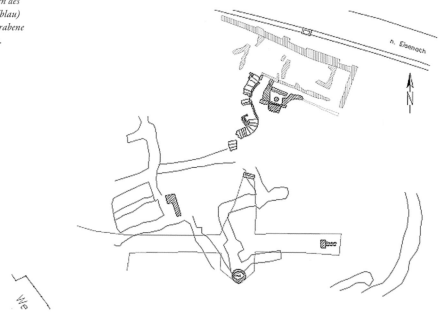

4.2 Geoelektrik

Die Modellierung der gemessenen, scheinbar spezifischen elektrischen Widerstände ergab zwölf verwertbare Nord-Süd Schnitte. Das westlichste Profil musste verworfen werden, da aufgrund einer schlechten Ankopplung von einigen Elektroden an den Untergrund nicht genug brauchbare Daten gewonnen werden konnten. In der flächenhaften Darstellung der Schnitte (vgl. Abb. 7) sind im Nordwesten und im Süden oberflächennahe Bereiche mit erhöhten spezifischen Widerständen zu erkennen. Vereinzelt deuten sich insbesondere im Osten lineare Strukturen in einer Tiefe um 0,5 m an, welche im Kapitel 4.3 bei dem Vergleich mit der Geomagnetik näher beschrieben werden.

Die Idee einer 3D Modellierung musste aufgrund folgender Probleme verworfen werden: Zum einem, da die beiden Datensätze der Messkampagnen vom März und November wegen der unterschiedlichen Bodenverhältnisse nur bedingt vergleichbar sind, und zum anderen, weil es nicht bzw. nur unzureichend gelang, die Topographie bei einer 3D Modellierung zu berücksichtigen.

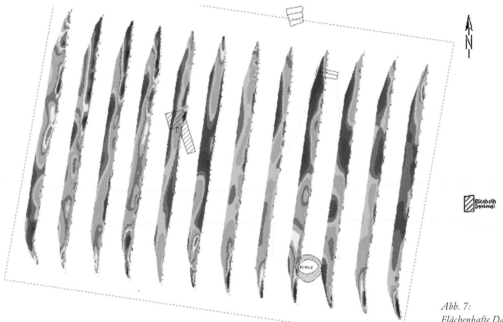

Abb. 7:
Flächenhafte Darstellung
der 2D modellierten
Verteilung des Logarith-
mus des spez. elektr.
Widerstandes. Der
Dynamikbereich ist
jeweils auf Minimum
(blau) und Maximum
(rot) des jeweiligen
Schnittes bezogen und
liegt etwa zwischen
200 – 1000 Ωm im März
und 80 – 2000 Ωm im
November.

4.2 Vergleich Geomagnetik und Geoelektrik

Bei dem Vergleich der Ergebnisse der beiden Verfahren fällt auf, dass sie sich insbesondere hinsichtlich des Informationsgehaltes deutlich unterscheiden (vgl. Abb. 8). Die von der Geomagnetik im Westen teilweise sehr fein aufgelösten Strukturen können durch die Geoelektrik nur bedingt nachgewiesen werden. Vereinzelt lassen sich jedoch größere Anomalien durch die Geoelektrik verifizieren (vgl. Abb. 8, Pfeile). Das sich in beiden Verfahren als Anomalie abzeichnende Material besitzt im Kontrast zu seiner Umgebung eine geringere Suszeptibilität und einen erhöhten spezifischen elektrischen Widerstand.

5. Interpretation

Die durch die negativen Anomalien in der Geomagnetik nachgezeichneten und durch die Geoelektrik verifizierten Strukturen lassen sich möglicherweise als Fundamentreste einer einstigen Bebauung deuten. Der zu der Umgebung nötige Kontrast könnte auf die Verwendung von Kalkstein oder Kalkmörtel hinweisen. Da ein Nachweis insbesondere durch die Geoelektrik nur vereinzelt möglich war, sind die Mauerreste vermutlich nur unvollständig, d.h. als verfüllter Graben oder nur wenige Steinlagen mächtig erhalten. Die 1924/25 freigelegten Mauerreste passen sich sowohl in ihrer Orientierung als auch in ihrer Lage in das von der Geomagnetik gezeichnete Bild ein. Die Orientierung nach Nordosten stimmt mit den historischen Abbildungen des Klosters überein[2].

Die in der Geomagnetik als «unruhige», d. h. durch viele kleine und wenig strukturierte Anomalien gekennzeichneten Bereiche entstehen vermutlich im Nordwesten durch eine Schuttdecke, die sich auch in der Geoelektrik abzeichnet, und durch vereinzelte Ziegelreste wie sie oberflächlich auch im Osten gefunden wurden. Die hohen Widerstände im Südteil des Elisabethplans stammen von dem Wurzelwerk eines großen Baumes und dem dort anstehenden, trockenen Konglomerat.

Abb. 8:
Vergleich der modellierten Profile der Geoelektrik mit den linearen Strukturen in der Geomagnetik (blau gestrichelt). Nähere Erläuterungen vgl. Abb. 6 und 7. Korrelation der beiden Verfahren (Pfeile).

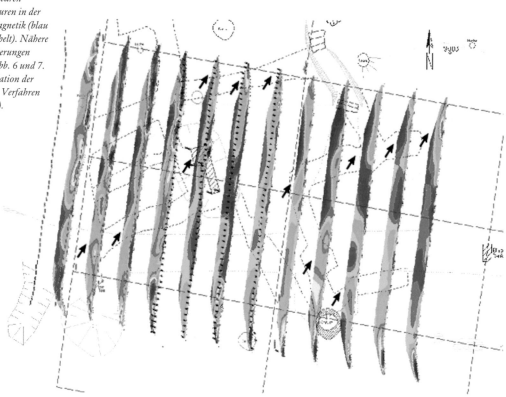

2 SCHWARZ, Elisabethplan 1996 (wie Anm. 1) S. 70.

Die archäologischen Mittelalterfunde vom Elisabethplan unterhalb der Wartburg. (Text)

Ines Spazier und Udo Hopf

1. DAS FUNDMATERIAL AUS DER ZEIT DER ERSTEN NUTZUNGSPHASE UND DER HOSPITALZEIT VON ENDE DES 12. BIS ZUR MITTE DES 13. JAHRHUNDERTS

Eine erste Besiedlung lässt sich anhand von Rand- und Wandungsscherben für das späte 12./ frühe 13. Jahrhundert nachweisen. Sie konzentrieren sich vor allem am nördlichen Hang des unteren Plateaus in der Nähe des Elisabethbrunnens[1], kamen aber auch vereinzelt bei den Untersuchungen östlich des Klenge-Felsganges im September 1957 und im Fundkomplex der Grabung von 2006 vor. Diese frühen Funde am Elisabethbrunnen sprechen für eine Sicherung der Wasserquelle durch einen dort existierenden Hof.

Alle diese Funde lagen in keinem Befundzusammenhang. Dabei handelt es sich um Randscherben von blaugrauer bis rotbrauner Farbgebung, mittelgrober Magerung und hartem Brand (Abb. 1/1–7). Diese Scherben haben alle einen nach außen geneigten, lippenförmig verdickten Rand. Sie passen sich ohne Probleme in die von Wolfgang Timpel beschriebene Gruppe der graubraunen Standbodenware (Gruppe E1) in die zweite Hälfte des 12. Jahrhunderts ein[2] und gleichen denen aus den untersten Schichten vom Palas-Sockelgeschoss[3]. Auch in Oberfranken werden lippenförmig verdickte Ränder mit runder Randleiste und Innenkehlung in das 11./12. Jahrhundert gestellt[4].

---

1 Im Herbst 2005 wurde auf dem unteren Plateau ein Teil der 1964 ergrabenen Mauern durch die Bauhütte der Wartburg-Stiftung saniert. Dabei wurden diese vom Bewuchs befreit, bis zur Gründungssohle freigelegt und teilweise um ein bis zwei Steinreihen erhöht. Weiterhin wurde die Böschung zum oberen Plateau vom Bewuchs befreit und neu hergerichtet. Das meiste Fundmaterial stammt von der Böschungssanierung.

2 WOLFGANG TIMPEL: Die früh- und hochmittelalterliche Keramik im westlichen Thüringen (8.–12. Jh.) (Weimarer Monographien zur Ur- und Frühgeschichte. 33). Stuttgart 1995, S. 43–36; WOLFGANG TIMPEL: Altenrömhild – Rotemulde – eine mittelalterliche Siedlung im südlichen Thüringen. In: Alt-Thüringen. 29(1995), S. 129–189, hier S. 156 f.

3 INES SPAZIER: Die archäologischen Untersuchungen im Palas-Sockelgeschoss der Wartburg. In: Wartburg-Jahrbuch 2003. 12(2004), S. 59–90.

4 HANS LOSERT: Die früh- bis hochmittelalterliche Keramik in Oberfranken. Bd. 1 und 2 (Zeitschrift für Archäologie des Mittelalters, Beiheft 8). Köln 1993, hier Bd. 1, S. 47.

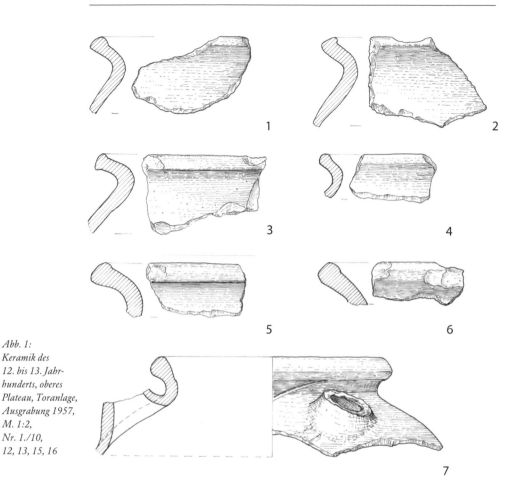

Abb. 1:
Keramik des
12. bis 13. Jahr-
hunderts, oberes
Plateau, Toranlage,
Ausgrabung 1957,
M. 1:2,
Nr. 1./10,
12, 13, 15, 16

Die bei den Sanierungsarbeiten 2005 im Bereich und am nördlichen Hang des unteren Plateaus aufgefundene Keramik ist ebenfalls ohne Befundzusammenhang. Das hier dokumentierte Material ist äußerst umfangreich. Es handelt sich um nach außen gebogene keulenförmig, lippenförmig oder stempelförmig verdickte Ränder, bei denen keine Halszone ausgearbeitet ist. Ebenfalls kommen quadratisch verdickte, leicht kragenartig profilierte Ränder mit einer deutlichen Innenkehlung vor (Abb. 2/1–8). Die Scherben sind mäßig hart gebrannt und weisen eine mittelgrobe Magerung auf, die Oberfläche ist meist leicht gerauht. Im Farbton sind sie rotbraun bis schwarzbraun. Die Keramik ist kaum verziert, es treten nur waagerechte Bänder auf

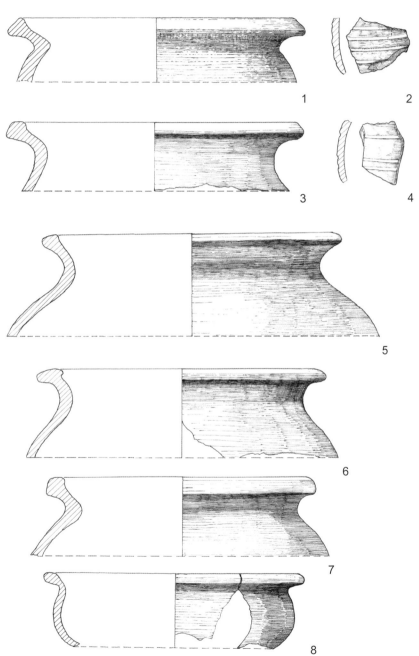

Abb. 2:
Keramik des 12. bis
13. Jahrhunderts,
unteres Plateau,
Sanierungsarbeiten
2005, M. 1:2;
Nr. 4./2, 8

(Abb. 2/2; 4). Wolfgang Timpel[5] bezeichnet sie als graubraune Standboden-ware, die vor allem im 12. Jahrhundert dominiert und südlich bis auf die Höhe Eisenach-Erfurt-Weimar im Thüringer Becken und südlich des Thüringer Waldes vorkommt. Peter Donat[6] ordnet in seiner Arbeit über den königlichen Klosterhof Gebesee solche Randscherben in seine Warengruppe B (hochmittelalterliche Standbodenware) ein, die er als charakteristische Keramik des 12. Jahrhunderts bestimmt. Die quadratisch verdickten Ränder (Abb. 2/3; 7) entsprechen Scherben aus Oberfranken (Bamberg, Dom), die Hans Losert[7] in die Zeit zwischen 1185 und 1210/37 datiert.

Für die Zeit des Elisabethhospitals sind neben Keramikscherben und Tierknochen auch wenige Kleinfunde erhalten geblieben. Die Keramik des 13. Jahrhunderts ist belegt durch nach außen gebogene verdickte, zum Teil noch keulenförmig verdickte Ränder, als auch lippenförmig gearbeitete Randscherben. Die im 12. Jahrhundert recht dominanten keulenförmigen Ränder gehen zu Beginn des 13. Jahrhunderts prozentual zurück (Abb. 3/1–3; 5; 7). Dafür treten verstärkt lippenförmige Ränder mit Innenkehlung, aber auch kantig gearbeitete Ränder auf (Abb. 3/4; 8; 9; Abb. 4). Die Verdickung der Lippenränder nimmt allmählich ab[8]. Randscherben mit gerader Randoberkante sind gegenüber dem 12. Jahrhundert prozentual seltener anzutreffen (Abb. 3/2; 3; 5; 7). Jetzt kommen auch leicht kragenartig gearbeitete Ränder vor (Abb. 5/3–4). Kragenränder sind im frühen 13. Jahrhundert nur mäßig vertreten, aber im Verlauf des 13. Jahrhunderts werden sie die bestimmende Randform[9]. Die Scherben sind mäßig hart gebrannt und haben eine mittelgrobe bis feine Magerung. Die Oberfläche ist glatt bis leicht gerauht. Auffallend sind die glimmerartigen Magerungsanteile. Im Farbton sind sie meist schwarzbraun, grau bis blaugrau, wenige sind beige bis ziegelfarben. Die Keramik ist kaum verziert. Die schmalen, gut ausgebildeten Gurtfurchen des 12. Jahrhunderts treten gegenüber einer recht unsauber gearbeiteten Gurtung auf der Schulter zurück. Bei den Gefäßformen überwiegen Töpfe mit kugelförmigem Boden. Bei den Kugeltöpfen ist die Halszone nicht ausgebildet. Sie vermitteln einen gestauchten Eindruck, sind aber teilweise auch schon bauchig gearbeitet. Standbodengefäße sind kaum vorhanden. Gefäße

---

5 Timpel, Keramik 1995 (wie Anm. 2) S. 43 ff.; Timpel, Altrömhild 1995 (wie Anm. 2) S. 156 f.

6 Peter Donat: Gebesee – Klosterhof und königliche Reisestation des 10.–12. Jahrhunderts (Weimarer Monographien zur Ur- und Frühgeschichte. 34). Stuttgart 1999, S. 123 ff.

7 Losert, Keramik 1993 (wie Anm. 4) S. 47.

8 Hans Gauss: Neufunde aus mittelalterlichen Fäkaliengruben in Eisenach. In: Ausgrabungen und Funde. 8(1963), S. 272–277; Ulrich Lappe: Mittelalterliche und frühneuzeitliche Funde vom Rockenstuhl im Kreis Bad Salzungen. In: Ausgrabungen und Funde. 36(1991), S. 234–239; Ulrich Lappe: Mittelalterliche Keramik mit Eigentumsmarken von Frauensee, Lkr. Bad Salzungen. In: Ausgrabungen und Funde. 39(1994), S. 259–264.

9 Timpel, Altrömhild 1995 (wie Anm. 2).

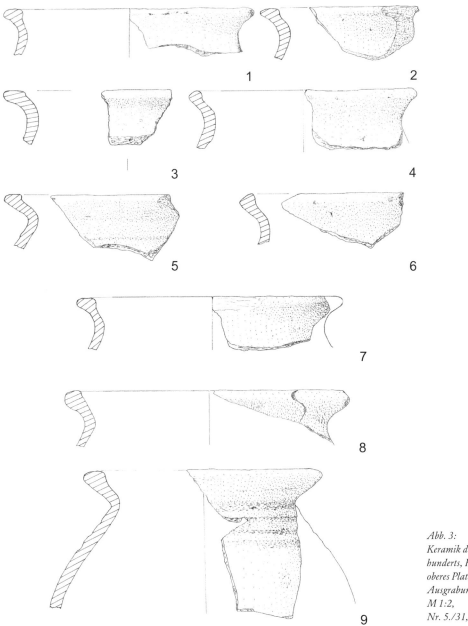

1

2

3

4

5

6

7

8

9

Abb. 3:
Keramik des 13. Jahr-
hunderts, Hospital,
oberes Plateau,
Ausgrabung 2006,
M 1:2,
Nr. 5./31, 40, 41

Abb. 4:
Keramik des
13. Jahrhunderts,
Hospital,
oberes Plateau,
Ausgrabung 2006,
M 1:2,
Nr. 5./34, 40

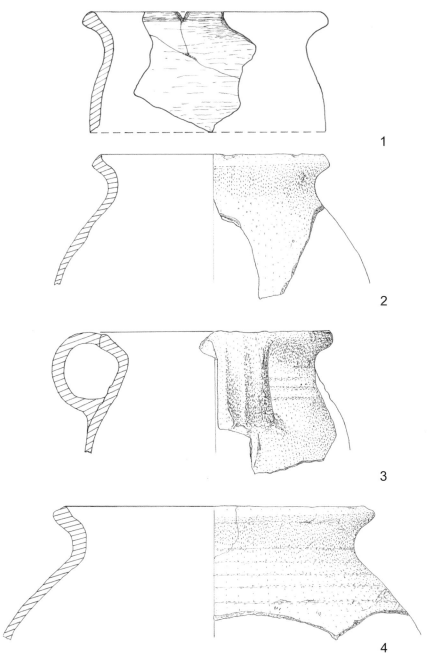

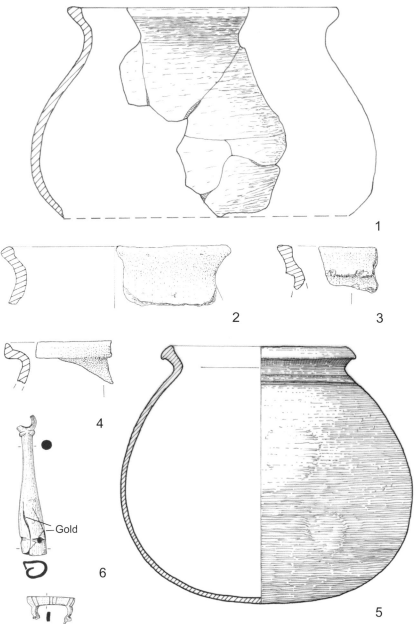

Abb. 5:
Keramik und Metall
des 13. Jahrhunderts,
Hospital,
oberes Plateau,
Ausgrabung 2006,
M 1:2,
außer Nr. 5 – M 1:3,
Nr. 2.2/14,
Nr. 5./25, 33, 34,
37, 40, 41

1

2

3

4

Gold

6

7

5

mit Bandhenkel kommen ab dem 13. Jahrhundert vor. Ein vollständig erhaltener Kugeltopf wurde 1959 westlich des Elisabethbrunnens, ca. 0,30 m unter der Oberfläche, gefunden (Abb. 5/5). Er ist 20,1 cm hoch, hat einen Mündungsdurchmesser von 15,6 cm und einen Bauchdurchmesser von 23,2 cm. Sein Farbton ist blaugrau bis graubraun, er besitzt ein außen gerundetes Profil mit einer Innenkehlung. Diese sehr kugeligen Bombentöpfe gehören eindeutig in das 13. Jahrhundert. Die in Magdeburg und im westlichen Brandenburg gefundenen Münzschatzgefäße stellen diesen Typ in die Mitte des 13. Jahrhunderts[10]. Vergleichbar ist die Keramik mit dem Fundmaterial von der Wüstung Mosbach, Wartburgkreis. Letzteres wird durch einen Brakteatenfund um 1200 datiert[11]. Ein ähnliches vollständig erhaltenes Exemplar wurde 2004 bei Ausgrabungen am Frauenplan 21a/23 im Stadtgebiet von Eisenach gefunden[12].

Abb. 6:
Fragment einer
Tierplastik mit
Reiter, Keramik,
13. Jahrhundert,
Hospital, oberes
Plateau,
Ausgrabung 2006,
Nr. 5./44

Zu den Kleinfunden zählen u. a. Teile von Kinderspielzeug, eine Grifftülle mit Ösenansatz (Abb. 5,6), das Fragment eines bronzenen viereckigen Beschlages (Abb. 5,7) und ein kleiner 2,9 cm langer Bronzeniet. Bemerkenswert ist der Torso eines hellgrün glasierten Spielzeugpferdes mit ehemals aufsitzendem Reiter (Abb. 6). Erhalten geblieben sind der Rumpf und das rechte Vorderbein. Die meist handgeformten Plastiken liegen in verschiedener Formgestalt vor[13]. Bei unserem Stück handelt es sich um eine handgeformte Reiterplastik mit Pferd aus Ton mit einer Bohrung von unten zum Einstecken eines Stöckchens. Die Tierplastiken aus Keramik sind eine interessante Gruppe des Spielzeuges. Sie treten in glasierter und unglasierter Form auf. Die gelb bis grün glasierte, weiße Irdenware ist ein typisches

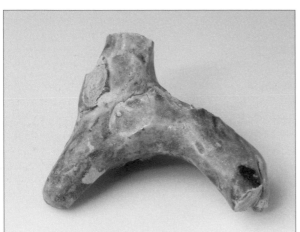

10 Hans-Joachim Stoll: Die mittelalterlichen Töpfereifunde von Sondershausen/Stockhausen und Weimar, Wagnergasse. In: Alt-Thüringen. 5(1961), S. 280–377, hier S. 330; Hans-Joachim Stoll: Die Münzschatzgefäße auf dem Gebiet der DDR von den Anfängen bis zum Jahre 1700 (Weimarer Monographien zur Ur- und Frühgeschichte. 12). Weimar 1985, hier Nr. 48a, 50.

11 Hans-Joachim Barthel und Arthur Suhle: Ein mittelalterliches Haus in Mosbach bei Eisenach. In: Alt-Thüringen. 7(1965), S. 296–306.

12 Ines Spazier: Geheimnisse des Eisenacher Untergrundes. Die Ausgrabungen in der Stadt Eisenach von 2000/01-2006. In: wartburgland geschichte. Beiträge zur Geschichte, Kultur und Natur des Wartburglandes. Heft 6. Eisenach 2006, S. 2–12, hier S. 7, Abb. 12.

Massenprodukt. Es wurde in einheimischen Werkstätten gefertigt und tritt ab dem 13. Jahrhundert auf[14]. Der Kopf und das Vorderteil eines grün glasierten Spielzeugpferdes konnte bei der Grabung in Eisenach, Nikolai- und Schillerstraße, geborgen und in das 13. Jahrhundert datiert werden (Abb. 7). Ein ähnliches Spielzeug in Form des heraldischen «gelöwten» Leoparden, dem Wappentier der Grafen von Gleichen, konnte 2004 bei einer Grabung auf der Burg Gleichen geborgen werden und wurde kurz nach 1200 gehandelt (Abb. 8).

Abb. 7:
Kopf und Vorderteil eines Pferdes, Keramik, 13. Jahrhundert, Stadt Eisenach, Nikolai- und Schillerstraße

Abb. 8:
Tierplastik «gelöwter Leopard» – Wappentier der Grafen von Gleichen, Burgruine Gleichen, Wandersleben, Lkr. Gotha

Des Weiteren ist ein Spielstein zu nennen, der aus den Zehenknochen der Rinder, auch Phalangen genannt, hergestellt wurde. Er weist vier Bohrungen auf, wobei eine mit Blei gefüllt ist (Abb. 9). Diese Spielfigur war Teil eines Kegelspiels, das ab dem 13. Jahrhundert auftritt. Die Knochenspielsteine waren für jedermann zugänglich und standen als Schlachtabfall reichlich zur Verfügung. Sie wurden mit der breiten Gelenkfläche aufgestellt und mussten durch andere Knochen umgeworfen werden[15].

13 VERENA HOFFMANN: Allerlay kurtzweil – Mittelalterliche und frühneuzeitliche Spielzeugfunde aus Sachsen. In: Arbeits- und Forschungsbericht zur sächsischen Bodendenkmalpflege. 38 (1996), S. 127–200, hier S. 140.

14 SVEN SCHÜTTE: Spielen und Spielzeug in der Stadt des späten Mittelalters. In: ROSEMARIE POHL-WEBER (Hrsg.): Aus dem Alltag der mittelalterlichen Stadt. Handbuch zur Sonderausstellung des Bremer Landesmuseums für Kunst- und Kulturgeschichte (Focke-Museum) (Hefte des Focke-Museums. 62; Veröffentlichungen des Helms-Museum. 45). Bremen 1982, S. 201–210; ALFRED FALK: «... ein höltzins rößlein, das zoch ich an eim faden vor der thür ...». Spielzeug und Spielen im Mittelalter. In: MANFRED GLÄSER (Hrsg.): «Daz kint spilete und was fro». Spielen vom Mittelalter bis heute (Ausstellungen zur Archäologie in Lübeck. 2). Lübeck 1995, S. 24–53; HOFFMANN, Spielzeugfunde 1996 (wie Anm. 13) S. 140.

15 URSULA LEHMKUHN: Ein mittelalterliches Knochenspiel aus dem Stadtkern von Rostock. In: Zu Ehren von Hans-Joachim Barthel zum 65. Geburtstag und Manfred Teichert zum 60. Geburtstag (Beiträge zur Archäozoologie. 7; Weimarer Monographien zur Ur- und Frühgeschichte. 22). Weimar 1988, S. 93–100; URSULA LEHMKUHN und HEIKO SCHÄFER: Spiele für Jung und Alt. In: HAUKE JÖNS, FRIEDRICH LÜTH und HEIKO SCHÄFER (Hrsg.): Archäologie unter dem Straßen-

Abb. 9:
Rinderphalanx als
Bestandteil eines
Kegelspiels,
13. Jahrhundert,
Hospital. oberes
Plateau,
Ausgrabung 2006,
Nr. 5./35

Der vierecke Beschlag (Abb. 5,7) besitzt Maße von 2,5 x 1,9 cm. Die äußere Rahmenseite ist mit 0,5 cm wesentlich stärker gearbeitet und mit waagerecht verlaufenden Rillen verziert. Das verwendete Material ist Bronze.

Die Grifftülle mit Ösenansatz ist 7,5 cm lang und verjüngt sich zu einer am Ende sitzenden Öse, die gebrochen ist (Abb. 5,6). Das Material besteht aus einer Kupferlegierung. Auf der Oberfläche befand sich eine kreuzförmig angeordnete Fadeneinlage aus Gold, die teilweise erhalten ist. Zwei Nietlöcher an der 1,4 cm großen Öffnung dienten der Befestigung an einem wohl hölzernen Gegenstand. Die Nietlöcher wurden erst nach dem Aufbringen der Goldfäden eingearbeitet, da sie deutlich die kreuzförmig verlaufenden Linien stören. Die goldene Fadeneinlage lässt den Griff als Unikat erscheinen und verweist auf einen sozial höher gestellten Rang des Besitzers im Mittelalter hin.

Abb. 10,1:
Eisenmesser,
13. Jahrhundert,
Hospital, oberes
Plateau,
Ausgrabung 2006,
Nr. 5./43

Zu den Kleinfunden aus Eisen sind zahlreiche Nägel zu stellen, ein Hufeisenfragment, ein Messer mit geradem Rücken, einer leicht gebogenen Schneide und einer abgesetzten breiten Griffangel (Abb. 10,1) und ein Messerfragment mit geradem Rücken und durchgehender Griffangel (Abb. 10,2). Beide Messer datieren in das 13. Jahrhundert[16]. Der Griff des Messers bestand aus zwei hölzernen oder knöchernen Griffschalen. Bei dem zweiten Messerfragment befindet sich zwischen der Klinge und der Griffangel ein ovales Griffplättchen aus Eisen.

pflaster. 15 Jahre Stadtkernarchäologie in Mecklenburg-Vorpommern (Beiträge zur Ur- und Frühgeschichte Mecklenburg-Vorpommerns. 39). Schwerin 2005, S. 361–364.

Abb. 10,2:
Eisenmesser,
gebrochen,
13. Jahrhundert,
Hospital, oberes
Plateau,
Ausgrabung 2006,
Nr. 5./45

2. Das Fundmaterial aus der Klosterzeit

Das Fundmaterial aus der Klosterzeit ist wesentlich umfangreicher. Im nachfolgenden Text wird versucht, das Fundmaterial geordnet nach einzelnen Gebäudekomplexen zu beschreiben.

Klosterkirche

Im Bereich der Klosterkirche bzw. in deren Abbruchschutt zählen zu den beweglichen Gegenständen wenige spätmittelalterliche Scherben, eiserne Nägel, eine Plombe, ein bronzener Fingerhut, ein Messergriff aus Knochen, zwei eiserne Fußangeln (Krähenfüße) und ein nur 0,65 cm großer, pyramidenförmig gearbeiteter Schmuckstein aus Bergkristall. Zur beweglichen Ausstattung der Klosterkirche gehören auch drei Kleinfunde, die im Abbruchschutt am Hang des unteren Plateaus gefunden wurden: ein vollständig erhaltenes Bronzeglöckchen, eine Frauenfigur aus weißem Ton und ein Miniaturgefäß.

Die Keramik ist zerscherbt, die wenigen Randscherben weisen ein außen gerundetes Profil mit Innenkehlung auf und sind im Farbton braun bis ziegelfarben (Abb. 11). Ihre Oberfläche trägt meist Gurtfurchen. Sie datiert in das Spätmittelalter.

Der Messergriff aus Knochen setzt sich aus zwei Griffschalen zusammen, die drei Buntmetallniete mit der Griffangel befestigen (Abb. 11,6). Die Klinge ist abgebrochen. Die Länge des Messergriffes beträgt 8,8 cm. Dieser Messer-

16 HANS-JOACHIM STOLL: Der Brühl von Jenalöbnitz – ein mittelalterlicher Burghügel in Ostthüringen (Weimarer Monographien zur Ur- und Frühgeschichte. 29). Stuttgart 1993, S. 62; JENS BEUTMANN: Untersuchungen zu Topographie und Sachkultur des mittelalterlichen Zwickau. Ausgrabungen im Nordwesten des Stadtkerns (Veröffentlichungen des Landesamtes für Archäologie mit Landesmuseum für Vorgeschichte. 49). Dresden 2007, S. 144.

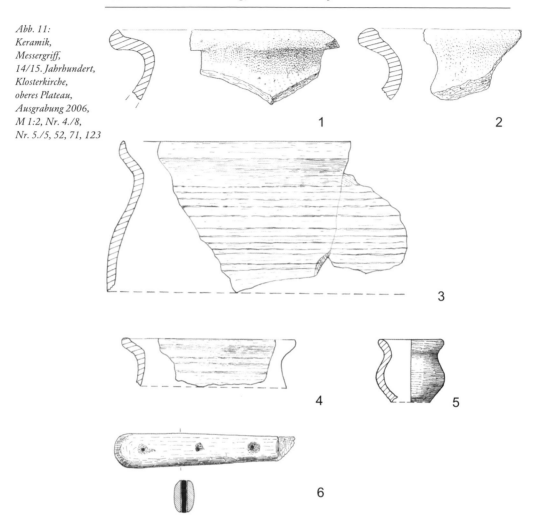

Abb. 11:
Keramik,
Messergriff,
14/15. Jahrhundert,
Klosterkirche,
oberes Plateau,
Ausgrabung 2006,
M 1:2, Nr. 4./8,
Nr. 5./5, 52, 71, 123

typ tritt ab dem späten 13. bis frühen 14. Jahrhundert auf und hat im gesamten Spätmittelalter Bestand.

Ein leicht gebogener ovaler Gegenstand (Plombe) von 4,3 x 3,7 cm fand sich als Lesefund im Umfeld der Kirche. Er besteht aus einer Zinn-Blei-Legierung. Auf seiner Oberfläche ist eine punktförmige Erhöhung zu erkennen. Befestigt wurde er mit einem 1,4 cm langen, zackenförmigen Verschluss auf der einen und einem Stift auf der anderen Seite (Abb. 12,2). Die aus Eisen bestehenden Fußangeln (Krähenfüße) dienten als Trethindernisse. Die spitz zulaufenden Zacken weisen Längen von 4 bis 5 cm auf (Abb. 13). Die beiden

Abb. 12,1:
Fingerhut,
14.–16. Jahrhundert,
Klosterkirche,
oberes Plateau,
Ausgrabung 2006,
Nr. 5/49

Abb. 12,2:
Plombe,
14.–16. Jahrhundert,
Klosterkirche,
oberes Plateau,
Ausgrabung 2006,
Nr. 5./50

Abb. 13:
Fußangeln
(Krähenfüße),
14.–16. Jahrhundert,
Klosterkirche,
oberes Plateau,
Ausgrabung 2006,
Nr. 5./6, 7

Fußangeln konnten im Ausbruchgraben der Kirche geborgen werden. Vielleicht stehen diese aber auch im Zusammenhang mit Truppenbewegungen im Schmalkaldischen Krieg 1546/47, die dem Kloster weitere Schäden zugefügt haben sollen[17].

Der Fingerhut (Abb. 12,1) weist eine leicht konische Form auf und besitzt eine Höhe von 1,6 cm. Die Oberfläche ist mit einer eingepunzten Verzierung versehen und an der Öffnung sind zwei umlaufende Linien eingraviert. Als Material wurde eine Kupferlegierung verwendet. Fingerhüte wurden gegossen bzw. getrieben und besitzen im Spätmittelalter eine nur geringe Formenvariabilität[18].

---

17 Max Baumgärtel: Die Wartburg. Ein Denkmal deutscher Geschichte und Kunst. Berlin 1907, S. 150.

Abb. 14:
Glöckchen,
14./15. Jahrhundert,
Klosterkirche,
oberes Plateau,
Ausgrabung 2006,
Nr. 5./130

Das Bronzeglöckchen (Abb. 14) gehört zu den gegossenen Glocken mit Klöppel. Die Öffnung beträgt 3 cm. Der Klöppel ist nicht mehr vorhanden. An der Glocke ist eine langrechteckige Öffnung zum Befestigen angebracht. Diese Glöckchen begegnen ab dem 12. Jahrhundert und sind vor allem im Spätmittelalter in Mode. Nach ihrer Funktion sind sie als Klanginstrument in einem Glockenspiel einzuordnen, ebenso könnten sie als Einzelklanginstrument gedient haben. Sie fanden auch beim Pferdegeschirr und bei festlicher Tracht Verwendung[19]. In einem Fundhorizont des 12./13. Jahrhunderts auf der Burg Henneberg im Landkreis Schmalkalden-Meiningen konnte ein bronzenes Glöckchen ähnlicher Machart sichergestellt werden[20]. Ein ebenso vollständig erhaltenes Glöckchen ist aus einem mittelalterlich-frühneuzeitlichen Horizont (12.–17. Jahrhundert) des «castellum Medeburu» (Magdeburg) bekannt[21].

---

18 Beutmann, Zwickau 2007 (wie Anm. 16) S. 144; Helmut Greif: Die Nürnberger Fingerhüter. Zur Entwicklung e. mittelalterl. Zunft u. d. Genealogie ihrer Familien. Trier 1987.

19 Stefan Krabath: Die hoch- und spätmittelalterlichen Buntmetallfunde nördlich der Alpen. Eine archäologisch-kunsthistorische Untersuchung zu ihrer Herstellungstechnik, funktionalen und zeitlichen Bestimmung. Bd. 1: Text. Bd. 2: Katalog und Tafeln (Internationale Archäologie. 63). Rahden/Westf. 2001, S. 216 ff.

20 Ines Spazier: Der alte Turm der Henneburg. In: Jahrbuch 2004 des Hennebergisch-Fränkischen Geschichtsvereins. 19(2004), S. 23–36, hier S. 34, Abb. 3.

Von der Frauenfigur ist nur der Rumpf erhalten, Kopf- und Fußpartie sind abgebrochen (Abb. 15). Die weibliche Person trägt ein Kleid mit einem Umhang, wobei vom Kleid mittig eine vertikale Falte angedeutet ist. Der Umhang weist an der Schulter und den beiden Oberarmen eine Verzierung auf. Die Arme sind im Bereich des Bauches gefaltet. Die Plastik ist aus zweiteiligen Modeln hergestellt worden. In der Mitte befindet sich ein durchgehendes Loch zur Befestigung der Figur. Sie weist an einige Stellen eine beigefarbene Bemalung auf. Mittelalterliche Kleinplastiken werden in zwei Kategorien eingeordnet: Plastiken mit sakralem Charakter und Spielzeugfiguren[22]. Die Frauenfigur kann in Verbindung mit dem Kloster als sakrale Kleinplastik angesprochen werden und verkörpert wahrscheinlich eine Madonnenfigur[23]. Das

Abb. 15:
Frauenfigur aus
weißem Ton,
Vorderseite,
14.–16. Jahrhundert,
unteres Plateau,
Sanierungsarbeiten
2005, Nr. 4./5

Spätmittelalter galt als besondere Epoche marianischer Frömmigkeit. Diese Figuren wurden in der Zeitspanne vom ausgehenden 14. bis zum 16. Jahrhundert hergestellt und als Massenware gehandelt[24].

In den sakralen Bereich gehört auch die Scherbe eines Miniaturgefäßes (Abb. 11). Es besteht aus klingend hart gebranntem Ton und ist auf der Außenseite mit einer gelben Bleiglasur überzogen, die Innenseite ist beige. Der meist ebenfalls glasierte Boden ist gebrochen. Über den Boden schwingt das Unterteil leicht aus und geht in eine eingezogene konische Schulter über. Der Rand ist nach außen gebogen und lippenförmig. Das Gefäß ist nur wenige Zentimeter groß (erhaltene Höhe von 3,3 cm), der Mündungsdurchmesser beträgt 3,3 cm. Vergleichbare tönerne Reliquiengefäße liegen aus Schönfeld,

---

21 HARALD W. MECHELK: Magdeborn – Medeburu. Ein zusammenfassender Grabungsbericht. In: Arbeits- und Forschungsberichte zur sächsischen Bodendenkmalpflege. 39(1997), S. 13–66, hier S. 53, Abb. 45.

22 ANDREAS CHRISTL: Mittelalterliche anthropomorphe Kleinplastiken aus dem Bezirk Cottbus. In: Veröffentlichungen des Museums für Ur- und Frühgeschichte. 22(1988), S. 221–223; UWE RICHTER und BERND STANDKE: Mittelalterliche Kleinplastiken aus Freiberg/Sa. In: Ausgrabungen und Funde. 36(1991), S. 38–43.

23 Zu den Madonnenfiguren werden oftmals die Plastiken gestellt, die einen Knaben im Arm halten.

24 HANS-JOACHIM STOLL: Tönerne Kleinplastiken aus der Stadtkerngrabung Magdeburg. In: Zeitschrift für Archäologie. 16(1982), S. 291–300; RICHTER/STANDKE, Kleinplastiken 1991 (wie Anm. 22) S. 42.

ehm. Kr. Calau/Südbrandenburg, Vatterode, Lkr. Mansfelder Land, und Oberoppurg, Saale-Orla-Kreis, vor und werden in das 13./14. Jahrhundert datiert[25]. Das Gefäß aus Oberoppurg wurde in der Kirche dem Altar entnommen und durch eine Weiheurkunde in das Jahr 1401 datiert. Zahlreiche Altäre mittelalterlicher Kirchen enthielten einen Hohlraum, das Sepulchrum, in dem sich ein kleines Gefäß mit Reliquien befand. Sie wurden meist aus Ton hergestellt, aber auch solche aus Blei, Bronze, Glas sowie hölzerne Behälter sind bekannt. Unser Gefäß könnte in der Franziskanerklosterkirche aufbewahrt worden sein.

Funde von 1964 – Keramikfunde

Die zur Klausur gehörenden Gebäude westlich der Kirche wurden auf dem oberen Plateau nur fragmentarisch erfasst. Dagegen fanden sich am unteren Plateau zwei zeitlich nacheinander entstandene Kellerfundamente sowie weitere Mauerzüge. Das aus der Grabung von 1964 vorgelegte Fundmaterial ist sehr umfangreich. Es umfasst einen Komplex von Keramik- und Eisengegenständen, der vor allem aus dem westlichen Bereich der Grabungsfläche stammt[26]. Die im Wesentlichen aus restaurierten Gefäßen bestehende Keramik spiegelt die im Kloster genutzten Gefäßformen sehr anschaulich wider[27]. Es handelt sich um Henkelgrapen, Kugeltöpfe, Schalen, Becher, Tüllengefäße, Steinzeuggefäße.

Die Henkeltöpfe mit Grapenfüßen sind neben den Bombentöpfen die am stärksten vertretene Gruppe. Meist sind die Füße gebrochen bzw. bei einem Exemplar sind nur noch die Bruchstellen zu sehen. Fast alle besitzen einen außen gerundeten Rand mit Innenkehlung (Abb. 16,1–2; 17,1; 17,3), einer hat einen nach außen gestellten gerundeten Rand ohne Falz an der Randinnenkante. Die Halszone ist bei allen mit Gurtfurchen versehen. Die Henkel sind fast alle gesattelt. Der größte Grapen (Abb. 16/1) besitzt einen Mündungsdurchmesser von 18,2 cm, einen Bauchdurchmesser von 22 cm und eine Höhe von 21 cm. Seine Farbgebung ist innen und außen schwarzbraun. Einen dunkelblaugrauen bis schwarzen Farbton weist der Grapen (Abb. 16/2) auf. Die beiden anderen Grapen (Abb. 17,1; 17,3) sind aus oxidiert gebranntem Ton in einer ziegelfarbenen bis braunen Farbe hergestellt.

---

25 HANS-JOACHIM STOLL: Das Reliquiengefäß aus der Kirche von Schönfeld, Kr. Calau. In: Veröffentlichungen des Museums für Ur- und Frühgeschichte. 19(1985), S. 147–148.

26 Ein im Grabungsbericht erwähnter großer Scherbenkomplex aus dem beschriebenen Steinkeller befindet sich weder im Fundinventar der Wartburg-Stiftung noch des TLDA und gilt gegenwärtig als verschollen.

27 Die Keramik der Untersuchung von 2006 ist äußerst zerscherbt und gleicht in den Gefäßformen und der Machart der oben dargestellten.

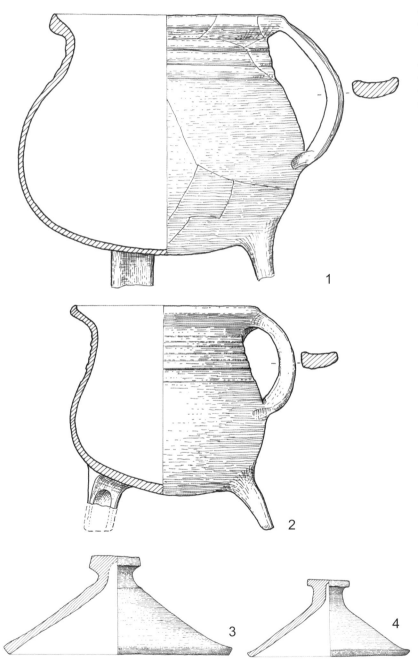

*Abb. 16:
Keramik vom
Westteil der Fläche,
14.–16. Jahrhundert,
M 1:3,
unteres Plateau,
Ausgrabung 1964,
Nr. 3.1/17*

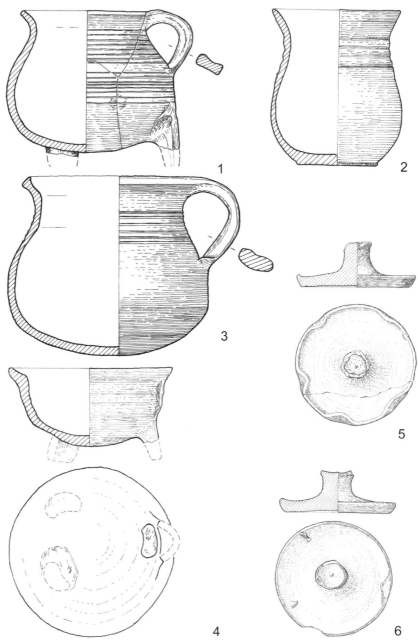

Abb. 17:
Keramik,
14.–16. Jahrhundert,
M 1:3, Westteil der
Fläche des unteren
Plateaus,
Ausgrabung 1964,
Nr. 3.1/11, 12, 14,
15, 16

Allen ist der harte Brand gemeinsam. Der kleinste Grapen besitzt einen Mündungsdurchmesser von 11,75 cm, einen Bauchdurchmesser von 13 cm und eine erhaltene Höhe von 10,2 cm. Alle Henkelgrapen haben einen gerundeten Boden und sind innen nicht glasiert. Henkelgrapen mit Kugelboden sind langlebig. Sie kommen ab Ende des 13. Jahrhunderts vor und sind vor allem im 14. Jahrhundert verbreitet, aber auch noch in Fundkomplexen um 1500 vorhanden[29]. In diese Zeitstellung gehört auch die braune Tüllenschale mit Grapenfüßen, bei der die Füße und die Tülle gebrochen sind. Ihr Randprofil ist nach außen gebogen und leicht gerundet. Der Stürzenfalz ist stark ausgebildet (Abb. 17/4).

Bei den Bombentöpfen kommen solche mit birnenförmiger Form und einziehendem Halsbereich vor (Abb. 18/1; 3). Die gesamte Wandung ist mit Gurtfurchen versehen, der Farbton ist ziegelfarben. Der Kugeltopf (Abb. 18/3) besitzt einen verdickten lippenförmigen Rand, der außen gerundet ist und eine starke Innenkehlung aufweist. Randprofile mit großer Innenkehlung sind in Thüringen nicht typisch und verweisen auf oberhessischen Einfluss[30]. Die birnenförmigen Kugeltöpfe sind Vertreter des 14./15. Jahrhunderts[31], ebenso wie das krugähnliche Standbodengefäß mit gegurtetem, eingezogenem Hals und leicht ausladendem Rand (Abb. 17/2).

Ein weiterer Kugeltopf (Abb. 18/2) gehört zu den hohen Bombentöpfen des 14./15. Jahrhunderts mit trichterförmiger Halszone und zwiebelförmigem Unterteil, die teilweise noch bis ins 17. Jahrhundert in Gebrauch waren[32]. Er ist braun, mit einem Mündungsdurchmesser von 12,6 cm, einem Bauchdurchmesser von 12,5 cm und einer Höhe von 17,4 cm. Diese hohen Bombentöpfe mit trichterförmiger Halszone und zwiebelförmigem Unterteil sind aus Thüringen bisher aus Eisenach und jüngst aus Vacha, Wartburgkreis, von der Stadtkerngrabung am Markt bekannt. Gefäße dieser Art stammen in Eisenach aus dem Franziskanerkloster[33] und wurden von Erwin Schirmer[34]

28 WOLFGANG TIMPEL und ROLAND ALTWEIN: Zwei Brunnen und eine Kloake aus dem Spätmittelalter im Stadtgebiet von Eisenach. In: Ausgrabungen und Funde. 19(1994), S. 264–272.

29 ULRICH LAPPE: Keramik- und Glasfunde aus einem mittelalterlichen Abfallschacht in Erfurt. In: Alt-Thüringen. 27(1993), S. 265–290.

30 LAPPE, Funde 1991 (wie Anm. 8) S. 238.

31 LAPPE, Abfallschacht 1993 (wie Anm. 29) S. 273; GÜNTER MANGELSDORF: Untersuchungen zur Formenkunde spätmittelalterlicher Keramik im westlichen Brandenburg (Europäische Hochschulschriften. Reihe 38, Archäologie Bd. 50) Frankfurt/M. 1994.

32 ERWIN SCHIRMER: Die deutsche Irdenware des 11.–15. Jahrhunderts. Jena 1939; TIMPEL/ALTWEIN, Brunnen 1994 (wie Anm. 28); HOLGER RODE: Die archäologischen Untersuchungen des Jahres 2002 auf dem Marktplatz der Stadt Vacha. In: Neue Ausgrabungen und Funde in Thüringen. 1(2005), S. 47–55.

33 Das Franziskanerkloster in Eisenach befand sich im Bereich der jetzigen Goetheschule. In den 1220er Jahren gegründet, war es eines der ältesten in Thüringen. 1597 wurde es abgetragen und 1882–84 der Grundriss ergraben, vgl. GEORG VOSS: Die Stadt Eisenach (P. LEHFELDT und G.

Abb. 18:
Keramik,
14.–16. Jahrhundert,
M 1:3,
unteres Plateau,
Untersuchung zw.
1956/57 und 1959
an der unteren
Fahrstraße,
Nr. 2.1/1,
Nr. 2.2/15,
Nr. 3.1/1, 2, 13

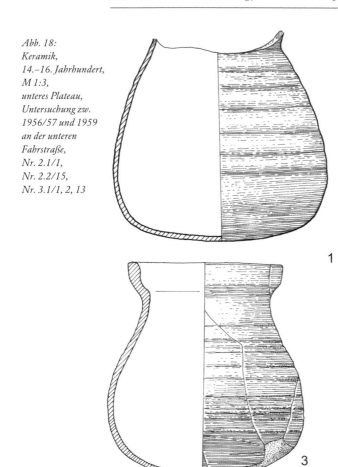
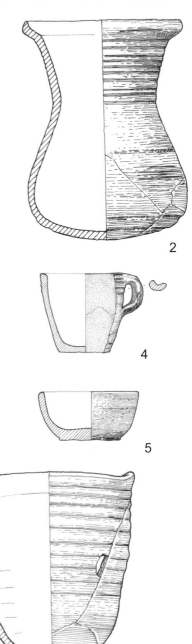

als lokale Form erfasst und auf hessische Einflüsse zurückgeführt. In Vacha treten sie in einer Latrinenverfüllung noch Mitte des 17. Jahrhunderts auf[35]. Dort werden sie als gesackte Kugeltöpfe bzw. Hochhalsgefäße beschrieben. Sie könnten typologisch mit denen im nördlichen Sachsen-Anhalt und im niedersächsischen Raum verbreiteten Hochhalsgefäßen des 14. und 15. Jahrhunderts verwandt sein[36]. Diese Standbodengefäße haben sich aus dem Kugeltopf herausgebildet. Die jüngeren, sehr schlanken hohen Formen, die oft höher als die doppelte Breite sind, datieren in Magdeburg in das 14. Jahrhundert[37].

Zu dem irdenen Fundinventar gehören weiterhin größere glockenförmige Topfdeckel (Abb. 16/3–4), kleinere Knopfdeckel mit einer geraden Formgebung (Abb. 17/5–6), ein kleiner Napf (Abb. 18/5) sowie ein Becher mit einem randständigen Henkel (Abb. 18/4). Während erstere oxidiert gebrannt sind, weist der Becher eine grüne Innenglasur auf.

Steinzeugfunde

Für die Datierung von Fundkomplexen sind Steinzeuggefäße besonders wichtig[38]. Es handelt sich um einen Trichterhalskrug mit Wellenfuß und einer mittleren Wappenauflage, der Rand ist gebrochen (Abb. 19). Das Gefäß ist bauchig gearbeitet, Hals und Fuß sind deutlich eingezogen. Unterhalb des Randes besitzt es einen wulstförmigen Henkelansatz. Es besteht aus hellgrauem Steinzeug. Ein Engel mit Blattranken schmückt das ovale Wappen im oberen Teil. Darunter befindet sich ein Wappen mit vier durchkreuzten Feldern, wobei im unteren Feld eine Blume dargestellt ist. Der Krug ähnelt den Siegburger Trichterhalskrügen aus dem 15./16. Jahrhundert[39]. Diese auch als Becher bezeichneten Gefäße sind mit der Wappenauflage in Siegburg noch bis 1606 hergestellt worden[40]. Die gebauchten Krüge mit medaillonartigen Auflagen kommen bereits im 15. Jahrhundert vor[41].

Voss: Bau- und Kunstdenkmäler Thüringens. Heft 39. Großherzogtum Sachsen-Weimar-Eisenach. Amtsgerichtsbezirk Eisenach). Jena 1915, S. 293–298; STEPHANIE EISSING, FRANZ JÄGER, u. a. (Bearb.): Thüringen (Georg Dehio. Handbuch der Deutschen Kunstdenkmäler). München/Berlin 1998, S. 247. Dabei werden auch die oben genannten und die bei SCHIRMER, Irdenware 1939 (wie Anm. 32) S. 116, Nr. 177 aufgeführten weiteren acht Gefäße zum Vorschein gekommen sein.

34 SCHIRMER, Irdenware 1939 (wie Anm. 32) S. 24, Taf. C, 2–4.
35 RODE, Vacha 2005 (wie Anm. 32) S. 52.
36 HEINER SCHWARZBERG: Bemerkungen zu 50 Jahren Archäologischer Stadtkernforschung in Magdeburg. Halle a. d. Saale 1998, S. 62 ff.
37 SCHWARZBERG, Stadtkernforschung 1998 (wie Anm. 36) S. 65.
38 Zum hiesigen Steinzeug jetzt auch INES SPAZIER: Zwei Steinzeug-Import vom Elisabethplan, Stadt Eisenach. In: Neue Ausgrabungen und Funde in Thüringen. 4(2008), S. 58–63.
39 ELSA HÄHNEL und JOSEPH HALM: Siegburger Bartmannkrüge. In: Siegburger Steinzeug. Bestandsaufnahme. 2(1992), S. 66–101.

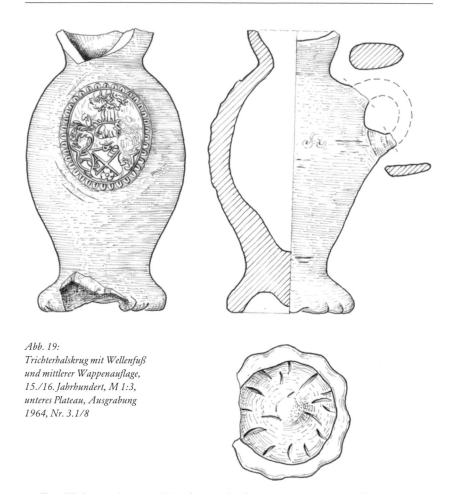

Abb. 19:
Trichterhalskrug mit Wellenfuß
und mittlerer Wappenauflage,
15./16. Jahrhundert, M 1:3,
unteres Plateau, Ausgrabung
1964, Nr. 3.1/8

Des Weiteren ist eine Wandungsscherbe mit Gesichtsdarstellung vorhanden. Das Bruchstück gehört zu einem Ringelkrug, der kräftige Drehrillen auf der Schulter aufweist. Auf dem Bauch ist ein einfach gekehlter Bandhenkel als Bruchstück erhalten. Auf der Rand- und Schulterpartie befindet sich ein herausmodelliertes Männergesicht. Es besitzt eine kräftige Nase mit angedeuteten Nasenflügeln. Der Mund besteht wie üblich nicht aus horizontalen Ritzlinien. Die Lippen sind aus aufgesetzten Tonwülsten herausgearbeitet wor-

---

40 Elsa Hähnel: Siegburger Steinzeug – Formen und Entwicklung – Teil 1. In: Siegburger Steinzeug. Bestandsaufnahme. 1(1987), S. 9–52.

41 Marion Roehmer: Steinzeug. In: Hartwig Lüdtke und Kurt Schietzel: Handbuch zur mittelalterlichen Keramik in Nordeuropa. 3. Bde. Neumünster 2001, S. 465–538.

den. Der lang gezogene Mund ist weit geöffnet. Darunter ist mit unregelmäßigen Kerbreihen ein bogenförmiger Vollbart ausgeführt (Abb. 20). Die Ausführungsqualität des Bartes sowie des Mundes sorgen für eine ausdrucksvolle Gesichtsdarstellung des Eisenacher Exemplars. Oberhalb der Nase ist die Scherbe gebrochen. Sie besteht außen aus hellbraunem bis braunem,

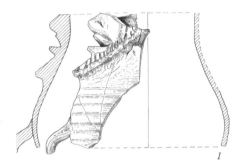 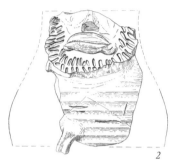

Abb. 20:
Krug mit Gesichtsdarstellung aus Waldenburger Steinzeug, 15./16. Jahrhundert, M 1:3, unteres Plateau, Ausgrabung 1964, Nr. 3.1/9

innen aus grauem Steinzeug, im Bruch ist es grau. Die Scherbe mit Gesichtsdarstellung erinnert an die Bartmannkrüge Siegburger Provenienz, nur ist bei diesen die Bartmaske aufgelegt [42].

Die stilisierten Krüge treten in großer Stückzahl im Ostseegebiet [43] und im thüringisch-sächsischen Gebiet auf. Sie stammen aus Waldenburg/Sachsen. Eine jüngst erschiene Arbeit zum Waldenburger Steinzeug beschäftigt sich intensiv mit der Herstellung und der Datierung der Gesichtskrüge [44]. Charakteristisch für die Gefäße aus Waldenburg sind die frei modellierten Gesichter im Gegensatz zu den aufgelegten Masken der Rheinischen Töpfer. Dabei trägt jeder Krug andere Gesichtszüge. Die wie beim Eisenacher Exemplar kräftig ausgeformten Lippen sind selten und entsprechen einem Gesichtskrug von Zeitz, Grabung Domfreiheit [45]. Dieses Gefäßfragment besitzt wie das

Abb. 21:
Fragment eines Gesichtskruges, 15./16. Jahrhundert, Zeitz, Burgenlandkreis

42 Hähnel/Halm, Bartmannkrüge 1992 (wie Anm. 39).
43 Klaus-Dieter Gralow und Klaus-Dieter Hoppe: Rheinische Steinzeugkrüge mit «Bartmann» aus dem Wismarer Stadtkern. In: Ausgrabungen und Funde. 35(1990), S. 156–160; Heiko Schäfer: Zur Keramik des 13. bis 15. Jahrhunderts in Mecklenburg-Vorpommern. In: Bodendenkmalpflege in Mecklenburg-Vorpommern. 44. Jahrbuch 1996. (1997), S. 297–335, hier 329; Jens Ulrich: Archäologische Untersuchungen am Markt von Wesenstein, Kreis Mecklenburg-Strelitz. In: Archäologische Berichte aus Mecklenburg-Vorpommern. 4(1997), S. 148–159, hier S. 154; Johanna Brabandt u.a.: Spätmittelalterliche und neuzeitliche Keramik aus einer Kloake auf dem Grundstück Schüsselbuden 6/Alfstraße 1 in Lübeck. In: Lübecker Schriften zur Archäologie und Kunstgeschichte. 23(1993), S. 219–276, hier S. 229; S. 274, Abb. 6,1.
44 Dirk Scheidemantel und Thorsten Schifer: Waldenburger Steinzeug – Archäologie und Naturwissenschaften (Veröffentlichungen des Landesamtes für Archäologie mit Museum für Vorgeschichte. 44). Dresden 2005.
45 Scheidemantel/Schifer, Steinzeug (wie Anm. 44) S. 107, Abb. 98.

Exemplar vom Elisabethplan einen Mund mit kräftig ausgeformten Lippen und einem Vollbart aus Kerbleisten (Abb. 21). Der Mund ist hier kürzer ausgeführt, dafür aber weiter geöffnet. H. Rode[46] untersuchte auf der Zeitzer Domfreiheit einen Wohnturm aus dem 14. Jahrhundert, der einem Zeitzer Domherren gehörte. An der Westseite des Turmes war eine Latrine angebaut, die bei der Erweiterung des Turmes in der Mitte des 15. Jahrhunderts aufgegeben und teilweise abgebrochen wurde. In ihr fanden sich neben Alltagsgeschirr aus blaugrauer Irdenware, eine Menge Steinzeug, ein reich verzierter Kelch mit grüner Bleiglasur sowie Reste von mindestens 30 mittelalterlichen Gläsern. Im Inventar vorhanden ist auch das oben genannte Bartmannkrugfragment. Mit dem Zeitzer Gesichtskrug ist ein sehr frühes Datum für diese Waldenburger Krüge belegt.

Die Waldenburger Gesichtskrüge wurden von 1375/1400 bis ca. 1525/50 getöpfert. Im ausgehenden 15./Anfang 16. Jahrhundert erreichten sie mit den Ringelkrügen mit Gesichtsauflagen ihre letzte Blüte[47]. Diese Qualität weist auch das Eisenacher Exemplar auf. Die Ringösen, die erst ab dem späten 15. Jahrhundert belegbar sind, datieren unsere Bartmannscherbe in das ausgehende 15. bis beginnende 16. Jahrhundert. Im Gegensatz dazu datiert J. Horschik[48] sie in die erste Hälfte des 16. Jahrhunderts.

Weitere vergleichbare Gesichtskrüge sind aus Dresden, Grabung Altmarkt und Freiberg, Borngasse 1/3 bekannt[49]. Diese tonnenförmigen Krüge weisen einen schmalen von der Schulter abgesetzten, spiralgefurchten Hals auf. Das auf der Schulter angebrachte Gesicht besitzt die üblichen Augenzüge mit dunklen Pupillen und kräftigen Nasenflügeln. Der Mund ist durch eine horizontale Ritzung herausgearbeitet. Der aus Kerbleisten bestehende Vollbart schwingt bis zu den Henkelösen. Bei dem Dresdner Exemplar sind hochgezogene Augenbrauen aufgeführt. Die beiden Gefäße zeigen Parallelen zu Funden von Erfurt/ Domplatz[50]. Unter den ca. 70 Steinzeuggefäßen befanden sich auch drei Gesichtskrüge bzw. Fragmente solcher Krüge. Ein Krug[51] weist auf der Schulter ein kräftig herausgeformtes Gesicht mit einem aus Kerbreihen versehenen Bart, Mund, Nase und Augen auf (Abb. 22). Die Augen bestehen aus aufgesetzten Tonringen, die Nase ist profiliert und der

46 HOLGER RODE: Die archäologische Untersuchung auf der Domfreiheit in Zeitz. In: Archäologische Berichte aus Sachsen-Anhalt. 1996/I(1997), S. 139–145, hier S. 141; HOLGER RODE: Ein bemerkenswertes stempelverziertes Keramikobjekt aus Zeitz, Ldkr. Burgenlandkreis. In: Archäologische Berichte aus Sachsen-Anhalt. 1999(2000), S. 203–212, hier S. 205.

47 SCHEIDEMANTEL/SCHIFER, Steinzeug (wie Anm. 44) S. 111.

48 JOSEF HORSCHIK: Steinzeug. 15. bis 19. Jahrhundert. Von Bürgel bis Muskau. Dresden 1978.

49 HORSCHIK, Steinzeug 1978 (wie Anm. 48) S. 110, S. 216 f., Taf. 17/7, Farbtafel 1,18 und 1,19.

50 ULRICH LAPPE: Ein Fund früher Steinzeuggefäße von Erfurt. In: Ausgrabungen und Funde. 30(1985), S. 247–250.

51 LAPPE, Steinzeuggefäße 1985 (wie Anm. 50) S. 248, Abb. 1.

Mund aus einer Ritzlinie gestaltet. Der Bart setzt sich aus einem Vollbart und drei bis auf den Bauch reichenden Bartzipfeln zusammen. Er ist in Kerbtechnik ausgeführt. Am Bauch befinden sich sechs kleine Zierhenkel mit eingeformten Tonringen. In seiner bauchigen Form ähnelt er den Freiberger und Dresdner Krügen. Im Gegensatz zum Eisenacher Gesichtsfragment sind Mund und Bart einfacher ausgeführt. Ein weiteres Bruchstück eines Gesichtskruges aus Thüringen liegt aus Jena/ehemaliges Karmeliterkloster vor[52].

Jeder Waldenburger Gesichtskrug trägt andere Gesichtszüge. Dabei bestehen die Augen aus aufgelegten Scheiben und eingesetzten Pupillen, die Nase ist plastisch hervorgehoben. Die Gestaltung von Bart und Augenbrauen sind variabel. Der Mund besteht meist aus horizontalen Ritzlinien, selten ist er kräftig ausgebildet. Das Eisenacher Exemplar ist der westlichste Fund Waldenburger Steinzeugs in Thüringen.

Ein umfangreicher Keramikkomplex konnte zwischen 1956/57 bis 1959 bei der Sanierung der Mauer an der Fahrstraße geborgen werden. Er besteht aus wenigen reduziert gebrannten, blaugrauen Rand- und Wandungsscherben (Abb. 23,1–2) und vor allem oxidiert gebrannter Keramik mit einem ziegelfarbenen bis orangebraunen Farbton. Die meist außen gerundeten Ränder mit einer teilweise stark ausgebildeten Innenkehlung und blaugrauem Farbton können in das 14./15. Jahrhundert gestellt werden (Abb. 23/1). Die ziegelfarbene Keramik ist vertreten durch Randscherben mit einem randständigen Henkel (Abb. 23/3; 5), die Rand- und Schulterscherbe eines hohen

Abb. 22: Gesichtskrug, Waldenburger Steinzeug, 15./16. Jahrhundert, Stadt Erfurt

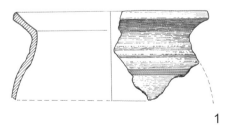

1

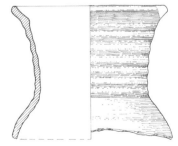

2

Abb. 23, 1–2: Keramik, 14./15. Jahrhundert, M 1:3, unteres Plateau, Untersuchung zwischen 1956/57 und 1959 an der unteren Fahrstraße, Nr. 2.1/1

Bombentopfes (Abb. 23/2), eine eiförmig geformte Schüssel (Abb. 23/6), ein leicht nach außen gestellter Napf (Abb. 23/4), eine Randscherbe eines Kruges mit Ausgussschnepfe (Abb. 18/6), Bruchstücke von Deckelknäufen.

Abb. 23, 3–6: Keramik, 14./ 15. Jahrhundert, M 1:3, unteres Plateau, Untersuchung zw. 1956/57 und 1959 an der unteren Fahrstraße, Nr. 2.1/1

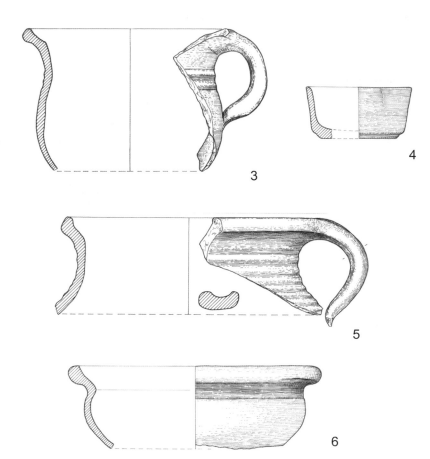

3

4

5

6

Ofenkacheln

Bei den Ofenkacheln treten viereckige, grün glasierte Blattkachelbruchstücke (Abb. 24a) und vollständig erhaltene ziegelfarbene Topfkacheln mit spitz zulaufendem, kugeligem Boden und Gurtfurchenzier auf (Abb. 18/7). Die letztgenannten Kacheln liegen vor allem aus Fundkomplexen des 14. Jahrhunderts vor[53], können aber auch noch im 15. Jahrhundert hergestellt worden sein[54].

Die Blattkacheln setzen etwa um 1500 ein. Die ständig wechselnden Bildfelder werden ab dem 16. Jahrhundert vor allem mit weltlichen Motiven, z. B. Porträts bzw. Bildern des täglichen Lebens verziert, die Darstellungen von biblischen Szenen nehmen dagegen ab.[55] Bei unserer Blattkachel schmückt im runden Rahmen eine wohl männliche Figur, die einen Pokal in den Händen hält. Oberhalb des Kopfes ist ein Stern herausgearbeitet (Abb. 24,1). Eine vergleichbare Darstellung ist bei K. Strauss auf einer rechteckigen Halbzylinderkachel (Nischenkachel) zu erkennen[56] (Abb. 24,2). Abgebildet ist einer der Heiligen Drei Könige, der vor einem Vorhang kniet und Bücher in seiner Hand hält. Über seinem Kopf ist ein Stern abgebildet. Im Gegensatz dazu hält beim Eisenacher Exemplar der Heilige einen Pokal. Zu dieser bei Strauss abgebildeten Kachel gesellt sich eine zweite, auf der Maria mit dem Jesuskind

Abb. 24,1:
grün glasiertes
Blattkachelbruch-
stück,
16. Jahrhundert,
unteres Plateau,
Untersuchung zw.
1956/57 und 1959
an der unteren
Fahrstraße,
Nr. 2.2/10

Abb. 24,2:
Bildmotive von
vergleichbaren
Kacheln,
Ende 15. Jahrhundert
(nach K. Strauss 1972,
Tafel 39,
Abb. 1 und 2)

---

52 MATTHIAS RUPP: Archäologische Untersuchungen im ehemaligen Karmeliterkloster Zum Heiligen Kreuz in Jena. In: Alt-Thüringen. 34(2001), S. 246–283, hier S. 282, Abb. 4.10.

53 HANS-GEORG STEPHAN: Kacheln aus dem Werraland. Die Entwicklung der Ofenkacheln vom 13. bis 17. Jahrhundert im unteren Werra-Raum (Schriften des Werratalvereins Witzenhausen. 23). Witzenhausen 1991, S. 19; LAPPE, Abfallschacht 1993 (wie Anm. 29) S. 267.

54 JULIA HALLENKAMP-LUMPE: Studien zur Ofenkeramik des 12. bis 17. Jahrhunderts anhand von Bodenfunden aus Westfalen-Lippe (Denkmalpflege und Forschung in Westfalen. 42). Mainz 2006, S. 40.

55 ROSEMARIE FRANZ: Der Kachelofen. Entstehung und kunstgewerbliche Entwicklung vom Mittelalter bis zum Ausgang des Klassizismus. Graz 1981.

in einer Hütte und dahinter der Heilige Joseph dargestellt sind. Dieses Motiv spiegelt sich auch bei den beiden Kachelbruchstücken Abb. 37, 4–5 wider, die sich im Umfeld der Ostpforte bzw. im Schnitt 20 westlich des Klausurgebäudes befanden. Zu erkennen ist ein bekleideter Oberkörper, ein Arm und eine Hand. Der Faltenwurf des Kleidungsstückes ist mit dem Kleid Marias identisch. Sie hält in der ausgestreckten Hand das Jesuskind. Bei dem weiteren Bruchstück ist ein bekleideter Arm mit einer Hand, die einen Türrahmen umfasst, zu erkennen. Dieser Arm könnte dem Heiligen Joseph gehören. Auf alle Fälle sind beide Kachelbruchstücke einem Kachelmotiv zuzuordnen; die Machart und die Glasur sprechen dafür. Die bei K. Strauss abgebildeten Kacheln entstanden Ende des 15. Jahrhunderts (Abb. 24,2). Sie tragen farbige Glasuren. Aufgrund der äußerst qualitätvollen Ausführung der Figuren und der Ornamente wurden sie den berühmten Werkstätten in Salzburg zugeordnet. Ähnliche Kachelmotive und die Ausführung des Rahmenwerkes sind von Erfurter Öfen aus dem letzten Viertel des 15. Jahrhundert bekannt[57]. Damit könnte es nahe liegen, dass die Eisenacher Kacheln in Erfurter Werkstätten hergestellt worden sind. Die oben beschriebenen Motive wurden als Nischenkacheln gearbeitet. Die Verwendung des gleichen Motivs auf den um 1500 aufkommenden Blattkacheln datieren die Eisenacher Funde in den Übergang vom 15. zum 16. Jahrhundert. Unsere Kachelreste tragen alle eine grüne Glasur. Diese Glasurfarbe war bei den Blattkacheln im gesamten 15. und 16. Jahrhundert in Gebrauch, dunklere Farbtöne traten erst ab 1560/70 auf[58].

Leuchter – Glasfunde

In das 16. Jahrhundert dürften die zwei vollständig erhaltenen Leuchterschalen gehören. Die eine ist rechteckig mit erhöhter Rückwand und zwei eckigen Löchern zur Aufhängung versehen. Im Boden sind zwei Dochthalter angebracht (Abb. 25,1). Die andere ist rund und weist einen Mündungsdurchmesser von 13,2 cm auf. Der Fuß ist leicht abgesetzt und die Halterung befindet sich in der Mitte des Bodens (Abb. 25,2). Beide Leuchter haben einen ziegelfarbenen bis braunen Farbton und eine bräunliche Innenglasur. Die unterschiedliche Ausführung lässt darauf schließen, dass beim ersten Leuchter Lichtöle als Brennquelle genutzt wurde, während in der zweiten

---

56 Konrad Strauss: Die Kachelkunst des 15. und 16. Jahrhunderts in Deutschland, Österreich, der Schweiz und Skandinavien. II. Teil (Neue Folge). Basel 1972, Tafel 39, Abb. 1 und 2.

57 Strauss, Kachelkunst 1972 (wie Anm. 56) S. 26 ff.; Ulrich Lappe: Ein Fund spätgotischer Kacheln aus der alten Universität in Erfurt. In: Alt-Thüringen. 36(2003), S. 206–224, hier S. 212, Tafel 20/1–2.

58 Hallenkamp-Lumpe, Ofenkeramik 2006 (wie Anm. 54) S. 69.

Schale eine Kerze aus Wachs steckte. Diese spätmittelalterlich/frühneu-
zeitlichen Kerzen besitzen in der Regel einen ovalen Durchmesser und weisen eine Länge von 20–26 cm auf. Unsere Halterung weist einen Durchmesser
von ca. 1,8 cm auf[59].

Ebenfalls neuzeitlicher Zeitstellung sind die zahlreichen Fensterglasscherben von blauer, roter, dunkelgrüner, braungrüner und vor allem grüner
Farbgebung. Blaue Glasscherben gehören zu den seltenen Stücken, hiervon

Abb. 25, 1 u. 2:
zwei vollständig erhal-
tene Leuchterschalen,
15./16. Jahrhundert,
unteres Plateau,
Untersuchung zwischen
1956/57 und 1959 an
der unteren Fahrstraße,
Nr. 2.2/3, 4

sind nur vier Stück vorhanden. Unter den acht roten, sogenannten Überfang-
gläsern, ist eine vollständig erhaltene Glasscheibe mit Schwarz- oder Braun-
lotbemalung (Abb. 26) in Form eines geometrischen Musters[60]. Zehn grünli-
che Scherben sind bemalt mit floralen Mustern und Gesichtern von Engeln
(Abb. 27, 28). Es wird vermutet, dass das Fensterglas in größeren Platten
antransportiert und vor Ort zugeschnitten wurde. Das Glas wurde mit einem
glühenden, spitzen Eisenwerkzeug geritzt und mit Hilfe einer Kröselzange
nachgearbeitet, die im 17. Jahrhundert allmählich vom Diamant abgelöst
wurde. Die Fensterglasscherben vom Elisabethplan besitzen alle einen gekrö-
selten Rand und dürften vor dem 17. Jahrhundert hergestellt worden sein[61].

Unter den Fensterglasscheiben fällt eine mit ihrer Bemalung besonders
auf. Sie hat eine trapezförmige Form und ist an der einen Schmalseite leicht
gerundet (Länge 3,2–5,2 cm, Breite 3,8 cm, Dicke 0,2 cm). Auf dem hellgrü-
nen Glas ist im grauen Farbton ein Teil eines Gebäudes dargestellt (Abb. 29).
Es ist zweigeschossig mit einer in der oberen Etage liegenden Dreifenster-

---

59 Gudrun Witkowski: Brandenburgische Lichtstöcke aus Ziegelton. In: Veröffentlichungen des
Brandenburgischen Landesmuseums für Ur- und Frühgeschichte. 27(1993), S. 179–193.

60 Marianne Dumitrache: Glasfunde des 13.–18. Jahrhunderts aus der Lübecker Innenstadt.
Grabungen 1948–1973. In: Lübecker Schriften zur Archäologie und Kulturgeschichte. 19
(1990), S. 7–161, hier S. 21.

61 Dumitrache, Glasfunde 1990 (wie Anm. 60) S. 22; Marianne Dumitrache: Glasfunde aus der
Lübecker Innenstadt. In: Lübecker Schriften zur Archäologie und Kulturgeschichte. 17(1988),
155–158.

Abb. 26:
rote Glasscherbe mit
Schwarzlotbemalung,
15./16. Jahrhundert,
unteres Plateau,
Untersuchung zw.
1956/57 und 1959
an der unteren
Fahrstraße.
Nr. 2.2/8

Abb. 27,1–2:
Glasscherben mit
Gesichtern, 16. bis
Mitte 17. Jahrhundert,
unteres Plateau,
Untersuchung zw.
1956/57 und 1959 an
der unteren Fahrstraße,
Nr. 2.2/8

Abb. 28, 1–3:
Glasscherben mit
floralen Mustern,
16. bis Mitte 17. Jahr-
hundert,
unteres Plateau,
Untersuchung zw.
1956/57 und 1959 an
der unteren Fahrstraße,
Nr. 2.2/8

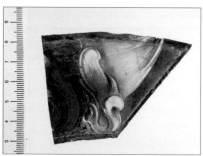
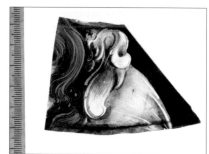

Abb. 29 (rechts):
Glasscherben mit
Gebäudedarstellung,
16. bis Mitte 17. Jahr-
hundert,
unteres Plateau,
Untersuchung zw.
1956/57 und 1959 an
der unteren Fahrstraße,
Nr. 2.2/8

gruppe und einem angebauten eckigen Erker. Nach links schließt sich ein kleiner eingeschossiger Raum mit drei rechteckigen Fenstern an. Im Hintergrund zeichnet sich ein dreigeschossiger Gebäudeteil ab. Die Malerei auf den Fensterglasscheiben ist sehr hochwertig und überzeugt auch fragmentarischer Form von ihrer Qualität. Der zeitliche Rahmen des Entstehens ist in die zweite Hälfte des 16. bis zur Mitte des 17. Jahrhunderts zu stellen[62]. Die Ausführung der Federn auf einer Wappenscheibe des Jodoc Gumpell (kurmainzischer Hoftrompeter aus Mainz um 1570) gleicht denen von Abbildung 28[63]. Die Fragmente einer Wappenscheibe vom Klarissenkloster Heilig Kreuz in Ribnitz-Damgarten sind in ihrer Darstellung ebenso mit der Abbildung 28 zu vergleichen. Sie datieren in die Zeit um 1650[64]. Aufgrund der Spätdatierung des Fensterglases kann davon ausgegangen werden, dass ein Gebäude an der Fahrstraße nach Auflösung des Klosters weiter genutzt wurde bzw. dort wieder eingerichtet wurde. Die Bedeutung des Gebäudes muss mit der Wasserquelle in Verbindung zu bringen sein, die die Wasserversorgung der Wartburg bis in das 19. Jahrhundert sicherte.

Funde aus verschiedenen Materialien

Zu dem weiteren Fundmaterial aus den Gebäuden am unteren Plateau gehören Gegenstände aus Metall, Glas, Stein und Knochen. Dabei datiert das spitznackige Steinbeil (Abb. 30,1) in das Spätneolithikum und weist auf eine Vorbesiedlung auf dem Geländeplateau hin. Zu den Steingeräten gehört auch ein länglicher Schleifstein aus dem Mittelalter.

Aus Knochenmaterial wurden ein mit glatten Enden bearbeiteter Röhrenkochen und ein mit Lochung von der Paternosterherstellung bearbeiteter Knochen gefertigt.

Am zahlreichsten vertreten sind Gegenstände aus Eisen. Neben Nägeln, Bolzen, Keilen und Schellenbruchstücken kommen Schnallen, Hufeisen, Geschoss- und Pfeilspitzen, Messer, ein Schlüssel, ein Pferdestriegel und ein gotischer Dolch mit breiter Klinge vor.

Zu den Geräten der Hauswirtschaft gehören drei Messer mit Griffangel, eine Messerklinge und ein Schlüssel. Dabei sind die Messer mit geradem Rücken und abgesetzter Griffangel älter als die mit geradem Rücken und

---

62 Für die zeitliche Bestimmung sei recht herzlich Herrn Dr. Frank Martin von der Berlin-Brandenburgischen Akademie der Wissenschaften – Arbeitsstelle für Glasmalerei des Corpus Vitrearum Medii Aevi Deutschland/Potsdam gedankt.

63 Ewald Jeutter und Birgit Cleef-Roth: Licht und Farbe. Eine Glasgemäldesammlung aus dem Besitz der Herzöge von Sachsen-Coburg und Gotha. Katalog zur Ausstellung 2003. Schloss Callenberg bei Coburg 2003, S. 66, (Kat.-Nr. 68).

64 Eva Fritz: Die Glasmalerei des Klarissenklosters Heilig Kreuz in Ribnitz-Damgarten. In: Jöns/Lüth/Schäfer, Straßenpflaster 2005 (wie Anm. 15) S. 417–420.

nicht abgesetzter Griffangel (Abb. 31/5–6). Letztere ist eine weit verbreitete Form, die vom 14. bis 19. Jahrhundert gängig war. Zu Datierungszwecken lassen sich die Messer nicht heranziehen, da sie als reine Zweckgegenstände lange Bestand hatten[65]. Der Schlüssel (Abb. 30/2) ist vollständig erhalten, massiv, mit einem eckigen Schlüsselschaft und profiliertem Bart und gehört dem Spätmittelalter an[66]. Ein eiserner Gegenstand mit einem runden bis ovalen Kopf von 6,5 x 5,5 cm und einem schmalen Stiel wird als «Pfännchen für nicht flüssiges Backwerk» bzw. Bördeleisen gedeutet (Abb. 30/3). In Zusammenhang mit einem Schmiedefund von Wiesloch, Baden-Württemberg, wird es in das 15. Jahrhundert datiert[67]. In Gommerstedt bei Arnstadt wurde ein ähnliches Exemplar aus dem 14. Jahrhundert gefunden[68].

Drei Schnallen verschiedener Form kommen vor. Die Schnalle mit halbrundem Rahmen und gerader Rahmenbasis ist ein weit verbreiteter Typ (Abb. 30/6), der vom 10. bis zum 15. Jahrhundert in Gebrauch war und vermehrt in der zweiten Hälfte des 12. Jahrhunderts auftritt[69]. Ebenso «zeitlos» sind die Schnallen mit rechteckigem Bügel (Abb. 30/4). Die quadratischen und rechteckigen Formen der Schnallen überwiegen ab dem 13. Jahrhundert gegenüber den D-förmigen, runden und ovalen Formen. Eine interessante Gestalt besitzt die Schnalle (Abb. 30/5)[70]. Der lyraförmige Schnallenbügel ist zweiteilig mit einem ovalen, gedrungenen breiteren Teil und einem rechteckigen schmaleren Teil, auf der eine bewegliche Rollenkappe und der ebenfalls bewegliche Dorn sitzen. Ein ähnliches Exemplar stellt Norbert Gossler[71] als Sattelgurtschnalle zur Befestigung des Gurtes am Sattel vor. Dabei saß sie an einem breiten Riemen und fixierte einen schmaleren Riemen. Die Rollenkappe diente dem Festzurren der Riemenverbindung. Vergleichbare Funde von hessischen Burgen werden in das 13./14. bis 15. Jahrhundert datiert[72].

---

65 Hans-Joachim Stoll: Der Brühl von Jenalöbnitz – ein mittelalterlicher Burghügel in Ostthüringen (Weimarer Monographien zur Ur- und Frühgeschichte. 24). Weimar 1990, hier S. 62.
66 Wolfgang Timpel: Gommerstedt ein hochmittelalterlicher Herrensitz in Thüringen (Weimarer Monographien zur Ur- und Frühgeschichte. 5). Weimar 1982, S. 74.
67 Uwe Gross und Ludwig H. Hildebrandt: Der Wieslocher Schmiedefund. In: Walter Melzer (Hrsg.): Schmiedehandwerk im Mittelalter und Neuzeit (Soester Beiträge zur Archäologie. 5). Soest 2004, S. 105–116, hier S. 112.
68 Timpel, Gommerstedt 1982 (wie Anm. 66) Abb. 37,13.
69 Timpel, Gommerstedt 1982 (wie Anm. 66) S. 81; Hans-Joachim Barthel: Der Große Hermannstein bei Manebach. In: Alt-Thüringen. 10(1969), S. 228–243; Alexander Ruttkay: Elemente der Mode in Kleidung und Schmuck bei der ländlichen Bevölkerung auf dem Gebiet der Slowakei. In: Archeologica Historica. 14(1989), S. 355–378, hier S. 363.
70 Hilke Elisabeth Saggau: Mittelalterliche Eisenfunde aus Schleswig, Ausgrabung Schild 1971–1975 (Ausgrabungen in Schleswig, Berichte und Studien. 14). Neumünster 2000, S. 96.
71 Norbert Gossler: Mittelalterliches Reitzubehör von hessischen Burgen. In: Burgenforschung in Hessen. Kleine Schriften des Vorgeschichtlichen Seminars Marburg. 46(1996), S. 161–176, hier S. 175.

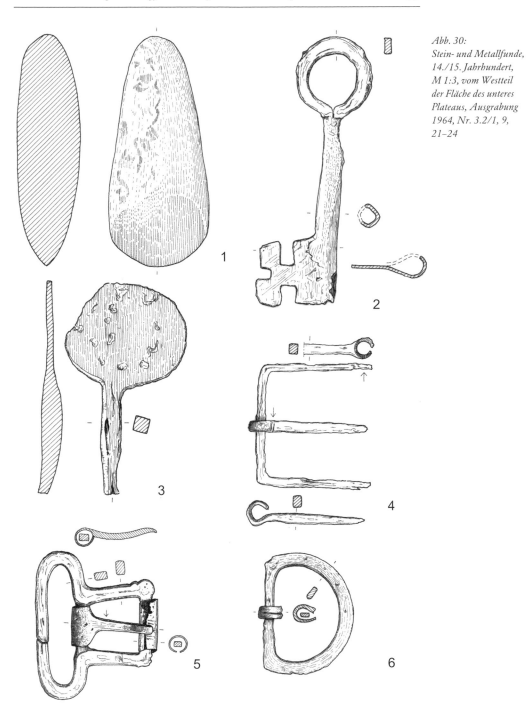

Abb. 30:
Stein- und Metallfunde,
14./15. Jahrhundert,
M 1:3, vom Westteil
der Fläche des unteres
Plateaus, Ausgrabung
1964, Nr. 3.2/1, 9,
21–24

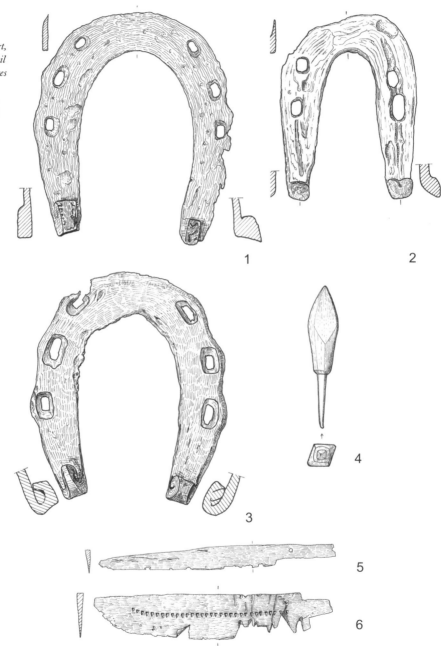

Abb. 31:
Metallfunde,
14./15. Jahrhundert,
M 1:3, vom Westteil
der Fläche des unteres
Plateaus,
Ausgrabung 1964,
Nr. 3.2/13, 15, 20

Waffen- und Reiterausrüstung

Zur Waffen- und Reiterausrüstung gehören ein Pferdestriegel, drei Hufeisen, eine Dornengeschossspitze, vier Tüllengeschossspitzen mit geschlitzter Tülle und ein Dolch. Der Pferdestriegel ist ein halbzylindrisch gebogener Gegenstand, der an den Längsseiten gezähnt ist. Auf der Oberseite des Striegelbleches sind drei Streben als Halterung angenietet (Abb. 32/2). Nennenswerte Vergleichstücke stellte H. J. Vogt zusammen und unterteilte sie entsprechend der Griffvarianten in vier Typen. Unser Striegel mit den drei Streben an der Halterung gehört zu Typ a[73]. Weitere Vergleichsstücke aus Thüringen sind aus Gommerstedt[74] und vom Großen Hermannstein[75] bekannt, außerdem aus Sindelfingen/Obere Vorstadt[76], aus der mittelalterlichen Stadt Schleswig[77] und von der Burg Heitnau/Schweiz[78]. Datiert werden sie in das 13. bis Ende des 15. Jahrhunderts und sind in weiten Teilen Europas für das 12. bis 16. Jahrhundert belegt[79].

Die drei Hufeisen sind unterschiedlich gestaltet. Das älteste hat eine wellenförmige Form und sechs ovale Nagellöcher in länglichen Vertiefungen auf den Ruten (Abb. 31/3). Die Schenkelenden sind einfach umgeschlagen. Diese Hufeisen sind im 12. und 13. Jahrhundert in Gebrauch. Dagegen treten die Hufeisen mit glattem Abschluss und Stollenende (Abb. 31,1) vom Spätmittelalter bis in das 16. Jahrhundert auf, wobei die mit sechs Nagellöchern etwas älter sind.[80] Der kleine Hufbeschlag (Abb. 31/2) ist als Eseleisen anzusprechen.

Die Dornengeschossspitze mit einem weidenförmigen Blatt und einer Gesamtlänge von 7,5 cm (Abb. 31/4) gehört wie die Tüllengeschossspitzen mit geschlitzter Tülle, viereckigem Blattquerschnitt und Längen zwischen 7,8 bis 8,3 cm ins ausgehende 13. bis 15. Jahrhundert[81]. Auffallend ist ein gotischer Dolch mit zweischneidiger gegrateter Klinge, einem viereckigen Quer-

72 Ilse Fingerlin: Gürtel des hohen und späten Mittelalters. München/Berlin 1971, S. 191 Abb. 322, S. 341 Nr. 71.

73 Hans-Joachim Vogt: Die Wiprechtsburg Groitzsch. Eine mittelalterliche Befestigung in Westsachsen (Veröfflichungen des Landesmuseums für Vorgeschichte Dresden. 18). Berlin 1987, S. 145, Abb. 115.

74 Timpel, Gommerstedt 1982 (wie Anm. 66) S. 77, Abb. 39,12; 40,4; 40,6

75 Barthel, Gr. Hermannstein 1969 (wie Anm. 69).

76 Barbara Scholkmann: Sindelfingen/Obere Vorstadt. Eine Siedlung des hohen und späten Mittelalters (Forschungen und Berichte zur Archäologie des Mittelalters Baden-Württemberg 3). Stuttgart 1978, S. 98.

77 Saggau, Eisenfunde 2000 (wie Anm. 70) S. 83 f., Abb. 55.

78 Friedrich Knoll-Heitz: Burg Heitnau. Bericht über die Ausgrabung 1950–1954. Frauenfeld 1957.

79 Weiterführende Literatur siehe Saggau, Eisenfunde 2000 (wie Anm. 70) S. 83.

80 Scholkmann, Sindelfingen 1978 (wie Anm. 76) S. 94 ff.; Timpel, Gommerstedt 1982 (wie Anm. 66) S. 80.

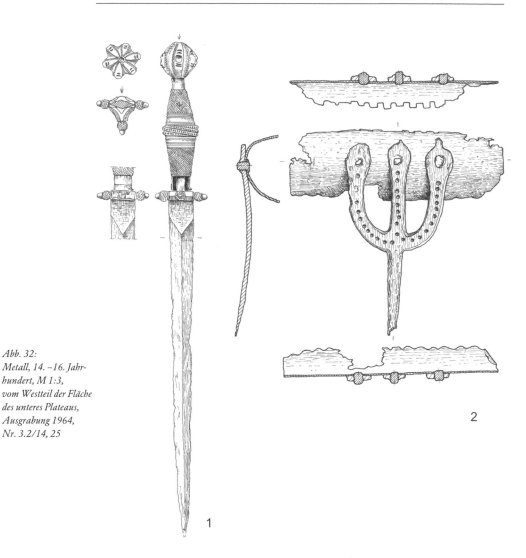

Abb. 32:
Metall, 14. –16. Jahr-
hundert, M 1:3,
vom Westteil der Fläche
des unteres Plateaus,
Ausgrabung 1964,
Nr. 3.2/14, 25

schnitt und einer erhöhten Mittelrippe, die erst 1,5 cm unterhalb der Parierscheibe beginnt (Abb. 32/1). Die mit gekerbten Bändern verzierte Parierscheibe besitzt drei eichelförmige Aufsätze. Der umwickelte Griff endet in
einem Kugelknauf, der sechs Einkerbungen besitzt. Seine Gesamtlänge beträgt 27,6 cm, wobei auf die Klingenlänge 18,8 cm entfallen. Dolche dieser
Form kommen in Europa im 16. Jahrhundert vor[82]. Ein ähnlicher Fund ist
von der Zitadelle in Berlin Spandau bekannt. Von diesem Dolch ist leider die

Hilze verloren gegangen, die oftmals aus Holz bestand. Das Spandauer Exemplar wird in das erste Viertel des 16. Jahrhunderts datiert[83]. Ein vergleichbarer Dolch aus Lübeck gehört in die erste Hälfte des 16. Jahrhunderts[84].

Wirtschaftsgebäude westlich der Klausur

Ein weiteres zur Ökonomie des Klosters gehörendes Gebäude konnte westlich der Klausur angeschnitten werden. Das hier geborgene keramische Material besteht vor allem aus einfach gerundeten Lippenrändern mit Innenkehlung (Abb. 33/1; 3). Unter den Funden befindet sich auch ein ziegelfarbener Napf und recht auffällig ist eine Konzentration von glockenförmigen Deckeln (Abb. 33/2; 4). Zu einem Grapen bzw. Dreibeintopf gehört ein gegossener Fuß (Abb. 33,7). Er weist eine Länge von 6,0 cm auf, seine Standfläche ist tatzenförmig ausgearbeitet. Diese Grapen wurden aus einer Kupferlegierung mit Zinn bzw. Blei- und Zinkanteilen hergestellt. Die Datierung dieser Grapen ist schwierig, da sie aufgrund ihrer stabilen Machart über einen längeren Zeitraum in Gebrauch waren. Sie kommen in der zweiten Hälfte des 12. Jahrhunderts auf und waren bis im 15. Jahrhundert in Nutzung. Es wird geschätzt, dass sie über 300 bis 400 Jahre gebraucht und als Wertobjekte gehandelt wurden, da sie bevorzugt in Testamenten auftraten[85].

Zum Fundspektrum des Gebäudes zählen eine eiserne Axt (Abb. 34), ein eiserner Löffelbohrer (Abb. 35), zwei eiserne Türangeln (Abb. 33,5), ein vollständig erhaltenes Hufeisen und zwei weitere Fragmente, ein Tonpfeifenkopf und ein Pfeifenbruchstück neuzeitlicher Zeitstellung sowie ein Muschelfragment (Abb. 36).

Die den Abbildungen 34 und 35 dargestellte Axt und der Löffelbohrer gehören zu den Werkzeugen aus Eisen. Bei der Bartaxt handelt es sich um eine typische Zimmermannsaxt, die in Spätmittelalter und früher Neuzeit all-

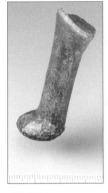

Abb. 33,7:
Fuß eines bronzenen
Grapens, 14./15. Jahr-
hundert, M 1:2,
Gebäude westlich der
Klausur, oberes Plateau,
Ausgrabung 2006,
Nr. 5./114

---

81 BERND ZIMMERMANN: Mittelalterliche Geschossspitzen. Kulturhistorische, archäologische und archäometrische Untersuchungen (Schweitzer Beiträge zur Kulturgeschichte und Archäologie des Mittelalters. 26). Basel 2000, S. 76.

82 HEINRICH MÜLLER: Historische Waffen. Kurze Entwicklung der Waffen vom Frühfeudalismus zum 17. Jahrhundert. Berlin 1957, S. 47; HEINRICH MÜLLER und HARTMUT KÖLLING: Europäische Hieb- und Stichwaffen aus der Sammlung des Museums für Deutsche Geschichte. Berlin 1981, S. 36; HERIBERT SEITZ: Blankwaffen. Bd. 2. Braunschweig 1968.

83 WOLFGANG GEHRKE: Ein Dolchfund auf der Zitadelle Spandau. In: Ausgrabungen und Funde. 37(1992), S. 332–336.

84 ALFRED FALK: Metallfunde aus der Lübecker Innenstadt. In: Lübecker Schriften zu Archäologie und Kulturgeschichte. 17(1988), S. 152–155, hier S.153, Abb. 100,5.

85 KRABATH, Buntmetallfunde 2001 (wie Anm. 19) S. 34 f.; HANS DRESCHER: Zu den bronzenen Grapen des 12.–16. Jahrhunderts aus Norddeutschland. In: POHL-WEBER, Alltag 1982 (wie Anm. 14) S. 157–174, hier S. 160 ff.

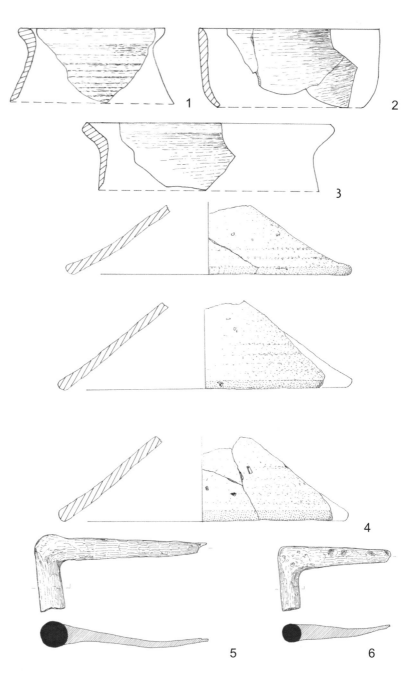

Abb. 33:
Keramik und
Metallfund,
14./15. Jahrhundert,
M 1:2, Gebäude
westlich der Klausur,
oberes Plateau,
Ausgrabung 2006,
Nr. 5./99, 5./105,
5./109

gemein in Betrieb war. Sie wurde überwiegend zum Fällen von Bäumen und
zur Holzverarbeitung verwendet[86]. Die 15,2 cm lange Axt mit rundem
Nacken besitzt ein 4,4 cm hohes Schaftloch. Der Schaft ist gebrochen. Die
Schneide schwingt nach einer Seite aus und besitzt eine Breite von 9,5 cm.
Von einem Löffelbohrer konnte der eiserne Einsatz gefunden werden, das
Gestänge bestand aus einem hölzernen Kreuzheft. Der Bohrer besitzt eine
Länge von 15,4 cm. Der Schaft hat einen runden Querschnitt, das obere Ende
besteht aus einem lanzettförmigen Flachkolben mit viereckiger Bohrung. Die
Breite der Bohrspitze beträgt 2,0 cm und ist stark gebogen. Die Tendenz der
stark gebogenen Bohrspitze ist vor allem bei spätmittelalterlichen Bohrern zu
beobachten[87]. Die beiden eisernen Türangeln sind rechtwinklige Eisen, die
einen kürzeren rundstabigen Arm und einen längeren flachrechteckigen Arm
besitzen, der bei beiden Stücken gebrochen ist. Die Länge der rundgearbeite-
ten Drehachsen liegt bei 2,1 bzw. 2,8 cm, sie sind 1,1 cm bzw. 1,5 cm im
Durchmesser. Die Länge der rechtwinklig in die Wand verankerten Eisen
beträgt 6,2 bzw. 8,9 cm. Sie sind durch ihre Nutzung als Wandverankerung
oft gebrochen[88].

Abb. 34:
Stein- und Metall-
funde, Gebäude
westlich der Klausur,
oberes Plateau,
Ausgrabung 2006,
Nr. 5/104

---

86 Hans-Tewes Schadwinkel und Günther Heine: Das Werkzeug des Zimmermanns. Hannover
   1986.
87 Saggau, Eisenfunde 2000 (wie Anm. 70) S. 71.
88 Saggau, Eisenfunde 2000 (wie Anm. 70) S. 52.

Abb. 35:
eiserner Einsatz eines
Löffelbohrers,
14./15. Jahrhundert,
Gebäude westlich
der Klausur, oberes
Plateau, Ausgrabung
2006, Nr. 5./116

Das Bruchstück einer Jakobsmuschel (Abb. 36) fand sich in diesem Gebäudekomplex. Die Muschel war sicher durchlocht. Muscheln mit Durchlochung in ihrem Wirbelbereich sind ein eindeutiges Zeichen für eine Pilgermuschel, die an Hut, Tasche oder Mantel des Pilgers befestigt war[89]. Derartige Wallfahrtsdevotionalien werden dem Wallfahrtsort Santiago de Compostela in Spanien zugeschrieben, der Verehrungsstätte des heiligen Apostels Jakobus dem Älteren[90].

Funde außerhalb der Umfassungsmauern

Im Schnitt 15 fand sich außerhalb der Umfassungsmauer östlich der Pforte ein Fachwerkgebäude. Das Fundinventar aus diesem Gebäude besteht aus einem umfangreichen Komplex meist ziegelfarbener Keramik. Darunter befindet sich auch das Oberteil eines Kruges mit einem Kragenrand und einem unterrandständigen gesattelten Henkel mit Fingertupfenverzierung (Abb. 37/1). Aus demselben Material wurde eine weitmündige Schale gefertigt, ihr Mündungsdurchmesser beträgt 30,5 cm, ihre Höhe 11 cm (Abb. 37/3). Zum Komplex gehört auch die Wandungsscherbe eines braunen Steinzeuggefäßes, die mit Rollrädchenverzierung und einer Rosette verziert ist (Abb. 37/2). Vier Randscherben von ziegelfarbenen Napfkacheln verweisen auf eine Heizquelle im Gebäude. Ein kleiner aus Kupferblech gedrehter Nagel gehört ebenso zum Inventar.

Am Ostrand des Klosters außerhalb der Umfassungsmauer wurde ab dem 13. Jahrhundert eine Abfalldeponie betrieben, auf der vor allem zerscherbte Keramik des 13. bis 16. Jahrhunderts gelagert wurde (Abb. 38). Der Bereich

---

89 JÜRGEN WITTSTOCK: Pilgerzeichen und andere Wallfahrsdevotionalien in Norddeutschland. In: POHL-WEBER, Alltag 1982 (wie Anm. 14) S. 193–200, hier S. 197.

90 KATRIN NAGEL: «... umme saliceit miner zele ...» – Wallfahrten und Wallfahrtsdevotionalien in den Städten Mecklenburg-Vorpommerns. In: JÖNS/LÜTH/SCHÄFER, Straßenpflaster 2005 (wie Anm. 15) S. 381–384.

Abb. 36:
Kleinfunde,
14.– 16. Jahrhundert,
Gebäude westlich der
Klausur, oberes Plateau,
Ausgrabung 2006,
Nr. 5./101, 113, 126

wurde nur mit einem Sondageschnitt untersucht. Hier fanden sich auch die
sonst recht selten vertretenen Steinzeugscherben, darunter ein hellbrauner
Wellenplattenfuß (Abb. 38/1) und der Bodenansatz eines braunen Steinzeuggefäßes, der vollständig mit einer Rollrädchenverzierung versehen ist
(Abb. 38/2). Zu den nennenswerten Kleinfunden sind ein eiserner Schlüssel
und eine verzierter Beschlag (Abb. 39) zu zählen. Der in das Spätmittelalter
gehörende Schlüssel ist vollständig erhalten. Er weist einen ovalen Kopf,
einen eckigen massiven Schlüsselschaft und einen profilierten Bart auf.

Der Beschlag besteht aus einer Kupferlegierung. Er ist rechteckig mit
Maßen von 3,0 x 3,4 x 0,1 cm. Auf seiner Schauseite besitzt er eine Punz-
verzierung in Form von drei verschiedenartig gestalteten, langovalen Blättern.
Er hat an seiner Anschlagseite drei Nietlöcher mit einem Durchmesser von
0,4 cm, wobei das mittlere Nietloch doppelt ausgeführt ist. Weitere vier
Nietlöcher geringeren Durchmessers mit 0,15 cm sind an den Außenseiten
des Beschlages angebracht. Ein bronzener Nietstift ist in gestauchter Form
erhalten geblieben. Ab dem Hochmittelalter sind rechteckige Beschläge ähnlicher Ausführung als Zierbeschläge bzw. Buchschließen bekannt, jedoch weisen diese eine leicht abgewinkelte Kante an einer Seite auf.[91] Allerdings werden diese durch flache Schließen aus Messingblech/Kupferlegierung ersetzt[92].

91 KRABATH, Buntmetallfunde 2001 (wie Anm. 19) S. 103, Abb. 19/23; ANTJE KLUGE-PINSKER:
   Verlorene Bücher? Zum Fund eines vergoldeten Bronzebeschlages in der Wiesbadener
   Innenstadt. In: BERNHARD PINSKER (Hrsg.): 200.000 Jahre Kultur und Geschichte in Nassau.
   Dargestellt an Objekten der Sammlung Nassauischer Altertümer des Museums Wiesbaden.
   Wiesbaden 1993, S. 131–149, hier S. 144, Abb. 12.
92 INGO GABRIEL: Mittelalterliche Buchbeschläge vom Weinberg Hitzacker. In: WOLFGANG JÜRRIES
   (Hrsg.): Beiträge zur Archäologie und Geschichte Nordostniedersachsens. Bernd Wachter zum
   70. Geburtstag (Schriftenreihe des Heimatkundlichen Arbeitskreises Lüchow-Dannenberg. 8).
   Lüchow 1991, S. 63–76, hier S. 65.

Abb. 37:
Keramik,
14./15. Jahrhundert,
1–3 M 1:3,
4+5 M 1: 2,
Fachwerkhaus östlich
der Pforte und von
der Ostpforte, oberes
Plateau,
Ausgrabung 2006,
Nr. 5./82, 89, 124

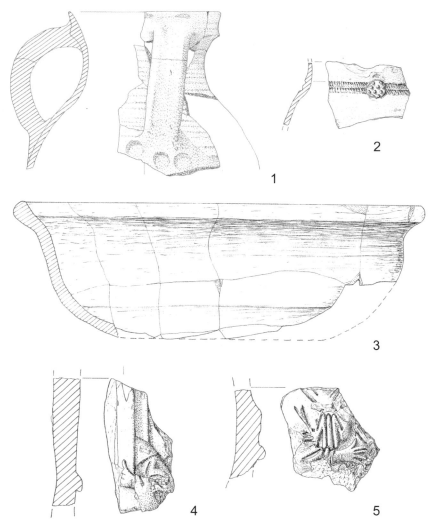

Diese Schließen stellten die Verbindung zu dem vorderen und hinteren Deckel eines Einbandes her. Meist wurden die Deckel mit einem Lederriemen umspannt, der oftmals mit einem Zierbeschlag am Deckel befestigt war. Beim Eisenacher Exemplar dienten die vier kleinen Nietlöcher der Befestigung am Buchdeckel, an den drei großen Löchern war der Lederriemen angebracht[93].

---

93 AXEL LUNGERSHAUSEN: Buntmetallfunde und Handwerksrelikte des Mittelalters und der frühen Neuzeit aus archäologischen Untersuchungen in Braunschweig (Materialhefte zur Ur- und Frühgeschichte Niedersachsens. 34). Rahden/Westfalen 2004, S. 91 ff.

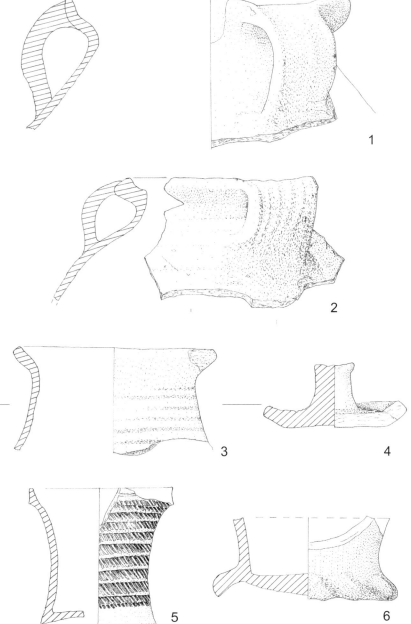

Abb. 38:
Keramik und
Metallfunde,
14./15. Jahrhundert,
M 1:2, Abfalldeponie,
oberes Plateau,
Ausgrabung 2006,
Nr. 5./72, 77

Klenge/östlicher Eingangsbereich

Im Jahr 1957 wurde in der Klenge die Torsituation des östlichen Eingangsbereiches aufgenommen. Die Fundamente lagen auf dem gewachsenen Fels in situ und waren von einer mächtigen Schuttschicht begraben, aus der die nachfolgenden Funde stammen.

Die im Grabungsbericht erwähnten Gefäßscherben, Knochenfunde, wenigen Metallfunde (v. a. Eisennägel), Glas- und Ziegelreste sowie Dachschiefer befinden sich im Inventar der Wartburg-Stiftung Eisenach. Neben blaugrauer bis brauner und ziegelfarbener Keramik des 13./14. Jahrhunderts treten spätmittelalterliche, gelb bis grün innenglasierte Scherben, Steinzeugscherben

Abb. 39:
Zierbeschlag,
15. Jahrhundert,
Abfalldeponie, oberes
Plateau, Ausgrabung
2006, Nr. 5./78

mit Rollrädchenverzierung und Wellenplattenfuß – charakteristisch für das 14./ 15. Jahrhundert – auf. Die direkt südöstlich des Nordpfeilers erwähnte «Scherbenansammlung mit den Scherben von drei Tongefäßen»[94] konnte im Fundmaterial lokalisiert werden. Zu den drei Gefäßen gehört noch eine vollständig erhaltene Napfkachel mit runder Mündung von 17 cm und einer Höhe von 9,3 cm (Abb. 40,2). Diese Kachel ist eingliedrig und läuft nach unten leicht konisch zu. Der Rand schwingt leicht aus. Diese flacheren Formen treten vor allem ab dem 15. Jahrhundert auf[95], können aber auch in das 14. Jahrhundert zurückgehen[96]. Des Weiteren kommen zwei Henkelgrapen gleicher Zeitstellung vor (Abb. 40,3; 4). Der Grapen (Abb. 40,3) besitzt einen randständigen Henkel mit leichter Eindellung und ist flächig mit Gurtfurchen verziert. Die Grapenfüße sind abgebrochen. Er weist außen einen blaugrauen bis schwarzen Farbton und innen eine braune Glasur auf. Verfüllt ist er mit Speiseresten und Erde. Der Rand ist kantig gearbeitet und auf der Randinnenseite mit einer Kehlung versehen. Der Mündungsdurchmesser beträgt 13 cm, die erhaltene Höhe 14,8 cm. Der andere Grapentopf (Abb. 40,4) hat ebenfalls einen randständigen, eingedellten Henkel und ist nur mit drei Gurtfurchen am Hals verziert. Am Henkel und an den Füßen sind doppelte Fingereindrücke angebracht. Er ist braun mit einer ziegel-

---

94 Wartburg-Stiftung Eisenach, Archiv, Akte 528 Elisabethplan, Akte Roderich Wichmann, Grabungsbericht 22. März 1957.

95 STEPHAN, Kacheln 1991 (wie Anm. 53) S. 23; JULIA HALLENKAMP-LUMPE, Ofenkeramik 2006 (wie Anm. 54) S. 43.

96 TIMPEL, Gommerstedt 1982 (wie Anm. 66) S. 70.

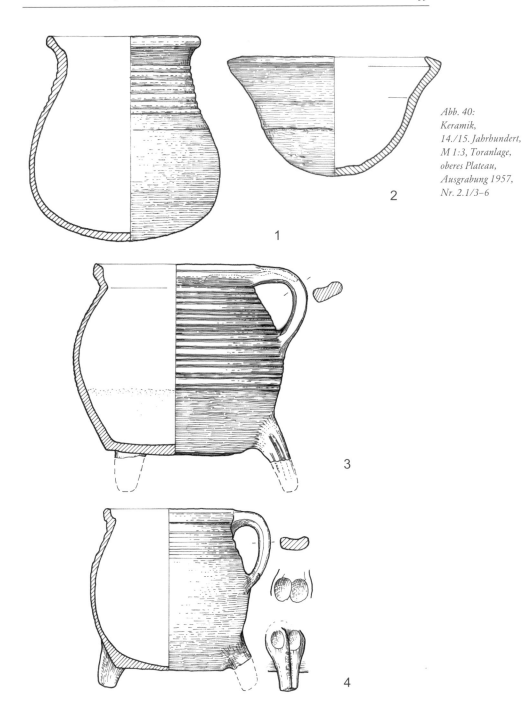

Abb. 40:
Keramik,
14./15. Jahrhundert,
M 1:3, Toranlage,
oberes Plateau,
Ausgrabung 1957,
Nr. 2.1/3–6

Abb. 41:
Heller, der im Hohlring
einen Mohrenkopf in
einem Schild zeigt,
15. Jahrhundert,
Toranlage, Oberes
Plateau, Ausgrabung
1957, Nr. 1./19

farbenen Innenglasur. Der außen gerundete Rand mit Innenkehlung umschließt einen Mündungsdurchmesser von 10,5 cm. Beide Henkelgrapen besitzen einen geraden Boden, wie sie vor allem ab dem späten 15. Jahrhundert vorkommen[97]. Unter den Gefäßen befindet sich ein birnenförmiger Bombentopf mit einem langen, leicht konischen Hals, der mit Gurtfurchen verziert ist (Abb. 40,1). Der Rand ist lippenförmig, außen gerundet und mit einer schwachen Innenkehlung. Die Farbgebung ist innen und außen blaugrau, der Scherben ist hart gebrannt. Kugeltöpfe mit gestreckter Halsform, leicht birnenförmiger Gefäßform und schräg nach außen gestellter Randlippe sind Vertreter des 14. Jahrhunderts[98], können aber bis in das 15. Jahrhundert verfolgt werden[99]. Der Keramikkomplex gehört in seiner Gesamtheit in das 14./15. Jahrhundert und bestätigt die in den urkundlichen Quellen genannte Herstellung der Klenge im Jahre 1441[100].

Weitere Arbeiten östlich des Felsganges wurden 1957 vom damaligen Museum für Ur- und Frühgeschichte Weimar durchgeführt. Zum Fundmaterial gehört neben wenigen Knochenbruchstücken, Ziegeln, Glasscherben, Lehmbewurfstücken, Bruchstücken von Schieferplatten, Tonpfeifen, Metallen (Nägel, Keile, Armbrustbolzen) auch zahlreiches Scherbenmaterial des 14./15. Jahrhunderts. In diese Zeit datiert ein beschädigter Heller mit Mohrenkopf aus dem Quadrant II, Schicht 4 (Abb. 41)[101]. Er zeigt im Hohlring einen Mohrenkopf in einem Schild von Coburg, und wurde in Coburg unter den Markgrafen von Meißen zwischen 1475–1482 geprägt. Der Mohrenkopf ist der heilige Mauritius im Stadtwappen von Coburg.

Die Kernspaltflöte

In den Jahren 1924/25 sollte auf dem oberen Plateau ein Rosengarten angelegt werden, und dabei kam eine knöcherne Kernspaltflöte zum Vorschein. Zur Herstellung dieser Flöte benutzte man einen Röhrenknochen einer rech-

---

97 TIMPEL/ALTWEIN, Brunnen 1994 (wie Anm. 28) S. 270.
98 LAPPE, Abfallschacht 1993 (wie Anm. 29) S. 273; MANGELSDORF, Formenkunde 1994 (wie Anm. 31) S. 63; LAPPE, Frauensee 1994 (wie Anm. 8) S. 259 ff.; LÜDTKE/SCHIETZEL, Nordeuropa 2001 (wie Anm. 41) S. 139.
99 MANGELSDORF, Formenkunde 1994 (wie Anm. 31) S. 59.
100 HILMAR SCHWARZ: Der Elisabethplan unterhalb der Wartburg. In: Wartburg-Jahrbuch 1995. 4(1996), S. 59–90, hier S. 73.

ten Tibia von einem kleinen Hauswiederkäuer der Altersgruppe subadult-adult[102]. Die nur 9,3 cm lange Flöte besitzt einen ovalen bis dreieckigen Querschnitt, eine Mundöffnung mit rechteckiger Aufschnittform, drei mittelständige Grifflöcher und ein hinterständiges Daumenloch (Abb. 42). Sie ist mit nadelartigen Einstichen verziert, die zwischen vier bis zwölf Punkte aufweisen und sowohl auf der Vorder- als auch auf der Rückseite angebracht sind. Mittelalterliche Kernspaltflöten haben zwei bis sechs Grifflöcher, wobei Flöten mit drei vorderständigen Grifflöchern und einem hinterständigen Daumenloch der am stärksten verbreitete Typ in Mittel- und Nordeuropa sind. Dabei besitzen nur 20% aller Klanginstrumente ein Daumenloch, bei denen mit drei Grifflöchern etwa die Hälfte[103].

Es gibt von Ch. Brade (1975) eine zusammenfassende Arbeit zu den Kernspaltflöten Mittel- und Nordeuropas. Unter den von Brade aus Belgien, den Niederlanden, Deutschland (BRD), Dänemark, Schweden und Norwegen vorgestellten 120 Flöten sind nur 11 mit Ornamenten. Das Eisenacher Exemplar mit der sehr reichhaltigen Verzierung findet keine Parallelen. In den letzten Jahren sind zahlreiche Kernspaltflöten bearbeitet worden[104]. Dabei gibt es ein Exemplar aus Sülten, ehem. Kr. Sternberg (Mecklenburg-Vorpommern), das an den drei Grifflöchern und dem Daumenloch eine auffällige Lochornamentik besitzt. Bei den Grifflöchern besteht sie aus einem Kranz von acht nadelartigen Einstichen, bei

Abb. 42: knöcherne Kernspaltflöte, 13.–16. Jahrhundert, oberes Plateau, Anlegen des Rosengartens 1924/25, Nr. 1./1

dem Daumenloch von 15[105]. Die Sültener Flöte gleicht im Aufbau der Flöte vom Elisabethplan. Sie ist mit einer Länge von 10,6 cm ebenfalls sehr kurz. Bei denen von Ch. Brade (1975) aufgeführten Stücken weisen nur drei eine Länge von unter 11 cm auf. Vor allem Flöten aus Schafsknochen mit drei

---

101 Thüringisches Landesamt für Denkmalpflege und Archäologie, Dienststelle Weimar, Inventar 22/58.

102 RALF-JÜRGEN PRILLOFF: Eine mittelalterliche knöcherne Kernspaltflöte aus dem Umfeld der Wartburg. In: Wartburg-Jahrbuch 2004. 13(2005), S. 8–14.

103 CHRISTINE BRADE: Die mittelalterlichen Kernspaltflöten Mittel- und Nordeuropas. Ein Beitrag zur Überlieferung prähistorischer und zur Typologie mittelalterlicher Kernspaltföten. Neumünster 1975.

104 HORST KEILING: Eine Kernspaltflöte von Sülten, Kr. Sternberg. In: Ausgrabungen und Funde. 28(1983), S. 134–137; URSULA LEHMKUHL: Knöcherne Kernspaltflöten in Mecklenburg. In: Ausgrabungen und Funde. 30(1985), S. 136–144; DIETRICH HAKELBERG: Mittelalterliche Schallgeräte von Pößneck-Schlettwein. In: Ausgrabungen und Funde. 39(1994), S. 253–259.

105 KEILING, Kernspaltflöte 1983 (wie Anm. 104); LEHMKUHL, Kernspaltflöten 1985 (wie Anm. 104) S. 141.

Abb. 42:
knöcherne
Kernspaltflöte,
13.–16.
Jahrhundert,
oberes Plateau,
Anlegen des
Rosengartens
1924/25, Nr. 1./1

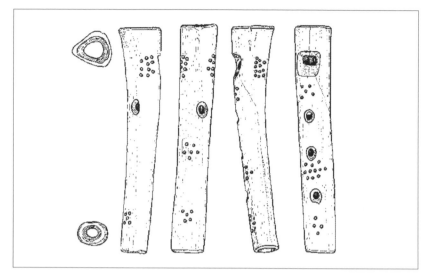

Grifflöchern sind 11 bis 14 cm lang, so vor allem Vergleichsstücke aus den Niederlanden.

Die mittelalterlichen Kernspaltflöten waren vom 9. bis 16. Jahrhundert in Gebrauch. Unser Exemplar dürfte mit seiner Verzierung wohl sehr allgemein dem 13. bis 15. Jahrhundert angehören. Das weitere Fundmaterial auf dem oberen Plateau bestätigt die zeitliche Einordnung. Im gesellschaftlichen Umfeld des Franziskanerklosters dürfte sie eine gewisse Bedeutung besessen haben.

Die archäologischen Mittelalterfunde vom Elisabethplan unterhalb der Wartburg. (Katalog)

Ines Spazier und Udo Hopf

EISENACH, STKR. EISENACH, ELISABETHPLAN – FUNDMATERIAL
KATALOG (STAND 2008)

Gliederung:
1. Fundmaterial der ersten Sondagen von 1924/25 und der Ausgrabung auf dem oberen Plateau 1957
2. Fundmaterial der Bautätigkeiten und Untersuchungen zwischen 1956/57 z.T. oberes Plateau, Eingangsbereich und 1959 an der unteren Fahrstraße
2.1 Funde der Untersuchungen von 1956/57
2.2 Funde der Untersuchungen von 1959
3. Fundmaterial der Ausgrabung im unteren Plateaubereich von 1964
3.1 Keramik
3.2 Funde aus Metall, Glas, Stein und Knochen
4. Fundmaterial der Sanierungsarbeiten im unteren Plateaubereich, Ostteil von 2005
5. Fundmaterial der Ausgrabungen auf dem oberen Plateau (Elisabethhospital, Franziskanerkloster) 2006
6. Abkürzungsverzeichnis

1. Fundmaterial der ersten Sondagen von 1924/25 und der Ausgrabung auf dem oberen Plateau 1957

1./1) *Fundmaterial:* knöcherne Kernspaltflöte, oval bis dreieckiger Querschnitt, zylindrischer Röhrenkochen Tibia sinistra (Schaf), Mundöffnung mit rechteckiger Aufschnittform und drei mittelständig angebrachten Grifflöchern, mit hinterständigem Daumenloch, verziert auf der Vorderseite mit drei verschiedenartig gestalteten Punktverzierungsvarianten von 4 bis 11 eng zueinander liegenden Stichen, auf der Rückseite ebenfalls vier verschiedene Varianten von 5 bis 12 Stichen, nadelartige Einstiche, Gesamt-L 9,3 cm, Aufschnitt 0,6 x 0,4 cm, Grifflöcher 1–3 0,4 x 0,3 cm, innerer oberer Durchmesser 0,9 x 0,7 cm, innerer unterer Durchmesser 1,3 x 1,0 cm, Daumenloch 0,4 x 0,3 cm, L zum 1. Gl 2,3 cm, L zum 2. Gl 1,5 cm, L zum 3. Gl 1,2 cm,

L zum Aufschnitt 2,0 cm,
L zum oberen Rand 1,3 cm,
L zum Daumenloch 5,8 cm,
Datierung 13.–15. Jh. (Abb. 42)
Lage: Anlegen eines Rosengartens auf der
oberen Terrasse, 0,80–0,90 m breiter,
West-Ost ausgerichteter Mauerzug, 1924
Verbleib: Wartburg-Stiftung Eisenach,
Inv.-Nr.: KE 17

1./2) *Fundmaterial:* 2 grüne Glasscherben
Lage: 1924 gefunden unter dem Elisabeth-
brunnen
Verbleib: TLDA, Inv.-Nr.: 1460/94

1./3) *Fundmaterial:* 3 ma. blaugraue Ws
1 Tierzahn vom Schwein
Lage: Ausgrabung oberes Plateau 1957,
Quadrant 1, Schicht 4, am Felsen
Verbleib: TLDA, Inv.-Nr.: 351/57

1./4) *Fundmaterial:* 1 ma. blaugraue Ws
Lage: Ausgrabung oberes Plateau 1957,
Quadrant 1, Schicht 1
Verbleib: TLDA, Inv.-Nr.: 352/57

1./5) *Fundmaterial:* 2 ma. blaugraue Ws
5 nicht restaurierte Eisenteile,
u. a. Nägel und 1 Beschlagteil
2 Stück Glasschlacke
6 Schneckengehäuse, 4 Stück Schiefer
3 Knochenfragmente
Lage: Ausgrabung oberes Plateau 1957,
Quadrant 1, Schicht 2
Verbleib: TLDA, Inv.-Nr.: 353/57

1./6) *Fundmaterial:* 22 ma. blaugraue Ws;
1 beige Deckelrandscherbe;
1 Rs mit braungrüner Innenglasur, 15. Jh.;
1 Rs einer schwarz glasierten Kachel, 15./16. Jh.;
1 Bs eines Steinzeuggefäßes, rotbraun
6 dünne Metallbleche
Lage: Ausgrabung oberes Plateau 1957,
Quadrant 2, zwischen Schicht 1,
Nordpfeiler Portal, «Felsenklause»
Verbleib: TLDA, Inv.-Nr.: 354/57

1./7) *Fundmaterial:* 4 rottonige Ws,
3 Pfeifenbruchstücke, davon eines mit
Stempel eines stehenden Löwen,
1 eiserner Ring mit einem Dm von 3,2 cm
1 Stück Kalk
Lage: Ausgrabung oberes Plateau 1957,
Quadrant 2, Schicht 2
Verbleib: TLDA, Inv.-Nr.: 355/57

1./8) *Fundmaterial:* 1 Rs mit brauner
Innenglasur und Henkelansatz;
1 Bruchstück eines Grapenfußes
1 kleiner eiserner Nagel, L 2,5 cm
1 Stück Glasflaschenhals, irisiert
13 Schieferplattenbruchstücke, davon vier
mit Durchlochung für die Befestigung,
eine mit doppelter Lochung im Abstand
von 9 cm;
1 Dachziegelbruchstück
7 Stück verziegelter Lehm mit Holz-
abdrücken
1 Schneckengehäuse
3 Knochenbruchstücke
Lage: Ausgrabung oberes Plateau 1957,
Quadrant 2, Schichten 2 und 3
Verbleib: TLDA, Inv.-Nr.: 356/57

1./9) *Fundmaterial:* 6 ma. blaugraue Ws,
z. T. mit Gurtung, 2 spätma. ziegelfarbe-
ne Ws
Lage: Ausgrabung oberes Plateau 1957,
Quadrant 2 N, Schicht 2N
Verbleib: TLDA, Inv.-Nr.: 357/57

1./10) *Fundmaterial:* 2 ma. blaugraue bis
rotbraune Rs, weit nach außen geneigte,
verdickte lippenförmige Ränder mit Ikl.,
12. Jh., (Abb. 1,1-2); 12 rotbraune bis
blaugraue Ws, 12./13. Jh.; 1
Deckelknaufbruchstück, blaugrau; 1 ma.
blaugraue Bs, abgeschnittener Boden,
14. Jh.; 3 Bruchstücke von Grapenfüßen,
15. Jh.
2 Glasscherben, grün
1 Stück Ziegel
2 Knochenbruchstücke

Lage: Ausgrabung oberes Plateau 1957,
Quadrat 2, Schicht 2 N (20. 8. 1957)
Verbleib: TLDA, Inv.-Nr.: 358/57

1./11) *Fundmaterial:* 1 ma. blaugraue Rs,
nach außen umgeschlagener kantiger
Rand, i. Bruch blaugrau, Wst 1,4 cm,
Mdm 15 cm, 13./14. Jh.; 1 ma. blaugraue
Rs, außen gerundetes Profil mit Ikl.,
Mdm 26 cm, 14. Jh.;
19 ma. v. a. blaugraue Ws; 1 ma. blaugraue Bodenansatzscherbe;
1 Rs einer braun glasierten eckigen
Kachel, 15. Jh.; 2 Ws Steinzeug,
hellbraun, 15. Jh.
3 Knochenbruchstücke, davon 1
Röhrenknochen
1 Stück Lehmbewurf
1 Randstück eines Dachziegels
Lage: Ausgrabung oberes Plateau 1957,
Quadrant 2, Schicht 3,
gefunden am 16. 8. 1957
Verbleib: TLDA, Inv.-Nr.: 359/57

1./12) *Fundmaterial:* 1 ma. blaugraue Rs,
außen gerundetes Profil mit Ikl.,
Mdm 24 cm, Halspartie mit Gurtung,
14. Jh.; 1 ma. blaugraue bis braune Rs,
außen gerundetes Profil mit Ikl.,
Mdm 11 cm, 14. Jh., (Abb. 1,4);
2 ma. blaugraue Deckelrandscherben;
38 ma. blaugraue bis bräunliche Ws;
2 Randfragmente von ziegelfarbenen
Kacheln, 14. Jh.; 1 Bruchstück eines
ziegelfarbenen Grapenfußes;
4 Ws, ziegelfarben bis beige
1 Armbrustbolzen, L 7 cm;
1 eiserner Keil, L 8,4 cm;
1 eiserne Spitze,
gebrochen
2 Schieferplattenbruchstücke
10 Knochenfragmente
Lage: Ausgrabung oberes Plateau 1957,
Quadrant 2, Schicht 4 N
(20. 8. 1957; 22. 8. 1957)
Verbleib: TLDA, Inv.-Nr.: 360/57

1./13) *Fundmaterial:* 1 ma. braune bis
graubraune Rs, weit nach außen geneigt,
verdickter lippenförmiger Rand, mittelgrobe Magerung, Mdm 18 cm, 12. Jh.,
(Abb. 1,3); 1 ma. braune bis graubraune
Rs, leicht nach außen geneigter, lippenförmiger Rand, leichte Verdickung,
Mdm 19 cm, Ikl., mittelgrobe Magerung,
12. Jh., (Abb. 1,5);
1 ma. schwarzbraune Rs, leicht angedeu-
tetes außen gerundetes Profil mit Ikl.,
mittelgrobe Magerung, 12./13. Jh.;
4 ma. bräunliche Ws, 12. Jh.; 5 spätma.
Rs, v. a. außen gerundete Profile mit Ikl.,
ziegelfarben, davon 1 mit Henkelansatz,
14./15. Jh.;
3 Rs einer ziegelfarbenen Kachel,
14./15. Jh.; 25 spätma. Ws, ziegelfarben;
2 Ws Steinzeug, hellbraun; 6 innenglasierte Scherben, z.T. mit Bemalung,
17. Jh.
1 eiserner sichelförmiger Gegenstand,
gebrochen
13 grüne Glasscherben
1 Tierzahn
Lage: Ausgrabung oberes Plateau 1957,
Quadrant 3, gefunden am 12. 9. 1957
Verbleib: TLDA, Inv.-Nr.: 361/57

1./14) *Fundmaterial:* 3 ma. braune Rs,
Lippenränder, wohl von Deckeln;
1 Rs einer Schale, ziegelfarben;
1 Grapenfuß, ziegelfarben; 12 ma. bis
spätma. Ws, blaugrau bis ziegelfarben,
alles 13.–15. Jh.
1 eiserner Nagel
2 grüne Glasscherben
1 Knochenbruchstück
Lage: Ausgrabung oberes Plateau 1957,
Quadrant 3, Schicht 4 unten (22. 8. 1957)
Verbleib: TLDA, Inv.-Nr.: 362/57

1./15) *Fundmaterial:* 1 ma. braun bis
graubraune Rs, leicht nach außen geneigt,
verdickter lippenförmiger Rand, harter
Brand, mittelgrobe Magerung,

Mdm 25 cm, 12. Jh., (Abb. 1,6);
2 spätma. Rs eines Gefäßes, Halsrand mit
gleichmäßiger Gurtung direkt unterhalb
des Randes, ziegelfarben, Mdm 10 cm,
14. Jh.;
8 ma. braungraue bis blaugraue Ws,
12./13. Jh.;
4 spätma. Ws, beige;
1 Ws, Steinzeug, braun-beige, 14./15.Jh.;
1 Rs, Porzellan
Lage: Ausgrabung oberes Plateau 1957,
Quadrant 3, Schicht 4 Mitte (21. 8. 1957;
22.08.1957)
Verbleib: TLDA, Inv.-Nr.: 363/57

1./16) *Fundmaterial:* 1 ma. Rs, lippenförmiger Rand, unterhalb des Randes
befindet sich eine Ausgusstülle, ziegelfarben mit Quarzmagerung, im Bruch
dunkel, harter Brand, Mdm 13 cm,
13. Jh., (Abb. 1,7); 1 ma. rotbraune bis
schwarze Ws, 12. Jh.;
9 ma. rotbraune bis ziegelfarbene Ws.;
1 Ws, Steinzeug, rotbraun; 1 Ws mit
bräunlicher Innenglasur
1 eiserner Nagel
1 Knochenbruchstück
Lage: Ausgrabung oberes Plateau 1957,
Quadrant 4, Stufen südlicher Querschnitt
zum Fels, in der mit Lehm vermischten
Schicht
Verbleib: TLDA, Inv.-Nr.: 364/57

1./17) *Fundmaterial:* 1 spätma. Bs, ziegel-
farben mit Schnittspuren, 14./15. Jh.
Lage: Ausgrabung oberes Plateau 1957,
Quadrant 6 (20. 9. 1957)
Verbleib: TLDA, Inv.-Nr.: 365/57

1./18) *Fundmaterial:* 2 ma. braune Ws,
12. Jh.; 7 ma. braune bis blaugraue Ws.,
13./14. Jh.; 7 Steinzeugscherben, v.a.
hellbraun, darunter ein Flaschenhals
2 grüne Glasscherben
Lage: Ausgrabung oberes Plateau 1957,

Quadrant 5, gefunden am 18. 9. 1957
Verbleib: TLDA, Inv.-Nr.: 366/57

1./19) *Fundmaterial:* ein beschädigter
Heller mit Mohrenkopfwappen, Coburg
unter dem Markgrafen von Meißen,
Darstellung im Hohlring: Mohrenkopf in
einem Schild, Coburger Stadtwappen,
Datierung 1475-1482, (Abb. 41)
Lage: Ausgrabung oberes Plateau 1957,
Südteil am oberen Quadrant 2, Schicht 4,
Mauer, 1957
Verbleib: TLDA, Inv.-Nr.: 22/58

1./20) *Fundmaterial:* 2 spätma. ziegelfarbene Rs, Lippenränder mit sehr starker
Ikl.; 2 spätma. ziegelfarbene Rs von
Kacheln; 2 spätma. ziegelfarbene
Henkelbruchstücke; 1 spätma. ziegelfarbene Bs; 13 spätma. ziegelfarbene Ws,
davon eine mit Rollrädchenverzierung;
2 Ws, Steinzeug, braun;
3 Stück Dachziegel
1 Schieferplattenbruchstück
11 Knochenbruchstücke
Lage: über dem rechten Toreingang
(wohl Ausgrabung 1957)
Verbleib: TLDA, Inv.-Nr.: 1463/94

2. Fundmaterial der Bautätigkeiten und Untersuchungen zwischen 1956/57 z.T. oberes Plateau, Eingangsbereich und 1959 an der unteren Fahrstraße

2.1 Funde der Untersuchungen von 1956/57

2.1/1) *Fundmaterial:* 16 ma. blaugraue Rs,
v. a. außen gerundete Profile mit Ikl.,
z. T. recht große Ränder, 14.–15. Jh.,
(Abb. 23,1); 54 spätma. Rs, ziegelfarben,
v.a. außen gerundete Profile mit Ikl. und
wenig nach außen gebogene Halsrand-
scherben; 6 spätma. Rs mit randständi-

gem Henkelansatz, bei einer Scherbe Henkelansatz etwas tiefer, Henkel z.T. vollständig erhalten, ziegelfarben, Ränder leicht ausladend, (Abb. 23,3, 5);
1 spätma. ziegelfarbene Rs mit einer sehr starken Ausgussschnepfe, (Abb. 18,6);
1 spätma. ziegelfarbene Rs einer eiförmigen Schüssel, außen gerundetes Profil mit leichter Ikl., Mdm 20 cm, (Abb. 23,6);
2 spätma. ziegelfarbene Halsrandscherbe eines hohen Bombentopfes mit steil ausladendem Rand, im Halsbereich Gurtung, Mdm 13 cm, (Abb. 23,2);
1/3 eines spätma. ziegelfarbenen Napfes, Mdm 8,3 cm, Bdm 6 cm, (Abb. 23,4);
1 spätma. ziegelfarbene Bs mit Fingerkniffleiste; 3 spätma. ziegelfarbene Bs von kugligen Näpfen; 7 spätma. ziegelfarbene Bs mit abgedrehten Böden; 18 spätma. ziegelfarbene Grapenfüße; 3 spätma. ziegelfarbene Ofenkachelbruchstücke; 18 spätma./frühnz. Henkelbruchstücke, z.T. mit einer Henkelbreite von 4 cm; 7 spätma. ziegelfarbene Deckelknäufe, 9 spätma. ziegelfarbene Deckelrandbruchstücke; 269 spätma. ziegelfarbene Ws; 2 Steinzeugscherben vom Rand und Boden, braun; 25 Rs und Ws mit Innenglasur
3 Dachziegelbruchstücke;
4 Schieferplattenbruchstücke, davon eines mit einer Durchbohrung
Lage: hinter der Mauer an der Fahrstraße (wohl 1957)
Verbleib: TLDA, Inv.-Nr.: 1461/94

2.1/2) *Fundmaterial:* 1 eiserner Beschlag, dreieckige Form, an einer Schmalseite mit einer breiten ovalen Öffnung, in das Blech sind drei viereckige Nietlöcher eingearbeitet, L 18,8 cm
Lage: hinter der Mauer an der Fahrstraße (wohl 1957)
Verbleib: TLDA, Inv.-Nr.: 1462/94

2.1/3) *Fundmaterial:* Henkeltopf mit Grapenfüßen, drei gebrochene Füße, kantig gearbeiteter, spitz zulaufender Rand, mit Ikl., randständiger Henkel mit leichter Eindellung, Standboden, außen blaugrau bis schwarz mit flächigen Gurtfurchen, innen braune Glasur, mit Speiseresten und Erde verfüllt, Mdm 13 cm, Bdm 11 cm, Bauchdm 16,6 cm, erhaltene H 14,8 cm, 15. Jh., (Abb. 40,3)
Lage: Elisabethplan, 1957
Verbleib: Wartburg-Stiftung Eisenach, Inv.-Nr.: 28a/57

2.1/4) *Fundmaterial:* Bombentopf, birnenförmige Form, lippenförmiges, außen gerundetes Profil mit Ikl., einziehender, lang gestreckter Halsbereich, unterhalb des Randes im Halsbereich Gurtfurchen, blaugrau, harter Brand, Mdm 12,2 cm, H 16,3 cm, Bauchdm 15,15 cm, 14. Jh., (Abb. 40,1)
Lage: Elisabethplan, 1957
Verbleib: Wartburg-Stiftung Eisenach, Inv.-Nr.: 27a/57

2.1/5) *Fundmaterial:* Henkeltopf mit Grapenfüßen und randständigem Henkel, außen gerundetes Profil mit Ikl., drei Gurtfurchen im Halsbereich, außen braun, innen ziegelfarbene Glasur, Fingereindrücke am unteren Teil des Henkels und an den Grapenfüßen, Mdm 10,5 cm, Bdm 8,6 cm, H 12,6, 15. Jh., (Abb. 40,4)
Lage: Elisabethplan, 1957
Verbleib: Wartburg-Stiftung Eisenach, Inv.-Nr.: 26/57

2.1/6) *Fundmaterial:* Napfkachel, runde Mündung, sich leicht konisch nach unten verjüngend, mit Kugelboden, Rand schwingt leicht aus, 14./15. Jh., Mdm 17 cm, H 9,3 cm, (Abb. 40,2)

Lage: Elisabethplan, 1957
Verbleib: Wartburg-Stiftung Eisenach,
Inv.-Nr.: 28c/57

2.1/7) *Fundmaterial:* 3 Tiergebissteile,
49 Knochenfragmente
Lage: Ausgrabung am Elisabethplan,
gefunden im März 1957 (vor allem
hinter der Mauer der Fahrstraße)
Verbleib: Wartburg-Stiftung Eisenach,
Inv.-Nr.: Karton 8

2.1/8) *Fundmaterial:* 5 ma. Ws, blaugrau-
braun; 1 spätma. Ws mit schmaler
Gurtung, ziegelfarben; 2 gelbe innen
glasierte Ws; 1 Tüllengriff mit grüner
Glasur; 2 Rs von Steinzeugflaschen,
braun; 2 Rs von Steinzeugkrügen, braun,
z. T. mit Rollrädchenverzierung; 1 Rs,
Steinzeug, blaugrau mit Blumendekor;
1 Rs eines dunkelbraunen
Steinzeugkruges mit Henkel;
24 braune Steinzeugscherben,
u. a. mit Rollrädchenverzierung;
9 Bs von Steinzeuggefäßen, davon 3 mit
Wellenplattenfuß
6 grüne Glasscherben, 2 Bs einer grünen
Glasflasche,
Lage: Ausgrabung am Elisabethplan,
gefunden im März 1957 (vor allem hinter
der Mauer der Fahrstraße)
Verbleib: Wartburg-Stiftung Eisenach,
Inv.-Nr.: Karton 9

2.2 Funde der Untersuchungen von 1959

2.2/1) *Fundmaterial:* 2 spätma. ziegelfarbene Bs; 2 spätma. ziegelfarbene Bs
mit Grapenfuß; 4 spätma. ziegelfarbene
Ws; 3 spätma. ziegelfarbene Kachelrand-
scherben, davon eine besonders groß,
viereckig, L 16,5 cm

Lage: gefunden am 17./18.07.1959 am
Elisabethplan, Mauer an der Straße,
ansteigender Mauerzug, Außenseite
Verbleib: TLDA, Inv.-Nr.: 1464/94

2.2/2) *Fundmaterial:* 1 spätma. ziegelfarbene Rs, außen gerundetes Profil mit Ikl.;
4 spätma. ziegelfarbene Ws; 1 frühnz. Rs,
braune Glasur; Unterteile eines Topfes
mit Ansatz eines Grapenfußes,
Faststeinzeug, rotbraun
1 Schieferplattenbruchstück mit
Durchlochung
4 Dachziegelbruchstücke
3 Knochenbruchstücke
Lage: gefunden am 17. 7. 1959 am
Elisabethplan, Mauer an der Straße,
ansteigender Mauerzug, Außenseite,
untere Mauer
Verbleib: TLDA, Inv.-Nr.: 1465/94

2.2/3) *Fundmaterial:* Leuchterschale,
rechteckiger Grundriss, die Rückwand
erhöht und mit zwei eckigen Löchern zur
Aufhängung versehen, Rückwand verjüngend mit Maßen von 9,7 x 7,5 x 8,0 cm,
im Boden zwei Dochthalter eingebracht,
davon einer gebrochen, innen dunkel-
braune Glasur, außen ziegelfarben bis
braun, (Abb. 25)
Lage: an der unteren Mauer an der Straße,
Außenseite, 1959
Verbleib: TLDA, Inv.-Nr.: 1466/94

2.2/4) *Fundmaterial:* schalenförmige
Leuchterschale, runder Grundriss, mit
mittig aufgesetztem Dochthalter im
Boden, Fuß leicht abgesetzt,
Mdm 13,2 cm, Bdm 7,8 cm, außen ziegel-
farbene bis braune Glasur, innen braune
Glasur, (Abb. 25)
Lage: an der unteren Mauer an der Straße,
Außenseite, 1959
Verbleib: TLDA, Inv.-Nr.: 1467/94

2.2/5) *Fundmaterial:* 1 spätma. ziegelfarbene Rs einer viereckigen Ofenkachel; 1 spätma. ziegelfarbene Ws; 1 gelb glasierter Henkel mit braunen Tupfen; 2 gelb glasierte Rs; 1 gelb glasierte Ws; 1 braun glasierte Bs mit Wandungsansatz; 2 Steinzeugscherben, braun
Lage: gefunden am 15. 7. 1959 an der unteren Mauer an der Straße, äußere Ecke
Verbleib: TLDA, Inv.-Nr.: 1468/94

2.2/6) *Fundmaterial:* 1 spätma. ziegelfarbene Rs, außen gerundetes Profil mit Ikl., mit angebackenen Speiseresten und Ruß, Mdm 20 cm; 2 spätma. ziegelfarbene Rs, Lippenränder, Mdm 18 cm und 20 cm; 2 spätma. ziegelfarbene Rs, lang gezogenes, lippenförmig gearbeitetes Profil, Mdm 16 cm und 17 cm; 1 spätma. ziegelfarbene Rs, Dornenprofil, Mdm 10 cm; 1 spätma. beige Rs mit randständigem Henkel, außen gerundetes Profil mit Ikl., Mdm 16 cm; 2 kleine ma. blaugraue Rs; 4 ma. blaugraue Ws; 4 spätma. ziegelfarbene Grapenfüße unterschiedlicher Größe; 2 spätma. ziegelfarbene Henkelbruchstücke, davon ein randständiger Henkel, sehr dickwandig, 1,3 cm; 3 helltonige Steinzeugscherben; 2 spätma. ziegelfarbene Rs von Ofenkacheln; 26 spätma. ziegelfarbene Ws; 2 spätma. ziegelfarbene Bs mit Wandungsansatz; 1 spätma. ziegelfarbene Tülle 1 Fensterglasscherbe 1 Stück Dachziegel
Lage: gefunden am 21./22. 7. 1959 am Elisabethplan, Mauer an der Fahrstraße, senkrechte Mauerung, Außenseite, in der untersten Schicht, etwa 1 m tief
Verbleib: TLDA, Inv.-Nr.: 1469/94

2.2/7) *Fundmaterial:* 2 ma. blaugraue Ws; 3 ziegelfarbene Rs, davon 2 Halsrandprofile; 1 ziegelfarbene Bs, sehr dickwandig, Bdm 1,8 cm; 3 ziegelfarbene

Henkelbruchstücke, Breite 3,6 bis 4,5 cm; 1 ziegelfarbener Grapenfuß; 3 ziegelfarbene Kachelbruchstücke mit viereckigem Mündungsrand; 27 ziegelfarbene Ws; 12 grün glasierte Kachelbruchstücke; 5 grün/gelb innenglasierte Scherben, davon 2 Bs; 4 Steinzeugscherben, davon 1 hellgrauer Henkel (17. Jh.), 1 Ws, braun, 1 Bs mit Wellenplattenfuß, helltonig, Bdm 8,3 cm; 1 Rs eines Halsrandgefäßes, braun
Lage: gefunden am 24. 7. 1959, Mauer an der Fahrstraße, oberer Mauerzug, Außen- und Innenseite, unterste Schicht, etwa 1/2 m tief
Verbleib: TLDA, Inv.-Nr.: 1470/94

2.2/8) *Fundmaterial:* 4 blaue Glasscherben; 8 rote Glasscherben; 2 braune Glasscherben; 1 rote Glasscherbe mit geometrischen Mustern (Abb. 26); 4 dunkelgrüne Glasscherben; 10 braungrün bemalte Glasscherben mit Gesichtern barocker Engel und floralen Mustern (Abb. 27, 28); 20 grüne Glasscherben z. T. mit Bemalung; 1 hellgrüne Glasscherbe, in grauer Farbe Darstellung eines Gebäudes (Kirche?), (Abb. 29)
Lage: Mauer an der Fahrstraße, oberer Mauerzug, Außen- und Innenseite, unterste Schicht, ca. 0,50 m tief, 1959
Verbleib: TLDA, Inv.-Nr.: 1471/94

2.2/9) *Fundmaterial:* 4 ma. blaugraue Rs, außen gerundetes Profil mit Ikl.; 1 ma. blaugraue Rs mit randständigem Henkel; 3 ma. blaugraue bis bräunliche Ws; 1 ma. blaugraue Deckelrandscherbe; 73 ziegelfarbene Rs und Ws und Bs; 2 ziegelfarbene Ws mit einem einzeiligen Wellenband; 1 gelb glasierte Reliefkachel; 16 dunkelgrüne glasierte Ofenkacheln; 32 glasierte Scherben, v.a. grüne und gelbe Glasuren;

11 Steinzeugscherben, braun, z. T. auch
Boden- und Henkelbruchstücke;
1 Porzellanbodenscherbe mit blauer
Bemalung; 1 Oberteil einer
Porzellantasse mit dunkelroter
Blattbemalung; 1 Tonpfeifenbruchstück,
17./18. Jh.
4 eiserne Gegenstände, darunter 2 Nägel
1 Muschelschalenbruchstück
6 grüne Fensterglasscherben
9 Knochenbruchstücke
Lage: entdeckt am 25. 11./27. 11. 1959,
beim Abraum, oberste Schicht, unterster
Teil (jetzige Sohle), hinter der neu entdeckten Quermauer, parallel zur
Fahrstraße
Verbleib: TLDA, Inv.-Nr.: 1472/94

2.2/10) *Fundmaterial:* 22 Kachelfragmente
von grün glasierten Kacheln mit Blatt-
und Figurendarstellungen, (Abb. 24,1)
Lage: gefunden am 27. 11. 1959, beim
Abraum, oberste Schicht, unterster Teil
(jetzige Sohle), hinter der neu entdeckten
Quermauer parallel zur Fahrstraße
Verbleib: TLDA, Inv.-Nr.: 1473/94

2.2/11) *Fundmaterial:* 1 spitzer zwiebel-
förmiger Aufsatz, Eisen mit Verchro-
mung; 1 bronzene Schnalle, geschwungene bis rundliche Enden, z. T. mit
Durchbruchsarbeiten, L 3,5 x 3,2 cm
Lage: 27. 11. 1959, beim Abraum, oberste
Schicht, unterster Teil (jetzige Sohle),
hinter der neu entdeckten Quermauer,
parallel zur Fahrstraße
Verbleib: TLDA, Inv.-Nr.: 1474/94

2.2/12) *Fundmaterial:* 14 ma. blaugraue
Ws; 62 ziegelfarbene Ws; 23 glasierte
Scherben; 4 grüne glasierte Ofenkacheln;
16 Steinzeugscherben
2 eiserne Gegenstände, darunter ein Nagel
1 Knochenbruchstück, 1 Zahn
Lage: gefunden am 2. 12. 1959, beim

Abraum, oberste Schicht, unterster Teil,
vor der hinteren eingestürzten Mauer,
parallel zur Fahrbahnstraße, beim
Durchbruch
Verbleib: TLDA, Inv.-Nr.: 1475/94

2.2/13) *Fundmaterial:* 2 ma. blaugraue bis
beige Rs, außen gerundete Profile mit Ikl.,
Mdm 15 cm und 16 cm; 1 ma. blaugraue
Deckelrandscherbe, Mdm 18 cm; 2 ma.
blaugraue Ws; 1 Rs eines Henkelgrapen
mit randständigem Henkel, leicht nach
außen gebogener Halsrand, leichte
Gurtfurchen im Schulterbereich, ziegelfarben, Mdm 13 cm, Henkelbreite 2,2
cm; 1 Rs einer bauchigen Schüssel mit
einer sehr ausladenden Randpartie mit
außen gerundetem Profil, ziegelfarben,
Mdm 25 cm; 10 Rs ziegelfarben, außen
gerundete und lippenförmige Profile,
Halsränder; 5 ziegelfarbene Ws; 4 ziegelfarbene Kachelbruchstücke mit viereckigem Mündungsrand; 1 ziegelfarbene
Deckelknauf mit Loch, abgeschnitten;
6 ziegelfarbene Grapenfüße bzw.
Bruchstücke; 2 ziegelfarbene Deckelrandscherben; 17 braune bis hellbraune
Steinzeugscherben, davon einige mit
Stempelverzierung; 1 brauner Henkel
eines Steinzeugefäßes; 1 Rs mit grün-
brauner Innenglasur, lippenförmiger
Rand; 11 grün glasierte Ws; 1 Bruchstück
einer Ofenkachel
2 eiserne Nägel mit Längen von 4,0 cm
und 5,3 cm, einer mit rechteckigem Kopf
von 1,1 x 2,3 cm, einer mit einem pilz-
förmigem Kopf 3,4 x 3,9 cm
Lage: gefunden am 3./4. 12. 1959, beim
Abtragen innerhalb des Gebäudes im
Bauschutt
Verbleib: TLDA, Inv.-Nr.: 1476/94

2.2/14) *Fundmaterial:* Bombentopf,
gestaucht, ohne Halsbereich, stark rundlich gearbeitet, außen gerundetes Profil

mit Ikl., stark ausgeprägter kugelförmiger
Boden, blaugrau bis graubraun, harter
Brand, Mdm 15,6 cm, H 20,1 cm,
Bauchdm 23,2 cm, (Abb. 5,5)
Lage: westlich des Elisabethbrunnens,
0,30 m unterhalb der Oberfläche, gefun-
den von H. RIEDE, Eisenach, 25. 7. 1959
Verbleib: Wartburg-Stiftung Eisenach,
Inv.-Nr.: 652/89A

2.2/15) *Fundmaterial:* 1 Spitzkachel mit
viereckiger Mündung von 13,3 x 13,3 cm,
nach unten verjüngend mit kugeligem
Boden, im oberen Bereich Gurtung,
ziegelfarben, H 15,6 cm, (Abb. 18,7);
8 spätma. ziegelfarbene Scherben,
darunter 1 Henkelbruchstück; Hälfte
eines beige glasierten, muschelartigen
Gegenstandes
Lage: gefunden am 17. 7. 1959, Mauer an
der Fahrstraße am Elisabethplan,
Außenseite, unterste Schicht, etwa 1 m tief
Verbleib: Wartburg-Stiftung Eisenach,
Inv.-Nr.: Karton 4

3. Fundmaterial der Ausgrabung im unteren Plateaubereich von 1964

3.1 Keramik

3.1/1) *Fundmaterial:* birnenförmiger
Bombentopf ohne erhaltene Randpartie,
Wandung mit gleichmäßig verteilten
Gurtungen, teilweise ergänzt, außen und
innen ziegelfarben, mit drei dunklen, das
Gefäß bis zum Boden überziehenden
Tupfen, harter Brand, erhaltene H 16,5
cm, Bdm 16,7 cm, Halsdm 11,0–11,4 cm,
(Abb. 18,1)
Lage: rechts von Mauer 9, 21. 7. 1964,
BARTHEL
Verbleib: Wartburg-Stiftung Eisenach,
Inv.-Nr.: 30-65

3.1/2) *Fundmaterial:* Bombentopf,
birnenförmig, verdicktes lippenförmiges,
außen gerundetes Profil mit starker Ikl.,
stark einziehender Halsbereich, unterhalb
des Randes auf der gesamten Wandung
leicht angedeutete Gurtfurchen, ziegelfarben, 2/4 erhalten, 2/4 rekonstruiert,
harter Brand, Mdm 12,1 cm, H 17,2 cm,
Bauchdm 15,3 cm, (Abb. 18,3)
Lage: Quadrant rechts von Mauer 9,
21. 7. 1964
Verbleib: Wartburg-Stiftung Eisenach,
Inv.-Nr.: 26-65

3.1/3) *Fundmaterial:* Henkeltopf mit
Grapenfüßen, alle drei Füße gebrochen,
außen gerundetes Profil mit Ikl., mit
Gurtung im Halsbereich, randständiger
recht flacher Henkel, schwarzbraun,
Mdm 18,2 cm, erhaltene H 21 cm,
Bauchdm 22,0 cm, (Abb. 16,1)
Lage: Quadrant rechts der Mauer 9,
21. 7. 1964
Verbleib: Wartburg-Stiftung Eisenach,
Inv.-Nr.: 28-65

3.1/4) *Fundmaterial:* fast vollständig
erhaltener glockenförmiger Topfdeckel,
wenig ergänzt, mit geradem abgeschnitte-
nen Knauf, innen und außen braun,
harter Brand, Mdm 17 cm, (Abb. 16,3)
Lage: 20. 7. 1964, rechts von Mauer 9
(34–65)
Verbleib: TLDA, Inv.-Nr.: 1482/94

3.1/5) *Fundmaterial:* flach bearbeiteter
Topfdeckel, Rand mit fünf Eindellungen,
kleiner senkrecht stehender Knauf,
abgehoben, braun, harter Brand,
Mdm 9,5 cm, (Abb. 16,4)
Lage: 20. 7. 1964, rechts von Mauer 9
(32–65)
Verbleib: TLDA, Inv.-Nr.: 1483/94

3.1/6) *Fundmaterial:* Napf, Halsrand leicht nach außen geneigt, z. T. ergänzt, braun, harter Brand, Mdm 8,0 cm, Bdm 4,7 cm, H 3,8 cm, (Abb. 18,5)
Lage: südlich von Mauer 10, aus den Deckschichten, 12. 9. 1964, BARTHEL
Verbleib: Wartburg-Stiftung Eisenach, Inv.-Nr.: 23-65

3.1/7) *Fundmaterial:* Bombentopf, mit hohem trichterförmigen sowie steil ausladendem Hals, außen gerundetes Profil mit Ikl, Halsbereich mit sehr regelmäßigen Gurtfurchen, schlank gearbeitet, zwiebelförmiges Unterteil, braun, sehr harter Brand, ¾ erhalten, Teil des Randes und des Bodens rekonstruiert, Mdm 12,6 cm, H 17,4 cm, Bauchdm 12,5 cm, (Abb. 18,2)
Lage: rechts von Mauer 10, 20. 7. 1964
Verbleib: Wartburg-Stiftung Eisenach, Inv.-Nr.: 24-65

3.1/8) *Fundmaterial:* Trichterhalskrug mit Wellenfuß und einer mittleren Wappenauflage, bauchig gearbeitet, Hals und Fuß deutlich eingezogen, am Rand gebrochen, gewellter Fuß, ebenfalls gebrochen, mit wulstförmigem Henkelansatz unterhalb des Randes, Steinzeug, hellgrau, Halsdurchmesser 3 cm, Bdm 5,95 cm, erhaltene H 11,1 cm,
bildliche Darstellung: im oberen Teil Engel mit Flügeln und Blattranken, im unteren Teil Wappen mit vier Feldern, durchkreuzt, im unteren Feld eine Blume,
Siegburger Steinzeug, Datierung 16. Jh. bis 1606, (Abb. 19)
Lage: rechts von Mauer 10, obere Schicht, 16. Jh.
Verbleib: Wartburg-Stiftung Eisenach, Inv.-Nr.: 33-65

3.1/9) *Fundmaterial:* Fragment eines Kruges mit Gesichtsdarstellung, Ringelkrug, kräftige Drehrillen auf der Schulter, auf dem Bauch ein einfach gekehlter Bandhenkel als Bruchstück erhalten, Rand- bis Schulterpartie mit Gesichtmodellierung, Männergesicht, kräftige Nase mit angedeuteten Nasenflügeln, tiefe horizontale Einritzungen bilden einen langgestreckten Mund, darunter ein bogenförmiger Vollbart (ohne Oberlippenbart) mit unregelmäßigen Kerbreihen, im Bereich der Nase gebrochen, Steinzeug, außen hellbraun bis braun, innen grau, im Bruch grau, Waldenburger Steinzeug, Datierung ausgehendes 15. bis beginnendes 16. Jh., (Abb. 20)
Lage: 29. 7. 1964, rechts von Mauer 10, obere Schicht (33–65)
Verbleib: TLDA, Inv.-Nr.: 1485/94

3.1/10) *Fundmaterial:* flach gearbeiteter Topfdeckel, kleiner senkrecht stehender Knauf, mit abgehobener Fläche, dunkelbraun, harter Brand, Mdm 9,0 cm, (Abb. 17,6)
Lage: 05.08.1964, rechts der Mauer 10, vor dem Profil vom 5. 8. 1964 (41–65)
Verbleib: TLDA, Inv.-Nr.: 1487/94

3.1/11) *Fundmaterial:* Henkeltopf mit Grapenfüßen, vollständig abgebrochene Füße, Abdrücke noch erkennbar, außen gerundetes Profil mit Ikl., randständiger Henkel, braun-ziegelfarben, harter Brand, Oberteil bis auf wenige Stellen restauriert, Mdm 14 cm, Henkelbreite 3,1 cm, erhaltene H 14,2 cm, Bauchdm 16,0 cm, (Abb. 17,3)
Lage: Mauer 11, Schnitt westlich, 21. 8. 1964
Verbleib: Wartburg-Stiftung Eisenach, Inv.-Nr.: 20-65

3.1/12) *Fundmaterial:* fast vollständig erhaltener Topfdeckel mit geradem abgeschnitten Knauf, glockenförmig, z. T. ein wenig ergänzt, ziegelfarben, harter Brand, Mdm 12,7 cm, (Abb. 17,5)
Lage: 8. 8.–14. 8. 1964, Schnitt West II, (36)
Verbleib: TLDA, Inv.-Nr.: 1478/94

3.1/13) *Fundmaterial:* Becher mit randständigem Henkel, Halsrand leicht nach außen geneigt, im Halsbereich unterhalb des Randes vier Gurtungen, braun, innen z. T. grüne Glasur, die sich über den Rand und Henkel zieht, Henkel eingezogen, nur ¼ erhalten, alles andere ergänzt, harter Brand, Mdm 6,65 cm, Bdm 4,0 cm, H 6,3 cm, Henkelbreite 1,5–2,0 cm, (Abb. 18,4)
Lage: Elisabethplan, 1964
Verbleib: Wartburg-Stiftung Eisenach, Inv.-Nr.: 22-65

3.1/14) *Fundmaterial:* Henkeltopf mit Grapenfüßen, lippenförmiger, nach außen gebogener gerundeter Rand, kugeliger Boden, randständiger Henkel, nur 1/3 erhalten, 2/3 rekonstruiert, erhalten 2 gebrochene Grapenfüße, braun-ziegelfarben, harter Brand, Mdm 11,75 cm, erhaltene H 10,2 cm, Bauchdm 13,0 cm, (Abb. 17,1)
Lage: Elisabethplan, 1964
Verbleib: Wartburg-Stiftung Eisenach, Inv.-Nr.: 34

3.1/15) *Fundmaterial:* Tüllenschale mit Grapenfüßen, lippenförmiges Profil, braun, alle drei Füße gebrochen und nur noch Druckstellen zu erkennen, Tülle ebenfalls gebrochen, harter Brand, Mdm 13,5 cm, erhaltene H 6,1 cm, (Abb. 17,4)
Lage: Elisabethplan, 1964
Verbleib: Wartburg-Stiftung Eisenach, Inv.-Nr.: 36

3.1/16) *Fundmaterial:* krugähnliches Standbodengefäß, leicht ausladender Halsrand, mit leichter Gurtung im Halsbereich, innen und außen braun, harter Brand, Mdm 10,2 cm, Bdm 6,7 cm, H 11, 8 cm, (Abb. 17,2)
Lage: Elisabethplan, 1964
Verbleib: Wartburg-Stiftung Eisenach, Inv.-Nr.: 2996

3.1/17 *Fundmaterial:* Henkeltopf mit Grapenfüßen, davon 1 Fuß erhalten (spitz zulaufend), zwei gebrochen, außen gerundetes Profil mit Ikl., randständiger Henkel, im Halsbereich Gurtung, außen dunkelblaugrau, innen dunkelblaugrau bis schwarz, harter Brand, Mdm 14,5 cm, erhaltene H 17,2 cm, Bauchdm 15,5 cm, (Abb. 16,2)
Lage: Elisabethplan, 1964
Verbleib: Wartburg-Stiftung Eisenach, Inv.-Nr.: ohne

3.1/18) *Fundmaterial:* 1 Rs eines ziegelfarbenen grapenartigen Gefäßes, Mdm 19 cm, mit einer Grifftülle L 9,5 cm, Dm Tülle 3,0 –3,7 cm
Lage: Juni–August 1964, nicht mehr zuordenbare Gefäße
Verbleib: TLDA, Inv.-Nr.: 1493/94

3.2 Funde aus Metall, Glas, Stein und Knochen

3.2/1) *Fundmaterial:* 1 spitznackiges Steinbeil, Felsgestein, L 12,1 cm, Di 3,3 cm, Nacken rund gearbeitet, (Abb. 30,1)
Lage: 28.05.1964, Suchschnitt West A, (30)
Verbleib: TLDA, Inv.-Nr.: 1477/94

3.2/2) *Fundmaterial:* Knochen mit zwei Durchbohrungen, L 3,0 cm, B 2,1 cm
Lage: 10. 8. 1964, Schnitt West II (50–65)
Verbleib: TLDA, Inv.-Nr.: 1479/94

3.2/3) *Fundmaterial:* 1 bearbeiteter
Röhrenknochen, L 4,1 cm, mit
Durchbohrung im oberen Teil,
glatte Enden
Lage: 23. 8.1964, Schnitt West III (49–65)
Verbleib: TLDA, Inv.-Nr.: 1480/94

3.2/4) *Fundmaterial:* 1 Eisenteil gedreht,
L 9,0 cm, Dm 0,9 cm, an einem Ende
flach gearbeitet, an beiden Enden ge-
brochen
Lage: 3. 6. 1964, Schnitt 7/64, Mauerzug
Nord-Süd (40–65)
Verbleib: TLDA, Inv.-Nr.: 1481/94

3.2/5) *Fundmaterial:* 2 eiserne Haken,
einer gerade mit einer länglichen
Durchbohrung (2,9 x 1,3 cm) an einer
Seite, L 13,9 cm, B 1,6 cm, Di 0,3 cm;
ein Haken rechtwinklig gebogen, an
einer Seite mit einer runden Bohrung
von 0,7 cm Dm, quadratischer Grundriss
L 12,5 x 4,5 cm, B 0,8 cm
Lage: 20. 7. 1964, rechts von Mauer 9
(47–65)
Verbleib: TLDA, Inv.-Nr.: 1484/94

3.2/6) *Fundmaterial:* schmales Hufeisen
mit paarigen Löchern an den Ruten,
glatter Außenrand, Eselhufeisen,
L 9,7 cm, B 6,5 cm; 1 Bruchstück eines
Hufeisens (43–65); 1 Hufnagel
Lage: 3. 8.–8. 8. 1964, Profil West bei
Schnitt West II, rechts der Mauer 10
(42–65; 43–65)
Verbleib: TLDA, Inv.-Nr.: 1486/94

3.2/7) *Fundmaterial:* Bruchstück einer
eisernen Schelle, leicht verbogen,
Dm 8,0 cm
Lage: 5. 8. 1964, rechts von Mauer 10,
vor Profil vom 5. 8. 1964 (37–65)
Verbleib: TLDA, Inv.-Nr.: 1488/94

3.2/8) *Fundmaterial:* 1 länglicher
Schleifstein aus Felsgestein, gebrochen,

L 5,6 cm, fast runder Grundriss von
2,8 x 3,0 cm, an den Enden rundlich
abgearbeitet, Kanten gerade
Lage: 12. 9. 1964, südlich von Mauer 10
aus den Deckschichten (48-65)
Verbleib: TLDA, Inv.-Nr.: 1489/94

3.2/9) *Fundmaterial:* 1 eiserner
Gegenstand mit rund-ovalem Kopf von
6,5 x 5,5 cm, Di 0,3cm, sehr schmaler
Stiel, der am Ende gebrochen ist, quadra-
tischer Grundriss von 0,8 x 0,8 cm,
L Stiel 5,5 cm, wohl ein «Pfännchen»,
(Abb. 30,3)
Lage: August 1964, aus dem
Kellerkomplex, Westteil (46–65)
Verbleib: TLDA, Inv.-Nr.: 1490/94

3.2/10) *Fundmaterial:* 8 eiserne
Blechstücke unterschiedlicher Größe
und Form, gebrochen; 4 eiserne Keile,
gebrochen; 4 eiserne Nägelfragmente;
1 bronzenes Fragment
Lage: 27. 6. 1964, Keller Abschnitt 2
über der Brandschicht (44–65)
Verbleib: TLDA, Inv.-Nr.: 1491/94

3.2/11) *Fundmaterial:* 1 eiserner Nagel,
L 4,4 cm mit rechteckigem Kopf
(1,7x0,8 cm)
Lage: 1964 Streufund (41–65)

3.2/12) Fundmaterial: ½ Hufeisen mit
drei Nagellöchern
Lage: 15. 7. 1964 Streufund (38–65)
Verbleib: TLDA, Inv.-Nr.: 1492/94

3.2/13) *Fundmaterial:* 1 Hufeisen, glatter
bis leicht gewellter Rand und 6 recht-
eckigen-ovalen Nagellöchern, Ruten
verjüngen sich zum Stollen, L ca. 12 cm,
B 9,6 cm, (Abb. 31,1);
1 Dornengeschossspitze, weidenblatt-
förmiges Blatt, Gesamt-L 7,5 cm,
Blattgeschoss-L 3,0 cm, Typ D 2-5
(nach ZIMMERMANN 2000, 76),

Datierung 13./14. bis 15. Jh., (Abb. 31,4)
Lage: Juni-August 1964, nicht mehr
zuordenbar
Verbleib: TLDA, Inv.-Nr.: 1494/94

3.2/14) *Fundmaterial:* gotischer Dolch mit
zweischneidiger gegrateter Klinge, Klinge
mit einem viereckigen Querschnitt und
erhöhter Mittelrippe, die erst 1,5 cm
unterhalb des Klingenansatzes beginnt,
mit gekerbten Bändern verzierte
Parierscheibe besitzt drei eichelförmige
Aufsätze, Parierring mit Rosettendekor,
Angel mit einer beweglichen verzierten
Hilze, Punzen- und Bandverzierung, voll-
ständig erhalten, L 27,6 cm, Klingen-L
18,8 cm, Parierstange L 2,9 cm, Datierung
Mitte 16. Jh., (Abb. 32,1)
Lage: Elisabethplan, Westteil, 1964
Verbleib: Wartburg-Stiftung Eisenach,
Inv.-Nr.: KW 239

3.2/15) *Fundmaterial:* 1 Messer mit geradem Rücken und nicht abgesetzter
Griffangel, Klinge und Griffangel z. T.
gebrochen, L insgesamt 12,5 cm, L
Schneide 9,3 cm, L Griffangel (gebrochen) 3,2 cm, Griffangel mit einem Loch
für die Griffschalen versehen, Datierung
14.–19. Jh., (Abb. 31,5);

3.2/16) 1 stark korrodiertes Messer mit
geradem Rücken und mit kurzer gedrungener, abgesetzter Griffangel, erhaltene
L 12,8 cm, L Klinge 9,9 cm; Datierung
13./14. Jh.

3.2/17) 1 Messer mit geradem Rücken
und mit abgesetzter Griffangel, Klinge
z. T. gebrochen, L insgesamt 12,3 cm,
L Klinge 10,8 cm, L Griffangel (gebrochen) 1,5 cm, die Klinge mit kleinen
Dreiecken verziert, Datierung 14. Jh.,
(Abb. 31,6)

3.2/18) 1 stark korrodierte Messerklinge,
erhaltene L 11,3 cm;

3.2/19) zwei Beschlagteile mit je einer
viereckigen Öffnung, eines mit einem
umgebogenen Ende, gebrochen; großes
Metallteil mit befestigtem Niet, allseitig
gebrochen, erhaltene Größe von
12,2 x 10,8 cm, Di 0,2 cm;

3.2/20) 1 Hufeisen, Wellenrandeisen,
Enden, 6 ovale Löcher, je drei an einer
Seite, Schenkelende einfach umgeschla-
gen, L 12,5 cm, B 10,1 cm, Di 0,3 cm,
(Abb. 31,3)

3.2/21) 1 Schlüssel, vollständig erhalten,
mit gebogenem Ring, Dm 4 cm, massiv
mit eckigem Schlüsselschaft und profiliertem Bart, Bart eckig mit drei
Eintiefungen, L 14,1 cm, (Abb. 30,2)

3.2/22) 1 Schnalle mit abgerundetem
Rahmen und gerader Rahmenbasis, L 6,0
x 4,9 cm, flach gearbeitet, Di 0,8 x 0,3 cm,
beweglicher, gebrochener Nadelhalter,
(Abb. 30,6)

3.2/23) 1 Schnalle mit eckigem Bügel,
6 x 6 cm, runde Ösen an den Enden,
beweglicher Nadelhalter mit einer leicht
spitz zulaufenden Nadel, L Nadel 6,3 cm,
quadratischer Querschnitt von 0,5 cm,
(Abb. 30,4);

3.2/24) 1 lyraförmiger Schnallenbügel,
zweiteilig, gedrungener ovaler breiter Teil
(8 x 2,8 cm) und rechteckiger schmaler
Teil (4,6 x 3,8 cm), auf der schmalen Seite
sitzt eine bewegliche Rollenkappe, auf
der ein Dorn aufliegt, kräftiger, leicht
spitz zulaufender Dornen, rechteckiger
Querschnitt von 0,7 x 0,5 cm, (Abb. 30,5)

3.2/25) 1 Pferdestriegel, rinnenförmiges
gebogenes, an den Längsseiten gezähntes
Eisenblech, an den Schmalseiten gebrochen, drei aufgenietete Halterungen für
einen aus drei Streben bestehenden Griff,
der in eine einfache Stielangel übergeht,

Stiel wahrscheinlich aus Holz, zacken-
förmiger Griff mit Punkten verziert,
erhaltene L Striegel 12 cm, erhaltene
L Beschlag mit Griffangel 10,5 cm,
(Abb. 32,2)

3.2/26) 2 Nägel mit viereckigem Kopf,
L 6 und 7 cm; 1 Nagel mit plattigem
Kopf, L 7 cm; 1 Nagel mit spitzem
Abschluss, L 14,3 cm; 4 Tüllengeschosse
mit geschlitzter Tülle, viereckiger
Querschnitt und runder Schaft,
L zw. 7,8 bis 8,3 cm; 2 längliche
Gegenstände unbekannter Funktion
Lage: Metallfunde (Eisen) vom Elisabeth-
plan, wohl 1964
Verbleib: Wartburg-Stiftung Eisenach,
Inv.-Nr.: Karton 10

**4. Fundmaterial der Sanierungsarbeiten
im unteren Plateaubereich, Ostteil von
2005**

4/1.) *Fundmaterial:* 1 ma. Rs weit nach
außen gebogener kantig gearbeiteter
Rand, innen und außen beige, Rand sehr
kantig und uneben gearbeitet, unterhalb
des Randes verschmiert, Mdm 11 cm;
3 ma. blgr. Ws, davon 2 mit Gurtung
Lage: mittlerer Teil, ca. 0,60 cm unter
dem Erdreich, 6. 9. 2005, Lehmann
Verbleib: TLDA, Inv.-Nr.: 05/264-1

4./2) *Fundmaterial:* 1 Rs, nach außen
umgelegtes, stempelförmig verdicktes
Profil, leicht kantig, ohne Halsansatz,
rotbraun-schwarzbraun, mittelgrobe
Magerung, Mdm 15 cm, 12. Jh., (Abb.
2,1); 1 ma Ws mit Gurtfurchen, rotbraun-
schwarz, mittelgrobe Magerung, 12. Jh.
(Abb. 2,2); 1 ma. Rs, außen gerundetes
Profil mit Ikl., schwarz, Mdm 17 cm;
1 ma. Deckelrandscherbe, blaugrau;
2 ma. Rs außen gerundete Profile mit Ikl.,
beige, sehr harter Brand, wohl von einem

Gefäß, Mdm 18 cm; 6 ma. Ws, blaugrau-
schwarz; 7 spätma. Ws, beige;
2 spätma. Ws, braun
Lage: zwischen der östlichen Giebelwand
und der östlichen Innenwand, bis 1,20 m
Tiefe, 22./23. 9. 2005, Lehmann
Verbleib: TLDA, Inv.-Nr.: 05/264-2

4./3) *Fundmaterial:* 4 ma. Ws, blaugrau-
schwarzgrau; 1 Rs einer viereckigen
Kachel, innen ziegelfarben, außen
schwarz, im Bruch ziegelfarben
Lage: nordöstlicher Teil, parallel zur
inneren Längswand,
19.–23. 9. 2005, Lehmann
Verbleib: TLDA, Inv.-Nr.: 05/264-3

4./4) *Fundmaterial:* 1 ma. Rs, weit nach
außen gebogen, kantig gearbeitet, außen
braun, innen schwarzbraun, sehr harter
Brand, Mdm 25 cm, 13. Jh.; 1 ma. Ws,
rotbraun-schwarz; 1 ma. Henkelbruchstück, rotbraun-schwarz, Henkelbreite 4,2 cm
Lage: westlich der Zisterne,
Böschungsabtrag, 20. 10. 2005, Lehmann
Verbleib: TLDA, Inv.-Nr.: 05/264-4

4./5) *Fundmaterial:* Frauenfigur, weißer
Pfeifenton, zweiteilig hergestellt, Rumpf
erhalten, Kopf- und Fußpartie gebrochen,
Gewand in Form eines Kleides mit
Umhang, vom Kleid ist mittig eine vertikale Falte angedeutet, der Umhang mit her-
vorgehobener Verzierung des Schulter-
bereiches und der Oberarme
mit unregelmäßigen Einstich- und
Noppenverzierungen, Arme im Bereich
des Bauches gefaltet, mit konischem
durchgehendem Loch in der Mitte, wohl
Sakralplastik, beige Bemalung, Datierung
in vorreformatorische Zeit, (Abb. 15);
1 ma. Rs, Halsrand mit plastischer
Gurtung, braun; 6 ma. blaugraue Ws;
2 spätma. Rs, außen gerundete Profile mit
Ikl., beige-ziegelfarben, Mdm 14 und
15 cm; 2 spätma. Grapenfüße, beige-

ziegelfarben; 6 spätma. Ws, davon eine
mit Henkelansatz; 2 Ws, Steinzeug
braun; 1 Pfeifenbruchstück, beige;
1 Knochenbruchstück
Lage: im südwestlichem
Grundrissbereich, 3–4 m östlich der
Flankenmauer bei der Quellstube, in
Höhe der südöstlichen Längsmauer,
24. 10. 2005, LEHMANN
Verbleib: TLDA, Inv.-Nr.: 05/264-5

4./6) *Fundmaterial:* 1 Rs, nach außen
umgelegtes Profil, Randoberkante kantig,
stempelförmig verbreitert, mit Ikl.,
rotbraun, mittelgrobe Magerung, Mdm
15 cm, 12. Jh.; 1 Rs, außen gerundetes
Profil mit Ikl., ziegelfarben, Mdm 20 cm,
13./14. Jh.; 1 beiger Spinnwirtel; 4 ma.
Rs, außen gerundete Profile mit Ikl.,
braun bis blaugrau/schwarz, Mdm 10–
14 cm; 3 ma. Deckelrandscherben, blaugrau bis braun; 1 ma. Bs, Linsenboden,
braun; 22 ma. Ws, blaugrau-braun;
1 spätma. Rs eines Salbgefäßes, nach
außen gebogener lippenförmiger Rand,
Mdm 7 cm; 1 spätma. Rs eines Kruges,
nach außen umgebogener kantig gearbeiteter Rand, ziegelfarben, Mdm 7 cm
22 Knochenbruchstücke
Verbleib: TLDA, Inv.-Nr.: 05/264-6

4./7) *Fundmaterial:* 2 ma. Rs, außen
gerundete Profile mit Ikl., mit Gurtung
im Halsbereich, braun, Mdm 14–16 cm,
14. Jh.; 6 ma. Rs, außen gerundete Profile
mit Ikl., blaugrau/schwarz bis braun, sehr
harter Brand, Mdm zw. 14–20 cm;
2 Rs, nach außen gebogene lippenförmige Ränder, blaugrau-schwarz, Mdm 13
cm; 25 ma. Ws, blaugrau/schwarz, z. T.
mit kräftiger Gurtung; 1 Bs mit einem
schmalen Grapenfuß, innen braun,
außen blaugrau, 14. Jh.; 1 spätma. Halsrand einer Kanne mit Schnepfe, unterhalb mit Gratverzierung, ziegelfarben
1 Knochenbruchstück
Verbleib: TLDA, Inv.-Nr.: 05/264-7

4./8) *Fundmaterial:* 2 Rs, weit nach außen
umgebogene, kragenartig, quadratisch
verdickte Ränder, Ikl., rotbraun bis
braun, mittelgrobe Magerung, Mdm
14/16 cm, 12./13. Jh., (Abb. 2,3, 7); 3 Rs,
weit nach außen gebogene Lippenränder
mit leichter Ikl., rotbraun-braun-schwarz,
mittelgrobe Magerung, Mdm 15 und 16
und 18 cm, 12./13. Jh., (Abb. 2,5); 2 Rs
eines lippenförmigen Randes, unterhalb
des Randes bauchiger Ansatz ohne
Halsbereich, becherartiges Gefäß, außen
beige, innen beige mit Bleiglasur, Mdm
16 cm, 13. Jh., (Abb. 2,8); 1 Rs, keulenför-
miger nach außen gebogener Rand mit
Ikl., rotbraun, mittelgrobe Magerung,
Mdm 16 cm, 12. Jh.; 1 Rs, außen gebogenes Profil mit Ikl., außen hellbraun,
innen dunkelbraun bis schwarz, mittelgrobe Magerung, Mdm 17 cm, 12./13.
Jh., (Abb. 2,6); 1 Rs eines außen gelb
glasierten Reliquiengefäßes, innen beige,
lippenförmig nach außen gebogener
Rand, Mdm 3,4 cm, 13./14. Jh., (Abb.
11,5); 1 Ws, schwarzbraun mit Gurtung,
12. Jh., (Abb. 2,4); 1 ma. Rs, Halsrand,
blaugrau; 1 ma. Bs eines Linsenbodens,
blaugrau, sehr harter Brand; 19 ma. Ws,
blaugrau bis schwarz, darunter eine mit
Grat- und Einstichverzierung; 1 spätma.
Rs, Halsrand mit vollständig erhaltenem
Henkel, Henkelbreite 2,6 cm; 10 spätma.
Rs, außen gerundete Profile mit Ikl., z.T.
mit sehr breit ausgelegter Ikl., ziegelfarben bis blaugrau/schwarz; 1 spätma. Rs,
nach außen umgebogener lippenförmiger
Rand, ziegelfarben, Mdm 14 cm; 3 spätma. Rs von Kannen, Halsränder, z.T. mit
Eindellungen, beige; 3 spätma. Deckelrandscherben, ziegelfarben-beige;
1 spätma. Rs einer kantigen Ofenkachel,
ziegelfarben; 5 Steinzeugscherben, beige-
hellbraun, darunter 1 Bs mit Wellenplat-
tenverzierung und 1 Rs mit unterrandständigem Henkelansatz; 1 beiges
Tüllenbruchstück, Dm 3,1 cm; 3 spätma.
ziegelfarbene Henkelbruchstücke;

5 spätma. ziegelfarbene Grapenfüße;
38 spätma. Ws, ziegelfarben bis braun
22 Knochenbruchstücke
Lage: oberhalb der südlichen
Längsmauer, 3. 11. 2005, Lehmann
Verbleib: TLDA, Inv.-Nr.: 05/264-8

5. Fundmaterial der Ausgrabungen auf dem oberen Plateau (Elisabethhospital, Franziskanerkloster) 2006

Einzelne Fundgruppen 5.136 + 137 sind am Ende des Kataloges zusammenfassend bearbeitet, Inv.-Nr.: TLDA 06/84-1 bis 190.

5./1) *Fundmaterial:* 45 spätma. Scherben, darunter 3 Rs von ziegelfarbigen Standbodengefäßen, darunter 1 Rand mit randständigem Henkel, außen gerundete Profile; 2 spätma. Ws mit Grapenfüßen, ziegelfarbene Ws, 1 grün glasierte Ws; 6 Tierknochen
Lage: Schnitt I, Kirche, aus dem Nutzungshorizont, -0,35 m unter HOK, (9. 4. 2006, Tischler)
Verbleib: TLDA, Inv.-Nr.: 06/84-1

5./2) *Fundmaterial:* 1 Rs, außen gerundetes Profil mit Ikl. schwarz, Mdm 14,0 cm
Lage: Schnitt I, Befund 1, Kirche, Mauerausbruchgraben, 0,70 m unter HOK, (18. 4. 2006, Tischler)
Verbleib: TLDA, Inv.-Nr.: 06/84-3

5./3) *Fundmaterial:* 10 Scherben von einem Grapengefäß, ziegelfarben, außen gerundetes Profil mit Ikl., Mdm 14 cm, 2 Ws mit Grapenfüßen, 7 WS; 3 Tierknochen
Lage: Schnitt I, Befund 1, Kirche, Mauerausbruchgraben, 1,10 m unter HOK, aus der Grabenverfüllung (20. 4. 2006, Tischler)
Verbleib: TLDA, Inv.-Nr.: 06/84-4

5./4) *Fundmaterial:* 1 spätma. Ws mit Grapenfuß, ziegelfarben; ½ einer Schale, Steinzeug, braun, Mdm 13 cm, Bdm 12 cm, an Seite mit kleinem Bandhenkel
Lage: Schnitt II, Befund 1, Kirche, aufplanierte Schicht, Abbruchschutt mit Humus durchsetzt, (20. 4. 2006, Tischler)
Verbleib: TLDA, Inv.-Nr.: 06/84-5

5./5) *Fundmaterial:* 1 spätma. Oberteil eines ziegelfarbenen Standbodengefäßes, außen gerundetes Profil mit Ikl., unterhalb des Randes schmale Gurtung und Gratverzierung, Mdm 13 cm, (Abb. 11,3); 1 spätma. Rs mit Henkelansatz, ziegelfarben, außen gerundetes Profil mit Ikl.; 1 Unterteil eines Grapengefäßes mit geradem Boden, ziegelfarben, mit einem Grapenfuß; 2 Rs von Napfkacheln, ziegelfarben; 11 ma. Ws; 5 Tierknochen
Lage: Schnitt II, Befund 1, Kirche, aufgefüllter Abbruchschutt, (21. 4. 2006, Tischler)
Verbleib: TLDA, Inv.-Nr.: 06/84-6

5./6) *Fundmaterial:* 1 vierzackige Fußangel (Krähenfuß), L zw. 4-4,5 cm, spitz zulaufende Zacken (Abb. 13)
Lage: Schnitt II, Befund 1, Kirche, aufgefüllter Abbruchschutt, (24. 4. 2006, Rohbock)
Verbleib: TLDA, Inv.-Nr.: 06/84-8

5./7) *Fundmaterial:* 1 vierzackige Fußangel (Krähenfuß), L zw. 4–5 cm, spitz zulaufende Zacken (Abb. 13)
Lage: Schnitt II, Befund 1, Kirche, beim Zurücksetzen des Ostprofils, 1,10 m unter HOK, (30. 8. 2006, Rohbock)
Verbleib: TLDA, Inv.-Nr.: 06/84-10

5./8) *Fundmaterial:* 5 ma. Ws, braun-schwarz
Lage: Schnitt II, Befund 1, Kirche, beim Zurücksetzen des Ostprofils, 0,80–1,00 m unter HOK, (7. 9. 2006, Rohbock)
Verbleib: TLDA, Inv.-Nr.: 06/84-11

5./9) *Fundmaterial:* Keramik 13.–16. Jh., darunter: 4 Rs, meist außen gerundete Ränder, 1 ziegelfarbener Deckelknauf, 2 ziegelfarbene Grapenfüße; 2 ziegelfarbene Rs von Napfkacheln, 1 braune Bs, Steinzeug mit Rollrädchenverzierung, Bdm 5 cm; 1 braune Rs mit Henkelansatz, Steinzeug, Mdm 7 cm; 11 Tierknochen
Lage: Schnitt II, Auffüllungs- und Ausbruchschutt (11. 10. 2006, ROHBOCK)
Verbleib: TLDA, Inv.-Nr.: 06/84-12

5./10) *Fundmaterial:* zwei Kalkputzfragmente, ca. 5–7 cm L, mit einer glatten beigen Außenseite, davon eines mit roter Strichbemalung
Lage: Schnitt II, Auffüllungs- und Ausbruchschutt, (11. 10. 2006, ROHBOCK)
Verbleib: TLDA, Inv.-Nr.: 06/84-15

5./11) *Fundmaterial:* 27 Architekturfragmente, Rhätsandstein, u.a. Kreuzstockfensterfragmente
Lage: Schnitt II, Befund 6, Klausurgebäude, (Spätsommer 2006, ROHBOCK)
Verbleib: TLDA, Inv.-Nr.: 06/84-16

5./12) *Fundmaterial:* 8 Dachziegel, 4 recht schmale Mönchziegel, L 35 cm, B oben 9,5 cm B unten 12 cm; 4 Krempziegel, einer fast vollständig erhalten L 45,5 cm, B 20 cm
Lage: Schnitt II, Befund 6, Klausurgebäude, Ausbruchgraben, (Spätsommer 2006, ROHBOCK)
Verbleib: TLDA, Inv.-Nr.: 06/84-17

5./13) *Fundmaterial:* 1 Architekturfragment, Rhätsandstein, Oberfläche bearbeitet, mit gefassten Kanten, L ca. 0,50 m, B ca. 0,30 m
Lage: Schnitt II, Befund 1, Kirche, Ausbruchgraben mit Ausbruchschutt in NW-Ecke der Kirche
Verbleib: TLDA, Inv.-Nr.: 06/84-18

5./14) *Fundmaterial:* 13 Dachziegelfragmente, Mönch-Nonne-Ziegel, Fehlbrände
Lage: Schnitt II, zwischen Mauer 1 und 4 bis auf Kalkschicht, von 0,60 bis 1,40 m unter HOK, (13. 7. 2006, ROHBOCK)
Verbleib: TLDA, Inv.-Nr.: 06/84-19

5./15) *Fundmaterial:* 7 Scherben 13.–15. Jh. darunter 1 sehr grob gemagerte Ws mit einer Wst. Von 0,9 cm; 7 Tierknochen
Lage: Schnitt II, zwischen Mauer 1 und 4 bis auf Kalkschicht, von 0,60 bis 1,40 m unter HOK, (13. 7. 2006, ROHBOCK)
Verbleib: TLDA, Inv.-Nr.: 06/84-20

5./16) *Fundmaterial:* 8 Dachziegelfragmente, Mönch-Nonne-Ziegel, Hitzeeinwirkungen erkennbar
Lage: Schnitt II, Befund 7 – Grab 2, aus der Verfüllung der Grabgrube ab 1,30 m unter HOK, (25.07.2006, ROHBOCK)
Verbleib: TLDA, Inv.-Nr.: 06/84-22

5./17) *Fundmaterial:* 6 Scherben, 14. Jh., darunter 1 Rs, außen gerundetes Profil mit Ikl., ziegelfarben, Mdm 14 cm; 4 Tierknochen, 1 St. Holzkohle
Lage: Schnitt II, Befund 7 – Grab 2, aus der Verfüllung der Grabgrube ab 1,30 m unter HOK, (25. 7. 2006, ROHBOCK)
Verbleib: TLDA, Inv.-Nr.: 06/84-23

5./18) *Fundmaterial:* 36 Scherben – 14. Jh., darunter 2 braune Rs, außen gerundetes Profil mit Ikl. und 1 braune Rs eines Deckels; 2 Tierknochen
Lage: Schnitt II, zwischen Mauer 4 und Grab 2, unter einer Kalkschicht, ca. 1,30 bis 1,60 m unter HOK, (25. 7. 2006, ROHBOCK)
Verbleib: TLDA, Inv.-Nr.: 06/84- 24

5./19) *Fundmaterial:* zwei kleine Dachziegelfragmente
Lage: Schnitt II, zwischen Mauer 4 und

Grab 2, unter einer Kalkschicht, ca. 1,30
bis 1,60 m unter HOK,
(25. 7. 2006, Rohbock)
Verbleib: TLDA, Inv.-Nr.: 06/84-26

5./20) *Fundmaterial:* 32 Scherben – 14. Jh.,
sehr kleinteilig, darunter 4 Rs;
4 Tierknochen
Lage: Schnitt II, südlich von Mauer 1 und
nördlich von Grab 2, am Westrand einer
dunklen Erdschicht unter einer
Kalkschicht, ca. 1,30 bis 1,40 m unter
HOK, (25. 7. 2006, Rohbock)
Verbleib: TLDA, Inv.-Nr.: 06/84-27

5./21) *Fundmaterial:* 11 Scherben –
13./14. Jh., darunter zwei kl. Deckelränder
Lage: Schnitt II, Nordprofil,
(1. 8. 2006, Rohbock)
Verbleib: TLDA, Inv.-Nr.: 06/84-28

5./22) *Fundmaterial:* 2 eiserne Bolzen,
L 9,0 und 9,5 cm
Lage: Schnitt II, Nordprofil,
(1. 8. 2006, Rohbock)
Verbleib: TLDA, Inv.-Nr.: 06/84-29

5./23) *Fundmaterial:* 1 Rs, weit nach
außen gebogene Lippenränder mit Ikl.
schwarz, z.T. grobe Magerungsanteile,
Mdm 18 cm, 13. Jh.; 1 Rs, außen gerundetes Profil mit Ikl., außen grau, innen
schwarz. i. Br. schwarz, Mdm 13 cm; 1
Rs, nach außen gebogenes, kantig gearbeitetes Profil, schwarz bis braun, i.br.
schwarz, grobe Magerungsanteile, Mdm
14 cm; 1 kl. Rs, außen gerundetes Profil
mit Ikl., braun; 28 ma. Ws, braun bis
schwarz, z. T. mit groben
Magerungsanteilen,
9 Tierknochen
Lage: Schnitt II, Westbereich am
Nordprofil, Nutzungshorizont Hospital,
(14. 8. 2006, Rohbock)
Verbleib: TLDA, Inv.-Nr.: 06/84-30

5./24) *Fundmaterial:* 1 eiserner Nagel,
2 kleine Eisengegenstände
Lage: Schnitt II, Westbereich am Nordprofil, Nutzungshorizont Hospital,
(14. 8. 2006, Rohbock)
Verbleib: TLDA, Inv.-Nr.: 06/84-31

5./25) *Fundmaterial:* 1 Rs, Kragenrand,
außen und innen hellbraun, i. Br. dunkel,
Mdm 14 cm, 13. Jh., (Abb. 5,3); 1 kl. Rs,
außen gerundetes Profil mit Ikl., beige;
13 ma. Ws, 2 Stück blaue Glasschlacke;
4 Tierknochen.
Lage: Schnitt II, Funde über
Nutzungshorizont Hospital, Westbereich
am Nordprofil, (14. 8. 2006, Hopf)
Verbleib: TLDA, Inv.-Nr.: 06/84-32

5./26) *Fundmaterial:* 8 ma. Ws;
2 Tierknochen
Lage: Schnitt II, Auffüllung zwischen
Mauer 1 und 3, 0,70 bis 1,40 m unter
HOK, (10. 7. 2006, Rohbock)
Verbleib: TLDA, Inv.-Nr.: 06/84-33

5./27) *Fundmaterial:* 1 eiserner Bolzen,
L 7 cm
Lage: Schnitt II, Auffüllung zwischen
Mauer 1 und 3, 0,70 bis 1,40 m unter
HOK, über Grab 3
(10. 7. 2006, Rohbock)
Verbleib: TLDA, Inv.-Nr.: 06/84-34

5./28) *Fundmaterial:* 1 menschlicher
Oberarm
Lage: Schnitt II, über Grab 3, einzelner
Knochenfund in einer Auffüllung ca.
1,40 m unter HOK,
(10. 7. 2006, Rohbock)
Verbleib: TLDA, Inv.-Nr.: 06/84-35

5./29) *Fundmaterial:* 1 spätma. Rs, außen
gerundetes Profil mit Ikl. braun-schwarz,
weit nach außen geschwungen; 5 spätma.
Ws, braun; 1 Unterteil eines grünen

innenglasierten Standbodengefäßes, außen beige mit Rußspuren; 53 Tierknochen v. a. Esel, Pferd
Lage: Schnitt II, im nördlichen Bereich des Schnittes über der verstürzten Nordmauer, (26. 7. 2006, ROHBOCK)
Verbleib: TLDA, Inv.-Nr.: 06/84-36

5./30) *Fundmaterial:* 1 Bronzeniet, L 2,9 cm; 1 eiserner Ring, Dm 1,8 cm, 1 Metallniet
Lage: Schnitt II, Befund 9, Hospital, nördlich von Mauer 1, ca. 1,60 bis 1,80 m unter HOK, (30. 8. 2006, ROHBOCK)
Verbleib: TLDA, Inv.-Nr.: 06/84-38

5./31) *Fundmaterial:* 118 Scherben, darunter: 2 Rs, außen gerundete, verdickte lippenförmige Ränder mit Ikl., schwarzdunkelbraun, feine Magerung, Mdm 10-14 cm, 12./13. Jh. (Abb. 3,8); 1 Rs, weit nach außen gebogenes verdicktes Lippenprofil mit gerader Randoberkante, braun, Mdm 11 cm, 12./13. Jh. (Abb. 3,3); 2 Deckelrandscherben, braunschwarzbraun, 1 beige Deckelknauf, 1 unbearbeiteter Quarzitstein; 44 Tierknochen
Lage: Schnitt II, Befund 9, Hospital, nördlich der nördlichsten Mauer aus dunkler Schicht, ab 1,30 m von OK, (25. 7. 2006, ROHBOCK)
Verbleib: TLDA, Inv.-Nr.: 06/84-39

5./32) *Fundmaterial:* 6 eiserne Fragmente, darunter 1 Nagel mit eckigem Kopf, L 1,3 cm; Stollenende eines Hufeisens; Teile einer eisernen Klammer
Lage: Schnitt II, Befund 9, Hospital, nördlich der nördlichsten Mauer aus dunkler Schicht, bei 1,40–1,50 m von OK, (5. 7. 2006, ROHBOCK)
Verbleib: TLDA, Inv.-Nr.: 06/84-40

5./33) *Fundmaterial:* Fragment eines viereckigen Beschlages von 2,5 x 1,9 cm, die äußere Rahmenseite breiter gearbeitet (0,5 cm) und mit 7 waagerecht laufenden Rillen versehen, (Abb. 5,7)
Lage: Schnitt II, Befund 9, Hospital, nördlich der nördlichsten Mauer aus dunkler Schicht, ab 1,30 m von OK, (25. 7. 2006, ROHBOCK)
Verbleib: TLDA, Inv.-Nr.: 06/84-41

5./34) *Fundmaterial:* 145 Scherben, darunter: 2 Rs eines ziegelfarbenen Gefäßes, nach außen gebogener lippenförmiger Rand mit leicht abgeschrägter Randoberkante mit Ikl., glimmerhaltige Magerungsanteile, i. Br. grau, Wandung mit leichter Gurtung, Mdm 16 cm, 13. Jh. (Abb. 4,4); 1 ziegelfarbene Wandungsscherbe einer Ausgusstülle, 3 Rs kantig bis lippenförmig, verdickte Ränder mit Ikl., schwarz – i. Br. dunkel, harter Brand (Abb. 4,1); 1 Rs, außen gerundetes Profil mit Ikl, hellbraun – i. Br. grau, Mdm 10 cm; ¼ Gefäßoberteil, außen gerundetes Profil mit Ikl., grau-schwarz, i. Br. schwarz, ohne Halszone, Mdm 14 cm; 4 Ws sehr dünnwandig, beige, klingend harter Brand, Wst 0,2 cm (Abb. 5,1); 1 graue Ws mit Stempelverzierung; 1 Stück eines Ziegels, 26 Tierknochen, 3 Stück Holzkohle
Lage: Schnitt II, Befund 9, Hospital, Nordbereich am Westprofil, Nutzungshorizont Hospital
Verbleib: TLDA, Inv.-Nr.: 06/84-42

5./35) *Fundmaterial:* Spielstein, Knochen, Phalangen, mit je zwei waagerechten und horizontalen Löchern, in einer Öffnung Bleifüllung, vollständig erhalten, L 4,2 cm, B 2,5 cm, T 2,3 cm, (Abb. 9)
Lage: Schnitt II, Befund 9, Hospital, (2. 8. 2006, ROHBOCK)
Verbleib: TLDA, Inv.-Nr.: 06/84-43

5./36) *Fundmaterial:* 5 eiserne Gegenstände, darunter 2 eiserne Nägel mit eckigem Kopf, L 3,1 bzw. 3,9 cm
Lage: Schnitt II, Befund 9, Hospital, Nordbereich am Westprofil, Nutzungshorizont Hospital (2. 8. 2006, Hopf)
Verbleib: TLDA, Inv.-Nr.: 06/84-44

5./37) *Fundmaterial:* 1 Grifftülle mit Ösenansatz, zur Öse verjüngend, Öffnung mit Dm von 1,4 cm, zwei runde Nietlöcher an der Öffnung zum Befestigen der Tülle, Kupferlegierung mit Goldfadeneinlage in Form von sich kreuzenden Linien, L 7,5 cm, Dm zw. 0,5–1,0 cm, (Abb. 5,6)
Lage: Schnitt II, Befund 9, Hospital, Nordbereich am Westprofil, Nutzungshorizont Hospital (2. 8. 2006, Hopf)
Verbleib: TLDA, Inv.-Nr.: 06/84-45

5./38) *Fundmaterial:* 10 Dachziegelfragmente, darunter 8 Mönch-Nonne-Ziegel, 2 Krempziegel, 2 rechteckige Ziegelfußbodenplatten, an einer Seite gebrochen, B 22 cm, H 3,8 cm
Lage: Schnitt II, Auffüllung und Abbruchschutt, (28. 9. 2006, Rohbock)
Verbleib: TLDA, Inv.-Nr.: 06/84-46

5./39) *Fundmaterial:* 5 Maßwerkfragmente, rötlicher Sandstein, gebrochen, einer mit Kalkputz; 1 Sandsteinplatte, grau, gebrochen L 18 cm, B 9 cm; 1 Schieferfragment, gebrochen
Lage: Schnitt II, aus Auffüllung und Ausbruchschutt, (28. 9. 2006, Rohbock)
Verbleib: TLDA, Inv.-Nr.: 06/84-47

5./40) *Fundmaterial:* 95 Scherben, darunter: 1 Rs, außen gerundetes Profil mit Ikl., randständiger Henkel, unsauber gearbeitet Wandung mit Gurtung, schwarz-

braun – i.Br. ebenso, glimmerhaltige Magerungsanteile, Mdm 12 cm, (Abb. 4,3); 2 Rs, außen gerundete Ränder mit Ikl., schwarz - i. Br. ebenso, beige – i.br. grau, Mdm 11,5, 14 cm, (Abb. 4,2); 1 Rs, außen gerundeter verdickter Rand, hellbraun – i. Br. grau, Mdm 13 cm (Abb. 3,6); 1 Rs, nach außen gebogener verdickter Lippenrand mit gerader Randoberkante, mit Ikl., schwarz – i.br. ebenso, unsauber gearbeitete Wandung mit Gurtung aus der Schulter, (Abb. 3,9); 5 Rs, nach außen gebogene verdickte Lippenränder mit gerader Randoberkante, mit Ikl., schwarz, hellbraun, ziegelfarben, z.T. mit glimmerhaltigen Magerungsanteilen, Mdm 12–14 cm (Abb. 3,1–2; 3,5; 5,2); 49 Knochen
Lage: Schicht II (Erweiterung), Befund 9, Hospital, unter Planum 1, südlich der Kalkschicht, (19. 9. 2006, Rohbock)
Verbleib: TLDA, Inv.-Nr.: 06/84-48

5./41) *Fundmaterial:* 159 Scherben, darunter: 2 Rs, nach außen gebogene verdickte Lippenränder, mit Ikl., ziegelfarben - i.br. grau, Mdm 14, 15 cm, 13. Jh.; 1 Rs, außen gerundetes Profil mit Ikl., schwarz – i. Br. ebenso, Mdm 11 cm, 13. Jh. (Abb. 5,4); 2 Rs, nach außen gebogene verdickte Lippenränder mit gerader Randoberkante, mit Ikl., schwarz – i.br. ebenso, glimmerhaltige Magerungsanteile, Mdm 12, 13 cm, 13. Jh. (Abb. 3,7); 1 Rs, außen gerundetes Profil mit Ikl., ziegelfarben – i.br. grau, Mdm 11,5 cm, 13. Jh. (Abb. 3,4); nach außen gebogener lippenförmiger Rand mit abgeschrägter Randoberkante, mit Ikl., glimmerhaltige Magerungsanteile, schwarz – i.br. ebenso, 12. Jh.; 1 Ws einer Ausgußtülle, beige i. Br. schwarz, glimmerhaltige Magerungsanteile; 3 Ws, beige-schwarz, glimmerhaltige Magerungsanteile, 12. Jh; 42 Tierknochen.

Lage: Schnitt II (Erweiterung), unter
Planum 1, unter Schicht 34, Kalkschicht,
(19. 9. 2006, Rohbock)
Verbleib: TLDA, Inv.-Nr.: 06/84-49

5./42) *Fundmaterial:* 1 eiserner Nagel,
1 Messerklingenfragment
Lage: Schicht II (Erweiterung), unter
Planum 1, unter Schicht 34, Kalkschicht,
(19. 9. 2006, Rohbock)
Verbleib: TLDA, Inv.-Nr.: 06/84-50

5./43) *Fundmaterial:* 1 eisernes Messer mit
abgesetzter Griffangel, Griffangel gebro-
chen, gerader Rücken, L Messer 14 cm,
L Griffangel 3,0 cm, Di. Rücken 0,5 cm
(Abb. 10,1)
Lage: Schicht II (Erweiterung), unter
Planum 1, südlich der Kalkschicht,
(19. 9. 2006, Rohbock)
Verbleib: TLDA, Inv.-Nr.: 06/84-51

5./44) *Fundmaterial:* Tierplastik grün
glasiert, weiße Irdenware, Rumpf und
eine Vorderbein erhalten, Reiterfigur
abgebrochen, mit Einstecköffnung an
der Unterseite, L 5,2 cm, erh. H 4,5cm,
(Abb. 6)
Lage: Schnitt II, (19. 9. 2006, Rohbock)
Verbleib: TLDA, Inv.-Nr.: 06/84-52

5./45) *Fundmaterial:* 7 eiserne
Gegenstände, darunter; 2 Nägel mit eckigem Kopf, L 2,8 und 2,6 cm, Teile eines
eisernen Ringes mit einem Dm von 4,6
cm, Messerfragment, Griffangelmesser,
Klinge und Griffangel gebrochen, erh. L.
10,4 cm, gerader Rücken, zwischen
Klinge und Griffangel befindet sich ein
ovales Griffangelplättchen (Abb. 10,2)
Lage: Schnitt II, Erweiterung, unter
Planum 1, südlich der Kalkschicht,
(19. 9. 2006, Rohbock)
Verbleib: TLDA, Inv.-Nr.: 06/84-53

5./46) *Fundmaterial:* 1 Rs, nach außen
gebogener verdickter Lippenrand mit
gerader Randoberkante, mit Ikl., ziegelfarben, schwarz – i.Br. ebenso, glimmerhaltige Magerungsanteile, Mdm 15 cm;
1 hellbraune Ws mit dunkelbrauner
Bemalung; 1 beige Ws, sehr dünnwandig,
Wst 0,2 cm; 9 braun-graue Ws
Lage: Schnitt II (Erweiterung),
(13. 9. 2006)
Verbleib: TLDA, Inv.-Nr.: 06/84-55

5./47) *Fundmaterial:* 1 Hufeisenfragment
mit Stollenende, Hälfte erhalten, glatter
Abschluss, drei Nagellöcher
Lage: Schnitt II, Erweiterung, unter
Planum 1, (13. 9. 2006, Rohbock)
Verbleib: TLDA, Inv.-Nr.: 06/84-56

5./48) *Fundmaterial:* 3 eiserne Nägel
Lage: Schnitt II, Kirche, nördlich Mauer
4, westliche Erweiterung des Schnittes,
ca. 1,20 bis 1,30 unter HOK,
(1. 9. 2006, Rohbock)
Verbleib: TLDA, Inv.-Nr.: 06/84-58

5./49) *Fundmaterial:* 1 bronzener
Fingerhut H 1,7 cm, Dm 1,5 cm,
gepunzt, mit Punktverzierungen,
Kupferlegierung, (Abb. 12,1)
Lage: Schnitt II, Kirche, Lesefunde
vom Aushub, (13. 9. 2006, Rohbock)
Verbleib: TLDA, Inv.-Nr.: 06/84-59

5./50) *Fundmaterial:* Plombe, leicht
gebogen, Blei-Zinn-Legierung,
Dm 4,3 x 3,7 cm, Di 0,2 cm, auf der
Oberfläche leichte Erhöhung erkennbar,
Unterseite mit einem zackenförmigen
Verschluss, auf der anderen Seite stift-
förmige Verbindung (Abb. 12,2)
Lage: Schnitt II, Kirche, Lesefunde vom
Aushub, (13. 9. 2006, Rohbock)
Verbleib: TLDA, Inv.-Nr.: 06/84-60

5./51) *Fundmaterial:* 1 Sandstein mit Bearbeitungs- und Brandspuren, ca. 0,20 x 0,16 m
Lage: Schnitt II, nördlicher Bereich, Befund 9, Nutzungshorizont Hospital, (26. 9. 2006, Rohbock)
Verbleib: TLDA, Inv.-Nr.: 06/84-63

5./52) *Fundmaterial:* 2 Rs, außen gerundetes Profil mit leichter Ikl., Mdm 16 cm, dunkelbraun-braun, 13. Jh., (Abb. 11,1–2); 17 ma. Ws, z. t. mit glimmerhaltigen Magerungsanteilen, einige 12. Jh.
Lage: Schnitt III, Befund 1, Kirche-Innenraum, von HOK bis 1,49 m darunter, (25. 4. 2006, Rohbock)
Verbleib: TLDA, Inv.-Nr.: 06/84-64

5./53) *Fundmaterial:* 1 Rs, außen gerundetes Profil mit Ikl., braun, Mdm 13 cm, 14. Jh, 3 braune Ws; 15 Tierknochen
Lage: Schnitt III, Befund 1, Kirche-Innenraum, 0,20 bis 0,30 m über dem anstehenden Fels, (26. 4. 2006, Tischler)
Verbleib: TLDA, Inv.-Nr.: 06/84-65

5./54) *Fundmaterial:* 10 spätma. Scherben, ziegelfarben, darunter: 3 Rs, außen gerundetes Profil mit Ikl.; 2 Tierknochen
Lage: Schnitt V, Befund 1, Kirche-Innenraum, Funde aus eingefülltem Abbruchschutt, von HOK bis ca. 0,35 m bis Oberkante Fußbodenplatten, (4. 5. 2006, Tischler)
Verbleib: TLDA, Inv.-Nr.: 06/84-68

5./55) *Fundmaterial:* 2 ma. Scherben
Lage: Schnitt V, Befund 1, Kirche-Innenraum, Erweiterung, Abbruchschutt im Innenbereich über den Fußbodenplatten, von HOK bis ca. 0,35 m, (8. 5. 2006, Tischler)
Verbleib: TLDA, Inv.-Nr.: 06/84-71

5./56) *Fundmaterial:* 2 spätma. Ws; 2 Kalkputzfragmente; 3 Tierknochen

Lage: Schnitt V, Befund 1, Kirche-Innenraum, Erweiterung, Abbruchschutt im Innenbereich, von HOK bis ca. 0,35 m, (17. 5. 2006, Tischler)
Verbleib: TLDA, Inv.-Nr.: 06/84-73, 74

5./57) *Fundmaterial:* 4 Fußbodenfliesen, Fragmente, Ziegel; 2 Bruchstücke von Ziegeln, erh. L 14 cm, B 11,5 cm, H 5,5 cm
Lage: Schnitt V, Befund 1, Kirche, im Abbruchschutt, (8. 5. 2006, Rohbock)
Verbleib: TLDA, Inv.-Nr.: 06/84-77

5./58) *Fundmaterial:* 1 Maßwerkfragment
Lage: Schnitt V, Befund 1, Kirche, aus der Verfüllung, (27. 9. 2006, Rohbock)
Verbleib: TLDA, Inv.-Nr.: 06/84-78

5./59) *Fundmaterial:* 1 Maßwerkfragment mit profilierten Kanten, Rätsandstein, L ca. 0,30 m
Lage: zwischen den Schnitten VI und V, SW-Ecke Auffüllung Befund 1, (27. 9. 2006, Rohbock)
Verbleib: TLDA, Inv.-Nr.: 06/84-79

5./60) *Fundmaterial:* 17 Fußbodenfliesen, Fragmente, alle gebrochen, Ziegel, leicht geschwungene Form, L zw. 14–16 cm, B 8 cm, H 5,5 cm
Lage: Schnitte IV--VII, Kirche, Befund 1, aus Auffüllung und Abbruchschutt, (27. 9. 2006, Rohbock)
Verbleib: TLDA, Inv.-Nr.: 06/84-80

5./61) *Fundmaterial:* 1 ziegelfarbenes Henkelbruchstück, 1 braune Steingutscherbe; 1 Tierknochen
Lage: Schnitt VII, Befund 1, Kirche, (5. 5. 2006, Tischler)
Verbleib: TLDA, Inv.-Nr.: 06/84-81

5./62) *Fundmaterial:* 1 Maßwerkfragment, Rhätsandstein; 6 Mauerputzfragmente
Lage: Schnitt VII, Befund 1, Kirche, von ca. 0,10 bis ca. 0,40 m unter HOK,

(5. 5. 2006, Tischler)
Verbleib: TLDA, Inv.-Nr.: 06/84-84

5./63) *Fundmaterial:* 1 Fußbodenfliese,
sehr unregelmäßig gearbeitet, gebrochen,
Ziegel, z. T. sekundär gebrannt,
z. T. mit Kalkauflage, L 16 cm, B 15 cm,
H zw. 0,19 bis 0,25 cm
Lage: Schnitt VII, Befund 1, Kirche,
0,10 bis 0,40 m unter HOK,
(5. 5. 2006, Rohbock)
Verbleib: TLDA, Inv.-Nr.: 06/84-85

5./64) *Fundmaterial:* 9 spätma. Scherben,
darunter 4 graue Steinzeugscherben eines
Standbodengefäßes; 8 Tierkochen
Lage: Schnitt VIII, Befund 1, Kirche,
von HOK bis ca. 2,40 m,
(17. 5. 2006, Tischler)
Verbleib: TLDA, Inv.-Nr.: 06/84-86

5./65) *Fundmaterial:* 1 Kalkputzfragment
Lage: Schnitt VIII, Befund 1, Kirche,
von HOK bis ca. 2,40 m,
(17. 5. 2006, Rohbock)
Verbleib: TLDA, Inv.-Nr.: 06/84-87

5./66) *Fundmaterial:* 1 Schmuckstein,
pyramidenförmig, 0,65 x 0,65 cm,
H 0,3 cm, Bergkristall
Lage: Schnitt VIII, Befund 1, Kirche,
von HOK bis ca. 2,40 m,
(17. 5. 2006, Rohbock)
Verbleib: TLDA, Inv.-Nr.: 06/84-88

5./67) *Fundmaterial:* 8 spätma. Scherben,
darunter 1 ziegelfarbener Deckelknauf;
1 Tierknochen
Lage: Schnitt IX, Befund 1, Kirche,
Abbruchschutt, (19. 5. 2006, Tischler)
Verbleib: TLDA, Inv.-Nr.: 06/84-91

5./68) *Fundmaterial:* 1 Kalkputzfragment
Lage: Schnitt IX, Befund 1, Kirche,
Abbruchschutt, (19. 5. 2006, Rohbock)
Verbleib: TLDA, Inv.-Nr.: 06/84-92

5./69) *Fundmaterial:* 1 Maßwerkfragment,
Rhätsandstein, sehr kleinteilig
Lage: Schnitt IX, Befund 1, Kirche,
Ausbruchgraben, aus der Verfüllung,
ca. 1,20 m unter HOK
(27. 9. 2006, Rohbock)
Verbleib: TLDA, Inv.-Nr.: 06/84-94

5./70) *Fundmaterial:* 1 Maßwerkfragment,
Rhätsandstein, L 0,40 m
Lage: Schnitt IX, Befund 1, Kirche,
Lesefund, (28. 9. 2006, Rohbock)
Verbleib: TLDA, Inv.-Nr.: 06/84-95

5./71) *Fundmaterial:* 1 Messergriff,
zwei Griffschalen aus Knochen mit drei
Nieten, eiserne Griffangel, abgerundetes
Ende, L 8,5 cm, Di 0,8 cm, (Abb. 11,5)
Lage: Schnitt IX, Befund 1, Kirche,
0–0,20 m unter HOK,
(19. 5. 2006, Rohbock)
Verbleib: TLDA, Inv.-Nr.: 06/84-96

5./72) *Fundmaterial:* umfangreicher
Keramik- und Steinzeugkomplex,
darunter: 1 Rs, außen gerundetes Profil
mit Ikl., schwarz – i.Br. ebenso,
Mdm 11 cm; 1 Rs, nach außen gebogener
Lippenrand mit Ikl. und abgeschrägter
Randoberkante, schwarz, i.Br. ebenso, auf
der Wandung Gurtungen, Mdm 10 cm,
(Abb. 38,3); 1 Rs, nach außen gebogener,
verdickter Lippenrand mit Ikl., grau-zie-
gelfarben – i.Br. ebenso, Mdm 15 cm;
1 fast vollständig erhaltener, gerade gearbeiteter Deckel mit hoch stehendem
Knauf, Dm 7,5 cm, blaugrau – i. Br. ebenso, (Abb. 38,4); ½ Oberteil einer Kanne,
außen gerundetes Profil mit Ikl., randständiger Henkel, beige – i.Br. ebenso,
sehr harter Brand, Mdm 14,5 cm,
(Abb. 38,1); Oberteil eines Steinzeuggefäßes, Halsrand mit unterrandständigem Henkel, außen rotbraun,
innen grau, Mdm 6 cm; ½ Boden eines
Steinzeuggefäßes, außen braun, innen
graubraun, Rollrädchenverzierung in

Form von schräg gestellten Strichen,
Bdm 6 cm, (Abb. 38,5); Bodenscherbe
eines Steinzeuggefäßes, Wellenplattenfuß, außen hellbraun, innen grau,
Bdm 9,5 cm, (Abb. 38,6); 1 ziegelfarbener
Grapenfuß; 2 ziegelfarbene Henkelbruchstücke; 7 ziegelfarben Rs von Napfkacheln; 5 beige-braune Steinzeugscherben; 266 Tierknochen.
Lage: Schnitt X, Befund 4, Abfalldeponie,
östlich der Klostermauer, außerhalb des
ummauerten Bereiches, von 0,80 bis 1,20
unter HOK, (30. 5. 2006, Rohbock)
Verbleib: TLDA, Inv.-Nr.: 06/84-97

5./73) *Fundmaterial:* 2 Maßwerkfragmente, Rhätsandstein
Lage: Schnitt X, Befund 4, Abfalldeponie,
östlich der Klostermauer, außerhalb des
ummauerten Bereiches, von 0,80 bis 1,20
unter HOK, (30. 5. 2006, Rohbock)
Verbleib: TLDA, Inv.-Nr.: 06/84-98

5./74) *Fundmaterial:* 1 eiserner Schlüssel,
vollständig erhalten, massiv, Eisen,
eckiger Schlüsselschaft, profilierter Bart,
ovaler Kopf von 3,6 x 2,7 cm, L 9,8 cm
Lage: Schnitt X, Befund 4, Abfalldeponie,
östlich der Klostermauer, außerhalb des
ummauerten Bereiches, von 0,80 bis 1,00
unter HOK, (30. 5. 2006, Rohbock)
Verbleib: TLDA, Inv.-Nr.: 06/84-99

5./75) *Fundmaterial:* 14 eiserne Nägel
Lage: Schnitt X, Befund 4, Abfalldeponie,
östlich der Klostermauer, außerhalb des
ummauerten Bereiches, von 0,80 bis 1,00
unter HOK, (30. 5. 2006, Rohbock)
Verbleib: TLDA, Inv.-Nr.: 06/84-100

5./76) *Fundmaterial:* 14 ma. Scherben,
davon 1 Rs, außen gerundetes Profil mit
Ikl., die Wandung mit Gurtungen,
schwarz-braun – i.Br. grau, Mdm 11 cm,
13. Jh.; 1 Rs, nach außen gebogenes

kantig gearbeitetes Profil, schwarz – i. Br.
ebenso, Mdm 13,5 cm; 1 Rs, nach außen
gebogenes gerundetes Profil, schwarzbraun – i.br. ebenso, Mdm 10 cm;
3 Tierknochen
Lage: Schnitt X, Befund 4, Abfalldeponie,
ab 1,00 m, Auffüllung am östlichen
Mauerfuß, (21. 6. 2006, Rohbock)
Verbleib: TLDA, Inv.-Nr.: 06/84-101

5./77) *Fundmaterial:* umfangreicher
Keramikkomplex vom 13. bis 15. Jh., sehr
zahlreich 13. Jh. Randscherben, darunter:
1 Rs, nach außen gebogener Lippenrand
mit abgeschrägter Randoberkante, mit
Ikl., braun – i.Br. schwarz, grobe Magerungsanteile, Mdm 11,5 cm;
1 Rs, nach außen gebogener, stark verdickter Lippenrand mit gerader Randoberkante, mit Ikl., schwarz – i. Br. ebenso, Mdm 12 cm; ¼ Oberteil eines beige-
farbenen Gefäßes mit randständigem
Henkel, außen gerundetes Profil mit Ikl.,
i. Br. beige, Sattelhenkel, Mdm 14 cm,
(Abb. 38,2); 1 Rs, weit nach außen
gebogener Lippenrand mit gerader
Randoberkante, dunkelbraun - i.Br.
schwarz, Mdm 22 cm; nach außen gebogener verdickter Lippenrand, dunkelbraun – i.Br. grau, Mdm 22 cm;
1 Rs, Lippenrand, beige – i.Br. ebenso,
klingend harter Brand, Mdm 12 cm;
1 beigefarbene Ausgusstülle, Mdm 3,5
cm; 1 Rs, außen gebogener Rand mit
leicht abgeschrägter Randoberkante mit
Ikl., glimmerhaltige Magerungsanteile,
außen schwarz, innen rotbraun, i.Br. grau,
ohne Halszonen, Mdm 15 cm, 13. Jh.;
1 Rs, außen gerundetes Profil mit Ikl.,
schwarz, i.Br. ebenso, Mdm 13 cm, 13. Jh.;
1 Rs, kleiner Kragenrand, schwarz, i. Br.
ebenso, Mdm 11 cm, 13. Jh.;
1 Rs, außen gebogener Rand mit leicht
abgeschrägter Randoberkante mit Ikl.,
schwarz, i. Br. ebenso, ohne Halszone,

Mdm 13. Jh.; 181 Tierknochen
Lage: Schnitt X, Befund 4, Abfalldeponie,
östlich der Klostermauer, außerhalb des
ummauerten Bereiches, von 0,80 bis 1,20
unter HOK, (22. 6. 2006, Hopf)
Verbleib: TLDA, Inv.-Nr.: 06/84-102

5./78) *Fundmaterial:* 1 bronzener Zierbeschlag, gebrochen, rechteckig, auf einer
Seite mit Verzierung, an einer Schmalseite mit drei Nietlöchern, davon 1 Niet
erhalten, am äußeren Rand noch einmal
vier kleinere Nietlöcher (Abb. 39)
Lage: Schnitt X, Befund 4, Abfalldeponie,
östlich der Klostermauer, außerhalb des
ummauerten Bereiches, von 0,80 bis 1,20
unter HOK, (22. 6. 2006, Rohbock)
Verbleib: TLDA, Inv.-Nr.: 06/84-104

5./79) *Fundmaterial:* 1 Stück gebrannter
Ton
Lage: Schnitt X, Befund 4, Abfalldeponie,
östlich der Klostermauer, außerhalb des
ummauerten Bereiches, von 0,80 bis 1,20
unter HOK, (22. 6. 2006, Rohbock)
Verbleib: TLDA, Inv.-Nr.: 06/84-107

5./80) *Fundmaterial:* 7 eiserne Nägel,
z. T. recht kleinteilig
Lage: Schnitt X, Befund 4, Abfalldeponie,
östlich der Klostermauer, außerhalb des
ummauerten Bereiches,
(22. 6. 2006, Rohbock)
Verbleib: TLDA, Inv.-Nr.: 06/84-108

5./81) *Fundmaterial:* 10 Dachziegelbruch-
stücke; 4 Gipsmörtelfragmente vom
Dachbereich
Lage: Schnitt X, Befund 4, Abfalldeponie,
(28. 9. 2006, Rohbock)
Verbleib: TLDA, Inv.-Nr.: 06/84-109

5./82) *Fundmaterial:* 2 spätma. Scherben,
10 grün glasierte Kachelbruchstücke,
davon einer mit figürlicher Darstellung,

einer mit schraffierten Feldern und der
Rand einer Blattkachel, (Abb. 37,5);
6 Tierknochen
Lage: Schnitt XI, Befund 3, Mauer,
Ostpforte Klostermauer,
(22. 6. 2006, Hopf)
Verbleib: TLDA, Inv.-Nr.: 06/84-110

5./83) *Fundmaterial:* 13 Maßwerkfragmente, Sandstein; 4 Dachziegelbruchstücke; 3 Ziegel, Klosterformat;
15 eckige Fußbodenplatten aus Ziegel,
davon 4 vollständig erhalten,
L 17 x 17 cm, H 3,5–3,8 cm
Lage: Schnitt XI, Auffüllung westlich der
Klostermauern, (28. 9. 2006, Rohbock)
Verbleib: TLDA, Inv.-Nr.: 06/84-113,114

5./84) *Fundmaterial:* 3 spätma. Ws,
2 Tierknochen
Lage: Schnitt XI, westlich der Klostermauer, von 0,50 bis 0,70 m unter HOK,
(28. 9. 2006, Rohbock)
Verbleib: TLDA, Inv.-Nr.: 06/84-115

5./85) *Fundmaterial:* 4 ma. Ws, darunter
1 Ws 12. Jh, 1 Tierknochen
Lage: Schnitt XIII, Befund 2,
HOK bis Sohle, (22. 6. 2006, Rohbock)
Verbleib: TLDA, Inv.-Nr.: 06/84-117

5./86) *Fundmaterial:* Komplex Keramik,
darunter: 2 Porzellantassen, Teil eines
Porzellankopfes; Scherben eines gelb
innenglasierten Gefäßes; Scherben von
2 innen bemalten Tellern
Lage: Schnitt XIV, HOK bis 0,70 m unter
HOK, Auffüllung des Ausbruchgrabens
um 1925, (22. 7. 2006, Hopf)
Verbleib: TLDA, Inv.-Nr.: 06/84-118

5./87) *Fundmaterial:* 8 Maßwerkfragmente, Rhätsandstein; sehr kleinteilig
Lage: Schnitte XI–XIV, Ausbruchgräben
und Auffüllungen,

(28. 9. 2006, Rohbock)
Verbleib: TLDA, Inv.-Nr.: 06/84-119

5./88) *Fundmaterial:* 13 Dachziegelbruchstücke; 1 Ziegelfragment, Klosterformat;
7 eckige Fußbodenplatten aus Ziegel
Lage: Schnitte XI–XIV, Ausbruchgräben
und Auffüllungen,
(28. 9. 2006, Rohbock)
Verbleib: TLDA, Inv.-Nr.: 06/84-120

5./89) *Fundmaterial:* umfangreicher
Keramikkomplex – meist ziegelfarbener
Keramik, darunter: ½ Oberteil eines
ziegelfarbenen Kruges, kragenartiger
Rand mit unterrandständigem gesattelten
Henkel, Hals mit Gurtung, am Henkel-
ansatz drei Fingertupfverzierungen, i.br.
grau, klingend harter Brand, Mdm 12 cm,
(Abb. 37,1); 1 Ws eines Steinzeuggefäßes,
außen braun, innen grau, mit Rosette und
Rollrädchenverzierung, (Abb. 37,2);
½ einer Schale, ziegelfarben, weit nach
außen gebogener Rand, außen gerundetes
Profil, ziegelfarben, i. Br. grau,
Mdm 30,5 cm, H 11 cm, leicht gerundeter
Standboden, (Abb. 37,3);
4 Rs von ziegelfarbenen Napfkacheln;
7 Tierknochen
Lage: Schnitt XV, Befund 5,
Fachwerkgebäude östlich der
Klostermauer,
(28. 9. 2006, Rohbock)
Verbleib: TLDA, Inv.-Nr.: 06/84-121

5./90) *Fundmaterial:* 1 Ziegelsteinfrag-
ment, 1 runde Fußbodenplatte aus Ziegel,
Fragment; 1 bearbeiteter Sandstein,
1 Stück Dachschiefer mit Durchbohrung
Lage: Schnitt XV, Befund 5, Fachwerkgebäude östlich der Klostermauer,
(28. 9. 2006, Rohbock)
Verbleib: TLDA, Inv.-Nr.: 06/84-123

5./91) *Fundmaterial:* 1 Nagel mit breitem
ovalem Kopf, Kupferlegierung, L 2,5 cm,
Dm Kopf 1,3 cm

Lage: Schnitt XV, Befund 5,
Fachwerkgebäude östlich der Klostermauer, Lesefund,
(28. 9. 2006, Rohbock)
Verbleib: TLDA, Inv.-Nr.: 06/84-124

5./92) *Fundmaterial:* 1 Steinzeughenkel
Lage: Schnitt XIV, Befund 2, Gebäude
östlich der Klosterkirche, Verfüllung
Ausbruchgraben,
(14. 9. 2006, Rohbock)
Verbleib: TLDA, Inv.-Nr.: 06/84-125

5./93) *Fundmaterial:* 6 spätma. Scherben,
1 Steinzeugscherbe, 1 Tierknochen
Lage: Schnitt XIV, Befund 2, Gebäude
östlich der Klosterkirche, Verfüllung
Ausbruchgraben,
(14. 9. 2006, Rohbock)
Verbleib: TLDA, Inv.-Nr.: 06/84-127

5./94) *Fundmaterial:* 3 Formziegel,
1 Ziegel Klosterformat; 6 Dachziegel
Lage: Schnitt XIV,
(14. 9. 2006, Rohbock)
Verbleib: TLDA, Inv.-Nr.: 06/84-128, 129

5./95) *Fundmaterial:* 5 spätma. Ws;
4 Tierknochen
Lage: Schnitt XIV, Befund 2, Verfüllung
(22. 9. 2006, Rohbock)
Verbleib: TLDA, Inv.-Nr.: 06/84-130

5./96) *Fundmaterial:* 2 Dachziegel, davon
1 Mönchsziegel, 1 Krempziegel, 1 Stein,
Wartburgkonglomerat, 18 cm x 12 cm x
10 cm, aus der Grabgrubenverfüllung auf
dem Skelett liegend
Lage: Schnitt XVII, Grab 1, Planum 1,
(13. 9. 2006, Rohbock)
Verbleib: TLDA, Inv.-Nr.: 06/84-132

5./97) *Fundmaterial:* vollständiges Skelett,
siehe Artikel S. Birkenbeil in diesem Heft
Lage: Schnitt XVII, Grab 1,
(13. 9. 2006, Tischler)
Verbleib: TLDA, Inv.-Nr.: 06/84-133

5./98) *Fundmaterial:* 12 spätma. Scherben, darunter 1 braune Steinzeugscherbe mit Rosette; 2 eiserne Nägel, 42 Tierknochen
Lage: Schnitt XVII, Grab 1, Funde aus Grabgrubenverfüllung,
(4. 8. 2006, Tischler)
Verbleib: TLDA, Inv.-Nr.: 06/84–134, 135

5./99) *Fundmaterial:* Komplex spätma. Keramik mit wenigen innenglasierten Scherben, darunter: 1 Bandhenkel, ziegelfarben, 3 Steinzeugscherben braun-beige; 1 Rs, außen gerundetes Profil mit Ikl, schwarz, i. Br. ebenso, Mdm 15 cm, (Abb. 33,1); 1 Rs, einfacher verdickter Lippenrand, ziegelfarben, i. Br. grau, Mdm 8 cm, (Abb. 33,3); 2 Rs, außen gerundetes Profil mit Ikl., ziegelfarben/schwarz; 2 Rs einfache Lippenränder beige 3 Rs beige-schwarz von Deckeln; ½ eines ziegelfarbenen Napfes, Halsrand, i. Br. grau, Mdm 9 cm, (Abb. 33,2); 1 Bs, breiter Standboden mit Verzierung, ziegelfarben, i. Br. grau, Bdm 13; 337 Tierknochen
Lage: Schnitt XVII, Befund 10 – Gebäude im Nordwesten, nördlich Grab 1, von HOK Mauer bis auf die Sohle der in den Felsen eingetieften Grube,
(4. 8. 2006, Tischler)
Verbleib: TLDA, Inv.-Nr.: 06/84–136

5./100) *Fundmaterial:* 3 Tierknochen von Geflügel, Fischgräte
Lage: Schnitt XVII, Befund 10 – Gebäude im Nordwesten
(4. 8. 2006, Tischler)
Verbleib: TLDA, Inv.-Nr.: 06/84-137, 138

5./101) *Fundmaterial:* 1 Muschelfragment
(Abb. 36)
Lage: Schnitt XVII, nördlich Grab 1, von OK Mauer bis auf die Sohle der in den Felsen eingetieften Grube,
(4. 8. 2006, Rohbock)
Verbleib: TLDA, Inv.-Nr.: 06/84-139

5./102) *Fundmaterial:* 2 Schieferplatten, 1 Materialprobe, 1 Wetzstein aus Schiefer, ein als Schleifstein umgenutztes Architekturfragment aus Sandstein
Lage: Schnitt XVII, Befund 10 – Gebäude im Nordwesten (4. 8. 2006, Tischler)
Verbleib: TLDA, Inv.-Nr.: 06/84–141, 143

5./103) *Fundmaterial:* 2 spätma. Ws mit roter Innenbemalung oder Farbe, schwarz; 1 spätma. Bs mit roter Farbe auf der Innenseite, schwarz
Lage: Schnitt XVII, Klausurgebäude, Befund 10 – Gebäude im Nordwesten, nördlich Grab 1, von HOK Mauer bis auf die Sohle, in den Fels eingetiefte Grube,
(4. 8.2006, Rohbock)
Verbleib: TLDA, Inv.-Nr.: 06/84-142

5./104) *Fundmaterial:* Axt, Eisen, gerader Rücken, nach einer Seite geschwungener Bart, Schaft teilweise gebrochen, L 15,2 cm, B 11,0 cm, (Abb. 34)
Lage: Schnitt XVII, Befund 10 – Gebäude im Nordwesten, nördlich Grab 1, von OK Mauer bis auf Grubensohle,
(4. 8. 1006, Tischler)
Verbleib: TLDA, Inv.-Nr.: 06/84-144

5./105) *Fundmaterial:* 2 eiserne Türanker, rechtwinklige Eisen mit einem rundstabigen und einem flachrechteckigen gebrochenen Arm,
1. Türanker: L Rundstab 2,1 cm, Dm 1,1 cm, L flachrechteckiger Arm 6,2 cm, H 1,3–0,8 cm, Di 0,4-0,8 cm;
2. Türanker: L Rundstab 2,8 cm, Dm 1,5 cm, L flachrechteckiger Arm 8,9 cm, H 1,2–0,8 cm, Di 0,3-0,7 cm; (Abb. 33,5; 33,6);
2 Hufeisenfragmente
Lage: Schnitt XVII, Befund 10 – Gebäude im Nordwesten, nördlich Grab 1, von OK Mauer bis auf Grubensohle,
(4. 8. 1006, Tischler)
Verbleib: TLDA, Inv.-Nr.: 06/84-145, 146

5./106) *Fundmaterial:* 15 eiserne Gegenstände, meist Nägel und Bolzen
Lage: Schnitt XVII, Befund 10 – Gebäude im Nordwesten, nördlich Grab 1, von OK Mauer bis auf Grubensohle, (4. 8. 2006, Tischler)
Verbleib: TLDA, Inv.-Nr.: 06/84-147

5./107) *Fundmaterial:* 6 spätma. Scherben, darunter 1 braune Steinzeugscherbe; 4 Tierknochen
Lage: Schnitt XVII, südlich von Grab I von HOK Mauer bis auf den Felsen, (4. 8. 2006, Tischler)
Verbleib: TLDA, Inv.-Nr.: 06/84-148

5./108) *Fundmaterial:* 12 spätma./nz. Scherben, darunter: 1 innenglasierte Ws, 4 Steinzeugscherben; 1 Kachelrandscherbe; 9 Tierknochen; 4 Kalkputzfragmente
Lage: Schnitt XVII, Befund 10 – Gebäude im Nordwesten, aus innerer Gebäudeverfüllung, (14. 9. 2006, Rohbock)
Verbleib: TLDA, Inv.-Nr.: 06/84-149

5./109) *Fundmaterial:* 32 Scherben, davon meist Rand- und Wandungsscherben von glockenförmigen Deckel, ziegelfarben, Mdm 15 cm, (Abb. 33,4); 2 ziegelfarbene Grapenfüße, 1 Tüllengriff mit grüner Glasur
Lage: Schnitt XVII, Befund 10 – Gebäude im Nordwesten, Gräbchen am Nordrand des Schnittes, (13. 9. 2006, Rohbock)
Verbleib: TLDA, Inv.-Nr.: 06/84-152

5./110) *Fundmaterial:* 25 spätma. Scherben; 2 Tierknochen
Lage: Schnitt XVII, Befund 10 – Gebäude im Nordwesten, südlicher Bereich des Schnittes, Lesefunde, (25. 9. 2006, Rohbock)
Verbleib: TLDA, Inv.-Nr.: 06/84-155

5./111) *Fundmaterial:* 17 spätma. Scherben, darunter: 2 ziegelfarbene Grapenfüße, 16 Tierknochen
Lage: Schnitt XVII, Befund 10 – Gebäude im Nordwesten, Gesamtbereich des Schnittes, (4. 8. 2006, Rohbock)
Verbleib: TLDA, Inv.-Nr.: 06/84-156

5./112) *Fundmaterial:* 1 Formstein mit Lochung, gebrochen, H 4,8 cm
Lage: Schnitt XVII, Befund 10 – Gebäude im Nordwesten, Lesefund, (4. 8. 2006, Rohbock)
Verbleib: TLDA, Inv.-Nr.: 06/84-157

5./113) *Fundmaterial:* 1 Tonpfeifenkopf, 1 Tonpfeifenbruchstück (Abb. 36)
Lage: Schnitt XVII, Befund 10 – Gebäude im Nordwesten, Lesefund, (4. 8. 2006, Rohbock)
Verbleib: TLDA, Inv.-Nr.: 06/84-158

5./114) *Fundmaterial:* 1 Grapenfuß aus Bronze, gegossen, L 6 cm, Standfläche tatzenförmig gearbeitet, (Abb. 33,7)
Lage: Schnitt XVII, Befund 10 – Gebäude im Nordwesten, Lesefund, (19. 9. 2006, Rohbock)
Verbleib: TLDA, Inv.-Nr.: 06/84-159

5./115) *Fundmaterial:* 1 eisernes Hufeisen, 15 eiserne Nägel und Bolzen
Lage: Schnitt XVII, Lesefunde, Aushub, (19. 9. 2006, Rohbock)
Verbleib: TLDA, Inv.-Nr.: 06/84-160, 161

5./116) *Fundmaterial:* Löffelbohrer, Eisen, rundes bis ovales Mittelteil, nach oben spitz verjüngend, flach gearbeitet, mit Bohrung, im unteren Bereich mit einer Eintiefung von 2,5 x 1,5 x 0,6 cm, (Abb. 35)
Lage: Schnitt XVII, Lesefund, (19. 9. 2006, Rohbock)
Verbleib: TLDA, Inv.-Nr.: 06/84-162

5./117) *Fundmaterial:* 15 Ziegelsteinfragmente, Klosterformat, B 11–11,5 cm, H 7,5–8 cm
Lage: Schnitt XVII, Lesefunde, (19. 9. 2006, Rohbock)
Verbleib: TLDA, Inv.-Nr.: 06/84-163

5./118) *Fundmaterial:* 3 Fußbodenziegel, geformt
Lage: Schnitt XVII, Lesefunde, (19. 9. 2006, Rohbock)
Verbleib: TLDA, Inv.-Nr.: 06/84-164

5./119) *Fundmaterial:* 3 Dachziegelfragmente, 1 Krempziegel, 2 Mönchziegel
Lage: Schnitt XVII, Lesefunde, (19. 9. 2006, Rohbock)
Verbleib: TLDA, Inv.-Nr.: 06/84-165

5./120) *Fundmaterial:* 1 Ziegelplatte mit Ornamentik, gebrochen, H 2,7 cm
Lage: Schnitt XVIII, westlicher Teil der Klostermauer, Mauerausbruchgraben, aus der Verfüllung des Ausbruchgrabens, (27. 9. 2006, Rohbock)
Verbleib: TLDA, Inv.-Nr.: 06/84-166

5./121) *Fundmaterial:* 5 spätma. Scherben, darunter 1 ziegelfarbener Kugelboden, 3 braune Ws eines Kugelbodengefäßes
Lage: Schnitt XX, Ostprofil, ca. 1,20 m unter HOK, am südlichen Ende einer Feinkiesschicht, (1. 8. 2006, Rohbock)
Verbleib: TLDA, Inv.-Nr.: 06/84-167

5./122) *Fundmaterial:* 5 ma. Scherben, darunter 1 Kachelrand, ziegelfarben
Lage: Schnitt XX, Ostprofil, Keramik vom Profil, (1. 9. 2006, Rohbock)
Verbleib: TLDA, Inv.-Nr.: 06/84-169

5./123) *Fundmaterial:* 1 Rs, außen gerundetes Profil mit Ikl., schwarz. i. Br. ebenso, sehr dünnwandig, Wst. 0,3 cm, unterhalb des Randes Gurtung, Mdm 11 cm (Abb. 11,4); 16 ma. Ws, darunter ; 2 Tierknochen
Lage: Schnitt XX, Nordprofil, Bauhorizont des Klosters, westlich der Hospitalmauer, (31. 7. 2006, Rohbock)
Verbleib: TLDA, Inv.-Nr.: 06/84-170

5./124) *Fundmaterial:* 6 Scherben, 2 grün glasierte Kachelbruchstücke, davon eines mit einer figürlichen Darstellung, (Abb. 37,5); 3 braun-graue Ws, 12. Jh.; 1 Tierknochen
Lage: Schnitt XX, Nordprofil, Bauhorizont Kloster, westlich der Mauer, (31. 7. 2006, Hopf)
Verbleib: TLDA, Inv.-Nr.: 06/84-171

5./125) *Fundmaterial:* spätma. Keramikkomplex (keine innenglasierte Ware), darunter: 49 Tierkochen
Lage: Schnitt X, Befund 4, Abfalldeponie, östlich der Klostermauer, außerhalb des ummauerten Bereiches, von 0,80 bis 1,20 unter HOK, (22. 6. 2006, Rohbock)
Verbleib: TLDA, Inv.-Nr.: 06/84-172

5./126) *Fundmaterial:* 1 Tonkugel, rötlich, Dm 1,6 cm (Abb. 36)
Lage: Schnitt X, Befund 4, Abfalldeponie, östlich der Klostermauer, außerhalb des ummauerten Bereiches, von HOK bis 0,80, (30. 5. 2006, Rohbock)
Verbleib: TLDA, Inv.-Nr.: 06/84-173

5./127) *Fundmaterial:* 4 eiserne Nägel
Lage: Schnitt X, Befund 4, Abfalldeponie, östlich der Klostermauer, außerhalb des ummauerten Bereiches, von HOK bis 0,80, (30. 5. 2006, Rohbock)
Verbleib: TLDA, Inv.-Nr.: 06/84-176

5./128) *Fundmaterial:* 1 Hufeisenbruch-
stück, 2 Knöpfe, 1 eiserne Türangel
Lage: Elisabethplan, oberes Plateau,
Lesefunde
Verbleib: TLDA, Inv.-Nr.: 06/84-177,
178, 179

5./129) *Fundmaterial:* 4 Dachziegel von
Dachdeckung Mönch-Nonne, 2 x Mönch
und 2 x Nonne, davon einer mit
Einkerbungen zum Aufhängen des
Mönches, Mönch: L zw. 35–44 cm,
B 17–18 cm, ziegelfarbig; Nonne: L zw.
29,5–31 cm, B 11,5–13,5 cm, grau-schwarz
Lage: unteres Plateau, aus einer
Schuttschicht am östlichen Plateaurand,
(27. 9. 2006, Rohbock)
Verbleib: TLDA, Inv.-Nr.: 06/84-182

5./130) *Fundmaterial:* Glocke, Bronze,
glockenförmige Öffnung von 3,0 cm Dm
und H 2,4 cm, ab der Schallöffnung
gebrochen, langrechteckige Aufhängung
von 1,4 x 0,9 x 0,4 cm, mit Bohrung,
(Abb. 14)
Lage: unteres Plateau, Lesefund,
(19. 9. 2006)
Verbleib: TLDA, Inv.-Nr.: 06/84-183

5./131) *Fundmaterial:* 64 Dachschiefer-
platten, gebrochen, z. T. mit Außen-
kanten und Durchlochung, unterschiedliche Längen und Breiten, L 23 cm,
B 20 cm; L 18 cm, B 13 cm)
Lage: vom sö. und nw. Kirchenbereich,
(29. 9. 2006, Rohbock)
Verbleib: TLDA, Inv.-Nr.: 06/84-184

5./132) *Fundmaterial:* 24 Dachziegel-
fragmente, darunter: 3 Dachziegel,
Mönch, Nase, alle unten gebrochen,
L 42 cm, B oben 18 cm, B unten 16 cm;
L 24 cm, B oben 18 cm, B unten 19 cm;
L 27 cm, B 17 cm, ziegelfarben bis grau
Lage: aus Auffüllung und Ausbruch-

gräben des oberen Plateaus im Bereich
der Kirche und dem östlichen Teil der
Grabungsfläche
Verbleib: TLDA, Inv.-Nr.: 06/84-185

5./133) *Fundmaterial:* Putzreste,
4 größere Stücke
Lage: Schnitt II, Kalkschicht, Westprofil,
nördlich Mauer 1, 1,30 m unter HOK,
(6. 7. 2006, Rohbock)
Verbleib: TLDA, Inv.-Nr.: 06/84-186

5./134) *Fundmaterial:* Maßwerkfragment,
Sandstein, profilierte Mittelrippe
Lage: Schnitt XIV, Ausbruchgraben,
Verfüllung, (28. 9. 2006, Rohbock)
Verbleib: TLDA, Inv.-Nr.: 06/84-189

5./135) *Fundmaterial:* 5 Architekturteile,
sehr kleinteilig, 5 Dachziegel,
4 Krempziegel, 1 Mönchsziegel
Lage: Schnitt XIV, Ausbruchgraben,
Verfüllung,
(28. 9. 2006, Rohbock)
Verbleib: TLDA, Inv.-Nr.: 06/84-190

**Einzelgegenstände
vor der Ausgrabung 2006**

5./136) Fundgegenstände aus Glas:
4 Glasscherben Inv.-Nr.: 06/84-2;
1 Glasscherben Inv.-Nr.: 06/84-7;
1 Glasscherben Inv.-Nr.: 06/84-13;
7 Flachglasscherben, grün
Inv.-Nr.: 06/84-37;
1 Glasscherben Inv.-Nr.: 06/84-54;
3 und 5 Glasscherben Inv.-Nr.: 06/84-70, 72;
3 Glasscherben Inv.-Nr.: 06/84-89;
2 Glasscherben Inv.-Nr.: 06/84-93;
5, 3 und 1 Flachglasscherben, grün
Inv.-Nr.: 06/84-112, 122, 126;
4 Glasscherben Inv.-Nr.: 06/84-116;
1/1 Flachglasscherbe, grün
Inv.-Nr.: 06/84-126, 131;

11 Flachglasscherben, grün
Inv.-Nr.: 06/84-140;
3 Glasscherben Inv.-Nr.: 06/84-175;
1 Glasscherbe, Rippe von Glasgefäß
Inv.-Nr.: 06/84-188.

5./137) Kleinfunde:

2 eiserne Nägel Inv.-Nr.: 06/84-9;
1 Pfeifenbruchstück Inv.-Nr.: 06/84-14;
1 kleiner eiserner Gegenststand
Inv.-Nr.: 06/84-21;
1 Eisennagel Inv.-Nr. : 06/84-25;
1 bearbeitetes Geweihstück
Inv.-Nr.: 06/84-57;
1 St. Buntmetall Inv.-Nr.: 06/84-61;
2 eiserne Nägel Inv.-Nr.: 06/84-62;
1 bearbeitetes Tierknochenfragment
Inv.-Nr.: 06/84-66;
2 Eisengegenstände Inv.-Nr.: 06/84-67, 69;
2 eiserne Gegenstände Inv.-Nr.: 06/84-75;
1 eiserner Nagel Inv.-Nr.: 06/84-76;
1 bearbeitetes Tierknochenfragment
Inv.-Nr.: 06/84-82;
2 eiserne Gegenstände Inv.-Nr.: 06/84-83;
1 eiserner Gegenstand Inv.-Nr.: 06/84-90;
1 Fußknochen mit angesetzter Bohrung
Inv.-Nr.: 06/84-103;
Bronzefragment Inv.-Nr.: 06/84-105;
1 kleiner an einer Scherbe anhaftender
Eisengegenstand Inv.-Nr.: 06/84-106;
2 eiserne Nägel Inv.-Nr.: 06/84-111;
4 Eisengegenstände und 1 eiserner Nagel
Inv.-Nr.: 06/84-150, 151, 153, 154;
1 St. Bronzeblech Inv.-Nr.: 06/84-168;
1 Zahn Inv.-Nr.: 06/84-174;
1 Pfennig von 1936 Inv.-Nr.: 06/84-180; 2
kleine Bronzebleche, 1 St. Blei
Inv.-Nr.: 06/84-181;
2 Eierschalen Inv.-Nr.: 06/84-187.

6. Abkürzungsverzeichnis:

B	– Breite
Bauchdm	– Bauchdurchmesser
Bdm	– Bodendurchmesser
Bs	– Bodenscherbe(n)
i. Br.	– im Bruch
Di	– Dicke
Dm	– Durchmesser
Gl	– Griffloch
H	– Höhe
HOK	– Hangoberkante
Ikl.	– Innenkehlung
Inv.-Nr.	– Inventarnummer
Jh.	– Jahrhundert
L	– Länge
OK	– Oberkante
TLDA	– Thüringisches Landesamt für Denkmalpflege und Archäologie
ma.	– mittelalterlich (13.– Ende 14. Jh.)
Mdm	– Mündungsdurchmesser
nz.	– neuzeitlich (Ende 15.–16. Jh.)
Rs	– Randscherbe(n)
spätma.	– spätmittelalterlich (Ende 14./15. Jh.)
Ws	– Wandungsscherbe(n)
Wst	– Wandstärke
zw.	– zwischen

Anthropologische Untersuchungen eines Skelettes vom Elisabethplan am Fuße der Wartburg und der Täufer Fritz Erbe

Sabine Birkenbeil

Bei archäologischen Untersuchungen am Elisabethplan unterhalb der Wartburg wurde im September 2006 ein Skelett freigelegt[1], für das zunächst die Möglichkeit besteht, es könnte dem Täufer Fritz Erbe zuzuschreiben sein. Die Bestattung erfolgte offenbar in den Bauschutt des Franziskanerklosters, das ab 1525 abgetragen wurde. Das Skelett lag in gestreckter Rückenlage West (Kopf) - Ost orientiert, wobei sich Ziegel über seinem Schädel und Becken befanden.

Das Skelett ist außerordentlich gut erhalten. Die Knochenoberflächen sind nur an wenigen Stellen erodiert. Am Schädel gingen nur einige Fragmente im Augen- und Nasenbereich verloren. Das Stirnbein weist einen kleinen grabungsbedingten Lochdefekt auf. Der Hintergrund der Augenhöhlen, die Schädelbasis, das Zungenbein sowie der Oberkiefer im Backenzahnbereich sind beschädigt. Einige Zähne sind postmortal verloren gegangen. Am restlichen Skelett sind ebenfalls nur wenige Bereiche unvollständig. Die fragileren Teile der Schulterblätter sind beschädigt. Zwei Rippen fehlen, die vorhandenen sind fast vollständig. Brustbein, Hüftbeine und Kreuzbein haben kleinere Defekte. Das Steißbein konnte nicht gefunden werden. An den oberen Extremitäten fehlen einige Handwurzel- und Fingerknochen, an den unteren Extremitäten auf der linken Seite das proximale Ende des Wadenbeines, auf der rechten Seite ist nur ein Fragment davon vorhanden. Die rechte Kniescheibe ist beschädigt. An den Füßen fehlen einige Fußwurzelknochen und Phalangen, einige Mittelfußknochen sind defekt (Abb.).

Für die Geschlechtsbestimmung am Becken und Schädel erfolgte die morphognostische Beurteilung nach Phenice (1969)[2], Acsádi und Nemeskéri (1970)[3] sowie nach Ferembach et al. (1979)[4]. Am Becken konnten danach folgende Merkmale beurteilt werden: Sulcus präauricularis (nicht ausgeprägt),

---

1 Vgl. in diesem Wartburg-Jahrbuch Udo Hopf und Ines Spazier: Die Ausgrabungen am Elisabethplan unterhalb der Wartburg. – zu Grab 1, S. 73–77.

2 T. W. Phenice: A newly developed visual method of sexing the Os pubis. In: American Journal of Physical Anthropology. 30(1969) New York, S. 297–302.

3 György Acsádi und János Nemeskéri: History of human life span and mortality. Budapest 1970.

4 Denise Ferembach, Ilse Schwidetzky und Milan Stloukal: Empfehlungen für die Alters- und Geschlechtsdiagnose am Skelett. In: Homo. 30(1979) Göttingen, S. 1–32.

Incisura ischiadica major (eher eng), Angulus subpubicus (eher spitz), Arc composé (einfacher Bogen), Os coxae (indifferent), Foramen obduratum (oval), Corpus ossis ischii (breit), Crista iliaca (starke S- Form), Fossa iliaca (tief und schmal), Pelvis major (indifferent), Facies auricularis (indifferent), Fossa acetabuli (groß), sowie am Schambein der ventrale Bogen (parallele Abgrenzung), der Ramus inferior (konvex), und der mediale Aspekt (abgerundet). Bis auf die Ausprägung von Os coxae, Pelvis major und Facies auricularis sind alle Merkmale männlich oder deutlich männlich ausgeprägt.

Die geschlechtsrelevanten Merkmale am Schädel sind: Glabella (sehr prominent), Processus mastoideus (sehr groß), Relief des Planum nuchale (stark), Processus zygomaticus (indifferent), Arcus superciliaris (sehr ausgeprägt, rau), Tubera frontalia (nicht vorhanden), Tubera parietalia (schwach), Protuberantia occipitalis externa (stark ausgeprägt), Os zygomaticum (sehr kräftig), Crista supramastoidea (ausgeprägt), Neigung Os frontale (fliehend), Margo supraorbitalis (stark abgerundet), Forma orbitae (eckig) sowie am Unterkiefer das Mentum (indifferent), der Angulus (rau, ausgezogen), Margo (dick). Auch hier sind die Merkmale, bis auf die am Processus zygomaticus und am Mentum des Unterkiefers, ebenfalls männlich oder deutlich männlich ausgebildet.

Die Langknochen sind robust mit deutlichen Muskelmarken und daher auch als männlich anzusehen. Die beurteilbaren Geschlechtsmerkmale ermöglichen damit eine eindeutige Zuordnung zum männlichen Geschlecht.

Die Altersschätzung am Becken erfolgte nach den morphologischen Altersveränderungen der Oberfläche der Facies symphysialis ossis pubis, Todd (1920)[5], McKern und Steward (1957)[6], Nemeskéri et al. (1960)[7], Brooks und Suchey (1990)[8] und am Schädel nach dem Obliterationsgrad der Schädelnähte, Vallois (1937)[9] modifiziert nach Rösing (1977)[10], Schmitt und Tamaska (1970)[11], dem Abrasionsgrad der Zähne, Miles (1963)[12], Brothwell (1972)[13], Lovejoy (1985)[14] und der Ausprägung der sternalen Rippenflächen, Iscan et al (1984)[15].

Am Becken ist die Oberfläche der Facies symphysialis vollständig ausgebildet und porös. Die Ränder sind deutlich ausgeprägt, zum Ramus zu ist eine spitzwinklige Crista vorhanden. Der ventrale Rand ist teilweise erodiert.

---

5 T.W. Todd: Age Changes in the Pubic Bones. I. The Male White Pubis. In: American Journal of Physical Anthropology. 3(1920) New York, S. 285-334.

6 T. W. McKern und Thomas Dale Stewart: Skeletal age changes in young american males. Analysed from the standpoint of age identification. Natick, Massachusetts/USA 1957.

7 János Nemeskéri, László Harsányi und György Acsádi: Methoden zur Diagnose des Lebensalters von Skelettfunden. In: Anthropologischer Anzeiger. 24(1960) Stuttgart, S. 70–95.

8 S. Brooks und Judy M. Suchey: Skeletal age determination base on the Os pubis. A comparision of the Acsádi-Nemeskéri and Suchey- Brooks methods. In: Human Evolution. 5(1990), S. 227–230.

Am Schädel sind die Nähte innen weitgehend verstrichen, in Bereichen der Sagittal-und Lambdanaht (S2, L3) jedoch noch sichtbar. Außen sind sie geschlossen, aber meist noch zu erkennen. Bereiche der Coronal- und Lambdanaht (C2, L3) sind deutlich sichtbar.

Die Beurteilung des Zahnalters nach dem Grad der Abrasion ist aufgrund des intravitalen- und postmortalen Zahnverlustes schwierig. Die noch vorhandenen Zähne sind stark abgekaut.

An den sternalen Bereichen der Rippen sind tiefe Gruben mit weiter U-Form zu erkennen. Die Wände sind dünn mit scharfen Kanten. Der Rand ist unregelmäßig. Auf Grund aller dieser Befunde kann das Alter des Mannes auf 45–55 Jahre eingegrenzt werden.

Die Schätzung der Körperhöhe konnte wegen des guten Erhaltungszustandes an allen Extremitäten nach den Formeln von Breitinger (1938) vorgenommen werden. Danach war der Mann etwa 167 cm groß. Nach der interrassialen Körperhöheneinteilung von Martin (1928)[16] ist er als mittelgroß bis übermittelgroß einzustufen.

Die beobachtbaren pathologischen Veränderungen am Skelett sprechen ebenfalls für ein fortgeschrittenes Alter des Individuums. Am gesamten Kiefer ist der Alveolarrand stark zurückgebildet. Besonders der Oberkiefer weist Anzeichen einer starken Parodontitis auf. Mindestens sechs Zähne sind zu Lebzeiten des Mannes verloren gegangen, ein Zahn ist kariös. Vom Oberkiefer sind sechs Zahnorte nicht mehr beurteilbar, vier Zähne sind postmortal verloren gegangen, zwei Zähne hat der Mann zu Lebzeiten verloren und ein Zahn war wahrscheinlich nicht angelegt. Im Oberkiefer sind also nur noch drei Zähne vorhanden. Im Unterkiefer befinden sich noch acht Zähne, vier Zähne sind zu Lebzeiten und vier Zähne postmortal verloren gegangen. Die Kiefer-

9   Henri Victor Vallois: La durée de la vie chez l'homme fossile. In: Anthropologie (Paris). 47(1937), S. 499–532.

10 F. W. Rösing: Methoden und Aussagemöglichkeiten der anthropologischen Leichenbrandbearbeitung. In: Archäologie und Naturwissenschaften. 1(1977) Mainz, S. 53–80.

11 H. P. Schmitt und L. Tamaska: Beiträge zur forensischen Osteologie IV. Verknöcherung der Schädelnähte unter besonderer Berücksichtigung der Frage der Altersbestimmung. In: Zeitschrift für Rechtsmedizin. 67(1970) Berlin, S. 230–248.

12 A. E. Miles: The dentition in the assessment of individual age in skeletal material. In: Don R. Brothwell (Ed.): Dental anthropology. London 1963, S. 191–209.

13 Don R. Brothwell: Digging up bones. London 1972.

14 C. Owen Lovejoy: Dental wear in the Libben population. Its functional pattern and role in the determination of adult skeletal age at death. In: American Journal of Physical Anthropology. 68(1985) New York, S. 47–56.

15 M. Yasar Iscan, S. R. Loth und R. K. Wright: Age estimation from the rib by phase. analysis. White males. In: Journal of Forensic Science. 29(1984), S. 1094–1104.

16 Rudolf Martin: Lehrbuch der Anthropologie. In systematischer Darstellung mit besonderer Berücksichtigung der anthropologischen Methoden. Jena 1928.

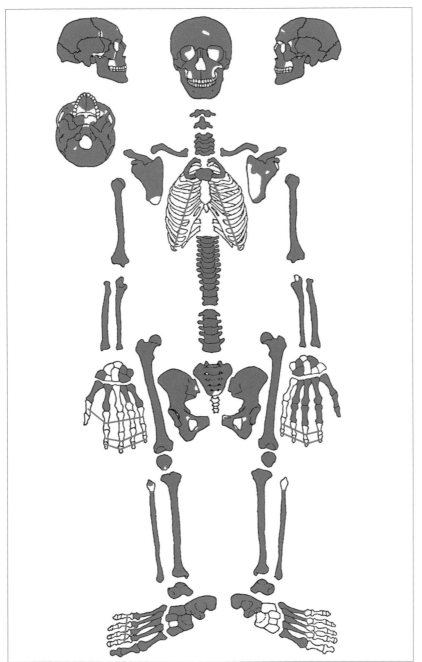

Abb.:
Das Skelett aus Grab 1
im Bauschutt des
Franziskanerklosters,
das mit dem Täufer
Fritz Erbe (†1548) in
Verbindung gebracht
wurde.

gelenke sind leicht degenerativ verändert. An der linken Seite des Unterkiefers wurde eine deutliche Gefäßimpression festgestellt.

Die Gelenke der Langknochen sowie der Hände und Füße sind deutlich arthrotisch. Die Wirbelsäule weist ebenfalls arthrotische Veränderungen auf, wobei der Bereich der Halswirbelsäule weniger beeinträchtigt ist, im Gegensatz zu dem starken Befall von Brust- und Lendenwirbelsäule (Spondylosis und Spondylarthrosis deformans und Schmorl'sche Knötchen). Ebenso sind am Becken die Facies auricularis und das Hüftgelenk arthrotisch. An beiden Unterschenkeln sind im Kniebereich kräftige Knochenausziehungen vorhanden, die mit Befunden an den Füßen als Hinweise auf häufiges Knien gedeutet werden könnten. Am ersten Halswirbel über dem Sulcus arteriae vertebralis befindet sich eine Knochenbrücke. An den Schulterblättern ist die Incisura scapulae extrem ausgeprägt und auf der rechten Seite ist dort ebenfalls eine Knochenbrücke vorhanden.

Zusammenfassend kann festgestellt werden, dass es sich bei dem gefundenen Individuum um einen etwa 45 bis 55 Jahre alten, cirka 167 cm großen Mann mit einer durchaus kräftigen Statur handelt. Es stellt sich die Frage, ob es sich hier um die Bestattung Fritz Erbes handelt.

Für eine Liegezeitbestimmung mit der C14-Methode (Prof. Dr. P. M. Grootes, Leibniz Labor für Altersbestimmung und Isotopenforschung, Christian-Albrechts-Universität Kiel) wurde eine Knochenprobe aus dem Schaft des linken Oberarms entnommen. Die Untersuchung dieser Probe weist nach, dass das Skelett aus der Zeit von 1479 bis 1632 stammt, in der Fritz Erbe gelebt hat (Ein Sigma-Bereich mit einer Wahrscheinlichkeit von 68 %; Abb. Kiel).

Der Ort der Bestattung ist ebenfalls mit dieser Annahme vereinbar, da er, wie Wappler (1910) schreibt, «unter der Wartburg zu St. Elisabeth» sein Grab fand[17]. Er starb 1548, wobei sein Alter unbekannt ist. Zeitliche Angaben über sein Leben gibt es erst seit seiner ersten Verhaftung in seinem Heimatort Herda Anfang Oktober 1531. Er wird mit anderen Täufern nach Eisenach gebracht, verhört und gefoltert und bleibt dort bis zur Freilassung nach Widerruf im Januar 1532[18]. Im Januar 1533 erfolgte die nächste Inhaftierung, da er sich weigerte, sein Anfang Januar 1532 geborenes Kind taufen zu lassen. Die folgenden sieben Jahre verbringt er als Gefangener im «Storchenturm» der Eisenacher Stadtmauer. 1540 wird er auf die Wartburg verbracht und bleibt dort bis zu seinem Tode im Jahre 1548. Die meiste Zeit war er dort wohl im Verlies des Südturmes untergebracht[19]. Die Frage nach seinem Geburtsjahr ist aus den Primärquellen zu seinem Leben, den Verhör – und Visitationsprotokollen

---

17 Paul Wappler: Die Stellung Kursachsens und des Landgrafen Philipp von Hessen zur Täuferbewegung (Reformationsgeschichtliche Studien und Texte. 13/14). Münster 1910, S. 94.

18 Wappler, Stellung 1910 (wie Anm. 17) S. 37; Andreas Müller: Der Gefangene auf der Wartburg. Das Schicksal Fritz Erbes. Weimar 2005.

sowie aus den Steuerlisten im Thüringer Hauptstaatsarchiv Weimar nicht zu erschließen. Im Thüringischen Staatsarchiv Gotha sowie im Hessischen Staatsarchiv Marburg war dazu nichts zu finden. Da er sich aber als Erwachsener vor seiner ersten Inhaftierung 1531 hat taufen lassen und der Höhepunkt der Täuferbewegung in Thüringen nach 1525 war[20], ist anzunehmen, dass er um 1500 geboren worden sein könnte. Dies würde mit der Altersschätzung an dem geborgenen Skelett übereinstimmen. Andererseits ist die Erhaltung der markanten Muskelmarken an den Knochen des Skelettes nicht mit der beschriebenen Hinfälligkeit des Gefangenen in seinen letzten Jahren[21] in Übereinstimmung zu bringen. Auch die Robustizität der Knochen spricht gegen einen dauerhaften achtjährigen Aufenthalt in dem beschriebenen Turmverlies, da ein dunkelheitsbedingter Vitamin D-Mangel Spuren am Skelett erkennen lassen müsste (Osteomalazie).

Nach Wappler (1913) hatte die langjährige Gefangenschaft doch deutliche Spuren bei Fritz Erbe hinterlassen[22]. Er war schon 1540 stark gealtert und körperlich herabgekommen, auch litt er an heftigen Schwindelanfällen. Vielleicht unterlag der Gefangene nicht ständiger Haft im Turmverlies der Wartburg, wofür es Hinweise gibt, oder aber das aufgefundene Skelett kann nicht sicher Fritz Erbe zugeschrieben werden. Selbst wenn die Haft nicht ununterbrochen war, sprechen Skelettbefund und die Zeugnisse über Erbes Gesundheitszustand nicht dafür, sondern eher dagegen, dass das untersuchte Skelett dasjenige von Fritz Erbe ist.

Benutzte, aber nicht in den Fußnoten ausgewiesene Literatur und Archivalien: E. Breitinger: Zur Berechnung der Körperhöhe aus den langen Gliedmaßenknochen. In: Anthropologischer Anzeiger. 14(1938) Stuttgart, S. 249–274. Thüringisches Hauptstaatsarchiv Weimar, Ernestinisches Gesamtarchiv: Verhörprotokolle Reg. N 1007. Steuerlisten Reg. P

19 Petra Schall: Der Täufer Fritz Erbe – Gefangener im Südturm der Wartburg. In: Wartburg-Jahrbuch 1994. 3(1995), S. 85–95, hier S. 91–95.
20 Paul Wappler (Bearb.): Die Täuferbewegung in Thüringen von 1526–1584 (Beiträge zur neueren Geschichte Thüringens. 2). Jena 1913, S. 37–57; Schall, Täufer 1994 (wie Anm. 19) S. 86–88.
21 Wappler, Täuferbewegung 1913 (wie Anm. 20) S. 92; Müller, Schicksal 2005 (wie Anm. 18); Schall, Täufer 1994 (wie Anm. 19) S. 93–95.
22 Wappler, Täuferbewegung 1913 (wie Anm. 20) S. 178.
23 Wappler, Stellung 1910 (wie Anm. 17) S. 93 f.; Wappler, Täuferbewegung 1913 (wie Anm. 20) S. 178; Schall, Täufer 1994 (wie Anm. 1) S. 94 f.

Das Elisabeth-Hospital und das Franziskanerkloster St. Elisabeth unterhalb der Wartburg im Lichte der schriftlichen Überlieferung[1]

Petra Weigel

Die Geschichte des 1226 von der thüringischen Landgräfin eingerichteten ersten Hospitals und der an seiner Stelle 1331 von dem Wettiner Friedrich dem Ernsthaften gegründeten Elisabethzelle reicht weit über die engere Eisenacher Stadt- und Kirchengeschichte hinaus. In dem mit dem Elisabethplan unter der Wartburg verknüpften wechselvollen historischen Geschehen bündeln sich gleichermaßen zentrale Aspekte des Lebens und Nachwirkens der hl. Elisabeth wie auch der Herrschaftspraxis und Frömmigkeit der seit 1250 als Landgrafen über Thüringen gebietenden wettinischen Markgrafen von Meißen. Dennoch hat sich die Forschung des Themas bisher nur sporadisch angenommen und es zumeist auch nur in den isolierenden Kontext der Eisenacher Lokalgeschichte gestellt.

Als die bis heute wichtigste und materialreichste Studie zu diesem Thema ist der Beitrag des katholischen Eisenacher Pfarrers Josef Kremer anzusehen, der für seine «Geschichte der klösterlichen Niederlassungen Eisenachs im Mittelalter» auch das Franziskanerkloster unterhalb der Wartburg behandelte[2]. Es ist Kremers bleibendes Verdienst, über die ältere Stadtgeschichtsschreibung hinaus die historische Überlieferung zur Elisabethzelle zusammengeführt und

---

1 Der Beitrag wiederholt mit kleineren Ergänzungen, Änderungen und Literaturnachträgen die Anteile der Verfasserin aus Udo Hopf, Ines Spazier und Petra Weigel: Elisabethverehrung und Elisabethgedenken der Wettiner. Das Elisabethhospital und das Franziskanerkloster St. Elisabeth unterhalb der Wartburg – Archäologische Befunde und schriftliche Zeugnisse. In: Dieter Blume und Matthias Werner (Hrsg.): Elisabeth von Thüringen – eine europäische Heilige. Aufsätze. Petersberg 2007, S. 245–269. Zur Elisabethzelle siehe jetzt auch den Beitrag der Verf., Zelle der St. Elisabeth unterhalb der Wartburg. In: Thomas T. Müller, Bernd Schmies und Christian Loefke: Für Gott und die Welt. Franziskaner in Thüringen (Mühlhäuser Museen: Forschungen und Studien. 1). Paderborn u. a. 2008, S. 226 f.

2 Joseph Kremer: Das Franziskanerkloster unter der Wartburg. In: Joseph Kremer: Beiträge zur Geschichte der klösterlichen Niederlassungen Eisenachs im Mittelalter (Quellen und Abhandlungen zur Geschichte der Abtei und Diözese Fulda. 2). Fulda 1905, S. 82–92.

3 Carl Adolf Herschel: Eisenach. In: Serapeum. Zeitschrift für Bibliothekswissenschaft, Handschriftenkunde und ältere Literatur. 14(1853), S. 378–382 (fehlerhaft); P. Michael Bihl (Hrsg.): Chronica Conventus Ordinis Fratrum Minorum ad S. Elisabeth prope Isenacum. Chronik des Franziskanerklosters zur hl. Elisabeth bei Eisenach. Anhang B zu: Kremer, Beiträge 1905 (wie Anm. 2) S. 167–177.

erstmals auch die kaum beachtete Chronik der Elisabethzelle – ein für thüringische Franziskanerkonvente einmaliges Zeugnis – einbezogen zu haben[3]. Alle
späteren stadt-, kunst- und kirchengeschichtlichen Darstellungen bis hin zu der
1995/96 erschienenen Einzelstudie von Hilmar Schwarz sind deshalb Kremer
gefolgt, ohne die von ihm gehobenen Zeugnisse quellenkritisch zu hinterfra-
gen[4].

Jüngere, über den Eisenacher Horizont hinausgehende Forschungen haben
Gründung und Ausstattung der Elisabethzelle vor dem Hintergrund der wettinischen Residenzenbildung betrachtet bzw. die Blütezeit der Elisabethzelle im
ersten Drittel des 15. Jahrhunderts in den Zusammenhang der wettinisch-landgräflichen Kirchen- und Klosterreformpolitik eingebettet[5]. Sie fokussieren
jedoch nicht auf die Frühzeit der Elisabethzelle, auf die Rahmenbedingungen,
treibenden Kräfte und Motive ihrer Gründung.

Die Vorgeschichte der Elisabethzelle, die bis auf das erste Hospital der
Elisabeth 1226 zurückführt, wurde von der gesamten bisherigen Forschung nur
am Rande gestreift und ohne Ausnahme als feststehende Tatsache akzeptiert.
Bislang ist weder die für die Wettiner des frühen 14. Jahrhunderts nahezu
unvermittelt auftretende Elisabethverehrung und deren außergewöhnliche Nähe
zu den Franziskanern erhellt, noch der mit dem Platz der Klostergründung ver-

---

4 FELIX SCHEERER: Kirchen und Klöster der Franziskaner und Dominikaner in Thüringen. Ein
   Beitrag zur Kenntnis der Ordensbauweise (Beiträge zur Kunstgeschichte Thüringens. 2). Jena
   1910, S. 132; HERMANN HELMBOLD: Geschichte der Stadt Eisenach mit einem volkskundlichen
   Anhang. Eisenach 1936, S. 32; RUDOLF HERRMANN: Thüringische Kirchengeschichte. Bd. 1. Jena
   1979, Nachdruck Waltrop 2000, S. 180–181, 302; HELFRIED MATTHES: Die thüringischen Klöster
   und ihre allgemeine Bedeutung. Ein Beitrag zur Kulturgeschichte Thüringens. Jena, Univ., Diss.
   phil. 1955, (maschinenschr.), S. 213; GERD BERGMANN: Ältere Geschichte Eisenachs. Von den
   Anfängen bis zum Beginn des 19. Jahrhunderts. Eisenach 1994, S 60 f., 135 f.; LUCIUS TEICH-
   MANN: Die Franziskanerklöster in Mittel- und Ostdeutschland 1223–1993 (Studien zur katholischen Bistums- und Klostergeschichte. 37). Leipzig 1995, S. 84 f.; HILMAR SCHWARZ: Der Elisabethplan unterhalb der Wartburg. In: Wartburg-Jahrbuch 1995. 4(1996), S. 59–90. Siehe ebenso
   die in Anm. 77 genannte kunsthistorische Literatur.
5 BRIGITTE STREICH: Zwischen Reiseherrschaft und Residenzbildung. Der wettinische Hof im späten Mittelalter (Mitteldeutsche Forschungen. 101). Köln/Wien 1989, S. 82–86; MATTHIAS
   WERNER: Landesherr und Franziskanerorden im spätmittelalterlichen Thüringen. In: DIETER
   BERG (Hrsg.): Könige, Landesherren und Bettelorden. Konflikt und Kooperation in West- und
   Mitteleuropa bis zu frühen Neuzeit (Saxonia Franciscana. 10). Werl 1998, S. 331–360; PETRA
   WEIGEL: Ordensreform und Konziliarismus. Der Franziskanerprovinzial Matthias Döring
   (1427–1461) (Jenaer Beiträge zur Geschichte. 7). Frankfurt/M. 2005, S. 68–72.
6 INGRID WÜRTH: Die Aussagen der vier Dienerinnen im Kanonisationsverfahren Elisabeths von
   Thüringen (1235) und ihre Überlieferung im Libellus. In: Zeitschrift des Vereins für Thüringi-
   sche Geschichte. 59/60(2005/06), S. 7–74; vgl. auch INGRID WÜRTH: Die Aussagen der vier
   «Dienerinnen» im Kanonisationsprozess und ihre Überlieferung im sogenannten «Libellus». In:
   DIETER BLUME und MATTHIAS WERNER (Hrsg.): Elisabeth von Thüringen – eine europäische
   Heilige. Aufsätze. Petersberg 2007, S. 187–192.

knüpften Elisabethtradition anhand der ältesten Überlieferung nachgegangen worden. Dies erscheint um so dringlicher, als erst kürzlich die frühesten Zeugnisse der Elisabethhagiographie – die 1232 verfasste Summa Vitae Konrads von Marburg und die während des Kanonisationsprozesses 1235 entstandenen Aussagen von vier Frauen aus dem engsten Umfeld Elisabeths (Libellus de dictis quatuor ancillarum s. Elisabeth) – quellenkritisch neu akzentuiert worden sind[6]. Dem entspricht, dass auch in der inzwischen weit verzweigten Forschung zur hl. Elisabeth ihr Eisenacher Hospital in seiner eigenständigen Bedeutung für Leben und Selbstverständnis der Elisabeth noch nicht näher betrachtet wurde, sondern eine nur marginale Rolle spielte – als eines der ersten Zeugnisse ihrer Hinwendung zur religiösen Armuts- und Laienbewegung[7], als Vorgeschichte ihrer Marburger Spitalgründung[8] oder als Element landesherrschaftlicher Sofortmaßnahmen zur Linderung einer existenziellen Notlage im landgräflichen Herrschaftsbereich[9]. Deshalb konnten populäre Irrtümer der Eisenacher Stadtgeschichte bisher nicht stichhaltig widerlegt werden, wie die auch in wissenschaftlicher Literatur immer wieder begegnende Behauptung, das erstmals 1309 erwähnte Neue Hospital (Hospital St. Annen) vor dem Eisenacher Georgentor sei eine Stiftung Elisabeths gewesen bzw. Elisabeth habe ihr unterhalb der Wartburg gegründetes Spital vor das Georgentor verlegt[10].

Das Hospital der Landgräfin Elisabeth
unterhalb der Wartburg

Für das Hospital, das Elisabeth unterhalb der Wartburg bei Eisenach gründete, existieren nur drei, dafür aber hochrangige, aussagekräftige zeitgenössische Zeugnisse. Konrad von Marburg berichtet in seiner «Summa Vitae», die er 1232

7　Matthias Werner: Die heilige Elisabeth und die Anfänge des Deutschen Ordens in Marburg. In: Erhard Dettmering und Rudolf Grenz (Hrsg.): Marburger Geschichte. Rückblick auf die Stadtgeschichte in Einzelbeiträgen. Marburg 1979, S. 121–165, hier S. 124; Matthias Werner: Die heilige Elisabeth und Konrad von Marburg. In: Sankt Elisabeth. Fürstin, Dienerin, Heilige. Aufsätze, Dokumentation, Katalog. Sigmaringen 1981, S. 45–69, hier S. 52.

8　Werner Moritz: Das Hospital der heiligen Elisabeth in seinem Verhältnis zum Hospitalwesen des frühen 13. Jahrhunderts. In: Sankt Elisabeth. Fürstin, Dienerin, Heilige. Aufsätze, Dokumentation, Katalog. Sigmaringen 1981, S. 101–116, hier S. 109 f.

9　Fred Schwind: Die Landgrafschaft Thüringen und der landgräfliche Hof zur Zeit der Elisabeth. In: Sankt Elisabeth. Fürstin, Dienerin, Heilige. Aufsätze, Dokumentation, Katalog. Sigmaringen 1981, S. 29–44.

10　Siehe Hugo Peter: Die Hospitäler St. Clemens, St. Spiritus, St. Anna und St. Justus in Eisenach (Beiträge zur Geschichte Eisenachs. 17). Eisenach 1907, S. 32 f.; Bergmann, Eisenach 1994 (wie Anm. 4) S. 61; auch Streich, Reiseherrschaft 1989 (wie Anm. 5) S. 83, und Stephanie Eissing, Franz Jäger, u. a. (Bearb.): Thüringen (Georg Dehio. Handbuch der Deutschen Kunstdenkmäler). München/Berlin 1998, ²2003, S. 248 (Ev. Annenkirche).

wenige Monate nach dem Tod der Landgräfin für den ersten Heiligsprechungs-
antrag verfasste, Elisabeth habe, als ihr Mann beim Kaiser in Apulien weilte
und ganz Deutschland von Teuerung und Hunger erfasst worden war, bei ihrer
Burg ein Hospital errichten lassen und in dieses zahlreiche Kranke und
Schwache aufgenommen[11].

Der kürzere «Libellus», der die Aussagen von vier Frauen aus dem engsten
Umfeld der Elisabeth im zweiten Anhörungsverfahren für die Heiligsprechung 1235 überliefert, gibt eine längere und detailliertere Schilderung
der Vorgänge, die auf Elisabeths Hofdamen und Gefährtinnen Isentrud und
Guda zurückgeht. Demnach hatte Elisabeth zur Zeit der allgemeinen
Hungersnot und der Reise des Landgrafen zum kaiserlichen Hof nach
Cremona zahlreiche Kranke, die zu der von Elisabeth veranlassten Almosen-
verteilung nicht kommen konnten, in einem großen Haus untergebracht, das
sich unterhalb der oberen Burg («altissimum castrum») befand[12]. Ähnlich wie
schon in der «Summa Vitae» Konrads wird eindringlich erzählt, wie sich
Elisabeth den Kranken und Kindern in diesem Hause zuwandte, wie sie sie
mehrmals am Tag besuchte, tröstete und spirituell stärkte, verköstigte, pflegte
und säuberte. Der längere «Libellus», der auf der Grundlage des kürzeren nach
1235 in Marburg entstand, übernimmt diesen Bericht der Hofdamen vollständig, ergänzt ihn aber um eine kurze Nachricht. Diese «Plusstelle» ist darum so
bedeutsam, weil in ihr erstmals die Wartburg ausdrücklich als jene obere Burg
(«castrum Warthberch altissimum») benannt wird, unter der die «magna
domus» der Elisabeth lag[13].

Konrad von Marburg, der im Zeitraum der Hospitalgründung Beichtvater
der Elisabeth wurde, mehr aber noch die in der nächsten Umgebung
Elisabeths lebenden Hofdamen Isentrud und Guda waren Augenzeugen der
Hospitalgründung bzw. des Geschehens im und um das Hospital. Als solche
und darüber hinaus als Zeugen eines Kanonisationsverfahrens können sie als

---

11 ALBERT HUYSKENS: Quellenstudien zur Geschichte der hl. Elisabeth, Landgräfin von Thüringen.
   Marburg 1908, S. 155–160, hier S. 157: «Eodem tempore marito suo in Apuleam ad imperatorem proficiscente per universam Alemanniam caristia gravis est suborta, ita ut multi fame more-
   rentur ... precipiens sibi iuxta quoddam castrum suum hospitale fieri, in quo plurimos infirmos
   et debiles recollegit.» – Neueste Übersetzung der Summa vitae Konrads von Marburg in: EWALD
   KÖNSGEN (Hrsg./Übers.): Caesarius von Heisterbach. Das Leben der Heiligen Elisabeth und
   andere Zeugnisse (Veröffentlichungen der Historischen Kommission für Hessen 67. Kleine
   Texte mit Übersetzungen. 2). Marburg 2007, S. 127–135.

12 ALBERT HUYSKENS: Der sog. Libellus de dictis quatuor ancillarum S. Elisabeth confectus.
   Kempten/München 1911, S. 28a, Z. 771–774: «Item tempore generalis famis et caritie lantgravio profecto ad curiam Cremonensum ... Sub quodam etiam altissimo castro, in quo ipsa fuit,
   erat quedam magna domus, in qua plurimos reponebat infirmos, qui generalem elemosinam
   non poterant exspectare ...». Zum Libellus siehe WÜRTH, Aussagen 2005/06 (wie Anm. 6).
   Neueste Übersetzung des Libellus in: KÖNSGEN, Caesarius von Heisterbach 2007 (wie Anm. 11)
   S. 137–193.

glaubwürdige Beobachter und Übermittler der weniger als ein Jahrzehnt zurückliegenden Ereignisse gelten, die in das Frühjahr 1226 zu datieren sind[14]. Die Nachrichten der «Summa Vitae» und des «Libellus» stehen im engen Zusammenhang, sie widersprechen sich nicht, sondern ergänzen einander. Der kürzere und der von ihm abhängige längere «Libellus» knüpfen an den Bericht Konrads von Marburg an[15], erweitern diesen aber um zusätzliche, für die Deutung der Geschehnisse nicht unerhebliche Nachrichten.

Zunächst ist festzuhalten, dass an der Wartburg als Ort des Geschehens, auch wenn sie erst in der späteren, längeren Version des Libellus bezeugt wird, nicht zu zweifeln ist. Isentruds und Gudas Schilderung der örtlichen Verhältnisse ist gegenüber den anderen, von Elisabeth nachweislich aufgesuchten ludowingischen Höhenburgen zwar wenig signifikant, sie widerspricht aber auch nicht der topographischen Situation des Platzes unterhalb der Wartburg[16], der aufgrund seiner schon sehr früh zur Wasserversorgung der Wartburg erschlossenen Quelle als Standort eines Hospitals geeignet war. Die Bezeichnung der Wartburg als «castrum altissimum» gewinnt an Plausibilität, wenn man die schon im 12. Jahrhundert in Eisenach errichtete landgräfliche Residenz, den Steinhof, als untere Burg anspricht[17]. Mehr noch fällt ins Gewicht, dass sich die Tradition um das erste Hospital Elisabeths allein mit dem Platz unterhalb der Wartburg, nicht aber mit anderen Burgen der Ludowinger verband.

---

13 Huyskens, Libellus 1911 (wie Anm. 12) S. 28b, Z. 771–774: «Sub castro Warthberch altissimo, ubi tunc fuit, erat magna domus, in qua plurimos reponebat infirmos.» Zum Verhältnis von kürzerem und längerem Libellus siehe jetzt Würth, Aussagen 2005/06 (wie Anm. 6) S. 55, sowie Würth, Aussagen 2007 (wie Anm. 6) S. 188.

14 Im Frühjahr war Landgraf Ludwig IV. zu dem auf Ostern 1226 (April 19) nach Cremona in der Lombardei – Konrad von Marburg irrt hier mit seiner Angabe – einberufenen Reichstag aufgebrochen; siehe dazu und zu der schon seit mehreren Jahren grassierenden wirtschaftlichen Krise Mathias Kälble: Reichsfürstin und Landesherrin. Die heilige Elisabeth und die Landgrafschaft Thüringen. In: Dieter Blume und Matthias Werner (Hrsg.): Elisabeth von Thüringen – eine europäische Heilige. Aufsätze. Petersberg 2007, S. 77–92, hier S. 78 und 86.

15 In der Schilderung der ersten öffentlichen karitativen Tat Elisabeths weisen die Summa Vitae und der Libellus die engsten Bezüge auf. Zu den Zusammenhängen zwischen dem Libellus und der Summa Vitae, die möglicherweise eine der Vorlagen für das Zeugenverhör der Dienerinnen bildete, siehe jetzt die umsichtigen, differenzierenden Überlegungen von Ingrid Würth: Quellenkritische Untersuchungen zum Kanonisationsprozess der heiligen Elisabeth von Thüringen. Jena 2003, unveröffentlichte Magisterarbeit, S. 20–22.

16 Berichtet wird über Elisabeths mühseligen Abstieg zum Hospital und über ihren Ritt aus der Stadt auf die Burg, bei dem sie Spielzeug verlor, das aus großer Felsenhöhe herabstürzte; Huyskens, Libellus 1911 (wie Anm. 12) S. 28b, Z. 776–779, S. 29b, Z. 817–824; siehe auch Hilmar Schwarz: Wartburg – die Hauptburg der hl. Elisabeth. In: Wartburg-Jahrbuch 1994. 3(1995), S. 141–147.

17 Gerd Strickhausen: Burgen der Ludowinger in Thüringen, Hessen und dem Rheinland. Studien zu Architektur und Landesherrschaft im Hochmittelalter (Quellen und Forschungen

Die frühen Zeugnisse der engsten Vertrauten Elisabeths sind aber insbesondere dafür aufschlussreich, wie Elisabeth bei ihrer Hospitalgründung im Frühjahr 1226 vorging. Denn anders als bisher in der Forschung behauptet, wird nicht ausdrücklich berichtet, Elisabeth habe ein Hospital erbaut. Konrad teilt lediglich mit, Elisabeth habe verfügt, dass bei ihrer Burg ein Hospital entstehen solle, die Hofdamen erzählen, Elisabeth habe in einem unterhalb der Wartburg gelegenen großen Haus Arme, Kranke und Kinder zusammengezogen. Während man Konrads Formulierung noch in Richtung eines Hospitalbaus auslegen könnte, sprechen die Aussagen Isentruds und Gudas doch eher dafür, dass Elisabeth für ihr mildtätiges Vorhaben kein neues Gebäude errichtet, sondern lediglich eine schon bestehende «magna domus» genutzt hat[18]. Diese Deutung der Vorgänge im Frühjahr 1226 erscheint um so schlüssiger, als Elisabeth angesichts der existenziellen Bedrohung der Bewohner der Landgrafschaft handelte, die längerfristige und kostenintensive Bauarbeiten – die für die Errichtung einer «magna domus» am felsigen Steilhang des Wartberges jedoch notwendigerweise vorauszusetzen sind – kaum zugelassen haben dürfte.

Folgt man den Aussagen Isentruds und Gudas, dann bestand das Hospital unterhalb der Wartburg über das Frühjahr 1226 hinaus zunächst fort[19], doch über das weitere Schicksal der Hospitalgründung breitet sich Dunkel. Das noch im 13. Jahrhundert an das Hospital erinnernde hagiographische Schrifttum schreibt lediglich den Bericht der Hofdamen mit geringfügigen Abwandlungen und Ergänzungen aus. Eines der zentralen Bindeglieder, das die ältesten Traditionsstränge um das Hospital der Elisabeth aufnahm und in das 14. und 15. Jahrhundert vermittelte, stellt dabei die im mitteleuropäischen Raum weite Verbreitung erlangende Elisabeth-Vita des Dietrich von Apolda (1289/90) dar, die u. a. auch Aufnahme in die Reinhardsbrunner Geschichtsschreibung fand[20].

---

zur hessischen Geschichte. 109). Darmstadt/Marburg 1998, S. 208; zuletzt KARL HEINEMEYER: Eisenach. In: WERNER PARAVICINI (Hrsg.), JAN HIRSCHBIEGEL und JÖRG WETTLAUFER (Bearb.): Höfe und Residenzen im spätmittelalterlichen Reich. Ein dynastisch-topographisches Handbuch. Teilbd. 2. Residenzen (Residenzenforschung. 15/1,2). Ostfildern 2003, S. 166–171.

18 Ebenso beruht die Behauptung von PETER, Hospitäler 1907 (wie Anm. 10) S. 32, die Fassung der Quelle als Laufbrunnen gehe auf die hl. Elisabeth zurück, auf reiner Spekulation.

19 Anhaltspunkt dafür ist der Bericht, Elisabeth habe selbst im Sommer die schlechte Luft der Kranken ertragen – «infirmorium tamen in estivo tempore corruptionem (aeris) ... ipsa sine omni horrore partiebatur», HUYSKENS, Libellus 1911 (wie Anm. 12) S. 28, Z. 789–793.

20 MONIKA RENER (Hrsg.): Die Vita der heiligen Elisabeth des Dietrich von Apolda (Veröffentlichungen der Historischen Kommission für Hessen. 53). Marburg 1993. S. 55–57, cap. IV–V; OSWALD HOLDER-EGGER (Ed.): Cronica Reinhardsbrunnensis. In: Monumenta Germaniae Historica. Scriptores. Bd. 30. Teil 1. Hannover 1896, Nachdruck Stuttgart 1976, S. 490–656, hier S. 603, Z. 41–43, S. 606, Z. 4–6. Siehe jetzt auch die Übersetzung der Vita von Monika Rener (Hrsg./Übers.): Dietrich von Apolda. Das Leben der Heiligen Elisabeth (Veröffentlichungen der Historischen Kommission für Hessen. 67,3). Marburg 2007. – Zur Vita Dietrichs von Apolda siehe MATTHIAS WERNER: Die Elisabeth-Vita des Dietrich von Apolda als Beispiel

Auf Dietrich von Apolda, der die Einrichtung des Hospitals irrtümlich schon zu 1225 berichtet, geht eine der wenigen, von den Aussagen der Hofdamen unabhängige Nachricht zurück, die einen bemerkenswerten Einblick in den Hospitalbetrieb gibt. Denn Dietrich erzählt, Elisabeth habe in ihrem Hospital dauerhaft 28 Kranke versorgt, dergestalt, dass beim Tode des einen sofort der nächste dessen Bett einnahm[21]. Es muss offen bleiben, ob diese Nachricht auf einer zweiten, vom «Libellus» unabhängigen Tradition beruht, oder ob ihr Urheber der Hagiograph ist, der das dramatische Geschehen der Kranken- und Armenfürsorge Elisabeths in ihrem Eisenacher Hospital in konkreter Gestalt zu fassen und auszuschmücken sucht. Für Letzteres und damit gegen die Authentizität der Nachricht spricht, dass Dietrichs Bericht von der Vorstellung eines fest organisierten, nahezu schon institutionalisierten Hospitalbetriebes ausgeht, für den aber in der ältesten Überlieferung keine Anhaltspunkte existieren – im Gegenteil: Das Fehlen weiterer, vom «Libellus» unabhängiger, vor allem auch urkundlicher Zeugnisse lässt eher vermuten, dass die aus einer spontan-pragmatischen Entscheidung der Landgräfin Elisabeth erwachsende Hospitalgründung – anders als die landgräfliche Hospitalstiftung in den frühen 1220er Jahren in Gotha, die Elisabeth noch nach ihrem Fortgang nach Marburg unterstützte[22] – keinen rechtsförmlichen Charakter hatte, der ihr Dauer hätte verleihen können. Angesichts der dramatischen Geschehnisse nach dem Tod Ludwigs IV., die zur Verdrängung Elisabeths von der Wartburg und aus Eisenach führten, ist sogar davon auszugehen, dass die Brüder des verstorbenen Landgrafen als die nächsten Anverwandten der Elisabeth nicht bereit waren, das Werk ihrer ungeliebten Schwägerin fortzusetzen.

Das Hospital, das auf das engste mit der Person und der tätigen Frömmigkeit Elisabeths verbunden und aufgrund der ihr als Landgräfin gewährten Handlungsspielräume und zustehenden materiellen Ressourcen eingerichtet worden war, hatte aller Wahrscheinlichkeit nach über die Wende der Jahre 1227/1228 keinen Bestand und ging offenbar noch zu Lebzeiten der inzwischen in Marburg wirkenden Elisabeth unter. Deshalb sind zwischen Elisa-

spätmittelalterlicher Hagiographie. In: Hans Patze (Hrsg.): Geschichtsschreibung und Geschichtsbewußtsein im späten Mittelalter (Vorträge und Forschungen. 31). Sigmaringen 1987, S. 523–541. Siehe jetzt auch: Martin J. Schubert und Annegret Haase (Hrsg.): Johannes Rothes Elisabethleben (Deutsche Texte des Mittelalters. 85). Berlin 2005, S. LXIV–LXV.

21 Rener, Vita 1993 (wie Anm. 20) S. 57, cap. V: «In prenominato autem hospitali viginti et octo pauperes infirmos eo modo locaverat, ut uno mortuo continuo alter eius uteretur lecto.»

22 Zum Gothaer Hospital siehe Otto Dobenecker (Hrsg.): Regesta diplomatica necnon epistolaria historiae Thuringiae. Bd. 1 (ca. 500–1152). Jena 1896, S. 381, Nr. 2118, und Mathias Kälble: Urkunde Landgraf Ludwigs IV. über die Gründung des Hospitals in Gotha. In: Dieter Blume und Matthias Werner (Hrsg.): Elisabeth von Thüringen – eine europäische Heilige. Katalog. Petersberg 2007, Kat.-Nr. 79, S. 136 f.

beths Hospital unterhalb der Wartburg und dem erst 1309 erstmals bezeugten Großen Hospital vor dem Eisenacher Georgentor kaum Kontinuitäten anzunehmen[23]. Ebenso gibt es keine Anzeichen dafür, dass – anders als das Marburger Hospital oder das Grab Ludwigs IV. in Reinhardsbrunn – die «magna domus» nach Elisabeths Heiligsprechung 1235 durch volksfromme Verehrungs- und Kultpraktiken, durch Wallfahrten und Wunderheilungen als Erinnerungsort der Heiligen im Bewusstsein blieb. So wird auch im Zusammenhang der gut dokumentierten wettinisch-landgräflichen Franziskanerklostergründung 1331 keine Wallfahrt erwähnt, an deren Aufrechterhaltung der Stifter und die Franziskaner jedoch ein hohes Interesse hätten haben müssen.

In der Heiligsprechung der Elisabeth ist dennoch der entscheidende Grund dafür zu sehen, dass Nachrichten über ihr erstes, rechtlich und institutionell nicht abgesichertes Hospital eine Überlieferungschance besaßen. Denn die während des Kanonisationsverfahrens entstandenen ersten Lebensbeschreibungen der Elisabeth fixierten zeitnah zu den Ereignissen auch die Erinnerung an das Eisenacher Hospital als Ort ihres ersten exzeptionellen, karitativen Wirkens, an die nachfolgende Generationen auf dem Hintergrund eines sich seit dem 13. Jahrhundert vielfach verzweigenden Elisabeth-Kultes anknüpfen konnten.

DIE ZELLE DER HEILIGEN ELISABETH ALS WETTINISCH-LANDGRÄFLICHE KLOSTERGRÜNDUNG

Im Vergleich zum Hospital ist die Zelle der hl. Elisabeth, die im 14. Jahrhundert Friedrich der Ernsthafte, Markgraf von Meißen und Landgraf von Thüringen (1323–1349), und seine Frau Mechthild, eine Tochter König Ludwigs des Bayern, an der Stelle des ehemaligen Elisabeth-Hospitals gründeten und mit Franziskanern besetzten, durch urkundliche, ordensgeschichtliche und historiographische Zeugnisse vielfach und gut belegt. 1339 tritt in einem Diplom Friedrichs des Ernsthaften ein «frater Theodericus de Windecke, gardianus beate Elizabeth», als Zeuge auf. In die dreißiger und vierziger Jahre des 14. Jahrhunderts wird ein Verzeichnis der Provinzen und Konvente des Franziskanerordens datiert, das erstmals den «Locus S. Helyzabeth» unter den Klöstern der sächsischen Franziskanerprovinz erwähnt[24].

---

23 Siehe Anm. 10. Schon Voss, Eisenach 1917 (wie Anm. 77) S. 272, hat mit verhaltener Skepsis darauf aufmerksam gemacht, dass in der erst im frühen 14. Jahrhundert zum Großen Hospital einsetzenden Überlieferung kein einziger Bezug zur hl. Elisabeth zu erkennen ist. Es handelt sich ganz offensichtlich um eine neuzeitliche Traditionsbildung, deren Hintergründe noch zu erhellen sind.

24 Paul Mitzschke (Bearb.): Urkundenbuch von Stadt und Kloster Bürgel. T. 1. 1133–1454 (Thüringisch-sächsische Geschichtsbibliothek. Bd. 3). Gotha 1895, S. 193–195, Nr. 168; Patricius

Diese beiden Zeugnisse stellen die ältesten Nachrichten für die wettinisch-landgräfliche, der hl. Elisabeth geweihten Franziskanerklostergründung unterhalb der Wartburg dar, die zu diesem Zeitpunkt schon fast ein Jahrzehnt zurücklag. Das für einen Konvent des ersten Ordens der franziskanischen Ordensfamilie singuläre Patrozinium[25], das zugleich namengebend für das Kloster wurde, geht zweifellos auf den Stifter selbst zurück. Es ist Indiz einer besonderen Verehrung der Heiligen durch den wettinischen Markgrafen und thüringischen Landgrafen Friedrich den Ernsthaften, die in ihrem Ausmaß und Gewicht vor allem auch deshalb bemerkenswert ist, da bis dahin kein einziges Zeugnis auf eine herausgehobene Elisabethverehrung der seit Mitte des 13. Jahrhunderts über Thüringen gebietenden wettinischen Dynastie hindeutet[26].

Die in der frühen wettinischen Urkundenüberlieferung und den ordensgeschichtlichen Aufzeichnungen sich nur schemenhaft andeutenden Vorgänge und deren Hintergründe sind erst durch die historiographische Überlieferung stärker zu erhellen. In der frühen Landesgeschichtsschreibung, die um 1395 in den zwei städtischen Konventen der Dominikaner und Franziskaner in Eisenach in Gestalt dreier, kurz hintereinander abgefasster Chroniken entstand, gedachte man der Gründung der Elisabethzelle zu 1331 zunächst nur mit kurzen Worten[27]. Ausführliche narrative bzw. annalistische Darstellungen der Gründungs- und Klostergeschichte setzen erst mit dem Abstand von fast drei Generationen in den ersten Jahrzehnten des 15. Jahrhunderts ein. Sie stammen zum einen aus der Elisabethzelle selbst und wurden von einem unbekannten Angehörigen des Konvents verfasst. Seine Klosterchronik, die unter Benutzung der urkundlichen Überlieferung von einer Gründungserzählung («Fundatio») in einen Tatenbericht der Vorsteher des Klosters übergeht, bricht mit dem Jahr 1441 ab[28]. Zum anderen gehen sie auf den Eise-

---

SCHLAGER: Verzeichnis der Klöster der sächsischen Franziskanerprovinzen. In: Franziskanische Studien. 1(1914), S. 230–242, hier S. 234.

25 Siehe dagegen das schon früh belegte Elisabethpatrozinium bei den Zweit- und Drittordensgemeinschaften der Klarissen und Terziaren, siehe Anm. 44.

26 Das angebliche Elisabethpatrozinium eines 1241 in Grimma von Markgraf Heinrich von Meißen gegründeten Hospitals beruht erst auf Vermutungen der stadtgeschichtlichen Literatur des 19. Jahrhunderts, siehe MATTHIAS WERNER: Mater Hassiae – Flos Ungariae – Gloria Teutoniae. Politik und Heiligenverehrung im Nachleben der hl. Elisabeth von Thüringen. In: JÜRGEN PETERSOHN (Hrsg.): Politik und Heiligenverehrung im Hochmittelalter (Vorträge und Forschungen. 42). Sigmaringen 1994, S. 449–540, hier S. 479 mit Anm. 151.

27 JOHANN PISTORIUS (Ed.): Historia Erphesfordensis anonymi scriptoris de landgraviis Thuringiae [sog. Pistoriana, 1395/1426]. In: JOHANN PISTORIUS (Ed.): Illustrium veterum scriptorum, qui rerum a germanis, pro multas aetates gestarum historias vel annales posteris reliquerunt. Tomus 1. Frankfurt/M. 1583, S. 908–955, hier S. 939: «Anno Dom(ini) MCCCXXXI, Fridericus marchio aedivicauit Cellam beatae Elizabeth pro fratrib(us) Minorib(us) sub castro Warckberg»; ähnlich auch die 1409/10 entstandene, noch nicht edierte sog. Chronica amplificata, Sächsische

nacher Ratsschreiber und landgräflichen Kaplan Johannes Rothe (1360–1434) zurück, der sich der Gründungsphase der Zelle in seinen drei Chroniken (Eisenacher Chronik, nach 1414; Thüringische Landeschronik, um 1418; Thüringische Weltchronik, 1421) in unterschiedlicher Ausführlichkeit zuwandte[29]. Obwohl beide Chronisten nahezu zeitgleich in Eisenach wirkten, zeigen ihre Berichte keinerlei sprachliche Zusammenhänge und können daher als voneinander unabhängige, parallele, wenn auch späte Zeugnisse für die Gründung der Elisabethzelle betrachtet werden.

Die Chronik der Elisabethzelle überliefert zunächst eine verwickelte, bis in das Jahr 1322 zurückreichende «Fundatio» der Zelle, die in ihrer Schilderung der legendarisch überhöhten Vorgänge auf klassische Topoi von Klostergründungsgeschichten zurückgreift[30]. An dieser Stelle kann nicht weiter verfolgt werden, wie glaubwürdig der die Ansiedlung der Franziskaner begünstigende, gescheiterte Ansiedlungsversuch von Johannitern ist, ebenso nicht, welche Rolle der landgräflich-wettinische Kanzler und Ratgeber Johannes von Eisenberg bei der Gründung der Zelle spielte, dem der Anonymus die Vision des zukünftigen Klosterstandortes unterhalb der Wartburg zuteil werden lässt[31]. Erst mit den Nachrichten zum Jahre 1331 erreicht die Chronik chronologisch und historisch verlässlicheren Boden. Für diese beruft sich der Chronist auf eine «littera», höchstwahrscheinlich die Gründungsurkunde Friedrichs des Ernsthaften für die Elisabethzelle, deren Formulierungen er teilweise übernimmt. Berichtet wird, wie in der Pfingstwoche 1331 Markgraf Friedrich den Guardian des Klarissenklosters Seußlitz, der zugleich sein Beichtvater war, an die zu Ehren der hl. Elisabeth errichtete Zelle berief, die

Landesbibliothek Dresden, K 316 b., f. 78, und die Historia de landgraviis Thuringiae. In: Johann Georg Eccard (Ed.): Historia genealogica principum Saxoniae superioris [sog. Eccardiana, nach 1414]. Leipzig 1722, Sp. 351–468, hier Sp. 457.– Zu diesen drei eng miteinander verflochtenen, jeweils aber auch eigenständige Nachrichten überliefernden Eisenacher Landeschroniken siehe Matthias Werner: «Ich bin ein Durenc». Vom Umgang mit der eigenen Geschichte im mittelalterlichen Thüringen. In: Matthias Werner (Hrsg.): Identität und Geschichte (Jenaer Beiträge zur Geschichte. 1). Weimar 1997, S. 79–104, hier S. 94 f. mit Anm. 52, S. 102 f.

28 Siehe Anm. 3; Holger Kunde: Sog. Chronik der Elisabethzelle unterhalb der Wartburg. In: Dieter Blume und Matthias Werner (Hrsg.): Elisabeth von Thüringen – eine europäische Heilige. Katalog. Petersberg 2007, Kat.-Nr. 197, S. 292–294.

29 Zu Rothe und seinen Chroniken siehe Volker Honemann: Johannes Rothe. In: Kurt Rau u.a. (Hrsg.): Die deutsche Literatur des Mittelalters. Verfasserlexikon. Bd. 8. Berlin/New York 1992, Sp. 277–285. Siehe auch Anm. 33.

30 Bihl, Chronica 1905 (wie Anm. 3) S. 172 f.

31 Zu Johannes von Eisenberg (†1370), der 1342 zum Bischof von Meißen aufstieg, siehe Karl Wenck: Johann von Eisenberg, Kanzler Friedrichs des Ernsthaften. In: Neues Archiv für sächsische Geschichte. 21(1900), S. 214–223; Siegfried Seifert: Johannes von Eisenberg. In: Erwin Gatz (Hrsg.) und Clemens Brodkorb (Mitw.): Die Bischöfe des Heiligen Römischen Reiches 1448 bis 1648. Ein biographisches Lexikon. Berlin 1996, S. 422 f.

Zelle dauerhaft dem Franziskanerorden übertrug und sie mit vier Priester- und zwei Laienbrüdern besetzen ließ[32].

Johannes Rothe, der zweite Gewährsmann für die Frühgeschichte der Elisabethzelle und wichtiger Vermittler thüringisch-historiographischer Traditionen an den wettinisch-landgräflichen Hof in Eisenach, widmet der Gründung der Zelle in seiner dritten Landeschronik, der 1421 beendeten Thüringischen Weltchronik, die ausführlichste Darstellung[33]. Rothe erzählt zu 1331 eine in sich stringente Gründungsgeschichte, die auf seine Kenntnis der in der Chronik der Elisabethzelle überlieferten Gründungserzählung schließen lässt. Rothe verzichtet aber weitgehend auf die für eine «Fundatio» typischen legendarisch-topischen Elemente und entwirft eine andere, kürzere Chronologie der Geschehnisse. Auf den Ansiedlungsversuch der Johanniter geht er nicht ein und gewichtet die Gründungsgeschichte mit Blick auf die Berater des Klosterstifters neu. Anstelle des landgräflichen Kanzlers Johannes von Eisenberg erweisen sich zwei nur allgemein als Grafen von Schwarzburg bzw. Käfernburg bezeichnete Vorfahren der Landgräfin Anna, die eine Schwarzburg-Käfernburgerin war und der Rothe seine Chronik gewidmet hatte, als entscheidende Ratgeber bei der Entscheidung für den Platz des zukünftigen Klosters[34].

Über die frühen inneren Verhältnisse des Klosters, auf die er am Schluss seiner Gründungserzählung eingeht, zeigt sich Rothe erstaunlich gut informiert – die Besetzung mit sechs Franziskanern, deren Versorgung von der Wartburg aus und deren Ausstattung mit Rentkorn. Da diese Verhältnisse aber sicher noch unverändert zu Rothes Zeit bestanden und er als landgräflicher Kaplan und enger Vertrauter der Landgräfin Anna tiefen Einblick auch in die

---

32 BIHL, Chronica 1905 (wie Anm. 3) S. 173: «Anno Domini MCCCXXXI in septimana penthe(costes) adduci procuravit fratrem Ottonem de Donyn, suum confessorem pro tunc gardianum in Suzelicz, et instauravit hic cellam istam in honorem sancte Elizabeth edificatam et fratribus minoribus ex singulari devotione tradidit perpetuis temporibus inhabitandam, et predictum fratrem Ottonem primum sub ministro Wernher [i.e. der Franziskanerprovinzial WERNER VON APPENBURG] gardianum institui procuravit et iuxta eius informacionem edificia satis humilia, ymmo non multum durabilia, sicut oculatim cernitur, edificando erexiret quatuor sacerdotibus et duobus famulis victum et amictum, sicut vere pauperibus, in castro Wartperg per advocatos presentari seriose voluit et mandavit et suam voluntatem litteris suis patentibus ratficavit, que littere hic usque hodie reservantur.»; KREMER, Franziskanerkloster 1905 (wie Anm. 2) S. 84. Zur Einrichtung eines ständigen kleinen Franziskanerkonvents zur Betreuung der Klarissen in Seußlitz siehe WALTER SCHLESINGER: Kirchengeschichte Sachsens im Mittelalter. 2. Bd. Das Zeitalter der deutschen Ostsiedlung (1100-1300) (Mitteldeutsche Forschungen. 27/II). Köln/Graz 1962, S. 325 f. Zu Seußlitz jetzt auch JÖRG VOIGT: Religiöse Frauengemeinschaften und Franziskaner – Klarissen, Beginen und Tertiarinnen in der Sächsischen Franziskanerprovinz. In: THOMAS T. MÜLLER, BERND SCHMIES und CHRISTIAN LOEFKE: Für Gott und die Welt. Franziskaner in Thüringen (Mühlhäuser Museen: Forschungen und Studien. 1). Paderborn u.a. 2008, S. 92–108, hier S. 93–95.

inneren Verhältnisse der Elisabethzelle hatte, ist sein Wissen wenig überraschend und muss nicht unbedingt auf die urkundliche Überlieferung des Klosters zurückgeführt werden, sondern kann auch auf eigener Anschauung beruhen haben.

Hier ist jedoch von besonderem Interesse, dass für beide Chronisten die Elisabethtradition des Platzes unterhalb der Wartburg das ausschlaggebende Moment bei der Ortswahl für das Kloster war. Während Rothe allein auf pragmatische Vorteile des Platzes abhebt, der besseren Raum als in der Stadt geboten habe, gewährt die Darstellung des Chronisten der Elisabethzelle tiefere Einsichten in die spirituellen Hintergründe dieser Entscheidung. Der aus franziskanisch-klösterlicher Perspektive schreibende Anonymus deutet die Elisabethtradition des Platzes unterhalb der Wartburg zum entscheidenden Handlungsmotiv des Klostergründers um. Sie habe dessen endgültige Wahl des Klosterstandortes bestimmt und ihr verlieh Friedrich der Ernsthafte zugleich wiederum Dauer, indem er den durch die Anwesenheit und die barmherzigen Werke der Elisabeth verschönten Ort durch ein Bauwerk ewiges Andenken sicherte[35].

Diese Deutung der Ereignisse korrespondiert in auffälliger Weise mit den nachfolgenden Nachrichten zu 1331, die als zeitgenössische, in das unmittelbare Umfeld des Gründers verweisende, glaubwürdige Überlieferungen anzusprechen sind. Dass Friedrich der Ernsthafte die Zelle in besonderer Verehrung für die hl. Elisabeth errichtete («cella ista in honorem sancte Elizabeth edificata»), hat der Chronist mit Sicherheit der ihm vorliegenden Gründungsurkunde entnommen. Ähnliches ist für die Wendung zu vermuten, der Stifter habe die 1331 berufenen Franziskaner gleichsam wie Arme («sicut vere pauperes») von der Wartburg aus versorgen lassen, die nahezu mit Blick auf das Wirken Elisabeths in ihrem Hospital formuliert erscheint[36]. Nimmt man hinzu, dass

---

33 ROCHUS VON LILIENCRON (Hrsg.): Düringische Chronik des Johann Rothe (Thüringische Geschichtsquellen. 3). Jena 1859, S. 562 f. Die schon 1728 von SCHÖTTGEN/KREYSSIG herausgegebene Eisenacher Chronik stellt in weiten Passagen lediglich eine Übernahme der Eccardiana (siehe Anm. 27) dar; jetzt zusammen mit Rothes Thüringischer Landeschronik neu ediert von SYLVIA WEIGELT (Hrsg.): JOHANNES ROTHE. Thüringische Landeschronik und Eisenacher Chronik (Deutsche Texte des Mittelalters. 87). Berlin 2007, S. 1–98.

34 ROTHE/LILIENCRON, Chronik 1859 (wie Anm. 33) S. 563: «Do waren zwene graven yn yrem rate, eyner von Swarzburgk unde der anirn von Kefirnburgk, die riethen deme herren, das her eyne eigen capellen buwete under Warperk, do etzwanne die liebe sente Elssebeth die siechin hielt unde nerethe, do hette her bessern gerum denn yn der stat.»

35 BIHL, Chronica 1905 (wie Anm. 3) S. 173: «Visione igitur hac principi patefacta, cogitavit non esse ociosum, quod tanto monstrabatur indicio et quod locus iste insignis, quem ista sanctissima vidua Elizabeth sua venustabat presencia et operibus misericordiae, variis ibidem degentibus clementissime exhibitis, omnibus multum reddidit amabilem, statuit presentibus et futuris, ut Dei gloria et sue fidelissime servitricis aliquo perpetuo memoriali signaretur edificio.»

36 Siehe Anm. 32.

Friedrich der Ernsthafte während seiner Regierungszeit in der Burgkapelle der Wartburg einen Elisabethaltar einrichtete[37], dann verdichten sich die zeitgenössisch abzusichernden Nachrichten und die Gründungslegende der Elisabethzelle zum schlüssigen Bild einer gesteigerten Elisabeth-Verehrung des führenden Repräsentanten der wettinischen Dynastie im zweiten Viertel des 14. Jahrhunderts. Es wäre sogar zu überlegen, ob in dieser Zuwendung zur hl. Elisabeth einer der Gründe für die Namenswahl zu sehen ist, die Friedrich für seine erste, 1329 geborene Tochter Elisabeth traf[38].

Fragt man nach den Gründen und Vermittlungsgliedern dieser so plötzlich entgegentretenden Elisabethverehrung der Wettiner, die mit einer für das Geschlecht ebenso überraschend neuartigen Förderung des Franziskanerordens auf das engste verflochten war, ist zunächst an die engen politisch-dynastischen Bindungen zu denken, die König Ludwig der Bayer mit den wettinischen Markgrafen von Meißen und thüringischen Landgrafen vor allem deshalb einging, weil sich deren Territorien wie ein Riegel zwischen Ludwigs oberbayerische Hausmachtzentren und die 1323 hinzugewonnene Markgrafschaft Brandenburg schoben[39].

Das auf diesem Hintergrund 1323 zwischen dem noch unmündigen Friedrich dem Ernsthaften und Mechthild, der Tochter Ludwigs des Bayern, verabredete Ehebündnis gipfelte 1328 in der Hochzeit des Paares – im gleichen Jahr, in dem Ludwig der Bayer der infolge des sogenannten «theoretischen» Armutsstreits exkommunizierten obersten Spitze des Franziskanerordens, allen voran dem Generalminister Michael von Cesena, Zuflucht und Schutz gewährte. Es kann daher kaum als ein Zufall angesehen werden, dass nur drei Jahre später der Schwiegersohn Ludwigs des Bayern die erste und einzige Kloster-

---

37 Karl Hermann Funkhänel: Zur Geschichte der Kapelle auf Wartburg. In: Zeitschrift des Vereins für thüringische Geschichte und Altertumskunde. 7(1870), S. 344–347; Strickhausen, Burgen 1997 (wie Anm. 17) S. 203 f.; Enno Bünz: Der niedere Klerus im spätmittelalterlichen Thüringen. Studien zur Kirchenverfassung, Klerusbesteuerung, Pfarrgeistlichkeit und Pfründenmarkt im thüringischen Teil des Erzbistums Mainz. 3 Teile. Jena 1999, unveröffentlichte Habilitationsschrift, hier Teil II/2, S. 650.

38 Der Name ist freilich für sich allein noch kein Argument, weil Elisabeth als Name für Töchter der wettinischen Markgrafen von Meißen seit Ende des 13. Jahrhunderts gebräuchlich wird. So hieß auch die Schwester Friedrichs des Ernsthaften Elisabeth, die höchstwahrscheinlich nach ihrer Mutter, der in zweiter Ehe mit Friedrich dem Freidigen verheirateten Elisabeth von Lobdeburg-Arnshaugk, benannt wurde; Otto Posse: Die Wettiner. Genealogie des Gesamthauses Wettin ernestinischer und albertinischer Linie. Mit Berichtigung und Ergänzung der Stammtafeln bis 1993 von Manfred Kobuch, Leipzig 1994. [Reprint der Orig.-Ausg. Leipzig/ Berlin 1897], Tafeln 4 und 5.

39 Zuletzt dazu Stefan Tebruck: Zwischen Integration und Selbstbehauptung. Thüringen im wettinischen Herrschaftsbereich. In: Werner Maleczek (Hrsg.): Fragen der politischen Integration im mittelalterlichen Europa (Vorträge und Forschungen. 63). Ostfildern 2005, S. 375–412, hier S. 394 f. mit Anm. 40 (Lit.).

gründung seiner Regierungszeit den Franziskanern der sächsischen Ordensprovinz übertrug, die den unter Kirchenbann stehenden Ordensgeneral immer
noch als ihr Oberhaupt anerkannten[40]. Doch war nicht allein politisch-dynasti-
sches Kalkül für die Gründung und monastische Ausrichtung der Elisabethzelle bestimmend, sondern offenbar auch die spirituelle Nähe ihres Gründers
zu den Franziskanern, denn zum ersten Guardian des Klösterchens unterhalb
der Wartburg berief Friedrich der Ernsthafte seinen franziskanischen Beichtvater[41].

Die reichs- und ordenspolitisch motivierten Hintergründe der Klostergründung 1331 überlagerten und verflochten sich mit der erstmals wieder seit
dem thüringisch-hessischen Erbfolgekrieg (1247–1263) einsetzenden intensi-
ven Orientierung der Wettiner auf Thüringen als eines der Hauptländer ihres
Herrschaftsbereichs, für die das politisch-dynastische Bündnis mit den Wittels-
bachern die entscheidenden Rahmenbedingungen schuf[42]. Unter Friedrich
dem Freidigen (1307–1323) und seinem Sohn Friedrich dem Ernsthaften
(1323–1349) stieg Thüringen zu einer wettinischen Kernlandschaft auf, in
deren Zuge die Wartburg und Eisenach als wettinische Hauptresidenz wach-
sendes Gewicht erhielten und in die sich auch die Gründung der auf halben
Wege zwischen Wartburg und Eisenach liegenden Elisabethzelle einbettet[43].

Die in die Regierungszeit Friedrichs des Ernsthaften fallenden ersten Zeug-
nisse einer herausgehobenen wettinischen Elisabethverehrung können auf die-
sem Hintergrund als ein wichtiges Element der historischen und politischen
Legitimation des wettinischen Anspruchs auf die Landesherrschaft in
Thüringen gedeutet werden, bei der die Wettiner sich auch auf Thüringer und
Eisenacher Traditionen besannen und sich in diese einzuschreiben begannen.
Folgt man dem Chronisten der Elisabethzelle, dann hat sich vor allem
Friedrich der Ernsthafte, indem er bewusst an die dem Platz unterhalb der

---

40 Zum Armutsstreit siehe Jürgen Miethke: Ockhams Weg zur Sozialphilosophie. Berlin 1969,
S. 348–427, hier insbesondere S. 414–427. Zur Position der sächsischen Franziskanerprovinz im
Armutsstreit siehe die kurzen Hinweise von Leonhard Lemmens: Die Provinzialminister der
alten sächsischen Provinz. In: Beiträge zur Geschichte der Sächsischen Franziskanerprovinz.
2(1909), S. 1–12, hier S. 5. Es wäre zu überlegen, ob die auf die Gründungsurkunde zurückge-
hende Formulierung «sicut vere pauperes» (wie Anm. 32, siehe auch im Text bei Anm. 36) nicht
auch auf dem Hintergrund des Armutsstreits zu verstehen ist.

41 Die immer wieder in der Literatur begegnende Behauptung, Friedrich habe das Kloster als
Votivgabe für eine während eines Turniers in Pegau erlittene Verletzung gestiftet, entbehrt jeg-
licher Grundlage. Sie beruht auf einer methodisch unzulässigen Kombination der älteren
Eisenacher Lokalgeschichtsschreibung, die den zu 1331 in der Cronica S. Petri Erfordensis
moderna berichteten Turnierunfall mit der Gründung der Elisabethzelle in einen kausalen
Zusammenhang bringt; Kremer, Franziskanerkloster 1905 (wie Anm. 2) S. 83.

42 Tebruck, Integration 2005 (wie Anm. 39) S. 395–400.

43 Streich, Reiseherrschaft 1989 (wie Anm. 5) S. 256–260.

Wartburg anhaftende Elisabethtradition anknüpfte, als Bewahrer und Fortsetzer des barmherzigen Wirkens der Elisabeth verstanden.

Diese Elisabethtraditionen könnten den Wettinern und insbesondere Friedrich dem Ernsthaften auf vielfältigen Wegen vermittelt worden sein – so über die schon angesprochene weit verbreitete Vita des Dietrich von Apolda und über die Reinhardsbrunner Geschichtsschreibung, die die Vita Dietrichs aufnahm, umformte, aber auch eigene Traditionen entwickelte. Zu denken ist aber ebenso an Traditions- und Legendengut, das im Franziskanerorden zirkulierte, der schon in der Mitte des 13. Jahrhunderts eine eigenständige Elisabethhagiographie ausgebildet hatte, und nicht zuletzt sind mündlich kursierende, volkstümliche Traditionen zu erwägen, die sich mit den Plätzen des Wirkens der Elisabeth in Eisenach und auf der Wartburg verbanden[44].

Bleibt zu fragen, ob das Gründungsdatum der Elisabethzelle darauf schließen lässt, dass Friedrich der Ernsthafte seine 1331 zu Ehren der hl. Elisabeth errichtete Klosterstiftung auch als Anniversargründung zu ihrem 100. Todestag verstand – so wie es Charles de Montalembert dem Leser seiner, die moderne Forschung zu Elisabeth einleitenden Biographie nahelegte[45]. Man möchte diese auffällige chronologische Koinzidenz nicht als Zufall betrachten, nicht nur, weil sie auch dem neuzeitlichen Verständnis von ritualisierter Erinnerungs- und Gedächtniskultur entspricht. Denn Friedrich der Ernsthafte kannte zweifellos das Todesjahr der Heiligen, und Jubiläumsgedenken war dem späten Mittelalter keineswegs fremd.[46]

---

44 Zu der sich im Franziskanerorden ausbildenden Elisabethhagiographie siehe WERNER, Mater Hassiae 1994 (wie Anm. 26) S. 476. Einer der Vermittler könnte auch der franziskanische Beichtvater Friedrichs, Otto von Dohna, gewesen sein, der zuvor die Seußlitzer Klarissen betreut hatte, deren Kloster 1268 wiederum nach dem Willen von Agnes, der dritten Frau Heinrichs des Erlauchten, die eine Nichte der Agnes von Prag (!) war, gegründet und mit Klarissen aus dem der hl. Elisabeth geweihten Konvent Ulm/Söflingen besetzt wurde; SCHLESINGER, Kirchengeschichte Sachsens 1962 (wie Anm. 32) S. 325 f.; VOIGT, Frauengemeinschaften 2008 (wie Anm. 32) S. 93. Spätestens im 14./15. Jahrhundert werden der historische Ort des Elisabethhospitals und sein näheres Umfeld zum Schauplatz einer sich um Elisabeth herausbildenden volkstümlichen Sagen- und Erzähltradition. Erstmals Johannes Rothe lokalisiert das seit der Mitte des 13. Jahrhunderts in franziskanischen Kreisen in Nordfrankreich und Italien kursierende Rosenwunder in die Nähe der Elisabethzelle. Da Rothe auf «gemeylich sprechin» und auf am Ort vorhandene Gedenk- und Wahrzeichen verweist, ist anzunehmen, dass er hierbei auch an bereits bestehende mündliche Erzähltraditionen angeknüpft hat, über deren Alter und Träger jedoch nur zu spekulieren ist, SCHUBERT/HAASE, Rothes Elisabethleben 2005 (wie Anm. 20) S. LXVIII-LXIX, LXXI, S. 83, V. 2027-2044.

45 Siehe hier S. 195.

46 Nur wenige Jahrzehnte vor der Gründung der Elisabethzelle hatte Papst Bonifatius VIII. zu 1300 das Jubeljahr verkündet, das im Gedenken an die Geburt Christi nunmehr alle 100 Jahre stattfinden sollte.

47 So ist beispielsweise der 200. Todestag der Heiligen, der nunmehr mit dem 100. Gründungsjubiläum der Elisabethzelle bzw. der Übernahme des Platzes durch die Franziskaner zusammenfiel, dem Chronisten keine Erwähnung wert.

Doch ist diesen Überlegungen entgegenzuhalten, dass die Gründungszeugnisse der Elisabethzelle eine solche Deutung in keiner Weise stützen. Weder die im Eisenacher Dominikaner- und Franziskanerkloster entstehenden Landeschroniken, die sowohl das Todesdatum der Heiligen als auch das Gründungsdatum der Elisabethzelle erwähnen, noch der anonyme Franziskaner des Elisabethklösterchens unterhalb der Wartburg, in dem man der Patronin mit besonderer Fürsorge und Aufmerksamkeit gedachte[47], noch Johannes Rothe, der das Schrifttum zur hl. Elisabeth wie kaum ein anderer seiner Zeitgenossen kannte und in eigene Historiographie umformte, haben dem Gründungsjahr der Elisabethzelle besondere Bedeutung für das Gedenken an die hl. Elisabeth zugewiesen.

Befragt man die historiographischen Zeugnisse für die Gründungsphase der Elisabethzelle auf die örtlichen Gegebenheiten hin, die Friedrich der Ernsthafte und der Franziskanerkonvent 1331 vorfanden, dann überliefert Johannes Rothe für den Gründungszeitraum der Elisabethzelle die scheinbar aussagekräftigeren Nachrichten. Seinem Gründungsbericht zufolge wurde für das Kloster das Holz der Hofstätte verwendet und stand die Kirche des Klosters an der Stelle, an der Elisabeth ihre Kranken versammelt hatte[48]. Aus diesem Bericht sind mehrere Schlüsse zu ziehen: zunächst, dass unterhalb der Wartburg ein bebautes Areal – eine Hofstatt – lag, die der Tradition nach in die Zeit der Elisabeth zurückreichte und deren Bauholz offenbar dem Klosterbau diente, dann, dass diese Hofstätte sich offensichtlich für Klosterzwecke wenig eignete, und schließlich, dass die Kirche des Klosters dort stand, wo Elisabeth die Kranken zusammengezogen und versorgt hatte. Scharf interpretiert muss demnach die Kirche an der Stelle der von Elisabeth genutzten «magna domus» errichtet worden sein; doch Rothe, dem diese ältere Elisabethtradition zweifellos vertraut war, spricht einen solchen Zusammenhang nicht an[49].

Aus der Sicht des Chronisten der Elisabethzelle stellt sich die frühe Ansiedlungsphase der Franziskaner am Platz unterhalb der Wartburg hingegen völlig anders dar. So erhellend seine im Abstand von über hundert Jahren auf die Anfänge des Klösterchens zurückblickende Gründungserzählung für die Motive und Traditionsbezüge des Klostergründers ist, um so dunkler erscheint ihr Aussagewert für die topographische und bauliche Situation, die Friedrich der Ernsthafte und der Franziskanerkonvent 1331 vorfanden. Sein Bericht vermittelt den Eindruck, der von der hl. Elisabeth ideell zutiefst geprägte Ort sei unbebaut bzw. nicht mehr bebaut gewesen, sodass unter dem ersten Guardian

---

48 ROTHE/LILIENCRON, Chronik 1859 (wie Anm. 33) S. 563: «buwete das selbe clostirchen von deme holtze, das uff den selben houfestat gestanden hatte. Unde do sente Elsebet in siechen hielt, da ist nu des clostirs kirche».

49 Zu ROTHES Kenntnis der Elisabethtradition siehe SCHUBERT/HAASE, Rothes Elisabethleben 2005 (wie Anm. 20) S. LXV–LXXI.

50 Siehe Anm. 32.

zunächst primitive, ephemere Gebäude errichtet werden mussten[50]. Inwieweit diese zeitferne Darstellung – die in der späteren Literatur sogar zu der Behauptung Anlass bot, die ersten Franziskaner unterhalb der Wartburg hätten in Erdlöchern gehaust – reale Vorgänge überliefert, ist schwer zu ermessen. Augenfällig erscheint jedoch die starke Betonung der armselig-eremitischen Anfänge der «sicut vere pauperes» lebenden Gemeinschaft, in denen nicht allein Elisabethtraditionen, sondern auch Vorstellungen des frühesten Franziskanertums anklingen, dessen Anhänger sich zunächst in kleinen, improvisierten Behausungen außerhalb der Stadtmauern angesiedelt hatten[51]. Auf der Folie dieser primitiven Anfänge steigern sich die nachfolgenden Tatenberichte der Guardiane um so mehr zu einer Erfolgsgeschichte, die ihren Höhepunkt in der Gegenwart des Chronisten erreicht.

Dem kleinen Konvent, der unter dem Schutz der hl. Elisabeth wirkte und nie mehr als sechs Franziskaner umfasste, wuchs in der zweiten Hälfte des 14. und in den ersten Jahrzehnten des 15. Jahrhunderts ein hoher ideell-religiöser Rang zu[52]. Mehrere Guardiane der Zelle standen als Beichtväter und Hofprediger den regierenden wettinischen Landgrafen besonders nahe und wirkten als Erzieher wettinischer Prinzen. Die Franziskaner der Elisabethzelle versahen den Gottesdienst in der Burgkapelle auf der Wartburg und hüteten bzw. präsentierten in ihrem Kloster wertvolle Elisabethreliquien – dauerhaft den Mantel der Heiligen, dessen Legende erstmals Dietrich von Apolda überliefert[53], und zeitweise während der jährlichen Pfingstprozessionen den Becher, Gürtel und Löffel der Elisabeth, die Frauen der wettinischen Familie im 15. Jahrhundert mehrfach zur Hilfe bei Geburten erbaten[54]. In diesen Funktionen kam der Elisabethzelle nahezu der Status einer «Hofkapelle» zu, dem die in ihrer Chronik bezeugte überreiche Dotierung des Klösterchens und dessen umfangreicher Ausbau entsprachen[55].

Unter dem zweiten Guardian Thidericus Wynecke (1336–1349) wurde die Klosterkirche vollendet und mit einem Hochaltar, Chorgestühl, Orgel und Uhr ausgestattet. Unter Konrad von Vargula (1393–1424), dem sechsten Guardian der Zelle, entstand ein Erweiterungsbau der Küche. Eine zweite

---

51 Siehe dazu HELMUT G. WALTHER: Bettelordenskloster und Stadtgründung im Zeichen des Landesausbaus: Das Beispiel Kiel. In: DIETER BERG (Hrsg.): Bettelorden und Stadt. Bettelorden und städtisches Leben im Mittelalter und in der Neuzeit (Saxonia Franciscana. 1). Werl 1992, S. 19–32, hier S. 19–21.

52 Siehe die in Anm. 5 genannte Literatur.

53 RENER, Vita 1993 (wie Anm. 20) S. 43 f., cap. 10; SCHUBERT/HAASE, Rothes Elisabethleben 2005 (wie Anm. 20) S. 77 f., V. 1875–1926.

54 KLAUS KRÜGER: Elisabeth von Thüringen und Maria Magdalena. Reliquien als Geburtshelfer im späten Mittelalter. In: Zeitschrift des Vereins für Thüringische Geschichte. 54(2000), S. 75–108.

55 Für das Folgende siehe BIHL, Chronica 1905 (wie Anm. 3) S. 174–177; KREMER, Franziskanerkloster 1905 (wie Anm. 2) S. 84–88.

umfassende Baukampagne fällt in die Amtszeit seines Nachfolgers Heinrich Kulstedt (1424–1441), der 1436 die Klausur um einen heizbaren Raum und einen Speisesaal vergrößern und 1441 den Zugang zur Elisabethzelle durch die Anlage der Klenge erleichtern ließ[56]. Über welche erheblichen materiellen Ressourcen Guardian und Konvent offenbar verfügten, belegt auch die Anschaffung kostbarer Liturgica – ein Psalter, ein Brevier und eine kupferne Patene – und von Braugefäßen. Diese Prosperität ist umso bemerkenswerter, als sich Thüringen seit den 1420er Jahren in einer tiefen Wirtschafts- und Teuerungskrise befand. Sie bedeutete zwar auch für die Elisabethzelle erhebliche Einbußen und Schulden, für andere geistliche Einrichtungen der Landgrafschaft waren ihre Folgen jedoch derart desaströs, dass sie wirtschaftlich niedergingen und religiös und sittlich verfielen. Diese Blütezeit des Konvents, die erstmals mit der Chronik der Elisabethzelle auch eine klösterliche Geschichtsschreibung hervorbrachte, ist eindrucksvolles Indiz der hochrangigen Stellung, die in den ersten Jahrzehnten des 15. Jahrhunderts die Elisabethzelle bei den wettinischen Landgrafen genoss.

Für die Elisabethzelle waren deshalb Reformen, wie sie schon 1438 im städtischen Franziskanerkloster im engen Zusammenspiel von Landesherr und Ordensleitung durchgesetzt wurden, um dem wirtschaftlichen, geistlichen und sittlichen Niedergang Einhalt zu gebieten, zunächst nicht notwendig. Erst in den Jahren 1454 bis 1457 wurde die Elisabethzelle auf Wunsch des reformfreudigen Landgrafen Wilhelm III. (1440/45–1482) der Observanz als dem strengsten Reformflügel des Ordens unterstellt, der in eben jenen Jahren erste Positionen in Mitteldeutschland gewann. Die Erneuerung erfolgte zu einem Zeitpunkt, als das Zentrum der thüringisch-wettinischen Herrschaft allmählich nach Weimar verlegt wurde. Im Zuge dieser Entwicklungen verlor die Elisabethzelle ihre herausragende und überregionale Stellung an den von Landgraf Wilhelm III. und dem Franziskanerobservanten Johannes Kapistran 1453 gegründeten Weimarer Reformkonvent[57].

Für die Entwicklung desjenigen, der schließlich in einer fundamentalen und zukunftweisenden Kritik dem mittelalterlichen Ordenswesen die unangefochtene Stellung als Königsweg zu Heil und Gnade nahm, scheint die Elisabethzelle jedoch nicht unbeträchtliche Bedeutung gehabt zu haben. Denn während seiner Eisenacher Zeit soll Martin Luther stärkeren Einblick in das klösterliche Leben der Elisabethzelle gewonnen zu haben. Er wohnte bei dem Eisenacher Patrizier Heinrich Schalbe[58], dessen außerordentliche Förderung der Franziskaner der Elisabethzelle sich in deren späteren Beinamen «Collegium

---

56 BIHL, Chronica 1905 (wie Anm. 3) S. 177: «Anno Domini 1441 ... facta est ruppis scissura pro comodo quocumque adveniencium, quod in antea non patuit, per Johannem dictum Buler, ruppicissam oriundum de civitate Misnensi.».

57 WEIGEL, Ordensreform 2005 (wie Anm. 5) S. 68–72.

Schalbianum» oder, wie Luther 1507 formulierte, «Schalbense Collegium»[59] niederschlug.

Im Zuge von Reformation und Bauernkrieg ging das Kloster wahrscheinlich 1525 unter. Als die aufständischen Bauern von der Werra kommend auf Eisenach vorrückten, stürmten die Bürger im sog. Pfaffensturm[60] am 24. April 1525 die Klöster und Stifte innerhalb der Stadt und vertrieben die Insassen. Wie der [Langen-]Salzaer Schosser am gleichen Tage berichtete, blieb das Franziskanerkloster St. Elisabeth vorerst davon verschont[61]. Am 6. Mai erreichten die Aufständischen des Werrahaufens Eisenach und zogen nach der Hinrichtung ihrer Anführer am 11. Mai weiter[62]. In diesen Tagen der Belagerung Eisenachs durch die außerhalb der Stadtmauern verbleibenden Aufständischen entschied sich vermutlich das Schicksal des Klosters unterhalb der Wartburg, worüber allerdings genaue schriftliche Quellen fehlen. Ende der 1530er Jahre stand es offenbar leer und diente wie das Kartäuserkloster vor der Stadt zunehmend als Materiallieferant für Baumaßnahmen auf der Wartburg.

Dort wurde seit 1540 der Täufer Fritz Erbe[63] gefangen gehalten, der um den 15. August 1548 verstarb. Sein Leichnam wurde aus dem Turm gezogen und unterhalb der Wartburg bei St. Elisabeth begraben[64], als dieser Ort nicht mehr geweihte Erde war. Bis Anfang des 19. Jahrhunderts war die Kunde darüber weitgehend verloren, zumindest sind die Geschehnisse im Schriftgut unbekannt, bis der Kammerrat und Wartburgaufseher Johann Carl Salomo Thon wahrscheinlich in den Amtsrechnungen des Jahres 1548 darauf stieß und darüber in der dritten Auflage seines Wartburg-Führers von 1815 berichtete[65].

---

58 D. MARTIN LUTHERS Werke. Kritische Gesamtausgabe. (Weimarer Ausgabe). [Werke]. 30. Bd., 3. Abt. Weimar 1910, S. 491, Z. 37 f.; HEINRICH BOEHMER: Der junge Luther. Leipzig ⁵1952, S. 27 f.; ERNST OTTO BRAASCH: Die Familie Schalbe in Eisenach. In: Mosaiksteine. Thüringer Kirchliche Studien. 4. Berlin 1981, S. 268–270; Martin Brecht: Martin Luther. Bd. 1. Sein Weg zur Reformation. 1483–1521. Stuttgart 1981, S. 30.

59 D. MARTIN LUTHERS Werke. Kritische Gesamtausgabe. (Weimarer Ausgabe). Briefwechsel. 1. Bd. Weimar 1930, Nr. 3, S. 11, Z. 39; S. 13, Anm. 12.

60 Zum Eisenacher Pfaffensturm vgl. BERGMANN, Eisenach 1994 (wie Anm. 4) S. 225–234; zuletzt PETRA WEIGEL: THOMAS WEISS. Franziskaner in Eisenach – Guardian in Langensalza – Evangelischer Kaplan in Gotha. In: ENNO BÜNZ, STEFAN TEBRUCK, HELMUT G. WALTHER (Hrsgg.): Religiöse Bewegungen im Mittelalter. Festschrift für Matthias Werner zum 65. Geburtstag (Veröffentlichungen der Historischen Kommission für Thüringen, Kleine Reihe. 24 = Schriftenreihe der Friedrich-Christian-Lesser-Stiftung. 19) Köln u.a. 2007, S. 555–604, hier S. 576– 578.

61 Der Schosser zu Salza Antonius Trotzschel an Sittich von Berlepsch [Salza] 24. April 1525. In: FELICIAN GESS (Hrsg.): Akten und Briefe zur Kirchenpolitik Herzog Georgs von Sachsen. Bd. 2. 1525–1527. Leipzig/Berlin 1917. Nachdruck Köln/Wien 1985, Nr. 866, S. 119–121, hier S. 120, Zeile 28–33.

62 BERGMANN, Eisenach 1994 (wie Anm. 4) S. 235–246.

63 Zu Fritz Erbe siehe Petra Schall: Der Täufer Fritz Erbe – Gefangener im Südturm der Wartburg. In: Wartburg-Jahrbuch 1994. 3(1995), S. 85–95.

«CAPELLEN SENT ELSEBETH» –

«LOCUS CELLE SANCTE ELIZABEHT» – «HORTICELLUM»

Möchte man die historische Bedeutung des von den wettinischen Landgrafen von Thüringen unterhalb der Wartburg gegründeten und der hl. Elisabeth geweihten Franziskanerklosters abschließend umreißen, bietet sich an, über die Namen nachzudenken, die für dieses Kloster in den mittelalterlichen Quellen begegnen.

In der wettinischen Perspektive war das Kloster die von den wettinischen Fürsten reich ausgestattete »capellen sent Elsebeth an dem berge des huses Wartberg gelegen»[66], in der die Franziskaner Seelenmessen für die landgräflich-wettinische Familie lasen, Reliquien der Heiligen bewahrten und deren Vorsteher als Prinzenerzieher und Beichtväter den regierenden Wettinern spirituell besonders eng verbunden waren. Von diesem Konvent, der über mehrere Jahrzehnte Aufgaben einer «Hofkapelle» an einer der wettinischen Hauptresidenzen wahrnahm, wurde jene hochmittelalterliche Elisabethtradition erneuert und lebendig erhalten, an die der Gründer des Klosters, Friedrich der Ernsthafte, als erster Vertreter der wettinischen Dynastie im zweiten Viertel des 14. Jahrhunderts angeknüpft hatte. Sie wurde von seinen Söhnen Friedrich (1346–1381), Balthasar (1346–1406) und Wilhelm (1346–1407) 1379/80 mit der Gründung des der hl. Elisabeth geweihten Eisenacher Kartäuserklosters fortgesetzt[67] und schließlich durch die Vergabe von Reliquien der Heiligen an die Hauptfrauen und Töchter der wettinischen Familie auch im 15. Jahrhundert wach gehalten. Auf eben diese Tradition beriefen sich die Franziskaner des großen städtischen Konvents und der «Sente Elizabethen capellen, vor alders ir hospital», als sie 1491 die Elisabethreliquien zurückerlangen wollten, die Mitte des 15. Jahrhunderts unter Landgraf Wilhelm III. im Zusammenhang mit der Verlagerung des wettinischen Residenzmittelpunktes nach Weimar aus der Schlosskapelle der Wartburg entfernt worden waren[68].

64 Thüringisches Hauptstaatsarchiv Weimar, Eisenacher Rechnungen, Nr. 3210, «Rechenung des Amptes Eyssenach», 1548, Bl. 90v.

65 JOHANN CARL SALOMO THON: Schloß Wartburg. Ein Beytrag zur Kunde der Vorzeit. Eisenach ³1815, S. 185 f.

66 JOHANN ERNST AUGUST MARTIN (Hrsg.): Urkundenbuch der Stadt Jena und ihrer geistlichen Anstalten. Bd. 1 (1182–1405) (Thüringische Geschichtsquellen. Bd.6.1. = NF. 3.1) Jena 1888, S. 415–417, Nr. 445 f.

67 JOSEF KREMER: Das Karthäuserkloster. In: Joseph Kremer: Beiträge zur Geschichte der klösterlichen Niederlassungen Eisenachs im Mittelalter (Quellen und Abhandlungen zur Geschichte der Abtei und Diözese Fulda. 2). Fulda 1905, S. 128–164.

68 Thüringisches Hauptstaatsarchiv Weimar, Reg. Kk 392, 1491 November 11, Schreiben der Guardiane und Konvente beider Franziskanerklöster zu Eisenach, die Restitution verschiedener Heiligtümer betreffend; KREMER, Franziskanerkloster 1905 (wie Anm. 2) S. 90; KRÜGER, Geburtshelfer 2000 (wie Anm. 54) S. 98 f.

In der ordensinternen Überlieferung wird das Kloster hingegen als «Locus S. Helyzabeth» oder «Locus celle sancte Elizabeht» bezeichnet, was darauf hindeutet, dass die Zelle kein – regulär mindestens zwölf Brüder umfassender – franziskanischer Vollkonvent, sondern einer der kleineren «loca non conventualia» des Ordens war[69], was auch die aus anderen Zeugnissen bekannte Besetzungsstärke der Zelle mit sechs Franziskanern bestätigt. Zu diesen «Nicht-Konventen» gehörten beispielsweise auch jene kleineren Franziskanergemeinschaften, die die Klarissen in Seußlitz, Weißenfels oder Ribnitz geistlich betreuten und denen ebenso ein Guardian vorstand. Doch im Unterschied zu diesen wurde die Elisabethzelle als einziger «locus non conventualis» in die Klösterverzeichnisse der sächsischen Provinz aufgenommen und auf den Provinzialkapiteln als eigenständiger Konvent behandelt[70]. Dieser Sonderstatus verdankt sich im besonderen Maße der Rangstellung, die das Kloster aufgrund seiner engen Anbindung an die wettinischen Landgrafen von Thüringen innehatte. Auf diese Nähe zu den herrschenden Wettinern ist es letztlich auch zurückzuführen, dass das Kloster unterhalb der Wartburg das für den ersten Zweig des Franziskanerordens ungewöhnliche Elisabethpatrozinium trug.

Und schließlich ist der Blick auf die Chronik der Elisabethzelle zu richten, die als klostereigene Überlieferung auch die Selbstwahrnehmung des Konvents spiegelt und in der das Kloster mehrfach als «horticellum» bezeichnet wird[71]. In diesem Namen klingen Vorstellungen eines «hortus conclusus» auf, eines von der Welt abgeschlossenen, eingefriedeten Bezirks, dessen Bewohner – anders als die großen, in die Städte hineinwirkenden Franziskanerkonvente – sich ihrem Selbstverständnis nach neben dem Dienst an Gott vor allem der geistlichen Betreuung und Memoria der Stifterfamilie verpflichtet sahen. Es ist dieser Name «horticellum», der, wenn auch seiner ursprünglichen Bedeutung entleert und in «Elisabethgarten» umgeformt, über die Umbrüche der Reformation hinweg in die Neuzeit weitergetragen wurde, sodass im 19. Jahrhundert der französische Graf Montalembert an ihn anknüpfen konnte, um die Geschichte des mit dem Leben und Nachwirken der hl. Elisabeth eng verknüpften Ortes unterhalb der Wartburg zu erzählen.

69 HERIBERT HOLZAPFEL: Handbuch der Geschichte des Franziskanerordens. Freiburg i. Br. 1909, S. 197.

70 Siehe Anm. 24 und LEONHARD LEMMENS: Eine Kapiteltafel unserer Provinz aus dem Jahre 1472. In: Beiträge zur Geschichte der Sächsischen Franziskanerprovinz. 1(1907), S. 1–9; BONAVENTURA KRUITWAGEN (Ed.): Statuta provinciae saxoniae condita Brandenburgi an. 1467, immutata Luneburgi an. 1494. In: Archivum Franciscanum Historicum. 3(1910), S. 98–114, 280–293, hier S. 286 (V/§6).

71 BIHL, Chronica 1905 (wie Anm. 3) S. 173, 177.

Erinnerungsort Elisabethzelle –
Umformierung und Neuformierung von Traditionen

Als Graf Charles de Montalembert (1810–1870) im 13. Kapitel seiner 1836 erschienenen «Histoire de Sainte Élisabeth» das erste karitative Wirken der Elisabeth angesichts der im Frühjahr 1226 ihren Höhepunkt erreichenden thüringischen Hungersnot schilderte[72], standen ihm auch die Orte vor Augen, die «Schauplatz so unerschöpflicher Nächstenliebe, so himmlischer Selbstaufopferung» geworden waren und die er 1833 besucht hatte[73]:

«Doch ach! alle Denkmäler, von der fürstlichen Almosengeberin gegründet, sind untergegangen; das Volk hat sie zugleich mit dem Glauben seiner Väter vergessen! Nur einige Namen haben der Zerstörung widerstanden, und zeigen dem katholischen Pilger die Spur der vielgeliebten Heiligen. Selbst auf dem Schlosse Wartburg hat die Erinnerung an aufwieglerischen Stolz das Andenken an Elisabeths Demuth und Milde entthront: in der alten Kapelle, wo sie so oft gebetet, zeigt man jetzt dem Reisenden die Kanzel Luthers! Aber der Platz, auf dem das Krankenhaus gelegen, das sie an den Thoren ihrer Residenz errichtet, als habe sie mitten in dem Glanze ihres fürstlichen Ranges den Abgrund des menschlichen Elends nie aus den Augen verlieren wollen – dieser bescheidene, verborgene Platz ist ihr geblieben, und hat ihren Namen behalten. Hundert Jahre nach ihrem Tode, im Jahre 1331, gründete Landgraf Friedrich der Ernsthafte an der Stelle dieses Krankenhauses ihr zu Ehren ein Franziskanerkloster. Bei der Reformation ... wurde auch dieses Kloster aufgehoben. ... Das Monument der Wohlthäterin des Landes wurde nicht mehr geachtet, als die andern; die Steine verwandte man zur Befestigung des Schlosses. Nur ein Brunnen ist geblieben; eine Quelle reinen, erquicklichen Wassers fließt in ein einfaches, steinernes Becken, ohne allen Schmuck als etwa die vielen Blumen und das grünende Gras umher. An diesem Brunnen wusch die Landgräfin

---

72 [Charles Forbes René] Graf von Montalembert: Leben der heiligen Elisabeth von Ungarn, Landgräfin von Thüringen und Hessen (1207–1231)/aus dem Französischen übersetzt und mit Anmerkungen vermehrt von Jean Philippe Städtler. Regensburg ³1862, S. 297–309: «Wie eine große Hungersnoth Thüringen verheerte, und wie die liebe heilige Elisabeth alle Werke der Barmherzigkeit ausübte». – Die zur meistgelesenen Biographie der Heiligen avancierende Monographie Montalemberts, die romantisch-literarische Schilderung mit quellenkritischem Anspruch verband, stellt – vor allem in ihrer schon 1837 erstmals erschienenen deutschen Übersetzung – ein bis heute unverzichtbares Referenzwerk der Elisabethforschung dar. Zu Montalembert und seiner Elisabethmonographie siehe Stefan Gerber: «Die Heilige der Katholiken und Protestanten». Die heilige Elisabeth in konfessioneller Wahrnehmung während des «langen» 19. Jahrhunderts. In: Dieter Blume und Matthias Werner (Hrsg.): Elisabeth von Thüringen – eine europäische Heilige. Aufsätze. Petersberg 2007, S. 499–509, hier S. 500 f.

73 Montalembert/Städtler, Leben 1862 (wie Anm. 72) S. 306–309.

selbst das Leinenzeug der Armen. Er heißt noch heute Elisabethenbrunnen. Eine dichte Pflanzung umher verbirgt diesen Platz den meisten Vorübergehenden; auch sind noch einige Trümmer einer Mauer vorhanden; diese Stelle hat das Volk Elisabethengarten genannt.»

Obgleich der den Spuren Elisabeths folgende katholische Pilger beklagen musste, dass «alle Denkmäler, von der fürstlichen Almosengeberin gegründet, untergegangen» seien und die «Erinnerung an aufwieglerischen Stolz – Montalembert spielte auf die lutherische Reformation an – das Andenken an Elisabeths Demuth und Milde enthront» habe, waren es zumindest die an den Orten haftenden Namen, die das historische Geschehen, wenn auch nur noch schattenhaft, in die Gegenwart des französischen Elisabethverehrers trugen.

Um sich der Geschichte dieser Namen zu versichern, griff Montalembert auf die frühneuzeitliche Eisenacher Stadtgeschichtsschreibung zurück. Die Eisenacher Historien von Toppius, Paullini und Limberg aufnehmend[74] erzählte er von dem unterhalb der Wartburg gelegenen Elisabethbrunnen und dem ihn umgebenden Elisabethgarten. Von den baulichen Überresten des Klosters, das während der Reformation 1525 untergegangen und schon Anfang des 17. Jahrhunderts nahezu vollständig abgebrochen war[75], fand Montalembert lediglich Mauerreste, die nach den archäologischen Befunden vermutlich im 18. Jahrhundert freigelegt worden waren.

Hatte der Franzose Montalembert in seiner Begeisterung für die hl. Elisabeth als soziale Heilige und Leitfigur des katholischen Liberalismus des 19. Jahrhunderts den unter dichtem Pflanzenwuchs dahir·dämmernden Ort ihres Wirkens zu beseelen versucht, so versicherte man sich nur wenige Jahre später auch von liberal- und nationalprotestantisch deutscher Seite nachdrücklich dieser Stätte – auch davon beflügelt, dass sie seit dem 15. Jahrhundert als Schauplatz des Rosenwunders galt, der berühmtesten Legende der Elisabethhagiographie, die genau zu dieser Zeit durch Ludwig Bechsteins «Sagenschatz des Thüringer Landes» (1835–1838) eine enorme Popularisierung als deutsche Nationalsage erfuhr[76]. Im Zuge der Erneuerung der Wartburg unter den Großherzögen Carl Friedrich (†1853) und Carl Alexander von Sachsen-Weimar und

---

74 ANDREAS TOPPIUS: Historia der Stadt Eisenach, verfasset Anno 1660 (Beiträge zur Geschichte Eisenachs. 25.2). Eisenach 1916 [Nachdruck der Ausgabe Eisenach 1710], S. 13; CHRISTIAN FRANCISCUS PAULLINI: Historia Isenacensis, variis literis et bullis caesarum, pontificum, principum aliorumque ... Frankfurt/M. 1698, S. 42, 78; JOHANNES LIMBERG: Das im Jahr 1708 lebende und schwebende Eisenach. Stralsund/Eisenach 1709, S. 220.

75 MATTHAEUS MERIAN und MARTIN ZEILLER: Topographia Superioris Saxoniae, Thüringiae, Misniae, Lusatiae ... Franckfurt/M. 1650, S. 51: «... ein Clösterlein unter dem Schloß Wartburg von S. Elisabethen erbawet/ und hernach Anno 1336. [sic!] von Friderico Landgraf in Thüringen unnd Marggraf zu Meissen/in eine Cell zur Ehre S. Elisabethen verwandelt worden/davon vor 30. Jahren noch etwas gestanden/jetzo aber kaum der Grund davon zu sehen.»

Eisenach (†1901) und ihres Ausbaus zu einem deutschen National- und Geschichtsdenkmal wurde 1851 der Elisabethbrunnen im romantisierenden Stil neu gefasst und das sich oberhalb des Brunnens erstreckende Gelände des Elisabethgartens bereinigt[77]. Das solcherart zu einem Erinnerungsort an die hl. Elisabeth umgestaltete, nunmehr zumeist als Elisabethplan bezeichnete Areal bewahrte man bis in die Gegenwart und stattete es anlässlich von Elisabeth-jubiläen weiter aus. Auf dem oberhalb des Brunnens gelegenen Plateau, wo man gemeinhin das Elisabethhospital und die Kirche der Elisabethzelle lokalisierte, wurde zum 700. Todesjahr Elisabeths 1931 ein Holzkreuz errichtet und 1991 eine überlebensgroße Bronzestatue der Elisabeth des Rosenwunders aufgestellt[78].

---

76 LUDWIG BECHSTEIN: Die Sagen von Eisenach und der Wartburg, dem Hörseelberg und Rein-hardsbrunn (Der Sagenschatz und die Sagenkreise des Thüringerlandes. 1). Hildburghausen 1835, S. 63–65, Nr. 14: Elisabeths Rosen. Siehe dazu jetzt HEINRICH WEIGEL: Zur Rezeption des Elisabethstoffes durch den thüringischen Sagensammler und Märchendichter LUDWIG BECH-STEIN. In: Wartburg-Jahrbuch 2006. 15(2008), S. 80–98. Zu der wahrscheinlich auf JOHANNES ROTHE zurückgehenden Lokalisierung des Rosenwunders siehe bei Anm. 44.

77 GEORG VOSS: Die Stadt Eisenach (PAUL LEHFELDT und GEORG VOSS: Bau- und Kunstdenkmäler Thüringens. Heft 39). Jena 1915, S. 304 f.; GEORG VOSS: Die Wartburg (PAUL LEHFELDT und GEORG VOSS: Bau- und Kunstdenkmäler Thüringens. Heft 41). Jena 1917, S. 229 f. Schon um 1700 soll die Herzogin von Sachsen-Eisenach, Sophie Charlotte (1671–1717), den Brunnen erneuert und mit einer Inschrift versehen lassen haben, die an die Hospitalgründung Elisabeths an dieser Quelle 1226 erinnerte; PETER, Hospitäler 1907 (wie Anm. 10) S. 32; siehe auch SCHWARZ, Elisabethplan (wie Anm. 4) S. 75 f.

78 SCHWARZ, Elisabethplan (wie Anm. 4) S. 84.

Die schriftlichen Nachrichten über den
Elisabethplan bis zu Hugo von Ritgen 1860

Erste Lebensbeschreibung Elisabeths von Thüringen (auch «Summa Vitae») im Brief ihres Beichtvaters KONRAD VON MARBURG (um 1180/90–1233) an Papst Gregor IX. vom 16. November 1232.

ALBERT HUYSKENS: Quellenstudien zur Geschichte der hl. Elisabeth, Landgräfin von Thüringen. Marburg 1908, S. 155–160, hier S. 156 f.; EWALD KÖNSGEN (Hrsg. und Übers.): CAESARIUS VON HEISTERBACH. Das Leben der Heiligen Elisabeth und andere Zeugnisse (Veröffentlichungen der Historischen Kommission für Hessen 67. Kleine Texte mit Übersetzungen. 2). Marburg 2007, S. 127–135, hier S. 128:	EWALD KÖNSGEN (Hrsg. und Übers.): CAESARIUS VON HEISTERBACH. Das Leben der Heiligen Elisabeth und andere Zeugnisse (Veröffentlichungen der Historischen Kommission für Hessen 67. Kleine Texte mit Übersetzungen. 2). Marburg 2007, S. 127–135, hier S. 129:
«Duobus annis antequam michi commendaretur, adhuc vivente marito suo, confessor eius[a] extiti, ipsam querelosam reperiens, quod aliquando fuerit coniugio[b] copulata et quod in virginali flore non poterat presentem vitam terminare. Eorum tempore marito suo in Apuleam ad imperatorem proficiscente per universam Alemanniam caristia gravis est suborta, ita ut multi fame morerentur. Iamiam[c] soror E. polleri[d] cepit virtutibus; quoniam, sicut in omni vita sua pauperum fuit consolatrix, ita tunc plene esse[e] famelicorum reparatrix, precipiens sibi iuxta[f] quoddam castrum suum hospitale fieri, in quo plurimos infirmos et debiles recollegit, omnibus etiam elemosinam ibi requirentibus caritatis beneficium large distribuit[g],...»	«Schon zwei Jahre zuvor, ehe Elisabeth mir anempfohlen wurde, bin ich noch bei Lebzeiten ihres Gatten, ihr Beichtvater geworden. Da fand ich sie wehklagend, daß sie sich jemals ehelich gebunden hatte und also nicht als Jungfrau ihr irdisches Leben beschließen konnte. Als nun zur selben Zeit ihr Gemahl zum Kaiser nach Apulien zog, entstand in ganz Deutschland eine schwere Teuerung, so daß viele Hungers starben. Alsbald begann Schwester Elisabeth die Kraft ihres tugendreichen Wirkens zu erweisen. Denn, wie sie ihr Leben lang eine Trösterin der Armen gewesen war, so fing sie jetzt an, schlechthin eine Ernährerin der Hungernden zu sein, indem sie nahe ihrer Burg ein Hospital bauen ließ, in welches sie sehr viele Kranke und Schwache aufnahm; auch allen, die dort Almosen erbaten, gewährte sie reichlich die Spende der Barmherzigkeit,...»

ᵃ Könsgen 2007: «ejus»
ᶜ Könsgen 2007: «Jamjam»
ᵈ Könsgen 2007: «pollere»
ᵉ Könsgen 2007: «plene cepit esse»

ᶠ Könsgen 2007: «Juxta»
ᵇ Könsgen 2007: «conjugio»
ᵍ Könsgen 2007: «distribui» –
wohl Druckfehler

Der sog. «Libellus» heißt vollständig «Libellus de dictis quatuor ancillarum» – «Büchlein über die Aussagen der vier Dienerinnen» und ist als ausführlicher Originalbericht die wichtigste Quelle über Elisabeths Leben. Diese Aufzeichnungen über die Aussagen der Dienerinnen Elisabeths vom Januar 1235 entstanden im Rahmen des Heiligsprechungsverfahrens (Kanonisationsprozess). Der nicht original erhaltene Text lässt sich aus zwei Zusammenfassungen nachvollziehen:

1. aus der 1235/36 in Marburg zusammengestellten Kurzfassung und
2. aus der kurze Zeit später, noch vor 1241 verfassten Langfassung.

Langfassung zur Hospitalgründung:

ALBERT HUYSKENS: Der sog. Libellus de dictis quatuor ancillarum S. Elisabeth confectus. Kempten/München 1911, S. 28, Zeile 770–786; KÖNSGEN, Caesarius 2007 (wie oben) S. 137–193, hier S. 152:	KÖNSGEN, CAESARIUS 2007 (wie oben) S. 137–193, hier S. 153:
«Item tempore generalis famis et caristie lantgravio profecto ad curiam Cremonensem omnem annonam de suis grangiis specialibus collectam in pauperum elemosinas expendit ... Sub castro Warthberch altissimo, ubi tunc fuit, erat magna domus, in qua plurimos reponebat infirmos, qui eneralem elemosinam non poterant expectare, quos non obstante multa difficultate ascensus et descensus singulis diebus pluries visitabat, consolans eos et tractans cum eis de patientia et salute anime ac singulorum desiderio tam in potu quam cibariis in omnibus satisfaciebat, vendens etiam ornamenta sua in alimoniam eorum.»	«Zur Zeit der allgemeinen Hungersnot (1226) – ihr Gemahl war zum Hof nach Cremona abgereist – verteilte sie die ganze Jahresrente aus seinen eigenen Kornkammern als Almosen an die Armen ... Am Fuße der hochgelegenen Wartburg, wo sie damals weilte, stand ein großes Haus. Darin brachte sie sehr viele Kranke unter, die zur allgemeinen Almosenverteilung nicht kommen konnten. Sie besuchte die Insassen dieses Hauses ohne Rücksicht auf den sehr mühsamen Ab- und Aufstieg mehrmals am Tage, tröstete sie, sprach mit ihnen über geduldiges Ausharren und ihr Seelenheil und stillte ihnen vollauf Hunger und Durst.»

Kuzfassung zur Hospitalgründung:
ALBERT HUYSKENS: Quellenstudien zur Geschichte der hl. Elisabeth,
Landgräfin von Thüringen. Marburg 1908, S. 112–140, hier S. 119:

«Item tempore generalis famis et caristie lantgravio profecto ad curiam Cremonensem
omnem annonam de suis grangiis specialibus collectam in pauperum elemosinas
expendit ...
Sub quodam altissimo castro, in quo ipsa fuit, erat quedam magna domus, in qua
plurimos reponebat infirmos, qui generalem elemosinam non poterant expectare, quos
non obstante multa ascensus et des census singulis diebus pluries visitabat, consolans
eos et tractans cum eis de patientia et salute anime et singulorum desiderio in omnibus
satisfaciebat, vendens etiam ornamenta sua in alimoniam eorum.»

(Langfassung) ALBERT HUYSKENS: Der sog. Libellus de dictis quatuor ancillarum S. Elisabeth confectus. Kempten/München 1911, S. 29, Zeile 799–807; (Kurzfassung) ALBERT HUYSKENS: Quellenstudien zur Geschichte der hl. Elisabeth, Landgräfin von Thüringen. Marburg 1908, S. 112–140, hier S. 119; KÖNSGEN, CAESARIUS 2007 (wie oben) S. 137–193, hier S. 152:	KÖNSGEN, CAESARIUS 2007 (wie oben) S. 137–193, S. 153:
«Preter hos in eadem domo habuit multos puerulos pauperes, quibus bene providit, tam benigne et dulciter se circa ipsos habensa, ut eam omnes matrem appellarent et circa eam intrantem domum se collocarent ad eam currendo.» [a]HUYSKENS 1908: «se habens circa ipsos»	«Außer den Kranken unterhielt sie in diesem Haus auch viele arme Kinder. Sie war so gütig und liebevoll zu ihnen, daß alle sie ‹Mutter› nannten, beim Betreten des Hauses auf sie zuliefen und freudig umringten.»

Der lombardische Dominikaner JACOBUS DE VORAGINE (1230–1298) verfasste 1272/76
ein Goldenes Buch (Legenda Aurea) über Heiligenleben, in dem sich der Elisabeth-
Abschnitt im Wesentlichen auf den längeren Libellus stützt.

GIOVANNI PAOLO MAGGIONI (Ed.): IACOPO DA VARAZZE. Legenda aurea (Millennio medievale 6. Testi 3). [Teil 2]. Florenz 1998, S. 1162, Satz 93–95:	RICHARD BENZ (Übers.): Die Legenda aurea des JACOBUS DE VORAGINE. Berlin 1963, S. 950:
«Ipsa hospitio peregrinos et pauperes suscipiebat; domum enim maximam sub altissimo castro suo construxerart, in qua infirmorum magnam multitudinem refouebat. Quos diebus singulis non obstante difficultate ascensus uel descensus uisitans eis ...»	«Sie [Elisabeth] beherbergte die Pilger und Armen; darum so hatte sie am Fuße ihrer hohen Burg ein Haus gebauet, darin sie die Schar der Siechen pflegte; sie besuchte sie alle Tage und ließ sich die Mühe nicht verdrießen, hinabzusteigen und wieder hinauf ...»

S. 1162 f., Satz 97:

«In eadem quoque domo puerulos pauperum feminarum nitriri cum summa deligentia faciebat, quibus se tam dulcem er humilem exhibebat ut eam omnes matrem uocarent et intrantem domum cuncti tamquam matrem filii sequerentur et ante se cateruatim cum summo studio collacarent.»	In demselben Hause ließ sie die Kinder armer Frauen aufziehen mit Fleiß, denen war sie so mild und lieblich, daß sie sie ihre Mutter hießen; trat sie in das Haus, so liefen ihr alle nach, als Kinder ihrer Mutter tun, und stunden mit Fleiß vor ihr zuhauf.»

DIETRICH VON APOLDA (um 1230– nach 1301/02) war Dominikanermönch in Erfurt und schrieb 1289/94 die im Spätmittelalter am weitesten verbreitete selbständige Elisabeth-Vita. Hier DIETRICH VON APOLDA, lib. III, cap. IV.

MONIKA RENER (Hrsg.): Die Vita der heiligen Elisabeth des DIETRICH VON APOLDA (Veröffentlichungen der Historischen Kommission für Hessen. 53). Marburg 1993, S. 55 f.; MONIKA RENER (Hrsg. und Übers.): Das Leben der Heiligen Elisabeth /DIETRICH VON APOLDA (Veröffentlichungen der Historischen Kommission für Hessen. 67.3). Marburg 2007, S. 90:	MONIKA RENER (Hrsg. und Übers.): Das Leben der Heiligen Elisabeth / DIETRICH VON APOLDA (Veröffentlichungen der Historischen Kommission für Hessen. 67.3). Marburg 2007, S. 91:
«Anno autem M°CC°XXV° profici-scente in Apuleam ad imperatorem Fredricum Ludowico Thuringie lant-gravio ad curiam Cremonensem per totam Alemanniam suborta est caristia gravis et fere duobus annis perdurans multos fame peremit. Tunc misericors Elyzabeth miserorum compassione permota omnem annonam de suis grangiis collectam in pauperum elemo-sinas erogavit ... Sub castro eciam Wartberch altissimo, ubi tunc morabatur, hospitale consti-tuit, in quo infirmos et debiles pluri-mosque, qui generalem elemosinam expectare non poterant, collocavit. Quos non obstante montis altitudine singulis diebus pluries visitabat singu-lorum desiderio satisfaciens tam in cibo quam in potu.»	«Im Jahr 1225, als der thüringische Landgraf Ludwig zu Kaiser Friedrich II. nach Italien an den Hof zu Cremona zog, trat in ganz Deutschland eine bedrückende Hungersnot auf, die fast zwei Jahre anhielt und viele Menschen Hungers sterben ließ. Damals verteilte die barmherzige Elisabeth aus Mitleid alle Erträge ihrer Landgüter zur Unterstützung der Armen ... Unterhalb der hoch aufragenden Wartburg, wo sie damals weilte, errich-tete sie ein Hospital, in dem sie viele Kranke und Schwache aufnahm, die das allgemeine Austeilen der Almosen nicht durchstehen konnten. Diese besuchte sie mehrmals täglich und ließ sich davon auch nicht durch den steilen Berg ab-halten. Sie gab ihnen zu essen und zu trinken, so viel sie begehrten.»

Das um 1300 entstandene umfangreiche Reimlegendar – das «Passional» – enthält in seinem dritten Teil über Heiligenleben eine Elisabethlegende von über 1.000 Versen, die nicht auf DIETRICH VON APOLDA, sondern auf KONRAD VON MARBURG, dem Libellus und wahrscheinlich der Legenda Aurea basiert.

FRIEDRICH KARL KÖPKE (Hrsg.): Das Passional. Eine Legenden-Samm-lung des dreizehnten Jahrhunderts (Bibliothek der gesammten deutschen National-Literatur von den ältesten bis auf die neuere Zeit. [Abth. 1]. 32). Quedlinburg/Leipzig 1852, S. 621, Vers 48–61:	neuhdt. von SYBILLE NEUMANN-BOLLO (Eisenach)
«der hunger was ein teil zu breit an die lute gewant uber gemein daz dutsche lant was sin druckender sweif. Elisabet die gute greif do an ihres herren gut. ir barmherziger mut gab de verre und bi ir almusen harte vri. der lantgreve was genant do vurste uber vier lant und hete gutes vil dar ab, daz Elisabet ot hin gab den armen luten in der stunt.»	Allzusehr litten die Menschen unter dem Hunger. Wie ein wildes Tier breitete er seinen bedrückenden Schweif über die ganzen deutschen Lande. Elisabeth die Gute nahm da etwas vom Gute ihres Herrn. In ihrer barmherzigen Gesinnung gab sie allen, seien sie aus nah oder fern sehr großzügige Almosen. Derjenige, der hier Landgraf genannt wurde, herrschte als Fürst über vier Länder und hatte daraus viele Güter (Einnahmen), die Elisabeth in jener Zeit an die armen Leute ausgab.
S. 621, Vers 74–77: «ouch liez die vrowe machen einen spital da bi ir darin wart nachirre gir manic sieche do gebracht.»	Auch ließ die edle Frau in ihrer Nähe ein Spital bauen, darin wurden nach ihrem Willen viele Kranke gespeist(?).

Der Verfasser einer mittelhochdeutschen Verslegende über das Leben Elisabeths gab um oder kurz nach 1300 im Wesentlichen die Vorlage DIETRICH VON APOLDA wieder.

MAX RIEGER (Hrsg.): Das Leben der heiligen Elisabeth (Bibliothek des Literarischen Vereins in Stuttgart). Stuttgart 1868, S. 162, Vers 3507 bis 3517:	neuhdt. von SYBILLE NEUMANN-BOLLO (Eisenach)

«Von der burge hin zu dal,
Da man zu der stede sal,
Di an des berges fuze lit.
Da hiez di frouwe in dirre zit
Machen nu zu disem mal
Ein lobeliches spital:
Da inne solten ligen
Siechen, di gestigen
Zu berge nit enmochten
Joch zu gene endochten
Nach der almûse uffen berg.»

S. 167 f., Vers 3707 bis 3718:
«Da si der siechen houbet bloz
Nam dugentliche in iren schoz,
Di si mit flize batte
Unde in gemach begatte.
Si hatte ouch in dem male
In diseme hospitale
Echte unde zwenzic siechen do
Besetzet ordenliche also,
Wanne der ein gesturbe,
Liblicher e verdurbe,
Daz ie des selben bette
Zu hant ein ander hette.»

Von der Burg ins Tal hinunter
konnte man die Stätte sehen,
die am Fuß des Berges liegt.
Da befahl die edle Frau in jener harten Zeit
den Bau eines Spitals,
das des Lobes wert sein sollte.
Darin sollten die Kranken eine Zuflucht
finden, die es nicht vermochten,
den Berg zu besteigen,
die aber nach den Almosen verlangten,
die es auf dem Berg gab.

Da barg sie die nackten Köpfe der
Kranken wie es Tugend gebot in
ihrem Schoß,
sie badete sie fleißig und verschaffte
ihnen einen Raum zum Liegen.
Sie hatte damals
dieses Spital so mit
achtundzwanzig Kranken
nach ihrer eigenen Regel besetzt,
daß, wenn einer starb,
also sein Leib dahingegangen war,
sogleich sein Bett
einem anderen zur Verfügung stand.

Die Reinhardsbrunner Chronik schrieb in den 1340er Jahren ein Mönch des Klosters aus mehreren Vorlagen zusammen und nutzte zur Landgräfin Elisabeth das Werk DIETRICHS VON APOLDA.

OSWALD HOLDER-EGGER (Ed.): Cronica Reinhardsbrunnensis. In: Monumenta Germaniae Historica. Scriptores. Bd. 30. T. 1. Hannover 1896, S. 490–656, hier S. 603, Zeile 41–43:

[zu 1226] «Proficiscente igitur in Apuliam ad imperatorem Fredericum pio Ludewico Thuringorum lantgravio ad curiam Cremonensem, per totam Alemaniam suborta est caristia gravis et fere duobus annis durans multos fame peremit, quia ventus excusserat annonam precedenti anno.»

Als der fromme Landgraf Ludwig von Thüringen also von Apulien zum Kaiser Friedrich an den Cremonaer Hof aufbrach, entstand in ganz Deutschland eine schwere Teuerung und fast zwei Jahre während tötete sie viele durch Hunger, weil Sturm im vorigen Jahr das Getreide ausgerissen hat.

S. 606, Zeile 3–5:

«Moram igitur faciente lantgravio apud imperatorem, nobilissima uxor eius sancta Elizabeth, [mire devocionis mulier], construxerat hospitale pauperum in pede montis castri Wartperg, in quo locaverat XXVIII pauperes tali condicione, ut uno mortuo in continenti alter eius uteretur lecto.»	Während also der Landgraf Aufenthalt beim Kaiser nahm, hatte seine sehr edle Gattin, die hl. Elisabeth, eine Frau von wunderbarer Frömmigkeit, das Hospital für die Armen am Fuße des Berges der Burg Wartberg errichtet, in dem sie 28 Arme unter einer solchen Bedingung untergebracht hatte, dass bei einem Toten dessen Bett anschließend ein anderer benutzt.

Die kurz vor 1400 im Eisenacher Dominikanerkloster entstandene Thüringische Chronik, nach dem Herausgeber des 18. Jahrhunderts «Pistoriana» genannt, erwähnt die Klostergründung unter dem Jahre 1336.

Historia Erphesfordensis anonymi scriptoris de landgraviis Thuringae. [Pistoriana]. In: JOHANNES PISTORIUS und BURKHARD GOTTHELF STRUVE (Ed.): Rerum Germanicarum scriptores. Regensburg ³1726, S.1296–1365, hier S.1343, cap. 90:	
«De fundatione cellae sub castro Warchberch in honorem S. Elizabeth ... Anno domini MCCCXXXVI, Fridericus marchio aedificavit Cellam beatae Eliszabeth pro fratribus Minoribus sub castro Warckberg. (d)» «(d) PAULLINI Ann. Isenacenses §. LXXXV.»	Über die Gründung der Zelle unter der Wartburg zu Ehren der hl. Elisabeth ... Im Jahre des Herrn 1336 hat Markgraf Friedrich die Zelle der seligen Elisabeth für Minderbrüder unterhalb der Burg Wartberg erbaut.

Die im Umfeld des Eisenacher Franziskanerklosters nach 1414 bis 1418 niedergeschriebene Thüringische Chronik, nach dem Herausgeber des 18. Jahrhunderts «Eccardiana» genannt, erwähnt die Hospitalgründung.

Historia de landgraviis Thuringiae. [Eccardiana]. In: JOHANN GEORG ECCARD (Ed.): Historia genealogica principum Saxoniae superioris. Leipzig 1722, Sp. 351–468, hier Sp. 418, Zeile 15–21:	

[zu 1226] «Post hoc idem Lodewicus recessit cum Imperatore ad Longobardiam, & fuit ibi quasi per annum. Interim magna fames fuit inWartperc, in quo locaverat XXVIII. Almania; Et B. Elisabeth, mirae devotionis milier, construxerat hospitale pauperum in pede montis pauperes.»	[zu 1226] Danach ging dieser Ludwig zum Kaiser in die Lombardei weg, und wo er gleichsam über das Jahr gewesen ist. Inzwischen ist eine große Hungersnot in Deutschland gewesen; und die selige Elisabeth, eine Frau von wunderbarer Frömmigkeit, hatte das Hospital am Fuße des Berges Wartberg errichtet, in dem sie 28 Arme untergebracht hat.

Der Eisenacher Kleriker und Stadtschreiber JOHANNES ROTHE (um 1360–1434) erwähnt den Hospitalbau Elisabeths bzw. die Gründung des Franziskanerklosters in seinen vier Geschichtswerken:

1. in der zwischen 1412/14 und 1418 verfassten Eisenacher Chronik,
2. in der Thüringischen Landeschronik von zwischen 1414 und 1418/19,
3. in der Thüringischen Weltchronik von um 1420 und
4. im gereimten Elisabethleben von nach 1421.

Hospitalgründung bei ROTHE:

Eisenacher Chronik. In: WEIGELT, ROTHE 2007 (wie unten) S. 99–135, hier S. 113, Zeile 33–39:	neuhdt. von SYBILLE NEUMANN-BOLLO (Eisenach)
«Also man czalte noch Cristi gebort tusint zcweyhundert und sechß undzcwenczig jar, da was landgrave Lodewig das jar uße by dem keysere. Indes wart groß hungir yn Doringen und Hessen und ouch andern landen darumme gelegin. Da ubete sich sente Elsebethe zcu male sere an den armen luten zcu Ysenach und vorgab groß almosen. Und besundern so liez su undir Warperg, da iczunt or closterchin lit, eynen spetal buwin, da su achte und zcwenczig armer sichin ynne hatte, den man tegelichin yn orme angesichte wartin muste mit spise und mit trancke.»	Als man nach Christi Geburt das tausendzweihundert und sechsundzwanzigste Jahr zählte, weilte Landgraf Ludwig außerhalb Thüringens beim Kaiser. Indessen ward [herrschte] großer Hunger in Thüringen und Hessen und auch in anderen Ländern, die darum lagen. Da tat [ubete] Sankt Elisabeth an den Armen von Eisenach viele gute Werke und vergab große Summen als Almosen. Und besonders ließ sie unterhalb der Wartburg, da jetzt unser kleines Kloster liegt, ein Spital bauen, in dem sie achtundzwanzig arme Kranke beherbergte, deren Bedürftigkeit man täglich mit Speis und Trank abhelfen musste.

MARTIN J. SCHUBERT und ANNEGRET HAASE (Hrsg.): JOHANNES ROTHES Elisabethleben/aufgrund des Nachlasses von HELMUT LOMNITZER (Deutsche Texte des Mittelalters. 85). Berlin 2005, S. 84–86, Vers 2072–2110:

neuhdt. von SYBILLE NEUMANN-BOLLO (Eisenach)

«In dem selbin jare [1225] alzcu hant
Groß hunger qwam in Doringer lant ...
Disßes nam sich sente Elzebeth an
Unde liß maln unde backin
Unde das alßo warm uff sackin
Unde von Warperg her abe tragin
Unde gab das in den tagin
dem folke alßo grosße almosin, ...
Dy liebe frowe sente Elzebeth
Dy was alßo barmherczig hir meth,
Das sye alßo grosße almosin vorgab
Unde trug tag unde nacht ab
In erin spetal in der zcijt,
Do nu der barfusßin closter lijt,
Den sichin unde and den andern armen,
Dye sy botin, das sye sich erbarmen
Wolde, das sy nicht hungers storbin
Unde alßo jemerlich vortorbin.»

In dem selben Jahr [1225] kam alsbald
großer Hunger in das Thüringer Land ...
Dieser Hungersnot nahm sich Sankt
Elisabeth an
und ließ mahlen und backen und das
noch warme Brot aufladen
und von der Wartburg hinabtragen
und gab dieses und große Almosen
in jenen Tagen dem Volk, ...
Die liebe heilige Elisabeth
war in dieser Sache so barmherzig,
daß sie sehr große Almosen vergab
und Tag und Nacht trug sie Spenden
in ihr Spital in dieser Zeit,
dorthin, wo nun das Kloster der
Barfüßer liegt, zu den Kranken und den
anderen Armen, die sie baten, daß sie
sich ihrer erbarmen [annehmen] wolle,
damit sie nicht Hungers stürben
und so jämmerlich verdürben.

[Weltchronik] ROCHUS VON LILIENCRON (Hrsg.): Düringische Chronik des JOHANN ROTHE (Thüringische Geschichtsquellen. 3). Jena 1859, S. 352 f., cap. 435:

neuhdt. von SYBILLE NEUMANN-BOLLO (Eisenach)

«In demselben jare [1225] was alsso gross wynt yn der erne, das her das korn ussslug ... In demselbin jare do zoch lantgrave Lodewigk mit dem keisser Frideriche yn Appulien. unde do wart yn Doryngen unde yn Hessin zwei jar gross hungir, das vil lewte hungirss storben. Do wart sente Elisabet sere bekum mert mit armen lewten, wen sie gar vil

In demselben Jahr [1225] vernichteten starke Winde die Ernte, in dem sie das Korn aus den Ähren schlugen ... Im selben Jahr zog Landgraf Ludwig mit Kaiser Friedrich nach Apulien. Und da herrschte in Thüringen und in Hessen zwei Jahre lang große Hungersnot, sodaß viele Leute verhungerten. Da kümmerte sich die heilige Elisabeth sehr um die armen Leute und sie versorgte eine

volkes nerete. Sie sampnete do alle yres herren gulde, korn unde gelt, unde gap is allis den armen durch got. den armen krancken die nicht den stickeln bergk gesteigen mochten den liess sie unden, do sente Elisabethin clostir nu leit, eyn spetal buwen, do sye zu phlege ynne hatte 28 siechin. dorzu sso gab sie alle tage 300 menschen die almossen.»

große Menge Volkes. Sie nahm da das ganze Gut ihres Herrn, die Kornvorräte und Geld, und Gott gab ihr ein, alles den Armen zu geben, um Gottes Gebot zu erfüllen. Den armen Kranken, die nicht den Berg hinaufsteigen konnten, denen ließ sie unten, wo nun das Kloster zu Sankt Elisabeth liegt, ein Spital bauen, wo sie 28 Kranke zur Pflege beherbergte. Außerdem verteilte sie täglich Almosen an 300 Menschen.

Klostergründung bei ROTHE:

Thüringische Landeschronik. In: SYLVIA WEIGELT (Hrsg.): JOHANNES ROTHE. Thüringische Landeschronik und Eisenacher Chronik (Deutsche Texte des Mittelalters. 87). Berlin 2007, S. 1–98, hier S. 81, Zeile 25–27:

neuhdt. von SYBILLE NEUMANN-BOLLO (Eisenach)

«Also man schreib nach Cristi gebort tusent CCCXXXVI jar, da stiffte landtgrafe Friddrich der ernste die czelle unde das closterichen zu senthe Eliszabethen under Wartperg unde satczte daryn barfußen bruder.»

Man schrieb also das Jahr 1336 nach Christi Geburt, da stiftete Landgraf Friedrich der Ernste die Zelle und das Kloster Sankt Elisabeth unter der Wartburg und setzte Barfüßer-Brüder hinein.

Um 1500 setzen einige Abschreiber von JOHANNES ROTHE den Nachrichtenstrang über Hospital und Kloster unterhalb der Wartburg fort: ADAM URSINUS (1500), KONRAD STOLLE (um 1500) und WIGAND GERSTENBERG (1493–1515).

ADAM URSINUS aus Mühlberg war kein selbständiger Geschichtsschreiber, sondern gab in seinem 1500 beendeten Teil einer Thüringischen Chronik bis zum entsprechenden Abschluss die Landeschronik ROTHES wieder.

ADAM URSINUS: Chronicon Thuringiae Vernaculum usque ad annum MCCCCC. In: JOHANN BURCHARD MENCKE: Scriptores rerum Germanicarum praecipue Saxonicarum. T. III. Leipzig 1730, Sp. 1239–1356, hierzu Sp. 1313, Absatz B:

neuhdt. von SYBILLE NEUMANN-BOLLO (Eisenach)

«Do man schriebe nach Christi geburt 1336. da stiffte dieser Landgrafte der

Man schrieb das Jahr 1336 nach Christi Geburt. Da stiftete der Landgraf, der

| der Ernste die Zcell vnd Closter leyn zu S. Elisabeth vnter Wartberg, vnd satzte darein Barfuesser Bruder. &c.» | Ernste genannt wurde, die Zelle und das kleine Kloster zu Sankt Elisabeth unter der Wartburg und setzte Barfüßer-Brüder hinein. |

Der Erfurter Geistliche KONRAD STOLLE (1436–1501) gab in seiner von ihm um 1500 beendeten thüringisch-erfurtischen Chronik «Memoriale» zu unserem Thema ebenfalls JOHANNES ROTHE wieder.

RICHARD THIELE (Hrsg.): Memoriale. Thüringisch-erfurtische Chronik von KONRAD STOLLE (Geschichtsquellen der Provinz Sachsen. 39). Halle 1900, S. 148 f.:	neuhdt. von SYBILLE NEUMANN-BOLLO (Eisenach)
«105. Wy sente elsebete den spetal zu wartburg ge buwet hat. Item in deme selbige jare [1226], do czoch lantgrafe lodewig mit deme keysere in lamperten vnnd was da nahe eyn jar usse. Do wart gross hunger ubir alle dutcz land. Unde sente elsebete, dy eyn barherczig wip was, vnnd von innickeit buwete sy zu der czit einen spettal undir wartberg, dar zu satczte sy achteundczwencig sechen vnnd spissete alle tage wol dry hundert arme menschen, dy man neren muste in orer keynwertickeit, das sy es ane sach.»	105. Wie Sankt Elisabeth das Spital zur Wartburg gebaut hat. In demselben Jahr [1226] zog Landgraf Ludwig mit dem Kaiser in die Lombardei und war fast ein Jahr lang nicht da. Da herrschte in ganz Deutschland eine große Hungersnot. Und Sankt Elisabeth, die eine barmherzige Frau war, baute aus inniger Frömmigkeit zu dieser Zeit ein Spital unter der Wartburg, dahinein setzte sie 28 Kranke und speiste jeden Tag ungefähr dreihundert arme Menschen, die man ernähren mußte in ihrer Mittellosigkeit, die sie wahrnahm.

Der Hesse WIGAND GERSTENBERG (1457–1522) benutzte in seiner von 1493 bis 1515 abgefassten thüringisch-hessischen Landeschronik gleichfalls JOHANNES ROTHE.

| Landeschronik von Thüringen und Hessen bis 1247 und von Hessen seit 1247. In: HERMANN DIEMAR: Die Chroniken des Wigand Gerstenberg von Frankenberg (Veröffentlichungen der Historischen Kommission von Hessen und Waldeck [7,1]. Chroniken von Hessen und Waldeck 1). Marburg 1909, S. 1–318, hier S. 175: | neuhdt. von SYBILLE NEUMANN-BOLLO (Eisenach) |

«Frauwe Elyzabeth liss darzu under dem slossse eynen spital buwen, umbe der krancken willin, die nicht uff den berck vor das sloas mochtin gestigen. Der den alletzyt worden 28; unde wan eyner starp, so nam sie eynen andern uff in dasselbe bette. So auch derselbe, der gestorbin was, etzwas ymants schullig was, das betzalte sie gar. Auch ging sie allen tag den hohin berck herabe in den spital zu den krancken, unde wilche die allerhesslichstin unde allerunfledisch worin, denselbin warte sie allermeyst. ... Alsus schribet her Diderich in syme 3. Buche 6).»
«6) Dietr. 3, 6 Z. 8–10; 3, 7: S. 130 Z. 9–11; 3, 6 Z. 10–17.»

Frau Elisabeth ließ außerdem unter dem Schloss ein Spital für diejenigen Kranken bauen, die nicht auf den Berg direkt vor das Schloss steigen konnten. Es waren immer 28; und wenn einer starb, so nahm sie einen andern in dasselbe Bett auf. Wenn derjenige, der gestorben war, jemandem etwas schuldig geblieben war, dann bezahlte sie sogar seine Schulden. Auch ging sie jeden Tag den hohen Berg hinab in das Spital zu den Kranken und welche die allerhässlichsten und allerunflätigsten waren, um die kümmerte sie sich am allermeisten ... So schreibt Herr Dietrich [von Apolda] in seinem dritten Buch.

Der Theologe JAKOB MONTANUS (um 1486–um 1534) gab 1511 eine Vita Elisabeths heraus, die eine in Latein abgefasste Amplifikation (Erweiterung) der Elisabeth-Biographie DIETRICHS VON APOLDA war.

HERRMANN MÜLLER (Neu Hrsg.): Jacobi MONTANI SPIRENSIS Vita illustris ac Divae Elisabeth Hungarorum regis filiae. Heilbronn 1878, cap XI, S. 27:

«Exorta fame per universam Alemanniam anno a natali Christiano millesimo ducentesimo vicesimo quinto, quum in Apuliam Princeps ad Imperatorem profectus esset, Elisabeth explendae pietatis occasionem nacta, frumentum omne suae ditionis collectum, pauperibus erogare manu largissima coepit, ...
Sed quum animadverteret plurimos egenorum prae adversa valetudine aut membrorum incommodis, eleemosynae communis manere expertes, quod adscensu montis, in cujus vertice arx sita erat, praepedirentur, insigne xenodochium loco humillimo sub arce quamprimum construere adgressa est.»

Nach Ausbruch der Hungersnot über das gesamte Deutschland im Jahre 1225 nach Christi Geburt, als der Landgraf nach Apulien zum Kaiser aufgebrochen war, traf Elisabeth eine Vorkehrung von vollkommener Barmherzigkeit, verteilte alles Getreide aus ihrer Botmäßigkeit und begann den Armen mit freizügiger Hand auszugeben.
Als es aber sehr viele der Bedürftigen wegen der vorhandenen Gesundheit oder der Schäden an Körperteilen bestrafte, versuchten sie, die Almosen gemeinsam zu erhalten, weil sie am Aufstieg des Bergs, auf dessen Gipfel die Burg gelegen war, gehemmt waren, unternahm sie es, das hervorragende Hospital an einem niedrigeren Ort unterhalb der Burg möglichst bald zu errichten.

Durch den Eisenacher Pfaffensturm im April 1525 vor dem Eintreffen des aufständischen Bauernhaufens war das Kloster unterhalb der Wartburg noch nicht eingenommen worden.

Der Schosser zu Salza ANTONIUS TROTZSCHEL an Sittich von Berlepsch [Salza] 24. April 1525. In: FELICIAN GESS (Hrsg.): Akten und Briefe zur Kirchenpolitik Herzog Georgs von Sachsen. Bd. 2. 1525–1527. Leipzig/Berlin 1917. Nachdruck Köln/Wien 1985, Nr. 866, S. 119–121, hier S. 120, Zeile 28–33:

«Hat heute der doctor2) gepredigt, das das volk wolt stark im glauben stehen, danne monche, pfaffen und nonnen worden diser stund all hinweg getriben werden, dann es were beßer, das die stadt nheme, was der geystlichen ist, danne das die schwarzen bauern tun sollten. Also seys auch geschehen, pfaffen, monche und nonnen sind all aus Ißnach getriben. Alleyne in s. Ellizabet capelln solln die barfüßermonche noch seyn.
2) Dr. Jacob Strauß.»

Das Archiv des Amtes Wartburg/Eisenach wurde Mitte des 19. Jahrhundert nach Weimar überführt und seine Aktenbestände in das damalige Gemeinschaftliche Hauptarchiv des Sachsen-Ernestinischen Gesamtarchivs eingearbeitet. Aus solchen Wartburg-Akten, die heute nicht mehr auffindbar sind, gibt es abschriftliche und andere Wiedergaben zum Elisabeth-Kloster unterhalb der Wartburg, so in:
A.) Findbuch zur Registrande S im Thüringischen Hauptstaatsarchiv Weimar;
B.) Abschriften aus den Wartburg-Akten auf der Wartburg, darunter vom Weimarer Archivar CARL AUGUST HUGO BURKHARDT (1830–1910);
C.) unveröffentlichtes Manuskript von WALTER BACHMANN.

A.) Thüringisches Hauptstaatsarchiv Weimar, Registrande S., Bau-Artillerie-Angelegenheiten Abt. I [Findbuch], Bl. 87r, Nr. 6:
«Ao. 1539. Eberhardten v. der Thann wird befohlen, ... dem bau am Schloß Warthburg besichtigenn ... Wie solcher allein Zur nothdurfft vorzunehmen, wirdt auch vorwilliget, das die Steine zu bemeltenn bau, von dem Closterlein, so am berge gelegen genohmen vnd gebraucht werden sollen.»
B.) Wartburg-Stiftung Eisenach, Archiv, AbAW 1, «Nachrichten aus dem s.g. wartburgischen Archive zu Eisenach über die Bauten auf Wartburg in den Jahren 1489–1568», Abschrift, alte Nr.: 33
Bl. 9r: zu 1540 – «Zu St. Elisabeth wurden zwei Stück Mauer umgeschraubet.»
Bl. 11r: «1545 ward das Dach der Kirche zu St. Elisabeth gebessert und auf Sie ‹Schebln› aus Strohe gemacht und an die Thür der Kirche ein Schloss.»
«1539. Bau auf der Wartburg ... die Steine zu dem Bauen sollten von dem am Berge gelegenen Klösterlein genohmen werden, doch daß die Kirche und die Mauer darum ganz gelassen und nicht umgebrochen würden.»
Bl. 17r: zu 1550 – «6. Ziegeldeckerarbeit. ... Zu diesem Baun sollten die nötigen Ziegeln zum Theile genommen werden von den Dächern in der Carthaus und auf der Kirche d. h. Elisabeth.»
Wartburg-Stiftung Eisenach, Archiv, AbAW 2, «Nachrichten über die Örtlichkeiten und Gebäude der Wartburg in den Jahren 1499–1563», Abschrift, alte Nr.: 34

S. 5: «1539. Bau auf der Wartburg ... die Steine zu dem Bauen sollten von dem am Berge gelegenen Klösterlein genommen werden, doch daß die Kirche und die Mauern darum ganz gelassen und nicht umgebrochen würden.»

S. 11: zu 1549 – «Es wäre daher gut, den Sal mit Ziegeln zu decken. Unter dem Schlosse stünde eine Kirche, St. Elisabeth Kloster genannt, welche unnütze sei und von selber einfalle, ferner ... [weitere Gebäude an anderen Orten] diese Gebäude hätten gute Ziegeln, den Sal zu decken.

Darauf ward befohlen, das Schindelhaus (d. i. das Landgrafenhaus) mit den Ziegeln auf der Carthaus Kirche und auf der Kirche unter der Wartburg zu decken.»

Wartburg-Stiftung Eisenach, Archiv, AbAW 3, «Archivalische Nachrichten über die Wartburg» 1448–1677, Abschriften von Dr. Burkhardt aus Staatsarchiv Weimar:

«1525 Mich – Ostern 1526. N. 15. ...

Damals kam die Reinhardsbr. u. Elisabethkloster-Kleinodien nach Weimar.»

«1540–41. N. 31. ...

Hinderster Thurm für den Widertäufer Fritz gemacht. Stein im Klösterlein gebrochen.»

«1545–46. N. 36. ...

Dachbesserung an St. Elisabeth. Reparat. auf Wartbg.»

«1550 Reg. L. fol. 695–706. I. Nr. 2 ...

Saal zu decken mit Doppeldach, Ziegeldach in der Carthause abzutragen u. die Ziegeln auf die Wartbg. zu schaffen, ebenso von St. Elisabethkirche, das große Ziegeldach, bisher Schindeldach ...

Dach über dem Saal ist Schindeldach, soll nun mit Ziegeln (Carth. u. Elisabth) gedeckt werden.»

C.) Wartburg-Stiftung Eisenach, Archiv, WALTER BACHMANN: Die Baugeschichte der Wartburg. [unveröffentlichtes Manuskript], [III. Teil] Der Palas und die Kemenate der Wartburg,

S. 9: Anweisung des Herzogs an von der Thann vom Jahre 1539: «die steine zu bemelten paw von dene Closterleyn, so am Berge gelegen... genommen werden und gebraucht werden, doch daß die Kirche und die Mauern darum ganz gelassen werden und nicht weggebracht werden.»

S. 11: zu 1550 – «Was von ziegeln mangeln wollen, kann man sich an der Kapelln under dem schloß holen.»

Thüringisches Hauptstaatsarchiv Weimar, Eisenacher Rechnungen, Nr. 3210, Rechenung des Amptes Eyssenach, 1548, Bl. 90v:

«j [1] guth ßo [Solidus=Gulden] xl [40] gl [Groschen] vonn sonntags jubilate [1548: 22. April] biß die wochen Assu[m]ptions marien [15. August] von fritzen dem widerteuffer j wochen v gl Kostgelt, vnd ist solche zeit verstorbenn semt xvj [16] wochenn, viij [8] gl, ettlichen gesellen vnd dem Todengel bey gegeben, welche In aus dem Thorm getzogen, und vnther warthburgk, zu Sant elisabeth begraben haben.»

Aus den beiden Jahrzehnten vor und nach 1600 stammen einige chronikartige Zusammenstellungen zur thüringischen Geschichte ohne besonderen Neuigkeitswert zur mittelalterlichen Geschichte, in denen auch die Aussagen zu Hospital- und Klosterbau am Elisabethplan lediglich aus mittelalterlichen Werken exzerpiert sind, andererseits die Erinnerung wach gehalten wurde: RIVANDER (1581), MERLE (1596), BANGE (1599), BECHERER (1601) und BINHARD (1613).

Der strenge Lutheraner ZACHARIAS RIVANDER (1553–1594) wiederholt in seiner thüringischen Chronik von 1581 zu Elisabeth nur bereits bekannte Aussagen.
ZACHARIAS RIVANDER: Düringische Chronica. Von Ursprung und Herkommen der Düringer ... Frankfurt a. M. 1581, S. 415:
«Anno 1336. da stifftet Landgraff Friderich/der Ernste/die Zell vnd das Clösterlein vnter Wartburg/vnd setzet Barfüsser Mönche dareyn.»

Eine vergleichsweise kurze Reimchronik von Eisenach bis 1596 schrieb der Eisenacher MELCHIOR MERLE im Alter von 64 Jahren nieder.
HERRMANN MÜLLER (Hrsg.): MELCHIOR MERLE's Reimchronik von Eisenach, Thüringen und Hessen. Eisenach [1877], S. 8:
«1226 Als Landgraf Ludwig um die Zeit
Auf Befehling zum Kaiser reit,
Ließ seine Gemahl Elisabeth mach
Das Hospital vor Eisenach,
Gabe darzu 6 Hufe Land,
Ein Gehölz, ist noch vor der hand.»
S. 15:
«1332 St. Elisabeth ward gebaut, mich merck,
Zu ehren, das Kloster über Wartburg,
Darin 6 Mönch hatten ihr Gemach,
Armen daraus viele Gutes geschach.»

Die thüringische Chronik des JOHANN BANGE, eines hohenlohischen Hof-Predigers und Predigers im hessischen Eschwege, schließt mit dem Erscheinungsjahr 1599 ab.
JOHANN BANGE: Thüringische Chronick oder Geschichtbuch. Mühlhausen 1599, Bl. 88r:

«Anno 1226. Zoch Landtgraff Ludtwigk mit dem Keyser vor Lampertten/ vnnd war fast ein Jahr aussen/ vnd es war grosse Theuerung in gantzem Teutschlande/ Da bawete S. Elisabet auß Barmhertzigem mitleiden einen Spittal vor Eisennach/vnter Wardtburgk/ Darein satzte sie Acht vnnd Zwantzig Siechen/ vnnd Speisete darzu alle Tage Dreyhundert Arme Menschen in jhrer Gegenwertigkeit/, das sie es selbst sahe.»

Bl. 131v f.: «Anno Domini 1336. Stiffte Landtgraff Friederich der Ernste die Cella an der Werra / vnnd das Clösterlein S. Elisabethen vnter Wardtpurgk/ das jtzo in Eisenach ligt/ vnnd zun Barfüssern genandt wird.»

Die Chronik des Pfarrers zu Windeberg (nö. Mühlhausen) JOHANN BECHERER (†1617), der im thüringischen Mühlhausen geboren und dort zeitweise Rektor war, endet im Jahre 1601.

JOHANN BECHERER: Newe Thüringische Chronica. Mühlhausen 1601, S. 265 f.:

«Anno 1226. Zog Landgraff Ludowig mit dem Keyser in Lombardey / vnd war fast ein Jar aussen / damals war grosse Theurung in gantzem Deutschland. Da bauwet S. Elisabeth auß Mitleiden gegen dem Armut / einen Spittal vor Eisenach vnter Wartburg/ dareyn satzte sie acht vnd zwantzig Siechen / vnnd speisete darzu alle Tage drehundert arme Menschen jrer Gegenwärtigkeit / daß sie es selbs sahe.»

Der 1563 in Lauterbach (n. Eisenach) geborene JOHANN BINHARD schrieb 1590 bis 1612 auf Schloss Tenneberg eine thüringische Chronik.

JOHANN BINHARD: Newe vollkommene Thüringische Chronica. Leipzig 1613, S. 165:

[zu 1225] «In diesem Jahr ward Landgraff Ludwig von Keyser Friedrichen in Italien gen Cremon auff einen gewissen Tag beschieden / derhalben machte er sich auff/ vnd besuchte denselbigen. Mitlerweil bawete sein Gemahl S. Elisabeth das Spital vor Eisenach.»

S. 251: [zu 1336] «in diesem Jahr / stiffte Landtgraff Fridrich der Ernste die Cella an der Werra/ vnd das Klösterlein S. Elisabeth vnter Wartburg/ das jetzo in Eisenach liget/ vnd zun Barfüssern genant wird.»

Von etwa der Mitte des 17. bis nach Mitte des 18. Jahrhunderts finden Hospital und Kloster mehrheitlich in Monographien oder monographischen Abhandlungen zur Eisenacher oder Wartburggeschichte Erwähnung: MÖLLER (1643), TOPPIUS (1660), PAULLINI (1698), KOCH (1710), BERGENELSEN/LIMBERG (1708/12), ZEDLER (1747) und KURZ (1757), während thüringische Geschichten nun in der Minderheit sind: OLEARIUS (1704) und FALCKENSTEIN (1738).

Der bekannte Frankfurter Zeichner und Buchhändler MATTHÄUS MERIAN d. Ä. (1593-1650) druckte in seinem 1650 erschienen Band zu sächsisch-thüringischen Stadtbeschreibungen über Eisenach einen 1643 abgefassten Text von KONRAD MÖLLER ab, der 1589 in Eisenach geboren und hier bis 1656 Rektor der Lateinschule war.

MATTHAEUS MERIAN (Hrsg. u. Verl.), MARTIN ZEILLER: Topographia Superioris Saxoniae Thüringiae/ Misniae Lusatiae etc. Franckfurt 1650, S. 51 [in einer Beschreibung vom 7. 9. 1643 – vgl. S. 66]

«Zum sechsten ist noch ein Clösterlein vnter dem Schloß Wartburg von S. Elisabethen erbawet/ und hernach Anno 1336. von Friderico Landgraf in Thüringen vnnd Marggraf zu Meissen / in eine Cell zur Ehre S. Elisabethen verwandelt worden/davon vor 30. Jahren noch etwas gestanden/jetzo aber kaum der Grund davon zusehen.»

ANDREAS TOPPIUS (1605–1677), Pfarrer in Wenigentennstedt, schrieb neben anderen Ortsgeschichten im Jahre 1660 eine Stadtgeschichte von Eisenach nieder, die 1710 von CHRISTIAN JUNCKER abgedruckt wurde.

ANDREAS TOPPIUS: Historia der Stadt Eisenach, verfasset Anno 1660/Hrsg.: CHRISTIAN JUNCKER. Eisenach/Leipzig 1710, S. 18:

«(4) Ein Klösterlein unter dem Schlosse Wartburg/von S. Elisabeth erbauet/und zum Theil unter der Erden in Stein gehauen/daß sichs zuverwundern/ wie sie darinn haben leben und gesund bleiben können (rr) ist anno 1336 von LandGraff Friederichen dem andern wieder angerichtet/aber nach der Reformation gantz und gar wieder abgangen. (ss)»
«(rr) Manlius in Calendrio, Mense Novembri. (ss) Chron. Isenac. ms. Thüring. Chron. Rivandri, p. 413. Bangens p. 131. S. Merian fol. st. fin.»

Der Arzt und Apotheker Christian Franz Paullini (1643–1711) gab 1698 eine teilweise zweifelhafte Stadtgeschichte von Eisenach heraus, wo er seit 1685 lebte.
Christian Franz Paullini: Historia Isenacensis. Frankfurt a. M. 1698, S. 42:
«Superest fons infra Wartburgum, quem vulgus den Elisabeth-Brunn nominat, ex quo lavisse dicitur scabiosos, & ejusmodi miserabilis homines. Ceterum reliquiae ejus videntur suspectae.»

S. 78: [zu 1331] «Struxerat S. Elisabetha infra Wartburgum xenodochium, in quo XXVIII. pauperes perpetuo alebantur. Quod anno eod. (al. habent MCCCXXXVI.) Fridericus Gravis in coenobium Fratrum Minorum convertit, in memoriam B. Elisabethae. Hinc vocatur cella ejus, (x) & Collegium Schalbianum, (y) quia gens Schalbiana (cujus memoria in benedictione sit!) multa ei contulerat bona. Translatum id postea in urbem, & ad Nudipedes dictum, frustra asseruit Binhardus. (z)» «(x) hist. Landgrav. c. 95. (y) T.I. epist. p. 2. (z) L.II. chron. Thuring. p. 251.»	[zu 1331] «Die hl. Elisabeth hatte unterhalb der Wartburg ein Hospital [xenodochium, von gr. xenodocheîon: Fremdenherberge] errichtet, in dem 28 Arme ständig ernährt wurden. Dieses verwandelte im selben Jahre (andere haben 1336) Friedrich der Ernsthafte in ein Kloster der Minderbrüder, zum Gedächtnis der seligen Elisabeth. Daher wird es ihre Zelle gerufen, und Collegium Schalbianum, weil die Schalbe-Familie (deren Gedenken im Segen sei!) ihm viele Güter übertragen hatte. Dass es später der Stadt übertragen wurde, und zu den Barfüßern wird gesagt, hat fälschlich Binhard behauptet.»

Der Arnstadter Theologe Johann Christoph Olearius (1668–1747) erzählt von Hospital- und Klosterbau in der 1704 erschienenen, wie ein historisch-topographisches Ortslexikon aufgebauten thüringischen Geschichte.
Johann Christoph Olearii: Rerum Thuringicarum Syntagma. Allerhand denckwürdige Thüringische Historien Und Chronicken. Frankfurt/Leipzig 1704, S. 62:

«4.] Ein Clösterlein unter dem Schloß Wartburg von S. Elisabeth erbauet/und zum Theil unter der Erden in Stein gehauen/daß sichs zu verwundern/wie sie darinnen habe leben und gesund bleiben können/ rr.) ist anno 1336. von/Landgraff Friederichen den andern wieder angerichtet/aber nach der Reformation gantz und gar abgegangen. ss.)»

Johann Michael Koch (†1730) war Schulmann des Eisenacher Gymnasiums, dessen Rektor Christian Juncker (1668–1714) seine kleine Wartburg-Schrift herausgab.
Johann Michael Koch: Historische Erzehlung von dem Hoch-Fürstl. Sächs. berühmten Berg-Schloß und Festung Wartburg ob Eisenach/Hrsg.: Christian Juncker. Eisenach/Leipzig 1710, S. 51:
«§. 59. Das Hospital zu St. Annen vor dem Georgen-Thor zu Eisenach/ hat Sie [Elisabeth] auch Anno 1226. anlegen und aufbauen lassen/ desgleichen unter Wartburg ein Armen-Haus/ worinne Sie die Armen täglich besuchte/ solches wurde hernach ein Kloster/ stunde bey dem Elisabethen Brunnen/ so noch unter Wartburg zu sehen.»
S. 145: «§. 137. Anno 1336. machte Er aus dem Armen-Hauß/ so die Heil. Elisabeth unter der Wartburg hatte auffbauen lassen/ ein Kloster/ und setzte 6. Münche drein. (e)»
«(e) Merlenius in Chron. rythmico ad hunc Annum. Et Dn. D. Paullini in Praefatione Annal. Isenac.»

Der 1689 zum Protestantismus übergetretene Reiseschriftsteller Johannes Limberg aus Roden (*um 1650) und gab seine Stadtbeschreibung 1709 wahrscheinlich unter dem Pseudonym Johannes von Bergenelsen und 1712 unter dem eigenen Namen heraus.
Johannes von Bergenelsen: Das im Jahr 1708. lebende und schwebende Eisenach. Stralsund/Eisenach 1709, S. 220; mit gleichen Druckstock und Seitenzahl: Johannes Limberg: Das im Jahr 1708. lebende und schwebende Eisenach. Anitzo wieder übersehen und mit einem Curiosen Appendice vermehret. Eisenach 1712:
«Diese unüberwindliche Festung etwas genauer zu beschreiben/ ist zu wissen/ daß unterm Berge zur lincken Hand wann man hinauf gehet/ liegt St. Elisabethen Brunne/ daraus sie den armen Leuten die Hembde soll gewaschen haben.»

Der zum Katholizismus konvertierte Johann Heinrich von Falckenstein (1682–1760) veröffentlichte eine umfangreiche Thüringische Chronik, als er sich 1738/39 als Resident im mainzischen Erfurt aufhielt.
Johann Heinrich von Falckenstein: Thüringische Chronicka. Oder vollständige Alt-Mittel- und Neue Historie von Thüringen. Buch 2. Teil 2. Erfurt 1738, S. 1177 f.:
«Sectio V. Von dem unter dem Schlosse Wartburg gelegenen Clösterlein. Summarischer Inhalt.
§. I. Wo es ehedessen gelegen.
§. II. Es werden Minoriten darein gesetzet. Ist heutiges Tages gantz ruinirt.
§. I.
DJeses Clösterlein, wie es von denen Eisenachischen Geschicht-Schreibern zum Theil genennet wird, lag ehedessen bey seiner Fundation, unter dem Schlosse Wartburg, von der Heiligen Elisabeth unter der Erden in Stein gehauen, daß man sich verwundern müssen, wie man darinnen hat leben und gesund bleiben können. (a) Es wurde die Cella der Heiligen Elisabth genennet. (b)
§. II.
Indem es aber nach der Zeit gantz wieder eingegangen war, so ließ dieselbe der Landgraf Friederich der Ernste wieder erneuern, und setzte Minoriten ein. (a) Nach der Religions-Veränderung aber ist alles wiederum eingegangen.»

S. 1178: «§. 1.
(a) Also schreibet Toppius in der Historia von der Stadt Eisenach, p. 18.
(b) Also nennet sie der Author des Landgraviis beym Pistorio, c. 95. p. 1343.
§. 2.
(a) Dessen eigene Worte folgende: Anno Domini MCCCXXXVI. Fridericus marchio aedificavit Cellam beatae Elizabeth, pro fratribus Minoribus sub castro Wartberg. Adam Ursinus in Chronico Thuringio, beym Menckenio, Tom. II. Scripto. Rer. German. p. 1313. do man schriebe nach Christi Geburt 1336. da stiffte dieser Landgrafe der Ernste die Zcell und Closterleyn zu S. Elisabeth unter Wartberg, und satzte darein Barfuesser Brüder. &c.»
«(a) Paullini Annales Isenacenses, p. 42.»

Johann Heinrich Zedler (1706–1751) hat in seinem Universal-Lexikon offenbar die auch angegebene Vorlage von Koch, Erzehlung 1710 abgeschrieben.
Johann Heinrich Zedler (Verl.): Großes vollständiges Universal-Lexicon aller Wissenschaften und Künste. 52. Bd. Leipzig/Halle 1747, Sp. 2313:
«Im Jahr 1336. machte Friedrich der Ernsthaffte aus dem Armen-Hause, so die Heil. Elisabeth unter der Wartburg hatte aufbauen lassen, ein Kloster, und setzte 6. Mönche drein.»

Der Burghauptmann Johann Christoph Kurz ließ 1757 eine kurze Wartburggeschichte abdrucken, die er im Mai d. J. beim Besuch des Herzogspaares Ernst August Constantin und Anna Amalia auf der Burg überreichte.
Johann Christoph Kurz: Kurz doch gründliche Nachricht von dem Festungs-Schloß Wartburg, bey Eisenach. Eisenach (1757), S. 13:
«Sie [Elisabeth] wird als eine gottesfürchtige und mildreiche Dame gerühmt, daß sie sich auch nicht einmal gescheuet haben soll, das hierunten an dem Berge damals gelegene Armenhauß selber zu besuchen, und Brodt, benebst andern Victualien, in einem Handkorbe hinunter zu tragen.»

In dem halben Jahrhundert zwischen 1777 und 1837, das zufällig deckungsgleich mit dem ersten Wartburgaufenthalt Goethes bis zum Beginn der Wartburgrestaurierung unter Carl Alexander ist, erschienen zunehmend ausführlichere Ausführungen zum Elisabethplan. Nun überwiegen die Darstellungen von ortsansässigen oder über längere Zeit mit Eisenach bzw. der Wartburg verbundenen Autoren: Schumacher (1777), Thon (1792), Dietrich (1808), Mey (1822), Schöne (1835) und Storch (1837). Einige Autoren hielten sich nur kurzzeitig am Ort auf oder schrieben aus andernorts Angelesenem: Bernoulli (1783) und Wölfling (1796).

Der Professor am Eisenacher Gymnasium Karl Wilhelm Schumacher (1731–1781) schreibt zu den Örtlichkeiten seiner Heimatstadt auch etwas zum Elisabethplan.
Carl Wilhelm Schumacher: Merkwürdigkeiten der Stadt Eisenach und ihres Bezirkes in alphabetischer Ordnung. Eisenach 1777, S. 58 f.:

«Elisabethenbrunn und Kloster.

Als im Jahre 1226. eine große Theuerung und Hungersnoth in Thüringen herrschte: so lies die Gemahlinn des Landgrafen Ludewigs VI. die heilige Elisabeth für 28 arme und sieche Leute ein Hospital unter der Wartburg über dem von ihr benannten Brunnen erbauen und versorgte die Armen täglich mit Speise und Trank. Nach ihrer Entfernung von Eisenach gerieth nun zwar dieses Hospital in Verfall; im Jahre 1331. ließ aber Landgraf Friedrich der Ernsthafte statt desselben, der heiligen Elisabeth zu Ehren, ein Kloster in dieselbe Gegend bauen und besetze es mit 6. Minoriten, die von ihm reichliche Einkünfte geschenkt bekamen und in besondern Schutz genommen wurden. Nach der Reformation stand zwar dieses Kloster und die darzu gehörige Kirche noch; der Churfürst Johann Friedrich erlaubte aber 1539, daß von den Ziegeln und Steinen des Klosters die Wartburg ausgebessert werden sollte, welches Schiksal wenige Jahre darnach auch die Klosterkirche betraf. Ein in Felsen gehauener Weg und andere merkliche Spuren bezeichnen indessen den Platz, wo die Klostergebäude gestanden haben, noch jetzo aufs deutlichste. Was nun den Brunnen anlanget, den die heilige Elisabeth in derselben Gegend, zum Gebrauch des von ihr erbauten Hospitals, hat fassen lassen und der, seines merkwürdigen Namen wegen, oft von Reisenden, besonders von Katholicken, besucht worden ist: so enthält er sehr reines und gesundes Wasser, ist auch jetzo noch in dem guten Stande, in welchen ihn die Gemahlinn des Herzogs Johann Georg II. Sophia Charlotte, aus sonderbarer Achtung für die heilige Elisabeth, hat setzen lassen.»

Der aus einer Schweizer Mathematiker-Familie stammende Johann Bernoulli (1744–1807) wirkte seit 1764 als Astronom in Berlin und verfasste 18 Bände über seine ausgedehnten Reisen, auf denen er 1782 Eisenach besuchte.
Johann Bernoulli's Sammlung kurzer Reisebeschreibungen und anderer zur Erweiterung der Länder- und Menschenkenntniß dienender Nachrichten. Bd. 10. Berlin/Leipzig 1783, S. 284:

«Gleich unter diesem Platze ist der noch bekannte Elisabethbrunnen der frommen Elisabeth, der Gemahlin des Landgrafen Ludwig des Frommen, welche hier den Armen die Füße gewaschen, und im Pabstthum kanonisiret ist.»

Der Kammerrat, Bearbeiter des Wartburgarchivs und Oberaufseher über die Wartburg Johann Carl Salomo Thon (1782–1830) publizierte 1792 die erste von vier Auflagen seines Wartburgbuchs, das als erster Wartburg-Führer gilt. Neben Hospital- und Klosterbau erfährt man etwas über den Elisabethplan nach der Beseitigung des Klosters.
Johann Carl Salomo Thon: Schloß Wartburg. Ein Beytrag zur Kunde der Vorzeit. Gotha 1792, S. 60:

«Während dieser Abwesenheiten übte sich seine Gemahlin, Elisabeth, im Wohlthun, wozu ihr die große Hungersnoth und ansteckende Krankheiten, womit Thüringen heimgesucht wurde, manche nähere Veranlassung darboten. Unter der Wartburg nach Eisenach zu bauete sie ein Hospital, in welchem sie beständig acht und zwanzig arme und sieche Menschen unterhielt, und sie darin mitunter selbst wartete und pflegte. Hier ließ sie zugleich einen Brunnen fassen, der noch der Elisabethenbrunnen genannt wird, und sonst oft von Reisenden, besonders von Katholiken, besucht wurde. Er enthält reines und gesundes Wasser, das auf die Wartburg geholt wird, und nur bey großer und anhaltender Dürre beynahe völlig versiegt. Gleich dabey ist der Elisabethengarten, der damals auch seine Entstehung bekam. Noch bemerkt man darin das Daseyn älterer Terrassen, und durch einen Graben dessen ehemaligen Umfang. Neuerlich liefert er aber nichts, als Holz und etwas Gras.»

S. 118 f.: «Er [Landgraf Friedrich II.] ließ auch unter dem Schloße, der heiligen Elisabeth zu Ehren, in die Gegend, wo das von ihr gestiftete nach ihrer Entfernung aber in Verfall gerathene Hospital gestanden hatte, ein Kloster bauen, zu dessen Kirche, welche den Elisabethenbrunnen in sich schloß r), er und seine Gemahlin den ersten Stein legten. Er besetzte es mit sechs Minoriten, die von ihm reichliche Einkünfte geschenkt bekamen, und in besondern Schutz genommen wurden.»

«r) Nach ältern Nachrichten im Wartburger Archive.»

S. 155 f.: «Der Herzog, Johann Georg der II. dessen Gemahlin Sophia Charlotte, Tochter des Herzogs, Eberhard von Würtenberg, den Elisabethenbrunnen unter der Wartburg in den noch jetzigen guten Stand setzen ließ u), verlor auch durch die Blattern das Leben ... [Marginalie: 1698 d. 10. Nov.]

u) Schumacher in den Merkw. der Stadt Eisenach.»

Johann Carl Salomo Thon: Schloß Wartburg. Ein Beytrag zur Kunde der Vorzeit. Eisenach ³1815, S. 185 f.:

«Fritz Erbe ... starb dagegen im hintern Thurme nach funfzehn Jahren (1548) und wurde unter dem Schlosse zu St. Elisabeth begraben[1]. Von diesem kleinen, so wie vom Carthäusser-Kloster [Marginalie: 1539] wurden die Steine auf die Wartburg verwandt. m)...

m) In den gleichzeitigen Rechnungen.»

Ein nur durch seine Reisebeschreibungen von 1795 und 1796 bekannter CHR. WÖLFLING besuchte auch Eisenach.

CHR. WÖLFLING: Reise durch Thüringen, den Ober- und Niederrheinischen Kreis, nebst Bemerkungen über Staatsverfassung, öffentliche Anstalten, Gewerbe, Cultur und Sitten. 3. Teil. Dresden/Leipzig 1796, S. 322:

«Wenn der Landgraf im Kriege war, so brachte sie [Elisabeth] ihre Zeit mit lauter Wohlthun zu. Bald nahm sie sich bey Seuchen, bald bey Theurungen der Bedrängten an. Gleich unter der Wartburg baute sie ein Spital für 28 arme Kranke, welche sie jährlich darinn unterhielt, und oft selbst wartete und pflegte. Sie ließ neben demselben einen Brunnen zum Gebrauche der Wartburg fassen, welches bis auf den heutigen Tag noch der Elisabethbrunnen heißt, sonst häufig von Katholiken besucht wurde.»

---

1 Die Nachricht vom Tod Erbes und dessen Begräbnis am Elisabethplan erscheint erstmals bei THON in der dritten Auflage von 1815 und noch nicht in der ersten von 1792 und der zweiten von 1795. Die Wortwahl und -stellung «unter dem Schlosse zu St. Elisabeth begraben» wirkt wie ein Zitat aus der Amtsrechnung von 1548: «vnther warthburgk, zu sant elisabeth begraben». Wahrscheinlich war THON bei der Durchsicht der Wartburg-Akten zwischen 1795 und 1815 darauf gestoßen.

Der protestantische Theologe, Universitätsprofessor und Prediger KARL WILHELM JUSTI (1767–1846) gab 1797 an seiner Wirkungsstätte Marburg eine in Teilen bereits in den Vorjahren veröffentlichte Elisabeth-Biographie heraus, in der er sich auch auf THONS Wartburgführer von 1792 stützte.

KARL WILHELM JUSTI: Elisabeth die Heilige, Landgräfin von Thüringen. Nach ihren Schicksalen und ihrem Charakter dargestellt. Zürich 1797, S. 37:

«Sie [Elisabeth] ließ vor Eisenach, am Fuße des Berges, worauf die Wartburg liegt, ein Hospital für acht und zwanzig arme und sieche Menschen erbauen, die sie mitunter selbst wartete und pflegte.»

S. 38: «Unter der Wartburg ließ Elisabeth damahls auch einen Brunnen fassen, der noch der Elisabethen-Brunnen genannt wird, und gleich dabey ist auch der Elisabethen-Garten, der zu jener Zeit gleichfalls sein Daseyn erhielt **).»

S. 47: «**) Thon, a. a. O.»

FRIEDRICH GOTTLOB DIETRICH (1768-1850) war Sachsen-Weimarischer Hofgärtner zuerst zu Weimar und dann zu Eisenach, wo er einen botanischen Garten anlegte und sich durch seine Schriften als Botaniker einen Namen machte.

FRIEDRICH GOTTLIEB DIETRICH: Beschreibung der vorzüglichen Gärten in und bey Eisenach und ihrer schönen Gegend. Eisenach ²1808, S. 33:

«Dicht über den Haingärten führt ein Weg rechts gegen Süden, an dem Elisabethen-brunnen vorbei* und um den Berg herum in das freundliche Hellthal.»

«* An diesem Orte ließ die wohlthätige Landgräfin Eilsabeth [sic] ein Hospital für arme kranke Menschen bauen, und zugleich einen Brunnen fassen, der noch jetzo gutes Wasser liefert und der Elisabethenbrunnen genannt wird. Von dem Hospital ist nichts mehr zu sehen; der Graben und einige mit Gras und Bäumen versehene Terrassen, welche man in der Nähe des Brunnens bemerkt, sind wahrscheinlich Ueberbleibsel des ehemaligen Elisabethgartens.»

Der Lehrer am Eisenacher Gymnasium JOHANN HEINRICH MEY (1766–1842) schrieb in den 1820er Jahren neben einigen Büchern zur Eisenacher Geschichte auch eine kleine Elisabethbiographie.

JOHANN HEINRICH MEY: Charakterzüge, Anekdoten und besondere Lebensumstände der heiligen Elisabeth, ... Während ihres Aufenthaltes auf Wartburg, bey Werda und in Marburg. Eisenach 1822, S. 93:

«Und so ließ noch vor etwas mehr, als hundert Jahren, die Gemahlin des Herzogs Johann Georg II. in Eisenach, Sophie Charlotte, aus besonderer Verehrung für diese fromme Fürstin, den Brunnen unter der Wartburg, den die huldreiche Elisabeth, zum Gebrauche des von ihr daselbst erbauten Hospitals, einst hatte fassen lassen, wieder in guten Stand setzen.»

S. 98: «Aller Wahrscheinlichkeit nach entstand dieses Hospital aus demjenigen, welches die wohlthätige Fürstin, funfzehn Jahre nach ihrer Ankunft in Thüringen, über dem Brunnen unter der Wartburg erbauen ließ; daher auch der verehrte Hr. Verf. obiger Aufschrift das Jahr 1226, als das Stiftungsjahr desselben, angenommen hat. Ersteres wird in einigen alten Nachrichten das neue Hospital, Letzteres (unter der Wartburg) ein großes Haus genennt. (s. Lib. de Dictis IV. ancill. S. Elis. S. 2017, Z. 19 u. 20. von unten).»

S. 99–101: «3) Der Elisabethbrunnen unter der Wartburg, nach Eisenach zu, und zwar in der Gegend, wo nicht nur Elisabeth selbst 1226, zur Zeit einer großen Theuerung und Hungersnoth, ein Hospital für acht und zwanzig arme und sieche Leute *), sondern auch, als dieses, nach ihrer Entfernung von Eisenach, in gänzlichen Verfall gerathen war, statt desselben Landgr. Friedrich der Ernsthafte 1331, zu Ehren der heiligen Elisabeth, ein kleines Kloster, Elisabethzelle genannt, bauen und es mit sechs Minoriten oder Franziskanern besetzen ließ, die so lange von der Wartburg aus gespeiset wurden, bis er es für besser fand, ihnen gewisse bestimmte Einkünfte anzuweisen (Rothe, S. 1787 f.). Doch auch dieses Elisabethenkloster nebst der kleinen, dazu gehörigen, Kirche, wozu der Landgraf selbst, mit seiner Gemahlin Mechthilde, den Grundstein legte, ist seit der Reformation wieder eingegangen und so zertrümmert worden, daß man, außer einigen leichten Spuren von den Terrassen des ehemaligen Elisabethengartens, von alle dem nicht mehr gewahr wird, als diesen Brunnen, der sonst von Reisenden, besonders von Katholiken, fleißig besucht wurde, und ein reines - gesundes Wasser für die darüberliegende Wartburg enthält. **) Inzwischen was dieser Gegend seitdem durch das fehlende Klösterchen an Heiligkeit abgeht, das ersetzt die schöne Natur, da auch von hier aus zugleich der Weg in das reizende Hellthal führt, ...»

«*) Doch nicht blos für Erwachsene bestimmte die huldreiche Fürstin dieses Hospital; ihre Sorgen größten Theil beschäftigten auch Kinder, ...

**) In diesem Kloster war es, wo zuletzt noch, in Gestalt eines Meßgewandes, der Wundermantel der h. Elisabeth aufbewahrt wurde, den, an die Stelle des vorigen, ein Engel Gottes sollte gebracht haben (S. Abschn. II, No. 17). Die 1525 aus Eisenach vertriebenen Mönche mögen ihn dann wohl als ein Heiligthum mit sich genommen und in einem der fränkischen Klöster niedergelegt haben.»

JOHANN HEINRICH SCHÖNE (1804–1856?), der Schwiegersohn des amtierenden Wartburgkastellans, erwähnt in seinem sonst sehr informativen Wartburgbuch von 1835 den Elisabethplan nur kurz.

JOHANN HEINRICH SCHÖNE: Beschreibung der Wartburg und ihrer Merkwürdigkeiten, nebst geschichtlichen Erläuterungen. Eisenach 1835, S. 19:

«Weiter unten, von Buschholz umschlossen, befindet sich der Elisabethbrunnen, welcher der Wartburg das Quellwasser liefert. Vor Alters stand ein Hospital hier, welches die heil. Elisabeth gestiftet hatte.»

Der Franzose CHARLES FORBES DE TYRON COMTE DE MONTALEMBERT (1810–1870), später als katholisch-konservativer Politiker bedeutsam, schrieb als junger Mann eine 1836 erstmals erschienene, sehr populäre Elisabeth-Biographie, deren deutsche Übersetzung von JEAN PHILIPPE STÄDTLER im Folgejahr herauskam.

Leben der heiligen Elisabeth von Ungarn, Landgräfin von Thuringens & Hessen (1207–1231). Aus dem Französischen von CHARLES FORBES DE TYRON MONTALEMBERT, übersetzt, und mit Anmerkungen vermehrt von JEAN PHILIPPE STÄDTLER. Aachen/Leipzig 1837, S. 89:

«Den tiefen Eindruck, den dieser Auftritt auf den Landgrafen gemacht, benutzte Elisabeth, um von ihm die Erlaubniß zur Stiftung eines Krankenhauses am Abhange des Felsens, auf dem die Wartburg liegt, an derselben Stelle, wo später ein Franziskanerkloster gebaut wurde, zu erhalten. Hier verpflegte sie seit jener Zeit acht und zwanzig Kranke oder altersschwache Arme, die unter denjenigen ausgewählt wurden, denen ihre Kräfte nicht erlaubten, bis zum Schlosse hinaufzusteigen. 3) Jeden Tag ging sie sie besuchen, und trug ihnen selbst Speise und Trank.»

«3) Dynicht meoechten gehen noch kriechen
Gein Wartburg, wan es was zehoch. – Vita Rhyt. l. c. [§ 20]»

S. 152: «In das oben bereits erwähnte Krankenhaus von acht und zwanzig Betten, das sie selbst am Abhange des Berges gegründet, ließ sie diejenigen Kranken bringen, welche eine besondere Pflege erforderten, und traf die Einrichtung, daß, so wie ein Kranker starb, sein Platz gleich von einem neu Hinzukommenden eingenommen wurde. 4)»

«4) Infirmos et debiles plurimos... Ut uno Mortuo continuo alter ejus uteretur lecto. – Ibid. [Theod. III, 10.]»

S. 161–163: «Das Monument der Wohlthäterinn des Landes wurde nicht mehr geachtet, als die andern; die Steine verwandte man zur Befestigung des Schlosses. Nur ein Brunnen ist geblieben; eine Quelle reinen, erquicklichen Wassers fließt in ein einfaches, steinernes Becken, ohne allen Schmuck als etwa die vielen Blumen und das grünende Gras umher. An diesem Brunnen wusch die Landgräfinn selbst das Leinenzeug der Armen. r) Er heißt noch heute E l i s a b e t h e n b r u n n e n. Eine dichte Pflanzung umher verbirgt diesen Platz den meisten Vorübergehenden; auch sind noch einige Trümmer der Mauer vorhanden: diese Stelle hat das Volk E l i s a b e t h e n g a r t e n genannt.»

«r) Nach Andern wusch Elisabeth hier sogar die Armen selbst. Siehe: Limperg, das im Jahr 1702 [sic] lebende und schwebende Eisenach, Seite 220.»

Der Kammerrat JOHANN WILHELM STORCH (1765–1851), im Staatsdienst auch für die Wartburg verantwortlich, veröffentlichte 1837 das bis dahin ausführlichste, inventarähnliche Buch über Eisenach und widmete knapp zwei Buchseiten dem Elisabethplan. JOHANN WILHELM STORCH: Topographisch-historische Beschreibung der Stadt Eisenach, so wie der sie umgebenden Berge und Lustschlösser, insbesondere der Wartburg und Wilhelmsthal. Nebst Regenten-Geschichte. Eisenach 1837, S. 89 f.:

«Das Hospital unter der Wartburg.

Der Geschichtsschreiber Rothe setzt die Gründung desselben in das Jahr 1225. Die heilige Elisabeth war bei der damaligen Hungersnoth die Stifterin dieses Hospitals, worin 28 arme Personen aufgenommen und verpflegt wurden. Da die Armen, wohl größtentheils gebrechliche Menschen, den hohen Berg nach der Wartburg, um ihre Gaben daselbst in Empfang zu nehmen, nicht wohl ersteigen konnten, so soll zu deren Erleichterung dieses Hospital errichtet worden, indessen mag es nicht von langer Dauer und leicht erbaut gewesen seyn...

Der Professor Schuhmacher in seinen Merkwürdigkeiten der Stadt Eisenach erwähnt, daß das Hospital unter der Wartburg im Jahr 1226 errichtet worden sey. Da jedoch in dem nämlichen Jahre das Hospital St. Annen gegründet und solches das neue Hospital genannt worden ist, so möchte diese Angabe zu bezweifeln und der von Rothe, der die Gründung ins Jahr 1225 setzt, mehr Glauben beizumessen seyn. Der durch einen Felsen gehauene Weg bezeichnet noch deutlich den Ort, wo dieses Hospital gestanden hat, auch gewahrt man noch Vertiefungen im Erdreiche und Ueberbleibsel von der Grundmauer desselben. Landgraf Friedrich der Ernsthafte, der zu Ostern 1331 mit seiner Gemahlin Mathilde nach Eisenach kam, ließ, nachdem er von einer auf dem Turnier zu Pegau erhaltenen Wunde hergestellt war, an dessen Stelle eine Capelle bauen, St. Elisabeth genannt, legte dabei den ersten Grundstein, verwendete das in der Gegend erwachsene Holz dazu, setzte sechs Barfüßer Brüder hinein, die Tag und Nacht beten mußten, und verordnete, daß sie täglich von der Wartburg mit Speise und Trank versehen, auch die übrigen Bedürfnisse von seinen Renten bezahlt werden sollten. Der unmittelbar unter diesem Hospital liegende ausgemauerte Brunnen, aus dem die kranken und aussätzigen Menschen von der heiligen Elisabeth gewaschen worden seyn sollen, heißt nach ihrem Namen der Elisabethbrunnen. Die Gemahlin des Herzogs Georg II. hat solchen erneuern lassen und ist früher von Catholiken fleißig besucht worden. Es ist wohl zu vermuthen, daß dieser Brunnen schon vor der heiligen Elisabeth existirt und den Wasserbedarf für den landgräflichen Hof auf der Wartburg geliefert hat, weil in dessen Nähe keine Quelle vorhanden ist, als über den Hainteichen vor dem Frauenthore. Im Jahr 1539 hat der Churfürst Friedrich die Steine und Ziegeln von dieser Capelle zur Ausbesserung des Schlosses Wartburg verwenden lassen.»

HUGO VON RITGEN (1811–1890) war seit 1849 der leitende Architekt der Wartburgerneuerung und ließ obendrein 1851 den Elisabethbrunnen und das umliegende Terrain neu gestalten.

HUGO VON RITGEN: Der Führer auf der Wartburg. Ein Wegweiser für Freunde und ein Beitrag zur Kunde der Vorzeit. Leipzig 1860, S. 4 und 7:

«Da, wo das Tannenwäldchen zur Rechten sich lichtet, und der Fußweg, von dem Fahrwege gekreuzt, wieder zu steigen beginnt, zeigt sich gerade unter der Burg ein prächtig grüner Wiesenabhang und links davon eine Gruppe hoher und schöner Bäume. An der Stelle, wo jetzt diese Bäume stehen, lag ehemals ein kleines Hospital oder Siechenhaus, welches die heilige Elisabeth im Jahre 1225 gründete, um 28 armen und gebrechlichen Personen darin Aufnahme und Pflege zu verschaffen. Der theilweise in den Felsen gehauene Weg und viele Reste von Grundmauern zeigen deutlich den Ort, wo Gebäude gestanden haben, allein das Hospital war vermuthlich nur leicht gebaut gewesen und schon verfallen, als um Ostern 1331 Landgraf Friedrich der Ernsthafte mit seiner Gemahlin Mathilde (Mechthild, Tochter Kaiser Ludwigs des Bayern) nach Eisenach kam, und, das Hospital wiederherstellend, dabei eine Kapelle, zu St. Elisabeth genannt, erbauen ließ, zum Dank für die glückliche Heilung einer im Turnier zu Pegau erhaltenen Wunde. Auch setzte er sechs Barfüßer-Brüder hinein, die Tag und Nacht beten mussten, und verordnete, dass sie täglich von der Wartburg mit Speise und Trank versehen werden sollten.

Unmittelbar unter dem Hospital lag ein ausgemauerter Brunnen, Elisabeth-Brunnen genannt, weil die fromme Fürstin täglich von der Burg zu diesem Brunnen hinabstieg, um die Kranken zu laben, zu waschen und zu pflegen. Dieser Brunnen hat sich noch erhalten und hat stets das bessere Trinkwasser für die Bewohner der Burg geliefert. Seit einigen Jahren ist er neu überwölbt und mit alten Säulchen geschmückt worden, wie ihn unsere Abbildung zeigt. Auch der ehemalige Weg durch die Felsen wurde wieder aufgeräumt, und so bietet der liebe alte Brunnen unter schattigen Bäumen, mit seinen moosigen Steinsitzen, wieder dem Fremden angenehme Ruhe auf der Hälfte des Weges zur Burg.»

S. 228: «In den Jahren 1533 bis 1548, also fünfzehn Jahre lang, musste ein armer Wiedertäufer Fritz Erbe aus dem Dorfe Herda in diesem Thurme schmachten, bis er starb und unter dem Schlosse zu St. Elisabeth begraben wurde[2].»

---

2 Offenbar eine Übernahme aus THON 1815, S. 184 f.

Die Neugestaltung des Elisabethplans

Annette Felsberg

Von der Eselstation kommend, den Weg durch die in den Fels gehauene Klenge durchschreitend, ist eine kleine Lichtung im Wald erreichbar – der Elisabethplan, der vor der Grabung 2006 und der Neugestaltung 2007 folgendes Bild bot: Umsäumt von einzelnen hohen Bäumen und vor der Kulisse des zur Burg hin steil ansteigenden Nordhangs befand sich ein ca. 5 m hohes Holzkreuz, dessen Fußpunkt in einen aufgeschichteten Steinhaufen eingebettet war. Am Endpunkt dieser eingeebneten, jedoch immer stärker mit Buschwerk überwucherten Fläche stand eine lebensgroße Bronzefigur[1] auf einem massiven Kalksteinsockel. Talabwärts in Richtung Straße führte eine geschwungene, aus Wartburgkonglomerat-Steinen gesetzte Treppe zum Elisabethbrunnen sowie zu den rekonstruierten Mauerzügen auf dem unteren Plateau.

Die Gesamtanlage präsentierte sich insbesondere im unteren Bereich mit teils verstürzten oder bereits wieder neu aufgesetzten Mauerbereichen in einem schlechten Erhaltungszustand. Die Dachziegelabdeckung auf der straßenbegleitenden Mauer verfremdete zusätzlich das Erscheinungsbild, und es fehlten bildliche und textliche Erläuterungen für die Besucher. Auch wurde der Platz viel zu selten durch Besuchergruppen oder Kirchgemeinden genutzt, und das 1951 von der Wartburg-Stiftung erneuerte Holzkreuz[2] bedurfte dringend der Renovierung.

Pläne zur Instandsetzung des Elisabethplans von Horst Weghenkel um 1980 sowie Hans-Jürgen Lehmann im Jahr 1995 beschränkten sich auf das Anlegen einer ebenen, gekiesten Fläche auf dem oberen Plateau und das Aufstellen von einzelnen Sitzbänken.

Unter fachlicher Leitung von Frau Dr. Spazier (TLDA, Weimar) wurde im Jahre 2006 bis Ende Oktober eine Grabung durchgeführt, die eine Neugestaltung der Gesamtanlage möglich und notwendig machte. Dabei sollten nicht zuletzt die Ergebnisse der Grabung veranschaulicht werden, die konkrete Erkenntnisse zu Gestalt und Struktur des Hospitals sowie der späteren Klosteranlage erbracht hatte. Gleichzeitig waren sowohl Brunnenstube und Treppenanlage der Ritgen'schen Bauzeit als auch die vorhandenen Mauern auf dem unteren Plateau in ein Gesamtkonzept zu integrieren. Mit der auf den aktuellen

---

1 Eine Schenkung an die Wartburg-Stiftung von 1991, vgl. Hilmar Schwarz: Der Elisabethplan unterhalb der Wartburg. In: Wartburg-Jahrbuch 1995. 4(1996), S. 59–90, hierzu S. 84.

2 Wartburg-Stiftung Eisenach, Archiv, Akte 294, Das Kreuz am Hospital der Heiligen Elisabeth, Bd. 1, Bl. 9–12: Das Kreuz am Elisabethplan wurde am 27. 4. 1951 wieder errichtet.

Grabungsbefunden basierenden Planung wurde der Landschaftsarchitekt Rolf Tügel vom Landschaftsarchitekturbüro Rentsch+Tschersich (Römhild/Chemnitz) beauftragt.

Die Entwurfsidee, die drei unterschiedlichen Bauphasen am Elisabethplan für die Besucher räumlich erlebbar zu machen, sollte durch eine dreidimensionale Darstellung der Gebäudegrundrisse nachvollzogen werden – ohne die ergrabenen originalen Grundmauern selbst zu zeigen, die nach Abschluss der Ausgrabungen im November 2006 in situ gesichert und wieder vollständig mit anstehendem Erdreich verfüllt wurden. Hier, am authentischen Wirkungsort der hl. Elisabeth, könnten für Besucher, Kirchgemeinden aber auch Pilger- oder Jugendgruppen nutzbare «Räume» als Ort der Besinnung und Begegnung, als Ort für Andachten, Gottesdienste und Wallfahrten geschaffen werden.

Nach Entwürfen des Metallgestalters Peter Schäfer (Eisenach) wurde der Freiraum durch eine Installation von großen Stahltafeln in Verbindung mit den vorhandenen Objekten neu inszeniert. Die Dimensionierung der Stahlelemente sowie die rostenden Oberflächen stehen in bewusstem Kontrast zur detailgetreuen, denkmalgerechten Aufarbeitung des historischen Bestandes. Holzkreuz, Elisabeth-Figur und Taufbecken sollten versetzt werden, sodass sie in die Liturgie einbezogen werden können. Altar, Sitzmöglichkeiten und Informationstafeln sollten im gestalterischen Kontext neu hinzugefügt und die Fundstelle des vermeintlichen Grabes von Fritz Erbe zunächst ohne Erläuterungen markiert, doch dann mit einer Informationstafel versehen werden.

Abb. 1:
Der Elisabethplan vor der Neugestaltung

Abb. 2:
Bauarbeiten
während der
Neugestaltung mit
den Grundrissen
von Hospital und
Klosterkirche

Im Anschluss an die Grabung waren die Grabungsbereiche bis November 2006 wieder verfüllt worden. Die Bauarbeiten zur Neugestaltung wurden von der Firma Hoch- und Tiefbau Groß GmbH (Mechterstädt) ausgeführt und dauerten vom 2. bis 20. Mai 2007. Die archäologische Begleitung und Überwachung der Maßnahmen, insbesondere die Sicherung der im Erdreich verbliebenen Befunde während der erforderlichen Gründungsarbeiten, wurde von Udo Hopf (Gotha) übernommen, der als Grabungsleiter hier tätig war.

Nach Herstellen der Baufreiheit durch Rodung von Gestrüpp, kleineren Bäumen sowie der großen Buche auf der Ostecke des Chorraumes wurde zunächst ein Planum hergestellt, auf dem alle weiteren Bauten aufgesetzt werden konnten. Die anschließende Einmessung der darzustellenden Gebäudefluchten führte Herr Zakrozinsky (Weimar) im Auftrag des Landesamtes für Denkmalpflege und Archäologie aus, der die tachymetrische[3] Vermessung der Grabungsfunde vorgenommen hatte.

Die Gebäudekanten von Hospital und Klosterkirche werden mittels Gabionenmauern[4] nachgezeichnet, die sich bewusst von den traditionell wieder aufgesetzten Mauerzügen der älteren Grabungen abgrenzen. Die vor Ort befüllten Steinkörbe ragen etwa 50 cm über die Platzoberfläche hinaus, wobei Stärke und Füllmaterial jeweils annähernd den ergrabenen Mauerresten entsprechen.

---

3 Tachymetrie: Schnellmessung in der Geodäsie (Erdvermessung).
4 Gabion – mit Steinen gefüllter Drahtkorb in der Landschaftsarchitektur, hier auf Anregung von Herrn Hopf zur Ausführung gekommen.

Die ca. 70 cm breiten Gabionen des Hospitals wurden mit vor Ort geborgenem bzw. vorhandenem Altmaterial aus Wartburg-Konglomerat erstellt, das in Größe und Format auf die Originalbefunde Bezug nimmt. Die Gabionenmauern sind in der Höhe dem Hangverlauf folgend abgetreppt errichtet und schließen oberflächengleich auf der Südseite im Bereich der nicht ergrabenen Öffnung. Eine 2,50 m hohe und 1,25 m breite Stahltafel markiert den ehemaligen Zugangsbereich. Da die steil abfallende Bodenfläche des Hospitales nicht betreten werden soll, erhielt sie eine Bepflanzung aus einheimischen, standortgerechten Stauden wie Efeu, Goldnessel, Haselwurz und Marbel.

Im Gegensatz dazu wurden die Gabionen der später datierten Klosterkirche in einer Breite von 1 m mit rotem Tambacher Sandstein und mit spaltrauen Oberflächen im Mauersteinformat gesetzt. Der Mauerverlauf erstreckt sich annähernd waagerecht mit einem kaum wahrnehmbaren Gefälle von 2%. Dadurch können die Höhenunterschiede zwischen dem begehbaren Kirchenraum und dem hangseitig stark abfallenden Außengelände vermittelt werden. Die Bodenfläche des Kirchenraums erhielt eine wassergebundene Decke, die mit Rotliegendem aus dem Steinbruch Etterwinden ausgekiest wurde. Auf der Westseite ist die Mauer auf einer Breite von 3,4 m im nicht ergrabenen Bereich

Abb. 3:
Aufbau der Gabionen
am Hospitalgrundriss
(Mitte)

offen gelassen und mit polygonalen Platten ebenfalls aus rotem Tambacher Sandstein belegt. Diese Öffnung im Mauerverlauf wird als großzügiger Eingang genutzt und durch zwei senkrecht gestellte 3,20 m hohe und 1,30 m breite Stahlplatten akzentuiert, wobei die rechte Tafel dem Mauerverlauf folgt und die linke im rechten Winkel dazu steht. Diese stets geöffnete, große Tür lädt

zum Betreten und Verweilen in der Klosterkirche ein. Der Innenraum wurde mit vier Sitzbänken ausgestattet, die aus 4,0 m langen und 0,45 m hohen Stahlplatten mit aufgeschraubtem Holzbohlenbelag bestehen, rechtwinklig zur Längswand angeordnet sind und unmittelbar auf den Gabionen der Kirchenmauer aufliegen.

Für den Chorraum der Klosterkirche wurde ein neuer Altar geschaffen, der aus einer U-förmig gebogenen Stahlkonstruktion mit aufgelegter, 12 cm starken Natursteinplatte (ca. 1,40 m x 1,70 m) aus rotem Tambacher Sandstein besteht. Das Taufbecken, das sich bisher vor der Brunnenstube befand, wurde nach der Restaurierung durch die Steinmetzfirma Albertoni (Eisenach) in den Eingangsbereich der Klosterkirche integriert und ebenfalls auf eine Stahlplatte gestellt.

Im Vorbereich der beiden dargestellten Gebäude wurde eine mit Rotliegendem gekieste, zu den umgebenden Waldflächen hin auslaufende Fläche geschaffen, die entlang der Gabionenkörbe zusätzlich mit einer Stahlbandkante gefasst ist. Südlich der Klosterkirche führt ein schmaler Weg in Richtung Osten bis zu der ergrabenen Klostermauer, die mit senkrechten Stangen in ihren Eckpunkten gekennzeichnet, aber in ihrem Verlauf nicht baulich dargestellt ist. Lediglich eine quergestellte, deutlich kleinere Stahltafel von 2,0 m Höhe und 1,0 m Breite verweist auf die schmale Ausgangspforte aus dem Klosterbereich. Der mittels Schrittplatten nachgezeichnete Weg endet hier ohne Anbindung an das vorhandene Wegenetz um die Wartburg.

Die räumliche Ausdehnung des Klosters kann aber deutlich dadurch nachvollzogen werden, dass alle Grünflächen innerhalb der Klostermauer langfristig von Strauchwuchs und Jungbäumen befreit wurden und sich somit deutlich vom umgebenden Wald abgrenzen, der durch Nachpflanzung von einheimischen, standorttypischen Sträuchern wie Alpen-Johannisbeere, Eibe, Heckenkirsche oder Holunder weiter verdichtet werden kann.

Abb. 5:
Das neue Kreuz am
Elisabethplan

Unmittelbar vor dem Hospital ist nun die Elisabeth-Figur mit Blickrichtung zum Kreuz und weiterreichend zur Wartburg, ohne den früheren massiven Kalksteinsockel auf eine auf dem Boden liegende Stahlplatte gestellt. Südwestlich der Klosterkirche, im Übergangsbereich des angrenzenden Hanges zum Plateau, wurde eine senkrechte ca. 1,0 m hohe und 20,0 m lange, gebogene Stahlplatte gesetzt, an deren Mitte das aus Lärchenholz neu gefertigte Kreuz (Balkenlänge: 6 m hoch und 2 m breit) scheinbar schwebend befestigt ist. Beidseitig, in Sitzhöhe angeschweißte waagerechte Stahlplatten, ebenfalls mit Holzbohlenauflagen versehen, bilden eine großzügige Bankfläche. Die Stelle des Grabfundes aus der Zeit Fritz Erbes markiert ein unbearbeiteter Steinblock aus gelbem Sandstein, versehen mit der Inschrift F. E. in handgeschriebener Unziale (gotischer Schrifttyp). Von der Platzfläche aus ist er nur über einen kleinen Schrittplattenweg erreichbar.

Abb. 6:
Gedenkstein am
vermeintlichen Grab
Fritz Erbes

Abb. 7:
Der Schrittplattenweg
zur vermeintlichen
Grabstelle Fritz Erbes

Durch die Mitarbeiter der Bauhütte wurden zeitgleich die Bauarbeiten in den unteren Bereichen ausgeführt. Die Treppenstufen aus Wartburgkonglomerat wurden gerichtet und teilweise neu gesetzt, angrenzende Mauern ausgebessert. Die in den Vorjahren begonnenen Sanierungs- und Verfugarbeiten an den bestehenden Mauerzügen wurden beendet. Die Instandsetzung des Mauerwerks der Brunnenstube einschließlich Steinersatz und Formergänzungen ist ebenfalls abgeschlossen worden, indem auch die beiden fehlenden Säulen mit Basis und Kapitell eingesetzt und die aufgearbeitete Eisentür wieder montiert wurden. Die Treppe erhielt einen geschmiedeten Handlauf, der als Absturzsicherung vor der Brunnenstube weitergeführt ist. Abschließend wurden Treppenlauf und angrenzende Wegflächen mit Rotliegendem gekiest. Die durch die Baumaßnahmen entstandenen offenen Böschungen und Ruderalflächen[5] wurden mit einheimischen, standorttypischen Stauden analog der Innenfläche des Hospitals locker auslaufend bepflanzt, sodass sich die neu gestaltete Gesamtanlage harmonisch in den umgebenden Landschaftsraum einbettet.

Abb. 8:
Das neu gestaltete
Brunnenhäuschen

5 Ruderal – Schuttplatz, Aufschüttung; von lat. *«rudus»* – Brocken, Schutt.

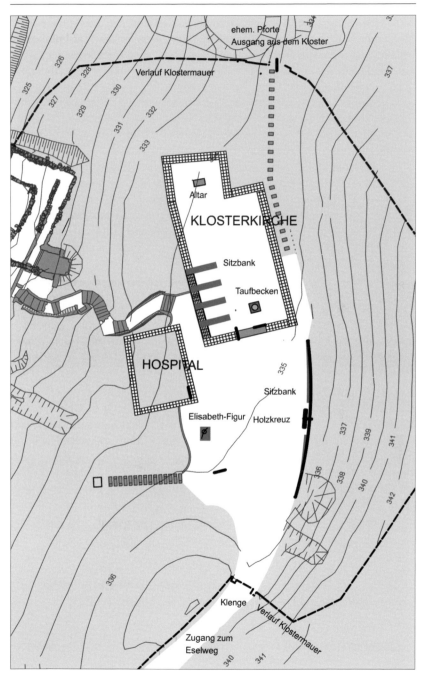

Abb. 9:
Der Elisabethplan
nach der
Neugestaltung

Zur Erläuterung wurden vier Informationstafeln an den senkrecht stehenden Stahltafeln montiert, auf denen die Bauphasen am Elisabethplan beschrieben und durch die zugehörigen Lagepläne und skizzenhafte Darstellungen der
Gebäudekubaturen ergänzt sind.

Abb. 10:
Einweihungsakt
am 24. Juni 2007
auf dem Areal der
Klosterkirche

Am 24. Juni 2007 fand im Rahmen der Eröffnung des Elisabethpfades
Eisenach-Marburg der Einweihungsakt des Elisabethplans in Anwesenheit von
Ministerpräsident Althaus, den Bischöfen Kähler, Hein und Hauke sowie den
Oberbürgermeistern Doht (Eisenach) und Vaupel (Marburg) statt. Nach der
Nutzung als Außenstandort der 3. Thüringer Landesausstellung sollen auch
künftig Wallfahrten, Gottesdienste und Andachten über das Elisabethjahr hin-
aus als feste Tradition im Gedenken der hl. Elisabeth etabliert werden.

Zeittafel zu Ereignissen und Baugeschehen
am Elisabethplan unterhalb der Wartburg

1226	Die Landgräfin Elisabeth gründet während einer Hungersnot und in Abwesenheit ihres Gatten ein Hospital für 28 arme Kranke.	Konrad/Huyskens 1123/1908; S. 156 f.; Huyskens 1911, S. 28; Hopf/Spazier/Weigel 2007, S. 258 f.
1226/29	Verlegung des Hospitals vor das Eisenacher Georgentor zum neu gegründeten Annenhospital und beginnender Gebäudeverfall.	Peter 1907, S. 33 f.; Voss 1915, S. 272
1331	Gründung des Franziskanerklosters durch Markgraf Friedrich den Ernsthaften und seine Gemahlin Mechthild	Rothe/Liliencron 1859, S. 562 f.; Bihl 1905, S.173 f. Hopf/Spazier/Weigel 2007, S. 260–263
1331–1336	1. Guardian: Otto de Donyn; Einrichtung der ersten Gebäude	Bihl 1905, S. 173; Kremer 1905, S. 84
1336–1349	2. Guardian: Thidericus Wynecke; Ausstattung mit Hochaltar, Chorgestühl, Orgel und Uhr	Bihl 1905, S. 174; Kremer 1905, S. 84
1350–1353(?)	3. Guardian: N.[icolaus?] de Heyldingen	Bihl 1905, S. 174; Kremer 1905, S. 84
1354–1360	4. Guardian: Henricus Lengeffelt	Bihl 1905, S. 174; Kremer 1905, S. 84 f.
1360, 29.1.	Tauschvertrag mit Kl. Seußlitz («Suselitz»), betr. 10 Mark Bierrecht in Eisenach und den Rosengarten außerhalb der Stadtmauern	Kremer 1905, S. 85
1360–1393	5. Guardian: Cristianus Morren («Morice»)	Bihl 1905, S. 174; Kremer 1905, S. 85 f.

1379	Kauf des Allods Blancfant von Thizmann Goldacker für 70 Mark Silber, später einer Mühle	Bihl 1905, S. 175; Kremer 1905, S. 85 f., Streich 1989, S. 83
1379	Landgraf Friedrich erteilt schirm-vogteilichen Konsens zum Verkauf eines Teils der jährlichen Einkünfte («Jahrgülde») an den Mainzer Weihbischof Johannes	Kremer 1905, S. 86
1382, 9. 7.	Kauf von 9 Malter Weizen und Spelz (Dinkel), zugleich 3 Hufen (Mansus) im Feld von Salza	Kremer 1905, S. 85
1385	Gewisse Abgabe von der Jahresrente der Stadt Jena dem hiesigen Franziskaner-Kloster zugewiesen	Kremer 1905, S. 86
1393, 7. 11.	Erwerb einer Fischweide im Dorf Epichnellen durch Zuwendung des Abts Friedrich von Fulda, dafür liefert der Konvent 1 Pfund Wachs jeweils zum Lichtweihtag	Kremer 1905, S. 86
1393–1424	6. Guardian: Conrad von Vargila; baute ein an die Kirche anstoßendes Haus, beschaffte neues Missale u. a. Utensilien	Bihl 1905, S. 175 f.; Kremer 1905, S. 86 f.
1399, 12. 8.	Landgraf Balthasar schlichtet Streit zwischen dem Elisabeth-Kloster und der Stiftskirche UL Frau (St. Marien, Dom) in Eisenach; eine Abgabe vom Stieg hinter St. Katharinen der Stifts-kirche zugesprochen sowie jährlich 1 Pfund Wachs von den Brüdern der Elisabeth-Zelle	Kremer 1905, S. 87
1424, 22. 8.	Der Rosengarten vor dem Georgentor Eisenachs an der Fischerstadt wird dem Kloster zurückgegeben.	Kremer 1905, S. 86
1424–1441(?)	7. Guardian: Heinricus Kulstet	Kremer 1905, S. 87 f.

1430	Durch Spende des landgräflichen Hofes kann der Guardian ein neues Psalterium und zwei neue Bücher ankaufen.	Streich 1989, S. 84
1432	Ankauf einer kupfernen Braupfanne und anderer Gefäße zum Bierbrauen	Bihl 1905, S. 175; Hopf/Spazier 2007, S. 112
1436	Klausur um heizbaren Raum (aestuarium) und Speisesaal vergrößert	Bihl 1905, S. 176; Kremer 1905, S. 88 f.; Hopf/Spazier 2007, S. 112; Hopf/Spazier/Weigel 2007, S. 253, 263
1440, Osterwoche	Der Guardian tritt eine Pilgerreise ins Hl. Land an.	Bihl 1905, S. 176; Kremer 1905, S. 88
1441	Felsdurchbruch für einen neuen Zugang zum Kloster geschaffen, vom Steinmetzen Johannes Buler aus Meißen	Bihl 1905, S. 177; Kremer 1905, S. 88; Hopf/Spazier 2007, S. 113; Hopf/Spazier/Weigel 2007, S. 263
um 1445	Abfassung des ersten, chronikalischen Teils der Klosterchronik durch einen Minoriten	Streich 1989, S. 83; Kunde 2007
um 1454–1457	Landgraf Wilhelm III. übergibt das Kloster dem observanten Flügel des Franziskanerordens.	Gess 1905/85, S. XXVI, Anm. 1; Hopf/Spazier/ Weigel 2008, S. 227
1469	Erstmals ist überliefert, dass vom Kloster Elisabeth-Berührungs-reliquien (Becher, Gürtel, Löffel, Mantel) zur Erleichterung bei Geburten an Fürstinnen verschickt werden.	Streich 1989, S. 84; Krüger 2000, 76, 78
1472	Abgesandte des Klosters nehmen am Kapitel der Oberservanten teil. Hier erhält das Kloster mit dem 9. oder 10. Guardian Jakobus Sartoris einen neuen Vorsteher.	Kremer 1905, S. 89

1475–1482	Prägung des meißnischen Hellers mit Mohrenkopf, der in der untersten Schicht an der geschlagenen Felsdurchfahrt gefunden wurde	Hopf/Spazier 2007, S. 113; Spazier 2008, S. 300
1491	Von den Elisabeth-Reliquien befindet sich nur noch der Mantel auf der Wartburg.	Kremer 1905, S. 90; Krüger 2000, S. 77, 98 f.; Hopf/Spazier/Weigel 2007, S. 264
1503, 24. 1.	Der Ratsmeister von Eisenach beglaubigt die Übertragung von 288 Schock (Geld) an das Franziskaner-Kloster.	Kremer 1905, S. 89
1507, 22. 4.	Luther erwähnt das Schalbense Collegium (auch Collegium Schalbianum) für das Franziskaner-kloster unterhalb der Wartburg.	Luther WA Br. 1, Nr. 3, S. 11, 39; S. 13, Anm. 12; Paullini 1698, S. 78; Hopf/Spazier/Weigel 2008, S. 227
1525, 24. 4.	Beim Eisenacher Pfaffensturm bleibt das Kloster unterhalb der Wartburg noch unversehrt.	Gess 1917/85, Nr. 866, S. 120
1525, 6.–11.5.	Die Bauern des Werrahaufens belagern Eisenach und dürften dabei auch das Kloster unterhalb der Wartburg besetzt haben.	Bergmann 1994, S. 235–246
1525/26	Die Kleinode aus dem Elisabeth-kloster werden von der Wartburg nach Weimar gebracht.	Schwarz 1996, S. 74
ab 1539/40	Niederlegung der Klostergebäude und Entnahme von Steinen für Reparaturen auf der Wartburg	Bachmann Baugeschichte, S. 9; Schwarz 1996, S. 75 und 89; Hopf/Spazier 2007, S. 110
1545	Dachreparatur auf der Elisabeth-kirche des Klosters	WStA AbAW 1, Bl. 11r

1548, nach 15.8.	Der gefangen gehaltene Täufer Fritz Erbe wird nach seinem Tod um den 15. August im Turm der Wartburg auf dem Klostergelände von St. Elisabeth begraben.	ThHStAW, Nr. 3210, Bl. 90v
1549/50	Entnahme der Dachziegel der Klosterkirche für die Eindeckung des Landgrafenhauses (Palas) auf der Wartburg.	WStA AbAW 1, Bl. 17r; Schwarz 1996, S. 75 und 89
nach 1700	Einebnung des oberen Plateaus, Herrichtung des Elisabeth-Brunnens und Anlegung eines Ziergartens durch Sophie Charlotte (1671–1717), die Gemahlin des Herzogs Johann Georg II. von Sachsen-Eisenach.	Schumacher 1777, S. 59; Schwarz 1996, S. 75; Hopf/Spazier 2007, S. 106
1851	Unter dem Wartburg-Architekten Hugo von Ritgen werden Brunnen und Umfeld in eine romantisierende Gedenkstätte verwandelt.	Ritgen 1860, S. 7; Baumgärtel 1907, S. 342; Schwarz 1996, S. 79; Hopf/Spazier 2007, S. 106 f., 110
1905	Bei der Verlegung einer Wasserleitung zum Elisabeth-Brunnen stößt man auf Mauerreste.	Voss 1917, S. 230; Schwarz 1996, S. 80; Hopf/Spazier 2007, S. 106
1924/25	Bei der Anlegung eines Rosengartens auf dem oberen Plateau stößt man auf Steinfundamente und verschiedene Einzelfunde.	Nebe 1926, S. 50–52; Schwarz 1996, S. 80; Hopf/Spazier 2007, S. 106
1931	Errichtung eines Holzkreuzes von 5 Metern Höhe und 2 Metern Breite auf dem oberen Plateau	Schwarz 1996, S. 84; Bergmann 2000, S. 64
1951, 24.4.	Wiedererrichtung des Holzkreuzes	Schwarz 1996, S. 84
1956/57 und 1959	Um die Mauer im unteren Plateau an der Fahrstraße werden 1956/57 Bau- und Schachtungsarbeiten durchgeführt, die der ehrenamtliche Bodendenkmalpleger H. Riede aus Eisenach 1959 fortsetzt.	Schwarz 1996, S. 81

1957, 18.3.–30.3.	Untersuchung der Torsituation auf dem oberen Plateau durch R. Wichmann (Gotha)	Wichmann 1957
1957, 12.8.–23.9.	Untersuchung östlich des Felsganges auf dem oberen Plateau mit der Freilegung wahrscheinlich eines Hausfundamentes durch das Museum für Ur- und Frühgeschichte Thüringens	Schwarz 1996, S. 83
1958–1960	Der Wartburg-Direktor Sigfried Asche lässt in eigener Regie archäologische Untersuchungen vornehmen.	Asche 1962, S. 32, 233; Schwarz 1996, S. 81 und 83; Hopf/Spazier 2007, S. 106 Anm. 13, S. 107, 113
1964	Eine archäologische Sondierung des Museums für Ur- und Frühgeschichte Thüringens unter Leitung von Hans-Joachim Barthel auf dem unteren Plateau legt vorübergehend zwei Gebäudegrundrisse und zahlreiche Mauerzüge frei.	Barthel 1964; Schwarz 1996, S. 83 f.; Hopf/Spazier 2007, S. 106
1991, 2.7.	Eine überlebensgroße Bronzeplastik mit Elisabeth in der Situation des Rosenwunders aus privater Hand wird auf dem oberen Plateau aufgestellt.	Schwarz 1996, S. 84
2004	geophysikalische Untersuchung im oberen Terrassenbereich	Hopf/Spazier 2007, S. 106
2004, Herbst	dreidimensionale Vermessung des gesamten Geländes durch das damalige Thüringische Landesamt für Archäologie mit Museum für Ur- und Frühgeschichte, Weimar	Dlogusch/Schüler 2004; Hopf/Spazier 2007, S. 106
2006, April – Oktober	Forschungsgrabung des Thüringischen Landesamtes für Denkmalpflege und Archäologie unter fachlicher Leitung von Dr. I. Spazier und dem örtlichen	Hopf/Spazier/Weigel 2007, S. 246–257

	Grabungsleiter U. Hopf sowie K.-D. Tischler und R. Rohbock in Vorbereitung des 800-jährigen Jubiläums der Elisabeth von Thüringen; Freilegung des Elisabeth-Hospitals aus dem 13. Jahrhundert sowie aus der Klosterzeit: Klosterkirche, Teile der Klausur, Wirtschaftsgebäude, östliche Pforte, Teile der Umfassungsmauer, drei Gräber, darunter wohl das von Fritz Erbe	
2007	Sanierung und Gestaltung des Elisabethplans; Rekonstruktion der Grundmauern von Klosterkirche und Hospital sowie der Gebäude am unteren Plateau; Freiflächengestaltung	

QUELLEN UND LITERATUR

Asche 1962 = SIGFRIED ASCHE: *Die Wartburg. Geschichte und Gestalt.* Berlin 1962.

Bachmann Baugeschichte = Wartburg-Stiftung Eisenach, Archiv, WALTER BACHMANN: *Die Baugeschichte der Wartburg.* [unveröffentlichtes Manuskript], [III. Teil] Der Palas und die Kemenate der Wartburg.

Barthel 1994 = Wartburg-Stiftung Eisenach, Archiv, *Akte Wartburggrabung «Am Elisabethenplan»* Grabungsjahr 1964, Wartburg-Forschung, darin Tagungsberichte von HANS-JOACHIM BARTHEL.

Baumgärtel 1907 = MAX BAUMGÄRTEL (Hrsg.): *Die Wartburg. Ein Denkmal deutscher Geschichte und Kunst.* Berlin 1907.

Bergmann 1994 = GERD BERGMANN: *Ältere Geschichte Eisenachs von den Anfängen bis zum Beginn des 19. Jahrhunderts.* Eisenach 1994.

Bergmann 2000 = GERD BERGMANN: Der Elisabethplan. In: *StadtZeit.*[9](2000)3, S. 63 f.

Bihl 1905 = P. MICHAEL BIHL (Hrsg): Chronica Conventus Ordinis Fratrum Minorum ad S. Elisabeth prope Isenacum. Chronik des Franziskanerklosters zur hl. Elisabeth bei Eisenach. Anhang zu: KREMER 1905, S. 167–177.

Dlogusch/Schüler 2004 = RAPHAEL DLOGUSCH und TIM SCHÜLER: *Bericht zu den geophysikalischen Untersuchungen am Elisabethplan nördlich der Wartburg. Stadt Eisenach s. l., s. t.* [2004]. (unveröffentlichtes Manuskript, vorhanden im Thüringer Landesamt für Denkmalpflege und Archäologie (TLDA).

Gess 1905/85 = FELICIAN GESS (Hrsg.): *Akten und Briefe zur Kirchenpolitik Herzog Georgs von Sachsen. Bd. 1. 1517–1524.* Leipzig/Berlin 1905. Nachdruck Köln/Wien 1985.

Gess 1917/85 = FELICIAN GESS (Hrsg.): *Akten und Briefe zur Kirchenpolitik Herzog Georgs von Sachsen. Bd. 2. 1525–1527.* Leipzig/Berlin 1917. Nachdruck Köln/Wien 1985.

Hopf/Spazier 2007 = UDO HOPF und INES SPAZIER: Die Ausgrabungen am Elisabethplan unterhalb der Wartburg. In: SIBYLLE PUTZKE (Red.): *Die Elisabethkapelle im Turm der Erfurter Nikolaikirche. Ein Wandmalereizyklus und sein künstlerisches Umfeld* (Arbeitsheft des Thüringischen Landesamtes für Denkmalpflege und Archäologie. N.F. 25). Altenburg 2007, S. 106–118, 125 und 132 f.

Hopf/Spazier/Weigel 2007 = UDO HOPF, INES SPAZIER und PETRA WEIGEL: Elisabethverehrung und Elisabethgedenken der Wettiner. Das Elisabethhospital und das Franziskanerkloster St. Elisabeth unterhalb der Wartburg – Archäologische Befunde und schriftliche Zeugnisse. In: DIETER BLUME und MATTHIAS WERNER (Hrsg.): *Elisabeth von Thüringen – eine europäische Heilige.* Aufsätze. Petersberg 2007, S. 245–269.

Hopf/Spazier/Weigel 2008 = UDO HOPF, INES SPAZIER und PETRA WEIGEL: Zelle der St. Elisabeth unterhalb der Wartburg. In: THOMAS T. MÜLLER, BERND SCHMIES und CHRISTIAN LOEFKE (Hrsg.): *Für Gott und die Welt – Franziskaner in Thüringen.* Text- und Katalogband zur Ausstellung in den Mühlhäuser Museen vom 29. März bis 31. Oktober 2008 (Mühlhäuser Museen. Forschungen und Studien. 1). Paderborn 2008, S. 226 f.

Huyskens 1911 = ALBERT HUYSKENS: Der sog. Libellus de dictis quatuor ancillarum S. Elisabeth confectus. Kempten/München 1911.

Konrad/Huyskens 1123/1908 = KONRAD VON MARBURG: Erste Lebensbeschreibung Elisabeths von Thüringen (auch «Summa Vitae») im Brief ihres Beichtvaters an Papst Gregor IX. vom 16. November 1232. In: ALBERT HUYSKENS: *Quellenstudien zur Geschichte der hl. Elisabeth, Landgräfin von Thüringen.* Marburg 1908, S. 155–160.

Kremer 1905 = JOSEPH KREMER: *Beiträge zur Geschichte der klösterlichen Niederlassungen Eisenachs im Mittelalter* (Quellen und Abhandlungen zur Geschichte der Abtei und Diözese Fulda. 2). Fulda 1905.

Kunde 2007 = HOLGER KUNDE: Sog. Chronik der Elisabethzelle unterhalb der Wartburg. In: Dieter Blume und Matthias Werner (Hrsg.): *Elisabeth von Thüringen – eine europäische Heilige.* Katalog. Petersberg 2007, Kat.-Nr. 197, S. 292–294.

Luther WA Br. 1 = *D. Martin Luthers Werke. Kritische Gesamtausgabe.* (Weimarer Ausgabe). Briefwechsel. 1. Bd. Weimar 1930.

Nebe 1926 = HERMANN NEBE: Das Wartburgjahr 1925/26. Bauarbeiten, Funde, Ausgrabungen. In: *Wartburg-Jahrbuch.* 4(1926), S. 21–64.

Nicolai 1927 = ULRICH NICOLAI: Die Gedächtniskirche des Rosenwunders vor der Ausgrabung. Architekturbild des Elisabethenklosters über dem Elisabethenbrunnen unterhalb der Wartburg. In: *Eisenacher Tagespost.* Eisenach, den 3. September 1927.

Peter 1907 = Hugo Peter: *Die Hospitäler St. Clemens, St. Spiritus, St. Anna und St. Justus in Eisenach* (Beiträge zur Geschichte Eisenachs. 17). Eisenach 1907.

Ritgen 1868 = Hugo von Ritgen: *Der Führer auf der Wartburg. Ein Wegweiser für Fremde und ein Beitrag zur Kunde der Vorzeit.* Leipzig 21868.

Rothe/Liliencron 1859 = Rochus von Liliencron (Hrsg.): *Düringische Chronik des Johann Rothe* (Thüringische Geschichtsquellen. 3. Bd.). Jena 1859.

Schumacher 1777 = Carl Wilhelm Schumacher: *Merkwürdigkeiten der Stadt Eisenach und ihres Bezirkes in alphabetischer Ordnung.* Eisenach 1777.

Schwarz 1996 = Hilmar Schwarz: Der Elisabethplan unterhalb der Wartburg. In: *Wartburg-Jahrbuch* 1995. 4(1996), S. 59–90.

Spazier 2008 = Ines Spazier: Ausgrabungsfundstücke Franziskanerkloster Elisabethplan unterhalb der Wartburg. In: Thomas T. Müller, Bernd Schmies und Christian Loefke (Hrsg.): *Für Gott und die Welt – Franziskaner in Thüringen.* Text- und Katalogband zur Ausstellung in den Mühlhäuser Museen vom 29. März bis 31. Oktober 2008 (Mühlhäuser Museen. Forschungen und Studien. 1). Paderborn 2008, S. 293–301.

Streich 1989 = Brigitte Streich: *Zwischen Reiseherrschaft und Residenzbildung: der wettinische Hof im späten Mittelalter* (Mitteldeutsche Forschungen. 101). Köln/Wien 1989.

ThHStAW, Nr. 3210 = Thüringisches Hauptstaatsarchiv Weimar, *Eisenacher Rechnungen*, Nr. 3210, «Rechenung des Amptes Eyssenach», 1548.

Wichmann 1957 = Wartburg-Stiftung Eisenach, Archiv, *Akte 528 Elisabethplan*, Akte Roderich Wichmann, Gotha, v. 5. Sept. 1956 – 18. IX. 1957.

WStA AbAW 1 = Wartburg-Stiftung Eisenach, Archiv, AbAW 1, *«Nachrichten aus dem s. g. wartburgischen Archive zu Eisenach über die Bauten auf Wartburg in den Jahren 1489– 1568»*, Abschrift, alte Nr.: 33.

Voss 1915 = Georg Voss: *Die Stadt Eisenach* (Paul Lehfeldt und Georg Voss: Bau- und Kunstdenkmäler Thüringens. Großherzogtum Sachsen-Weimar-Eisenach. Heft 39. Amtsgerichtsbezirk Eisenach). Jena 1915.

Voss 1917 = Georg Voss: Die Wartburg (Paul Lehfeldt und Georg Voss: *Bau- und Kunstdenkmäler Thüringens.Großherzogtum Sachsen-Weimar-Eisenach.* Heft 41. Amtsgerichtsbezirk Eisenach). Jena 1917.

REZENSIONEN UND BIBLIOGRAPHIE

Die Wartburg in neuerer Literatur mit Abschluss 2007

Hilmar Schwarz

Dieser Überblick soll Forschungsergebnisse, Sachverhalte oder Hypothesen zusammenführen und vorstellen, die in der neueren Literatur verstreut vorkommen und sich auf die Wartburg und ihre Geschichte beziehen.

Zum 800. Geburtsjubiläum der hl. Elisabeth von Thüringen erschien eine Vielzahl von Publikationen sehr unterschiedlichen Umfangs und verschiedener Qualität. Herausragend sind die beiden Bände zur Landesausstellung auf der Wartburg und in der Eisenacher Predigerkirche[1]. Wie die neueste Elisabethliteratur insgesamt können beide Bände wegen ihrer Fülle hier nicht vorgestellt werden. Aus dem Katalogband sind die Beiträge, die unmittelbar die Wartburg berühren, in diesem Jahrbuch unter «Wartburgliteratur – Neuerscheinungen und Nachträge» aufgelistet. Dort sind auch einige besonders relevante Aufsätze aus dem Aufsatzband aufgeführt, während in der hiesigen Literaturbesprechung nur wenige Aspekte angetippt werden können.

Ebenfalls unter «Wartburgliteratur – Neuerscheinungen und Nachträge» sind weitere Publikationen zur hl. Elisabeth erfasst, ohne Vollständigkeit zu erzielen. Aktuell informieren einige dem Thema gänzlich oder großenteils gewidmete Zeitschriftenbände, deren Einzelbeiträge jedoch wegen ihrer Vielzahl nicht aufgelistet werden können[2].

Die historische Forschung und Publikationstätigkeit zu Thüringen erhielten bessere Grundlagen durch neue Editionen und Übersetzungen. Die Geschichtswerke des Eisenacher Historikers Johannes Rothe liegen nun weitgehend ediert vor. Nachdem 2005 sein gereimtes Elisabethleben erschienen

---

1 Dieter Blume und Matthias Werner (Hrsg.): Elisabeth von Thüringen – eine europäische Heilige. Aufsätze. Petersberg 2007; Dieter Blume und Matthias Werner (Hrsg.): Elisabeth von Thüringen – eine europäische Heilige. Katalog. Petersberg 2007.

2 Damals. Das Magazin für Geschichte und Kultur. 39(2007)7; Heimat Thüringen. Kulturlandschaft, Umwelt, Lebensraum. 14(2007)1; Kultur-Journal Mittelthüringen. Weimar, Erfurt, Jena, Weimarer Land. 4(2007)2; Neue Thüringer Illustrierte. NTI. Zeitschrift für Wirtschaft, Politik, Tourismus, Sport und Kultur. 17(2007)1.

3 Martin J. Schubert und Annegret Haase (Hrsg.): Johannes Rothes Elisabethleben (Deutsche Texte des Mittelalters. 85). Berlin 2005.

war[3], kam 2007 die Edition seiner Eisenacher Stadtgeschichte und seiner Thüringer Landeschronik heraus[4]. Maßgebliche Quellen zur hl. Elisabeth sind jüngst durch synoptisch lateinisch und deutsch gegenübergestellte Texte besser erschließbar geworden, wobei der lateinische Text nicht neu ediert wurde, aber die deutschen Übersetzungen neu entstanden. Das betrifft zum einen die Summa Vitae Konrads von Marburg, den Libellus und die Elisabeth-Vita des Caesarius von Heisterbach[5] sowie zum andern das Elisabeth-Leben Dietrichs von Apolda[6].

Für die Wartburggeschichte sind auch drei nunmehr in einem Tagungsband der Wartburg-Gesellschaft zur Erforschung von Burgen und Schlössern veröffentlichte Beiträge von Interesse, die auf Vorträge zur Jubiläumstagung anlässlich des zehnjährigen Bestehens auf der Wartburg vom 11.–14. April 2002 zurückgehen[7]: Grit Jacobs (Wartburg) über das Verhältnis von Bauherr, Architekt und Kommandant, Stefanie Lieb (Köln) zum Rezeptionsprozess im 19. Jahrhundert sowie Jutta Krauß (Wartburg) und Elisabeth Crettaz-Stürzel (Val d'Anniviers/Schweiz) zum Wappensaal des Wartburg-Hotels. Erwähnenswert ist auch die 50-seitige Abhandlung zum Wartburgfest von 1817 in der Monographie von Klaus Ries (Berlin) über die Jenaer Professoren im frühen 19. Jahrhundert[8].

*

4   Sylvia Weigelt (Hrsg.): Johannes Rothe. Thüringische Landeschronik und Eisenacher Chronik (Deutsche Texte des Mittelalters. 87). Berlin 2007.

5   [lat.-dt.] Ewald Könsgen (Hrsg. und Übers.): Caesarius von Heisterbach. Das Leben der Heiligen Elisabeth und andere Zeugnisse (Veröffentlichungen der Historischen Kommission für Hessen 67. Kleine Texte mit Übersetzungen. 2). Marburg 2007, darin:
    – Caesarius von Heisterbach: Vita Sancte Elysabeth Langravie, S. 7–91;
    – Sermo de Translatione Beate Elysabeth, S. 93–115;
    – Summa Vitae Konrads von Marburg, S. 127–135;
    – Libellus de dictis quatuor ancillarum Sancte Elisabeth confectus, S. 137–193;
    [nur dt.] Caesarius von Heisterbach: «Vita S. Elizabeth Langrafie». Das Leben der Heiligen Elisabeth, Landgräfin von Thüringen/ Übers. von Aloys Finken. Siegburg 2007.

6   [lat.-dt.] Monika Rener (Hrsg. und Übers.): Das Leben der Heiligen Elisabeth / Dietrich von Apolda (Veröffentlichungen der Historischen Kommission für Hessen. 67.3). Marburg 2007.

7   C. Müller und H.-H. Häffner (Red.): Burgenrenaissance im Historismus (Forschungen zu Burgen und Schlössern. Bd. 10). München/Berlin 2007, darin: Grit Jacobs: Carl Alexander, Hugo von Riten, Bernhard von Arnswald – das Verhältnis von Bauherr, Architekt und Kommandant im ersten Jahrzehnt der Wiederherstellung der Wartburg, S. 25–36. – Stefanie Lieb: Der Rezeptionsprozess romanischer Formen bei der »Wiederherstellung« der Wartburg im 19. Jahrhundert, S. 37–48. – Jutta Krauss und Elisabeth Crettaz-Stürzel: Der Wappensaal im Wartburghotel von Bodo Ebhardt und Léo Schnug, S. 49-56.

8   Klaus Ries: Wort und Tat. Das politische Professorentum der Universität Jena im frühen 19. Jahrhundert (Pallas Athene. 20). Stuttgart 2007, S. 332-373 zum Wartburgfest 1817. [Zugl.: Jena, Univ., Habil.-Schrift, 2003/04].

Zur Herkunft Ludwigs des Bärtigen und damit der Ludowinger äußert sich der in genealogischen Fragen kompetente Münchener Emeritus Eduard Hlawitschka[9] bezüglich der Hypothesen von Armin Wolf, worauf bereits in einem der Wartburg-Jahrbücher ausführlich eingegangen wurde[10]. Hlawitschka referiert zunächst zu den Quellen und zur Ansippung an königliche Verwandtschaft (S. 272–280). Dann geht er auf die sechs Indizien Wolfs für die Gleichsetzung Ludwigs des Bärtigen mit einem in Mousson 1080 bezeugten Ludwig ein, die er Punkt für Punkt entkräftet oder widerlegt (S. 280–284). Schließlich kommt er zum angeblichen Geburtsdatum jenes lothringischen Ludwigs, der «ca. 1034 geboren sein dürfte, weil ja seine Eltern Ludwig von Mousson/Mömpelgard und Sophie von Bar etwa 1032 geheiratet hatten» (S. 284). Das Hochzeitsdatum von 1032 in einer entsprechenden Urkundenüberlieferung weist er als unzutreffend zurück mit dem Hinweis: Der «mitgenannte Bischof Hermann von Toul verstarb nämlich bereits am 1. April 1026 und kann somit nicht noch 1032 amtiert haben» (S. 285). Hlawitschka kommt zu dem Fazit: «Über Wolfs These ist demnach der Stab zu brechen.» (S. 288).

*

Der Beitrag zur Fürstin Elisabeth und der Landgrafschaft Thüringen im Aufsatzband zur Elisabeth-Ausstellung gerät dem Autor Mathias Kälble (Jena)[11] zu einer kurzgefassten Geschichte der Ludowinger, besonders hinsichtlich ihrer Heirats- und Territorialgeschichte. Dabei zeigt er den gegenwärtigen Forschungsstand auf und bemüht sich, den einen oder anderen neuen Akzent zu setzen.

Sehr instruktiv ist die vom Verfasser und Stefan Tebruck entworfene Karte (S. 84 f.) über den «Herrschaftsbereich Landgraf Ludwigs IV. von Thüringen (1217–1227)» mit Thüringen und der Pfalzgrafschaft Sachsen und deren fest umrissenen Grenzen. Die Beschriftung lediglich mit «Thüringen» und nicht mit «Landgrafschaft Thüringen» lässt offen, ob tatsächlich die Grenzen der Landgrafschaft gemeint sind; es ist sicherlich als ein solcher Versuch zu werten. Natürlich macht die Exaktheit angreifbar, und so kann man fragen, war-

9 Eduard Hlawitschka: Waren die Landgrafen von Thüringen, die sogenannten Ludowinger, Nachkommen Ludwigs und Sophies von Bar und Mousson/Mömpelgard? In: Hans-Peter Baum, Rainer Leng und Joachim Schneider (Hrsg.): Wirtschaft – Gesellschaft – Mentalitäten im Mittelalter. Festschrift zum 75. Geburtstag von Rolf Sprandel (Beiträge zur Wirtschafts- und Sozialgeschichte. 107). Stuttgart 2006, S. 271–288.

10 Hilmar Schwarz: Zur Herkunft der Ludowinger und zur Entstehung des Kurfürstenkollegiums in neuester Literatur In: Wartburg-Jahrbuch 2002. 11(2003), S. 117–124.

11 Mathias Kälble: Reichsfürstin und Landesherrin. Die heilige Elisabeth und die Landgrafschaft Thüringen. In: Blume/Werner, Aufsätze 2007 (wie Anm. 1) S. 77–92.

12 Die umfassendste Grenzbeschreibung immer noch bei Otto Dobenecker (Hrsg.): Regesta diplomatica necnon epistolaria historiae Thuringiae. Bd. 1 (ca. 500–1152). Jena 1896, S. XI–XIII.

um Schmalkalden außerhalb von Ludwigs Thüringen gelegen haben soll. Bislang existierten nur Vorstufen wie Grenzbeschreibungen ohne Kartierung[12], Karten mit Beschriftung des Landes ohne Grenzziehung, die Kartierung der ludowingischen Besitzsplitter[13] und Grenzkartierungen von Teilbereichen. So hat Gockel die Wasserscheide zwischen Fulda und Werra als alte Westgrenze ausgemacht[14], und Werner wies auf die Saale als Ostgrenze hin[15]. Im Norden etwa der Verlauf der Unstrut und im Süden der Kamm des Thüringer Waldes markieren weitere Teilgrenzen für das Land bzw. die Landgrafschaft Thüringen, dessen Lage zwar im Groben bekannt ist, dessen exakte Grenzziehung aber schwierig bleibt und durch die vorliegende Karte besser nachvollziehbar ist.

Eingezeichnet sind ludowingische Burgen, Städte, Gerichtsstätten, Klöster und sonstige Besitzungen sowie Ministeriale und freie Vasallen, wodurch sich ein Bild über die herrschaftlichen Zentren und Einflussbereiche der Ludowinger ergibt. Von den Randgebieten bei ihrem Herrschaftsantritt 1131 (vgl. S. 79) aus hatten sie sich längst in der Landesmitte eine solide Basis geschaffen. Am dichtesten und zahlreichsten befanden sich ihre Stützpunkte im Bogen der oberen Unstrut zwischen Mühlhausen und Weißensee, also mitten in der Landgrafschaft.

Ein zweiter Komplex hoher ludowingischer Präsenz lag im Südwesten um Gotha und um Eisenach. Dahinter zurück steht ein dritter Bereich um die Eckartsburg und die Neuenburg, Letztere auf der Karte zur Pfalzgrafschaft gehörig. Kaum Fuß gefasst haben die Ludowinger hingegen im Nordwesten und im Südosten. Der Zipfel im äußersten Südosten um Saalfeld hatte sein eigenes Schicksal als Reichsgutbezirk, Besitz des Kölner Erzbischofs u.a.[16] Die Versuche Landgraf Hermanns I. 1203/04 zum Erwerb schlugen fehl. Wie jüngst in einem Überblick zu romanischen Bauten um Arnstadt und Gotha dargelegt, konnten sich andere Adelsfamilien im südöstlichen Thüringen

---

13 Hans Patze: Die Entstehung der Landesherrschaft in Thüringen. Teil 1 (Mitteldeutsche Forschungen. 22). Köln/Graz 1962, loser Kartenanhang (in anderen Publikationen nachgedruckt); Werner Mägdefrau: Thüringen im hohen Mittelalter (Schriften der Wartburgstiftung. 6). Eisenach 1989, S. 88 f.

14 Michael Gockel: Die Westausdehnung Thüringens im frühen Mittelalter im Lichte der Schriftquellen. In: Michael Gockel (Hrsg): Aspekte thüringisch-hessischer Geschichte. Marburg 1992, S. 49–66 und eine Karte, hierzu besonders S. 64 und Karte.

15 Matthias Werner: Neustadt, Orlagau und Thüringen im 12./13. Jahrhundert. In: Werner Greiling (Hrsg.): Neustadt an der Orla. Vom Ursprung und Werden einer Stadt. Rudolstadt/ Jena 1997, S. 15–77, hierzu S. 29 f.; vgl. Michael Gockel (Bearb.): Die deutschen Königspfalzen. Repertorium der Pfalzen, Königshöfe und übrigen Aufenthaltsorte der Könige im deutschen Reich des Mittelalters. Bd. 2. Thüringen. Göttingen 2000, S. 471.

16 Vgl. Saalfeld. In: Michael Gockel (Bearb.): Die deutschen Königspfalzen. Bd. 2. Thüringen. Göttingen 2000, S. 465–523.

behaupten, vor allem die Schwarzburg-Käfernburger, aber auch die Grafen von Gleichen, die Herren von Grumbach und weiter nördlich die Grafen von Weimar-Orlamünde[17].

Im Katalogband haben Kälble und Tebruck die Karte wie ein Ausstellungs-Exponat behandelt und sind auf die angesprochenen Probleme explizit eingegangen[18]. Sie koppeln den farblich hervorgehobenen «historisch-geographischen Raum Thüringen» mit dem «Fürstentitel der Ludowinger» (S. 63 oben links), ohne sich auf die Landgrafschaft festzulegen. Die Landgrafenwürde bezog sich auf die «gesamte Landschaft zwischen Harz, westlichem Werratal, Thüringer Wald, Saale und Unstrut» (S. 63). Ansonsten sei eine «exakte kartographische Darstellung» wegen der im Mittelalter nicht im modernen Sinne vorhandenen Grenze unmöglich, da sich lediglich der Kernbereich mit unklaren Randschärfen fassen lässt (S. 63).

*

Der ehemalige Wartburghauptmann Ernst Badstübner (Berlin) hat sich in einem Sammelband zu Eisenachs mittelalterlicher Stadtgestalt geäußert[19]. Der Band der Erfurter Studien, der von der Bauhaus-Universität Weimar mitgetragen wird, enthält neben übergreifenden Beiträgen zu thüringischen Städten auch entsprechende Abhandlungen zu Erfurt, Jena und Saalfeld. Gleichzeitig erschien im Katalogband zur Elisabeth-Ausstellung 2007 in Eisenach/Wartburg ein instruktiver Kurzüberblick zur Stadtentwicklung Eisenachs bis in das erste Drittel des 13. Jahrhunderts von Christine Müller (Lindenkreuz) und Petra Weigel (Jena)[20]. Beide Überblicke fügen sich in übergreifende Themenkreise ein. Eigenständige Stadtgeschichten mit umfangreichem Faktenmaterial haben Hermann Helmbold (1917, 1929, 1936)[21] und Gerd Bergmann (1994)[22] geliefert. Da beide ihre Publikationen populär-

---

17 Matthias Werner: Der Raum um Arnstadt und Gotha im frühen und hohen Mittelalter. In: Matthias Werner (Hrsg.): Romanische Wege um Arnstadt und Gotha. Weimar 2007, S. 17–58, hierzu S. 44-56; vgl. Kälble, Reichsfürstin 2007 (wie Anm. 11) S. 79.

18 Mathias Kälble und Stefan Tebruck: Der Herrschaftsbereich Landgraf Ludwigs IV. von Thüringen (1217–1227). In: Blume/Werner, Katalog 2007 (wie Anm. 1) S. 62–66.

19 Ernst Badstübner: Das Werden von Eisenachs Stadtgestalt im Mittelalter. In: Mark Escherich, Christian Misch und Rainer Müller (Hrsg.): Entstehung und Wandel mittelalterlicher Städte in Thüringen (Erfurter Studien zur Kunst- und Baugeschichte. 3). Berlin 2007, S. 175–191.

20 Christine Müller und Petra Weigel: Die landgräfliche Stadt Eisenach zur Zeit Elisabeths von Thüringen. In: Blume/Werner, Katalog 2007 (wie Anm. 1) 121-123.

21 Hermann Helmbold: Der Amtsgerichtsbezirk Eisenach. Geschichtliche Einleitung. In: Georg Voss: Die Wartburg (P. Lehfeldt und G. Voss: Bau- und Kunst-Denkmäler Thüringens. Heft 41. Großherzogtum Sachsen-Weimar-Eisenach. Amtsgerichtsbezirk Eisenach). Jena 1917, S. 97–109; Hermann Helmbold: Geschichte der Stadt Eisenach mit einem volkskundlichen Anhang, Eisenach 1936.

22 Gerd Bergmann: Ältere Geschichte Eisenachs von den Anfängen bis zum Beginn des 19. Jahrhunderts. Eisenach 1994.

wissenschaftlich anlegten und dadurch nur beschränkt ihre Quellen auswiesen, sind ihre Schriften bei aller lobenswerten Faktenmenge wissenschaftlich nur bedingt nachvollziehbar.

Überblicke zur Stadtstruktur Eisenachs wie die beiden Beiträge von 2007 haben bereits Hans Patze in seiner Thüringengeschichte bis 1247 (1962)[23], Michael Gockel für den Marburger Elisabethkatalog (1981)[24], Gerd Strickhausen in seiner Burgengeschichte der Ludowinger (1998)[25] und Karl Heinemeyer in einer Art Handbuch zu mittelalterlichen Residenzen (2003)[26] geliefert. Am ehesten selbständige Bedeutung besitzt die Abhandlung von Wolfgang Hess (1966)[27], obwohl auch er in einem Rahmen – dem der ludowingischen Städte – schrieb. In der Dissertation über die ludowingischen Städte in Thüringen behandelte Christine Müller Eisenach vergleichsweise kurz[28]. Ihre Ausführungen sind zwar in Details zu schriftlichen Quellen nachvollziehbar, bleiben aber vor allem wegen der Nichtbeachtung bekannter archäologischer und bauarchäologischer Befunde hinter Bergmann oder Strickhausen zurück.

Wie seine Vorgänger referiert Badstübner die bekannten topographischen Grundtatsachen der Stadtentstehung: die älteste Eisenacher Siedlung östlich des mittelalterlichen Stadtkerns am Petersberg, die Siedlungskerne um die drei Märkte und die drei Pfarrkirchen, die Einbeziehung umliegender Dörfer, die Lage an der Magistrale der via regia (Königstraße). Die «Straßenführung» sei als «Ergebnis einer Planung» zu vermuten und zeige das «landgräfliche Interesse an der geplanten Stadt». Allerdings macht er die Einschränkung, dies gelte nur, «akzeptiert man diese Beschreibung der Straßenführung im Stadt-

---

23 Patze, Entstehung 1962 (wie Anm. 13) S. 413–418 und 468–470.

24 Michael Gockel: Wartburg und Eisenach. In: Sankt Elisabeth. Fürstin, Dienerin, Heilige. Aufsätze, Dokumentation, Katalog. [Ausstellung zum 750. Todestag der hl. Elisabeth. Marburg Landgrafenschloß und Elisabethkirche 19. November 1981 – 6. Januar 1982]. Sigmaringen 1981, S. 356–359.

25 Gerd Strickhausen: Burgen der Ludowinger in Thüringen, Hessen und dem Rheinland. Studien zu Architektur und Landesherrschaft im Hochmittelalter (Quellen und Forschungen zur hessischen Geschichte. 109). Darmstadt/Marburg 1998, S. 206–209.

26 Karl Heinemeyer: Eisenach. In: Werner Paravicini (Hrsg.): Höfe und Residenzen im spätmittelalterlichen Reich. Ein dynastisch-topographisches Handbuch. Teilbd. 2: Residenzen (Residenzenforschung. 15.I.2.). Stuttgart 2003, S. 166–171.

27 Wolfgang Hess: Hessische Städtegründungen der Landgrafen von Thüringen. Marburg/Witzenhausen 1966, S. 165–170.

28 Christine Müller: Landgräfliche Städte in Thüringen. Die Städtepolitik der Ludowinger im 12. und 13. Jahrhundert (Veröffentlichungen der Historischen Kommission für Thüringen. Kleine Reihe. Bd. 7). Köln/Weimar/Wien 2003, S. 234–247.

29 Rolf Aulepp: Neues aus dem alten Mühlhausen (Mühlhäuser Beiträge. Sonderheft 9). Mühlhausen 1993, Abb. 12, S. 28 f. und Abb. 23, S. 46 f.

30 Elmar Altwasser: Erfassung der Kelleranlagen in Erfurt. In: Heimat Thüringen. Kulturlandschaft, Umwelt, Lebensraum. 6(1999)2/3, S. 19–23, bes. Abb. S. 22.

grundriss» (alle Zitate S. 180). Die regelmäßige, parallele Straßenführung kann aber eventuell erst durch eine spätere Begradigung entstanden sein. Die Anordnung der alten Keller könnte wie in Mühlhausen[29] und Erfurt[30] nicht immer nur entlang des Straßenverlaufs erfolgt sein, womit eine landgräfliche Planung eher unwahrscheinlich und der Anteil der Bürger an einer unregelmäßigen Grundstücklage ablesbar wäre. Eine Grabung von 2005 im Bereich von Karlsplatz 2–4 ließ erkennen, dass ursprünglich eine andere als die jetzt vorhandene Parzellenstruktur existiert hatte[31]. Eine Kartierung der alten Keller in der Eisenacher Innenstadt könnte hierbei Aufschluss geben.

Beim Verhältnis von Burg und Stadt ist nach Badstübner davon auszugehen, dass die Wartburg als «typisch salische Höhenburg» im letzten Drittel des 11. Jahrhunderts entstand, als es Eisenach noch nicht gab (S. 177). Im Mittelalter entstand zwar zwischen beiden eine «Funktionsbeziehung», aber keine «siedlungsgestalterische Beziehung». Durch die vorhandene Entfernung gehörte die Wartburg zweifellos nicht zum Areal der mittelalterlichen Stadt und grenzte auch wie in anderen ludowingischen Städten nicht unmittelbar an, so wie bei Creuzburg und Weißensee.

Allerdings sei die «ludowingische Stadtresidenz», der sog. «Steinhof» (S. 184), und um ihn das «Areal südlich der Georgenkirche bis zur Stadtmauer in der Planung der Ludowinger während des 12. Jahrhunderts für den landgräflichen Hof mit dem Gedanken an eine feste Residenz vorgesehen gewesen.» (S. 185) Zu ergänzen wäre, dass der ansteigende Hang nach Süden zur Wartburg führt, die somit dem ludowingisch dominierten Teil der Stadt eine Art Rückendeckung verschaffte.

Obwohl der Steinhof für die Ludowingerzeit «geschichtlich nicht bezeugt ist», soll er die «vielleicht nur zeitweilige, aber alleinige Hofhaltung der Ludowinger in Eisenach gewesen» (S. 184) und dort erst «in den 1220er Jahren» von der Wartburg abgelöst worden sein. Der Steinhof beherbergte den Sitz des thüringischen Landgrafen, soweit er als «Residenzstätte nicht im Sinne einer Stadtburg» fungierte, sondern «im Sinne einer offenen Hofhaltung» (S. 186). Eine «befestigungsähnliche Anlage» errichteten innerhalb der Stadtmauern mit der «Burg Klemme oder Clemda» (S. 187) erst die wettinischen Stadtherrn im 13. Jahrhundert.

Der kurze, aber prägnante Beitrag zur Stadt Eisenach von Müller/Weigel im Elisabeth-Katalog[32] ist wesentlich besser als derjenige im Buch über die Ludowingerstädte, verfasst von einer Koautorin[33]. Der dort außerhalb des

---

31 Ines Spazier: Geheimnisse des Eisenacher Untergrundes. Die Ausgrabungen in der Stadt Eisenach von 2000/01–2006. In: wartburgland geschichte. Beiträge zur Geschichte, Kultur und Natur des Wartburglandes. Heft 6. Eisenach 2006, S. 2–12, hierzu S. 6 und 12.

32 Wie Anm. 20.

33 Müller, Städte 2003 (wie Anm. 28) S. 234–247.

Eisenach-Abschnitts vorhandene Hinweis auf die konstitutive Rolle der Stadtgemeinde wird nun für Eisenach unmittelbar beachtet und mit dem Erscheinen der Stadtgemeinde in der Urkunde von 1196 verknüpft (S. 122 Mitte, 123 rechts Mitte). Berücksichtigt sind nun auch die bauarchäologischen Zeugnisse zur Stadtmauer, die ja etwas mit Stadtrecht und Stadtgemeinde zu tun hat. Hierbei gibt es eine Diskrepanz zum Beitrag Badstübners, der den Nikolaitorturm ins 12. Jahrhundert datiert (S. 180 f.), Müller und Weigel hingegen ins erste Viertel des 13. Jahrhunderts (S. 121). Beide stimmen hierin mit Strickhausen[34] und Großmann[35] überein, während Bergmann ihn vor 1200 datiert[36]. Die Selbstverständlichkeit, den Eisenacher Steinhof – also die «Stadtresidenz» – seit Mitte des 12. Jahrhunderts existieren zu lassen, teilen beide Autorinnen mit anderen auch darin, keinerlei Belege hierfür anführen zu können.

*

Über das obere Schloss vom ostthüringischen Greiz sind in jüngster Zeit einige völlig neue Erkenntnisse gewonnen worden, die auch für die Wartburg interessant sind. Die erstmals 1225 erwähnte Burg der Vögte besaß einige Ausmaße und Eigenschaften, die bislang weitgehend unbekannt waren und erst bei bauarchäologischen Untersuchungen im Zuge von Restaurierungsarbeiten bis 2006 entdeckt wurden[37].

An der südlichen Bergspornspitze konnten einige hochmittelalterliche Gebäude nachgewiesen werden (S. 13, Abb. 3 Grundriss; S. 24, Abb. 9 Gebäuderekonstruktion), vor allem ein einzeln stehender Wohnbau (Wohnturm) und ein Saalgeschossbau/Palas mit einer angefügten Kapelle. Die Errichtung ließ sich dendrochronologisch ziemlich präzise auf um 1188 datieren (S. 20). Der Palas besaß in den «Hauptgeschossen zwei übereinanderliegende Säle mit einer Grundfläche von ca. 17,75 m x 9,25 m» (S. 13). Die Kapelle wurde höchstwahrscheinlich im gleichen «Bauzusammenhang» errichtet, da zwischen beiden Gebäuden an der «östlichen Außenwand keine Baufugen» zu beobachten sind und auch keine «gemauerte Binnenstruktur (Raumtrennwände)» nachgewiesen wurden (S. 13).

---

34 STRICKHAUSEN, Burgen 1998 (wie Anm. 25) S. 208 f.

35 G. ULRICH GROSSMANN: Wartburg – Tore und Türme. Offene Fragen zur Bauforschung der Wartburg. In: Wartburg-Jahrbuch 1999. 8(2000), S. 11–27, hier S. 19.

36 BERGMANN, Eisenach 1994 (wie Anm. 22) S. 29.

37 LUTZ SCHERF: Das Obere Schloss in Greiz und seine hochmittelalterlichen Backsteinbauten. In: Jahrbuch des Museums Reichenfels-Hohenleuben. 52(2007), S. 5–27 (hiernach die folgenden Seitenangaben); wortgleich abgedruckt mit tschechischer Übersetzung: LUTZ SCHERF: Das obere Schloss in Greiz und seine hochmittelalterlichen Backsteinbauten. In: Archäologische Begleitung der Sanierung Oberes Schloss in Kooperation mit der Kaiserpfalz Cheb. Greiz [2008], S. 34–51.

Der Verbund von Palas und Kapelle aus ludowingischer Zeit findet sich in Thüringen bereits gegen Ende des 12. Jahrhunderts auf der Burg Weißensee, der Neuenburg und dem Oberschloss von Kranichfeld. Der Wartburgpalas stand am Beginn des stauferzeitlichen Burgenneubaus und war ursprünglich ohne Kapelle ausgestattet. Der Einbau der Palaskapelle in den letzten Jahrzehnten des 13. Jahrhunderts wiederholte auf der Wartburg lediglich eine Bauidee, die inzwischen auf anderen thüringischen Burgen – wie im Greizer Oberen Schloss – bereits verwirklicht worden war.

Abb. 1:
Rekonstruktion der
fassbaren Erstbauten
des Oberen Schlosses
in Greiz

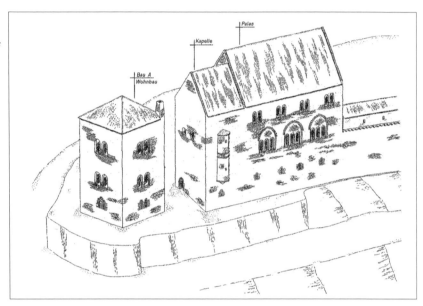

*

Das Jahrhundert-Jubiläum des Sängerkriegs auf der Wartburg von 1206/07 vermochte im Jahre 2007 nicht, aus dem Schatten des Elisabeth-Jubiläums heraus zu treten. Zwei zeitgleiche Ereignisse thüringischer Geschichte mit derartigem medialen und finanziellen Aufwand zu begehen, war schlicht unmöglich. Von den Veröffentlichungen zum Sängerkriegs-Jubiläum sei hier auf einen Artikel von Bertram Lesser (Münster) eingegangen[38], der sich dem Henneberger-Lob in der Lieddichtung und damit einem interessanten Punkt thüringischer Geschichte beim Übergang vom Hoch- zum Spätmittelalter annimmt.

---

38 BERTRAM LESSER: Von Hennenberg der hochgeborn. Literarische und historische Hintergründe der Henneberg-Interpolation im «Wartburgkrieg». In: Jahrbuch des Hennebergisch-Fränkischen Geschichtsvereins. 22(2007), S. 61–82.

Bevor er zum eigentlichen Thema kommt, holt der Verfasser weit aus und beginnt mit den wichtigsten historiographischen Zeugnissen und Autoren. Zunächst stellt er das Elisabethleben ab 1289 von Dietrich von Apolda vor (S. 61 f.), dann die Ludwig-Vita des um 1310 schreibenden Reinhardsbrunner Anonymus und dessen deutschen Übersetzers Friedrich von Saalfeld (S. 62 f.) und schließlich Johannes Rothes Landeschronik von 1417/19 (S. 64). Als Zwischenfazit betont er nochmals die vorherrschende Auffassung, dass es sich beim Sängerkrieg «keineswegs um reales, sondern ein fiktives Ereignis» (S. 64) handelt. Dann kommt er zum eigentlichen «Wartburg-Krieg», einem «zwischen dem 13. und 15. Jahrhundert entstandenen und sukzessive erweiterten Strophenkonglomerat» und den drei wichtigsten Sammelhandschriften: «der Großen Heidelberger oder Manessischen Liederhandschrift, der Jenaer Liederhandschrift und schließlich der Kolmarer Liederhandschrift» (S. 65). Der erste Teil der Handlung, das «Fürstenlob» – der «eigentliche Sängerkrieg» –, hat zum «idealen, ebenso realen wie literarisch konstruierten Ort» den «thüringischen Landgrafenhof in Eisenach» (S. 66). Die unbekannten Verfasser verfügten sowohl über «intime Kenntnis der Werke Walthers und Wolframs» als auch über die «Verhältnisse in Thüringen» (S. 67). Sodann bespricht Lesser die einzelnen Strophen bzw. Strophengruppen des Fürstenlobs (S. 68–76, 78).

Mit den Überblicken zu den historiograhischen Zeugnissen, zu den Textfassungen der Dichtung und zum Fürstenlob bietet Lesser somit eine gute Einführung und Zusammenfassung zum gegenwärtigen Stand der Sängerkriegs-Forschung. Hinsichtlich der Strophenzahl und der Zeilennummern legt er die Jenaer Liederhandschrift zugrunde (S. 68, Anm. 22)[39], weil sie den «umfangreichsten Bestand an jenen Zusatzstrophen» enthält, die «nicht zum ursprünglichen Text gehören», sondern vom ««Biterolf-Interpolator» hinzugefügt worden waren (S. 68). Bei der Inhaltsschilderung kommt er in der Folge zu den Strophen 12 bis 16, die den Ablauf durch «den Auftritt eines neuen Kombattanten namens Biterolf» unterbrechen und «in der Forschung zutreffend als späterer Einschub» (S. 71) identifiziert werden.

Biterolf bringt als «Kandidaten für die höchste Fürstenwürde einen ungenannten Grafen von Henneberg» (S. 72) ins Spiel. Nach Karl Simrock möchte Lesser als Vorbild für sein Auftreten einen fingierten Rechtsstreit auf dem Mainzer Hoftag von 1184 annehmen, der auf den Geschichtsschreiber Arnold von Lübeck zurückgeht. Der Interpolator kannte Arnolds Version und setzte den Henneberger für eine andere Person ein, der mit Landgraf Ludwig III. ein Ludowinger feindlich gegenüber stand. In der Vorlage kommt

39 Georg Holz, Franz Saran und Eduard Bernoulli (Hrsg.): Die Jenaer Liederhandschrift Bd.1. Getreuer Abdruck des Textes/besorgt von Georg Holz. Leipzig 1901. Nachdr. Hildesheim 1966.

es zum bewaffneten Rangstreit gegen den Ludowinger, der seinem Gegner hohe Achtung zollt. Der Biterolf-Interpolator preist in seiner fiktiven Geschichte den Grafen von Henneberg als Verlierer des Kampfes wegen seines heldenhaften Mutes, doch siegt der Ludowinger, denn das «Lob des Hennebergers sollte dem Rang des Thüringer Landgrafen keinen Abbruch» (S. 74) tun. Lesser nimmt eine «bewußt praktizierte Gleichberechtigung der Henneberger gegenüber dem Ludowinger» (S. 80) an.

Auf den letzten Seiten untersucht Lesser dann eingehend die Biterolf-Henneberger-Problematik (S. 77–81). Zunächst bestimmt er die Datierung des Biterolf-Einschubs, der vor der Elisabeth-Vita des Dietrichs von Apolda von 1289 liegen muss, da dort bereits sechs Sänger einschließlich Biterolf vorkommen (S. 77). Als Adressaten des Fürstenlobs spricht er sich ausdrücklich gegen Heinrich den Erlauchten von um 1260 und wegen der «mehrfachen Königsvergleiche» (S. 77) für den letzten männlichen Ludowinger Heinrich Raspe 1245/46 aus, indem er sich T. Tomasek anschließt.

Für die Beurteilung von Interpolator und Henneberger-Preisung zieht Lesser als «weiteres Textzeugnis» die Fürstenlob-Strophen 23 und 24 heran, die durch Ofterdingens Gnadenersuchen an die Landgräfin, die Bitte um Konsultation des Meisters Klingsor Fürstenlob und Rätselspiel miteinander verbinden und «irgendwann zwischen 1247 und 1289 eingeschoben wurden» (S. 78). Bereits mit der Strophe 22 war «das eigentliche Ende der Dichtung» des Fürstenlobs erreicht worden (S. 76).

Des Weiteren nutzte der Biterolf-Interpolator das Rätselspiel zur Ergänzung «zwei allein in der Jenaer Liederhandschrift überlieferte(n) Strophen, meist als J 28 und 29 bezeichnet» (S. 78). Nach einer Szene mit dem Hoflager des Landgrafen unter freiem Himmel ließ der Interpolator in zwei Zusatzstrophen nochmals Biterolf und den Tugendhaften Schreiber auftreten. Letzterer erinnert an eine «große Feier der hennebergischen Ritterschaft nahe Schloss Maßfeld bei Meiningen» (S. 78) und den dortigen Ritterschlag Wolframs von Eschenbach. Dieses wiederum fiktive Ereignis gebrauchte der Interpolator, um die Dichtergestalt Wolfram «für die Tradition hennebergischen Mäzenatentums zu vereinnahmen und das Henneberger Grafenhaus auch in dieser Hinsicht den benachbarten Ludowingern gleichzustellen» (S. 79).

Zur Person des Interpolators lässt die Erwähnung von Maßfeld erkennen, dass er «über genaue Kenntnisse des hennebergischen Hofes verfügte» (S. 79), was sich noch an zwei weiteren Bemerkungen bestätigt. Erstens nennt er den historisch bezeugten Marschall von Ostheim, und zweitens erwähnt er einen

---

40 Bertram Lesser: Das ‹Fürstenlob› des ‹Wartburgkrieges› als Zeugnis literarischen Mäzenatentums der Landgrafen von Thüringen und der Grafen von Henneberg. In: Dieter Eckhardt (Leitung): 1125 Jahre Schmalkalden. Festschrift. Schmalkalden 1999, S. 122–137, hierzu S. 132; Wartburg-Jahrbuch 2000. 9(2002), S. 318 f.

Ort «Stylla» – wohl Springstille «im Tal der Stille bei Schmalkalden» (S. 79). Dass die Dichter-Person Biterolf wirklich existiert hat, zweifelt Lesser an. Urkundliche Belege aus Erfurt und Freiburg im Breisgau glaubt er ohne Argumentation mit einem Literaturhinweis abtun zu können, die Nachrichten über den Dichter eines Alexanderromans seien «notwendigerweise dürftig» und die Kennzeichnung Biterolfs als Schwabe erst in einer «sehr späten Strophe des ‹Rätselspiels›» anzutreffen. Nach Lesser diente dem Interpolator die Biterolf-Gestalt «vor allem der Inszenierung der eigenen Dichterrolle» (S. 79). Immerhin weist er auf einen «bislang unbeachteten Hintergrund» (S. 79), nämlich die Titelfigur in dem «um 1250 im österreichischen Raum entstandenen ‹Biterolf und Dietleib›» (S. 80).

Den angepriesenen Henneberger Gönner sieht Lesser wie bereits an anderer Stelle[40] in dem Grafen Hermann I. von Henneberg, dem Nachfolger Heinrich Raspes und «Adressaten des ‹Ur-Fürstenlobs›», als Königskandidat der «päpstlich-antistaufischen Partei» (S. 80). «Die Hennebergische Königskandidatur des Jahres 1247 wäre somit ein passender Anlaß für den Interpolator» (S. 80).

Das «zumeist als ‹Archetyp› bezeichnete Werk» des Sängerkriegs, das bis in das 15. Jahrhundert «fortgesetzt, ausgedehnt und umgestaltet» und in der «thüringischen Chronistik und Hagiographie» rezipiert wurde, entstand folglich durch die «zwischen etwa 1250 und 1289 hergestellte Verbindung zwischen den ursprünglich getrennten Texten ‹Fürstenlob› und ‹Rätselspiel› samt den Ergänzungen durch den Biterolf-Dichter» (S. 81).

*

Ein Sammelband zum ersten wettinischen Kurfürsten Friedrich den Streitbaren[41] erschien in Erinnerung an das Todesdatum seines Onkels Wilhelms I. (des Einäugigen) am 9. Februar 1407, das als «wichtiger Einschnitt in der Geschichte der Wettiner» (S. 10) die Rüstkammer Dresden zu einer Kabinettausstellung veranlasste und durch jenen Sammelband einbegriffen eines bescheiden ausfallenden Ausstellungskatalogs gewürdigt wurde. Im Jubiläumsjahr von hl. Elisabeth und Wartburg-Sängerkrieg 2007 konnte die Begehung des Todesjahrs Wilhelms I. selbst in Sachsen nur schlicht ausfallen. Die Publikation widmet sich denn weniger dem verblichenen Toten, sondern seinem nunmehr die Herrschaft antretenden Neffen Friedrich dem Streitbaren, der 1423 die sächsische Kurfürstenwürde erlangte und damit in der Tat der politischen Geschichte Territorien, die heute unter Sachsen und Thüringen wahrgenommen werden, eine entscheidende Weichenstellung gab.

---

41 Jutta Charlotte von Bloh, Dirk Syndram und Brigitte Streich (Hrsg.): Mit Schwert und Kreuz zur Kurfürstenmacht. Friedrich der Streitbare, Markgraf von Meißen und Kurfürst von Sachsen (1370–1428). München/Berlin/Dresden 2007.

An dem Publikationsunternehmen beteiligten sich einige namhafte Spezialisten für die wettinisch-sächsische Geschichte des Spätmittelalters wie Brigitte Streich (Wiesbaden), André Thieme (Dresden), Enno Bünz (Leipzig) und der mit einer Dissertation zu den Wettinern der zweiten Hälfte des 14. Jahrhunderts sich unlängst ausweisende Eckhart Leisering[42](Dresden). Anhand seiner Einzelbeiträge vermittelt der Band einen anschaulichen Überblick insbesondere zur wettinischen Kulturgeschichte im ersten Drittel des 15. Jahrhunderts auf dem gegenwärtigen Forschungsstand.

*

Abb. 2:
Das Kurfürsten-
triptychon der
Wartburg von 1566

Im Jahre 2007 erschien der Tagungsband zu einer 2003 in Wittenberg abgehaltenen Tagung anlässlich des 450. Todesjahres von Lucas Cranach d. Ä.[43] Von besonderem Interesse für die Wartburg-Stiftung ist darin ein Beitrag von Dieter Koepplin (Basel) über Bildnisse Friedrichs des Weisen mit Kaiserkrone[44], in dem der Verfasser auf das Kurfürstentriptychon der Wartburg von 1566[45] eingeht.

Der Verfasser wurde von Helga Hoffmann (Weimar) auf den bisher lediglich als Maler der Cranach-Schule identifizierten Künstler hingewiesen, bei dem es sich um «Johann Lange Gotha (ILG)» (S. 304) handeln soll, der seit 1563 als Hofmaler des Herzogs Johann Friedrich des Mittleren in Gotha tätig war. Im Katalog der Herzoglichen Gemäldegalerie zu Gotha von 1890 sind die Gemälde des Triptychons noch einzeln aufgeführt[46](S. 304, Anm. 8). Das Entstehungsjahr 1566 weist auf «die 1565 erfolgte Gebietsteilung und die Grumbachischen Händel» (S. 304), worauf schon Werner Schade, Helga

---

42 Eᴄᴋʜᴀʀᴛ Lᴇɪsᴇʀɪɴɢ: Die Wettiner und ihre Herrschaftsgebiete 1349–1382. Landesherrschaft zwischen Vormundschaft, gemeinschaftlicher Herrschaft und Teilung (Veröffentlichungen der Sächsischen Archivverwaltung. Reihe A. Archivverzeichnisse, Editionen und Fachbeiträge. 8). Halle/Saale 2006. [Zugl.: Chemnitz, Techn. Univ., Diss., 2005].

Hoffmann und Ingrid Schulze hingedeutet haben. Friedrich der Weise im großen Mittelbild hält nicht nur in der rechten Hand eine Kaiserkrone, sondern wird mit einer über der Krone stehenden «Vase mit Ehrenpreis (Veronika)» (S. 303) ausgezeichnet, worauf Koepplin mit einer Literaturangabe aufmerksam macht [47].

Abb. 3:
Triptychon der drei letzten ernestinischen Kurfürsten, Lucas Cranach d. Ä., 1532 oder kurz danach, Germanisches Nationalmuseum Nürnberg, mit Rekonstruktion der Kaiserkrone im Mittelbild

Das Wartburg-Triptychon geht auf Dreierbildnisse von der Hand des großen Renaissancemalers Lucas Cranach d. Ä. zurück, die 1532 oder kurz danach geschaffen worden waren. Deren «Hintergrund … ist die Weigerung des Kaisers Karl, Johann Friedrich nach dem Tod des Kurfürsten Johann als Nachfolger zu belehnen und ihm seinen Jülicher Heiratsvertrag endlich zu bestätigen.» (S. 305, vgl. S. 309) Erhalten und weiterhin bekannt sind die beiden Dreierbildnisse in Hamburg und Nürnberg. Beim Nürnberger Exemplar fehlt nach Meinung Koepplins und auch Helga Hoffmanns auf der linken Bildseite von Friedrich dem Weisen ein Stück, das Schulter, Arm und Kaiserkrone enthalten hatte (S. 307, Abb. 4). Es wäre dann wahrscheinlich das unmittelbare Vorbild für die Wartburg-Bilder von 1566. Koepplin vermutet

---

43 ANDREAS TACKE (Hrsg.): Lucas Cranach 1553/2003. Wittenberger Tagungsbeiträge anlässlich des 450. Todesjahres Lucas Cranachs des Älteren (Schriften der Stiftung Luthergedenkstätten in Sachsen-Anhalt. 7). Leipzig 2007.

44 DIETER KOEPPLIN: Kurfürst Friedrich der Weise von Sachsen mit der nicht millionenschweren Kaiserkrone in der Hand. In: TACKE, Cranach 2007 (wie Anm. 43) S. 299–312, danach die folgenden Seitenangaben im Text.

45 Triptychon mit den drei letzten ernestinischen Kurfürsten Johann, Friedrich und Johann Friedrich, Monogrammist ILG, 1566, Wartburg-Stiftung Eisenach, Inv.-Nr. M 73.

46 KARL ALDENHOVEN: Katalog der Herzoglichen Gemäldegalerie/Herzogliches Museum zu Gotha. Gotha (ca. 1890), S. 76 f., Nr. 347, 348 und 354.

47 INGRID SCHULZ: Lucas Cranach d. J. und die protestantische Bildkunst in Sachsen und Thüringen. Frömmigkeit, Theologie, Fürstenreformation (Palmbaum-Texte. 13). Bucha bei Jena 2004, S. 112–114 und 108.

die Anfertigung der Nürnberger Bilder im Zusammenhang mit dem «Nürnberger Aufstand» von 1532 und dem Treffen protestantischer Fürsten vom April 1533 in Nürnberg «mit Kurfürst Johann Friedrich sozusagen an der Spitze» (S. 309) gegen die Wahl Ferdinands zum römisch-deutschen König. Allerdings steht der Cranachspezialist Werner Schade (Berlin) dem «Rekonstruktionsversuch ... mit gewisser Skepsis» gegenüber (S. 312).

Im selben Tagungsband geht in ihrem Beitrag zu Serienbildnissen aus der Cranachwerkstatt Sabine Fastert (München)[48] ebenfalls auf die Triptycha mit Friedrich dem Weisen, Johann dem Beständigen und Johann Friedrich dem Großmütigen (S. 143–146) ein. Dabei erwähnt sie auch die «Serienproduktion» der 60 Doppelbildnisse mit Friedrich und Johann von 1532/33 (S. 146-150), aus der die Wartburg-Stiftung ein Einzelbild Johanns besitzt[49]. Solche Bildnispaare sind erhalten in «Budapest, Gotha, Florenz, Bern, Kopenhagen und Hamburg» (S. 146, Anm. 42).

*

Der Erinnerungsort Wartburg wird unter den drei Gesichtspunkten hl. Elisabeth, Martin Luther und Burschenschaftsfest von 1817 von Volker Leppin (Jena) behandelt. Er veröffentlichte die ausgearbeitete Fassung eines an der Theologischen Fakultät der Universität Basel im Mai 2007 gehaltenen Vortrags[50]. Während in der Überschrift noch die chronologische Abfolge Elisabeth-Luther-Burschenschaften steht, nimmt der Verfasser die Analyse in der Reihenfolge Luther (ab S. 311), Burschenschaften (ab S. 317) und Elisabeth (ab S. 321) vor. Auf diese Folge kommt er aus der Rezeption des 19. Jahrhunderts, dem «Wartburgmythos», der nicht durch ein «allmähliches Wachstum in der Geschichte» entstand, sondern nach einer kurzfristig eingetretenen «Suche nach eigener deutscher Identität im Gefolge der napoleonischen Kriege und der durch sie beginnenden Vorstellungen gesamtdeutscher Nationalität» (S. 310). Da das Konzept einer deutschen Nation im 19. Jahrhundert einer «vorwiegend protestantischen Verankerung» geschuldet war, stieß man zuerst auf den «Ort Luthers», wogegen die «Entdeckung» des Orts der Elisabeth von Thüringen «erst die letzte Stufe der Heiligung der Wartburg» (S. 310) war.

Luthers Bedeutung als «Gründungsmythos einer lutherischen Nation» untersucht der Verfasser aus dem Blickwinkel der Teilnehmer des Burschenschaftsfestes auf der Wartburg von 1817. Zu Beginn stand «in ihrer Einladung

---

48 Sᴀʙɪɴᴇ Fᴀsᴛᴇʀᴛ: Die Serienbildnisse aus der Cranach-Werkstatt. Eine medienkritische Reflexion. In: Tᴀᴄᴋᴇ, Cranach 2007 (wie Anm. 43) S. 135-157.

49 Porträt Kurfürst Johanns des Beständigen, Cranach-Werkstatt, Öl auf Holz, 1532/33, Wartburg-Stiftung Eisenach, Inv.-Nr. M 68; vgl. Wartburg-Jahrbuch 2004. 13(2005), S. 79.

50 Vᴏʟᴋᴇʀ Lᴇᴘᴘɪɴ: Dreifaches Gedächtnis. Elisabeth, Luther, Burschenschaft – die Wartburg als deutscher Erinnerungsort. In: Theologische Zeitschrift. 63(2007), S. 310–330.

noch keineswegs der nationale Aspekt im Vordergrund, sondern die Erinnerung an die Reformation» (S. 311). Die Feier fiel in das Jubiläumsjahr des Thesenanschlags von 1517 und seiner Zelebrierung im Luthertum seit zweihundert Jahren, also seit 1617. Während aber Wittenberg durch die Parteinahme zugunsten Napoleons «als symbolischer Ort diskreditiert» war (S. 312), stand es um die Wartburg ganz anders. Sie war «zu einem symbolischen Ort des Luthertums» (S. 316) vor allem durch die «Bibelübersetzung» geworden, «geradezu zu dem Werk der Wartburgzeit» (S. 315) und darüber hinaus zum «Ort des exorbitanten Offenbarungsgeschehens, das schon auf die Endzeit voraus wies» (S. 317).

Zum Wartburgfest von 1817 arbeitet der Verfasser die Verbindungen zwischen Protestantismus und Nation heraus, denn das «deutsche Nationbewusstsein war im 19. Jahrhundert ein überwiegend protestantisches» (S. 321). Anlässlich der «Reformationserinnerung» und nicht in «Erinnerung an die Völkerschlacht» von 1813 – jedenfalls im «Akzent der Einladung» – luden die Jenaer und Hallenser Studenten «nur die protestantischen Universitäten im Reich» (S. 319) ein, doch zeigte sich bald der «Doppelsinn» von Reformation und Freiheitskriegen (S. 320). Die «kleine Terminverschiebung» auf den 18. und 19. Oktober und nicht auf den 31. Oktober war den «eigenen Feiern» der protestantischen Universitäten am Reformationstag geschuldet (S. 317). Wie Luther gegen «das die Gewissen unterdrückende Rom gekämpft hatte», hatten «die Deutschen gegen Frankreich gekämpft» (S. 320).

Zugleich verweist Leppin auf den Charakter des Studentenfestes als «Turnerfest» wegen des hohen Anteils der Turner und des Ausgangspunkts Jena (S. 313 Anm. 15, S. 329 f.). Mit dem konfessionell bedingten Ausschluss der Universitäten des habsburgischen Machtbereichs war die kleindeutsche Lösung der Nationsbildung bereits ungewollt angelegt (S. 319 f. Anm. 46).

Über die Sage vom Sängerwettstreit habe der «romantische Kontext» den Menschen im 19. Jahrhundert vor Augen geführt, «dass die Wartburg auch ein Elisabeth-Ort war.» (S. 322) Die Wartburg bildete allerdings «frömmigkeitsgeschichtlich», also hinsichtlich von Elisabeths Strebens, in der Nachfolge Christi zu leben, «lediglich eine Zwischen- oder angesichts der Jugend, in der sie auf die Wartburg kam, eher eine Vorphase für die Zeit in Marburg» (S. 322). Dennoch stellt sich Leppin gegen ihre Nichtbeachtung für die Wartburgrezeption des 19. Jahrhunderts, wie bei Etienne François, der sie «fast ganz vergessen» (S. 311) hat. Sodann behandelt er einige legendarische Probleme des Elisabethbildes im Spiegel der Ikonographie der Wartburgbilder von Schwind (Fresken) und Oetken (Mosaiken).

Wie auch Schweizer[51] vermutet Leppin, dass Moritz von Schwind in seinen Wartburgfresken auf dem Rosenwunder und dem Heiligenschein beharren musste und die Werke der Barmherzigkeit «mit einer gewissen Schlagseite zur katholischen Frömmigkeit» (S. 326) darstellte. Jedoch führte Schwind diese Motive nicht ein, sondern sie waren auf dem Elisabeth-Gemälde in der benachbarten Wartburg-Kapelle bereits zugegen gewesen. In Schwinds Barmherzigkeitsfresken möchte er eine «Separierung» (S. 326 f., Anm. 82) aus der Elisabethvita sehen. Die Überbringung des Mantels durch einen Engel in der Elisabeth-Kemenate deutet Leppin als motivische «Freiheit gegenüber möglichen ikonographischen Vorbildern» (S. 328), doch existieren durchaus entsprechende Vorbilder, wie etwa im Altenberger Altar.

Leppin spitzt in seinem Aufsatz zu, die Wartburg sei als «Kristallisationskern deutscher Romantik ... im 19. Jahrhundert nach langem Vergessen» ebenso wie «nach der Wende im Jahre 1989 ... durch die Tourismusindustrie entdeckt» worden (S. 310). Zum anderen reduziert er die Wartburgrezeption vor allem auf die religiös intendierten Themen Elisabeth, Luther und Burschenschaften. So vorteilhaft Zuspitzungen die Vorgänge auf den Punkt – oft nur auf einen Punkt – bringen und damit Wesentliches hervorheben, darf man sie nicht für ein vollständiges Abbild der Wirklichkeit halten.

So bedurfte das Andenken an Elisabeth auf der Wartburg keiner «Entdeckung», wenngleich dies richtig einen Erinnerungsschub reflektiert. Die «katholische» Heilige blieb nach der Reformation, bei Luther beginnend, wie Leppin selbst an anderem Ort ausführlich darlegt[52], akzeptiert. Das große Ölbild von 1628 in der Wartburgkapelle[53], ein angebliches Bett Elisabeths in einem Palasraum und die Erhaltung des Elisabethbrunnens bewahrten das Andenken an Elisabethstätten. Geschichtswerke des 16. bis Ende des 18. Jahrhunderts enthalten Passagen zum Leben und Wirken der Landgräfin auf der Burg, so – um nur einige zu nennen: Der Pfarrer Johann Binhard berichtete in seiner thüringischen Chronik von 1613 zu Elisabeth unter den jeweiligen Jahresabschnitten[54] ebenso wie der in Eisenach lebende Arzt Christian Franz Paullini (1643–1711) in seiner Stadtgeschichte von 1698[55]. Der Rektor der Eisenacher Lateinschule Konrad Möller erzählte von Elisabeth als Mitglied der ludowingischen Familie in seinem 1643 abgefassten Text bei Merian d. Ä.[56] Eigene, vielseitige Abschnitte speziell zu Elisabeth schrieben der Eisenacher Schulmann Johann Michael Koch in einer Wartburg-Erzählung[57] und der

51 Schweizer, Maler 2007 (wie Anm. 62) S. 549 und 562.
52 Volker Leppin: «So wurde uns anderen die Heilige Elisabeth ein Vorbild». Martin Luther und Elisabeth von Thüringen. In: Blume/Werner, Aufsätze 2007 (wie Anm. 1) S. 449–458.
53 Lührmann, Gemälde (wie Anm. 32); zur Datierung vgl. Renate Lührmann und Hilmar Schwarz: Die Wartburgkapelle von der frühbarocken Neuausstattung 1628 bis zur historistischen Wiederherstellung Mitte des 19. Jahrhunderts. In: Wartburg-Jahrbuch 2004. 13(2005), S. 99–131, hierzu S. 103 f.
54 Johann Binhard: Newe vollkommene Thüringische Chronica. Leipzig 1613, S. 157–175.
55 Christian Franz Paullini: Historia Isenacensis. Frankfurt a. M. 1698, S. 35–42.

zum Protestantismus übergetretene Reiseschriftsteller Johannes Limberg in seiner 1708 konzipierten Stadtbeschreibung[58]. Der zum Katholizismus konvertierte Johann Heinrich von Falckenstein erwähnt Elisabeth unter den Ausführungen zu ihrem Gatten Ludwig IV. in seiner Thüringischen Chronik von 1738[59]. Der Burghauptmann Johann Christoph Kurz fügt 1757 seiner kurzen Wartburgbeschreibung ein knappes Lebensbild[60] bei und Johann Carl Salomo Thon ordnet sie in das historische Geschehen ein[61]. Diese höchst unvollständige Zusammenstellung sollte die angebliche Neuentdeckung Elisabeths für die Wartburg um 1817 widerlegen.

Unzutreffend in der vorliegenden Überspitzung ist sicherlich auch die Feststellung, die Wartburg sei vor ihrer Entdeckung im 19. Jahrhundert «langem Vergessen» (S. 310) anheim gefallen, auch wenn sie im Zuge von Burgenromantik und nationaler Besinnung eine Aufwertung erfuhr. Der Aufenthalt Luthers mit Bibelübersetzung und Tintenfass-Sage, die Restaurierung in den 1620er Jahren unter Herzog Johann Ernst (†1638), das Gedenken an Elisabeth und die mittelalterlichen Landgrafen, die Besuche Goethes seit 1777, der älteste Wartburgführer von Thon (1792) und das Wartburggedicht von Christian Ludwig Stieglitz aus dem Jahre 1802 seien als nur einige Beispiele für die Präsenz der Wartburg im öffentlichem Bewusstsein vor dem antinapoleonischen Befreiungskampf und dem Studentenfest von 1817 genannt.

*

Für den Begleitband zur Thüringer Landesausstellung 2007 über die hl. Elisabeth verfasste Stefan Schweizer (Düsseldorf) den Beitrag über Schwinds Elisabeth-Fresken auf der Wartburg[62]. Der Verfasser hat sich bereits kompetent zum benachbarten Sängerkriegsfresko geäußert[63]. Die selbst gewählte Auf-

---

56 MATTHAEUS MERIAN (Hrsg. u. Verl.), MARTIN ZEILLER: Topographia Superioris Saxoniae Thüringiae/Misniae Lusatiae etc. Franckfurt 1650, S. 60 f.

57 JOHANN MICHAEL KOCH: Historische Erzehlung von dem Hoch-Fürstl. Sächs. berühmten Berg-Schloß und Festung Wartburg ob Eisenach/Hrsg.: CHRISTIAN JUNCKER. Eisenach/Leipzig 1710, S. 41–110.

58 JOHANNES LIMBERG: Das im Jahr 1708. lebende und schwebende Eisenach. Anitzo wieder übersehen und mit einem Curiosen Appendice vermehret. Eisenach 1712, S. 230–255.

59 JOHANN HEINRICH VON FALCKENSTEIN: Thüringische Chronicka. Oder vollständige Alt- Mittel- und Neue Historie von Thüringen. Buch 2. Erfurt 1738, S. 687–715.

60 JOHANN CHRISTOPH KURZ: Kurz doch gründliche Nachricht von dem Festungs-Schloß Wartburg, bey Eisenach. Eisenach (1757), S. 13 f.

61 JOHANN CARL SALOMO THON: Schloß Wartburg. Ein Beytrag zur Kunde der Vorzeit. Gotha 1792, S. 51–67.

62 STEFAN SCHWEIZER: Der katholische Maler und sein protestantischer Auftraggeber. Moritz von Schwinds Elisabeth-Fresken auf der Wartburg. In: BLUME/WERNER, Aufsätze 2007 (wie Anm. 1) S. 547–563.

gabe, «den Stellenwert der heiligen Landgräfin innerhalb der Konzeption als Erinnerungsort zu reflektieren», bleibt zunächst allgemein. Konkreter wird es dann mit der angestrebten Hinterfragung der «Geschichtsvorstellungen» des katholischen Malers Moritz von Schwind und seines protestantischen Auftraggebers Großherzog Carl Alexander sowie dem Spannungsbogen aus beider «konzeptionell divergierenden Auffassungen» (S. 547).

Richtig ist zweifellos, den Ausgangspunkt für die Integration der hl. Elisabeth in die «protestantische Erinnerungs- und Geschichtskultur Thüringens» vor der Mitte des 19. Jahrhunderts sowohl in der Landes- als auch Lokalgeschichte zu setzen. Am Beispiel von Karl Wilhelm Justi (1767–1846) arbeitet der Verfasser instruktiv die protestantische Aversion gegen die katholisch-mittelalterliche Wundergläubigkeit heraus. Anhand der Schwindbriefe verfolgt er die Entstehungsgeschichte der Fresken seit 1849, wobei indes die Ignorierung des Beitrags von Petra Schall im Restaurierungsband zu den Fresken von 1998[64] erstaunt.

Zutreffend erklärt der Verfasser die einzelnen Szenen als bildliche Zitate der entsprechenden Passagen aus dem 1836 erschienenen Elisabethbuch (S. 551) des französischen Grafen Charles Forbes de Montalembert (1810–1870)[65], der zur Entstehungszeit der Fresken Anführer der katholischen Opposition in seinem Heimatland war. Allerdings hätte bei den Bildbeschreibungen auf den Beitrag im Karlsruher Schwindkatalog von 1997[66] verwiesen werden können. Die Integration und Vorbildfunktion Montalemberts im Abschiedsfresko vertieft Schweizer durch einen Wappenvergleich (Anm. 37).

Bemerkenswert ist Schwinds Argumentation mit Luther zugunsten einer authentischen, letztlich dann doch katholischen Elisabethdarstellung. Zu Recht identifiziert der Verfasser das Kruzifix-Bild über dem Zugang zur Kapelle als letztes Bild des Zyklus, womit die Elisabethgalerie «als heiliger Ort» ausgewiesen wird (S. 561). Damit haben wir es nicht schlechthin mit einer Bilderwand zu tun, sondern symbolisch mit einem geweihten Raum. Die Bildanalyse kommt stimmig zu dem Ergebnis, dass in der Elisabethgalerie

---

63   Stefan Schweizer: «Der Saal wird zur mächtigen Halle von ehedem» oder: Wie der ‹Sängerkrieg auf der Wartburg› seinen Ort und seine ‹Bilder› fand. In: Wartburg-Jahrbuch 2003. 12(2004), S. 47–88; Stefan Schweizer: Der Großherzog im Historienbild. Die Vergegenwärtigung des Mittelalters auf der Wartburg als fürstliche Legitimationsstrategie. In: Otto Gerhard Oexle, u. a. (Hrsg.): Bilder gedeuteter Geschichte. Das Mittelalter in der Kunst und Architektur der Moderne (Göttinger Gespräche zur Geschichtswissenschaft. 23). 2 Teilbde. Göttingen 2004, Teilbd. 2, S. 383–446.

64   Petra Schall: Die Entstehung der Schwind-Fresken. In: Die Schwind-Fresken auf der Wartburg. Ein interdisziplinäres Forschungsprojekt zu ihrer Erhaltung (Arbeitshefte des Thüringer Landesamtes für Denkmalpflege. 14). Bad Homburg/Leipzig 1998, S. 15–22.

65   Comte de Montalembert: Histoire de Sainte Elisabeth de Hongrie, Duchesse de Thuringe (1207–1231). Paris 1836.

nicht ein «historisches Geschehen verewigt» ist, sondern eine «Heiligengeschichte» (S. 562), wozu der Auftraggeber den Maler trotz einiger Reibereien schließlich gewähren ließ.

Insgesamt zutreffend behandelt Schweizer die Spannungssituation zwischen Maler und Auftraggeber, doch bleibt er bei den durch Stoessl[67] veröffentlichten Schwindbriefen und der literarischen Vorlage von Montalembert[68] stehen. Die Studie leidet unter der ungenügenden Beachtung von zwei Aspekten. Erstens fußt Montalembert auf älteren Überlieferungen, die Schwind zumindest teilweise kannte. Und zweitens hatte sich Mitte des 19. Jahrhunderts auf der Wartburg eine Bildtradition erhalten, über die Schwind offenbar ebenfalls Kenntnis besaß.

Da Montalemberts Quellen und die vorhandenen Wartburggemälde keine Berücksichtigung fanden, blieben wichtige Zusammenhänge unbemerkt, was bei den Ausführungen zu den Werken der Barmherzigkeit und zum Rosenwunder am schwersten wiegt. Zunächst soll auf einen weniger gravierenden, aber dennoch zu korrigierenden Sachverhalt hingewiesen werden. Zum Fresko von Elisabeths Vertreibung von der Wartburg macht Schweizer zunächst richtig darauf aufmerksam, dass nach der Vorlage irrtümlich von vier Kindern Elisabeths ausgegangen wird (S. 559). Hier fehlt zunächst die Nennung des historiographischen Ursprungs der Vier-Kinder-Version in der Reinhardsbrunner Chronik, die neben Hermann (geb. 1222), Sophia (Sophie, geb. 1224) und Gertrud (geb. 1227) eine ahistorische zweite Sophia einführt[69]. Vor allem führt die kleine Gruppe kein «Knabe im Vordergrund» an, sondern Sophie, deren energisches Voranschreiten anscheinend ihre spätere Rolle bei der resoluten Sicherung des ludowingischen Erbes in Hessen ahnen lässt[70]. Sie ist offenbar jünger als der am Mantel der Mutter hängende und zurückblickende Sohn Hermann.

Die Kombination von Lebensszenen Elisabeths mit den Werken der Barmherzigkeit erscheint in der vorliegenden Studie als «die Konfessionen verbindendes Element» (S. 550), wobei Schwind sich «sowohl auf die mittelalterliche Elisabethikonographie als auch auf Montalembert» (S. 551) berufen

---

66 Siegmar Holsten, u. a. (Red.): Moritz von Schwind. Meister der Spätromantik. Ostfildern-Ruit 1996, S. 210–212, Nr. 357.

67 Otto Stoessl (Hrsg. und erl.): Moritz von Schwind. Briefe. Leipzig [1924].

68 Benutzt wird: Jean Philippe Staedtler (Übers. u. verm.): Leben der heiligen Elisabeth von Ungarn, Landgräfin von Thuringens und Hessen (1207–1231). Aus dem Französischen von Charles Forbes de Tyron Montalembert. Aachen/Leipzig 1837.

69 Oswald Holder-Egger (Ed.): Cronica Reinhardsbrunnensis. In: Monumenta Germaniae Historica. Scriptores. Bd. 30. Teil 1. Hannover 1896, S. 490–656 hierzu S. 602, Zeile 30–32, vgl. S. 600, Zeile 22–24; vgl. Wartburg-Jahrbuch 1996. 5(1997), S. 93 und 95.

70 So bei August Wilhelm Müller: Moritz von Schwind. Sein Leben und künstlerisches Schaffen insbesondere auf der Wartburg. Eisenach 1871, S. 159.

konnte. Die Verbindung wurzelt aber tiefer und beginnt bereits mit Elisabeths Namen, der aus dem Hebräischen als «Gottes Fülle» und/oder «Gottes Siebte» wiedergegeben wird. Die Siebenzahl gilt in der mittelalterlichen Zahlenmystik durch die Vereinigung von göttlichem (drei) und weltlichem (vier) Prinzip als Symbol der Gesamtheit[71] und schlägt eine Brücke von Elisabeth zu den sieben Werken. Auf diese Namensdeutung geht bereits Caesarius von Heisterbach (1236/37) ein[72]. Insbesondere hatte Jacobus von Voragine in seiner weit verbreiteten «Legenda Aurea» die Biographie Elisabeths nach den Werken der Barmherzigkeit in einzelne Abschnitte, gleichsam Kapitel, sortiert. Der Katholik Schwind wusste sicherlich davon.

Und noch eine Anregung dürfte Schwind für die Medaillons mit den Werken der Barmherzigkeit erhalten haben, nämlich vom Elisabeth-Gemälde in der Kapelle der Wartburg[73], wovon der Verfasser keinerlei Notiz nimmt[74]. Die angrenzende Kapelle hatte Herzog Johann Ernst (1566–1638) in den 1620er Jahren im evanglisch-lutherischen Sinne neu gestalten lassen und über dem Bogen mit den heute schemenhaft sichtbaren Aposteln ein Ölgemälde auf Leinwand anfertigen lassen. Das Bild wurde 1854 von der Wartburg zur Restaurierung nach Weimar gebracht und ist verschollen, sein Inhalt jedoch durch Teilkopien und Beschreibungen einigermaßen rekonstruierbar. Im Vordergrund zeigte es Elisabeth in vier Wunderszenen nach dem gereimten Elisabethleben des Johannes Rothe und im Hintergrund bei der Verrichtung der sieben Werke[75]. Schwind hatte das Gemälde bei seinem Aufenthalt 1845 und wahrscheinlich auch 1849 gesehen und davon anscheinend Anstöße erhalten. In einem Brief an Franz von Schober vom Februar 1853 schreibt er zur Wartburg: «Die zwei Bilder, die jetzt oben sind, sind am Ende doch die instinktmäßig rechten Gegenstände, und darum sind wir jetzt so ziemlich gebracht um ein paar Fenster willen, ...»[76] Mit den «zwei Bildern» meinte er offenbar die beiden großformatigen, älteren Gemälde auf der Burg: das eine

---

71 Vgl. Heinz Meyer und Rudolf Suntrup: Lexikon der mittelalterlichen Zahlenbedeutungen (Münstersche Mittelalter-Schriften. 56). München 1987, Sp. 525 f.; vgl. Wartburg-Jahrbuch 1996. 5(1997), S. 89 f.

72 Albert Huyskens (Hrsg.): Die Schriften des Caesarius von Heisterbach über die heilige Elisabeth von Thüringen. In: Alfons Hilka (Hrsg.): Die Wundergeschichten des Caesarius von Heisterbach. Bd. 3 (Publikationen der Gesellschaft für Rheinische Geschichtskunde. 43.3). Bonn 1937, S. 329–390, hierzu S. 347, Zeile 13 und 29, S. 348, Zeile 7 f. und 16; vgl. Wartburg-Jahrbuch 1996. 5(1997), S. 89 f.

73 Zum Elisabethgemälde in der Wartburgkapelle siehe Lührmann, Gemälde (wie Anm. 32).

74 Schweizer nimmt das Elisabeth-Gemälde zur Kenntnis in: Stefan Schweizer: Die Elisabethgalerie und ihre Schwindfresken. In: Blume/Werner, Katalog 2007 (wie Anm. 1) S. 574.

75 Lührmann, Gemälde (wie Anm. 32) S. 140, 142 f. und 168; zu den Wundern bei Rothe vgl. Schubert/Haase, Elisabethleben 2005 (wie Anm. 3) Vers 1581–1696 (Kleiderwunder), V. 1825–1926 (Mantelwunder), V. 1927–1996 (Bettwunder), V. 1997–2072 (Rosenwunder).

mit Taten des Landgrafen Ludwigs II. (des Eisernen, 1128–1172) im Landgrafenzimmer und das andere mit Szenen zur hl. Elisabeth in der Kapelle. Die Bildinhalte hielt Schwind «instinktmäßig» für zutreffend[77] und hat sie zum Teil in seinen Fresken verarbeitet.

Schweizer benennt zwar allgemein das Elisabethmotiv als «Bestandteil einer lokalen und regionalen protestantischen Erinnerungskultur mit nationalem Anspruch», doch lässt er die Mitte des 19. Jahrhunderts auf der Wartburg vorhandenen Elisabethgemälde außer Acht. Das betrifft neben dem Elisabethgemälde in der Kapelle auch das 1826 auf die Burg gekommene Bildnis «Elisabeth Almosen austeilend» von Louise Seidler[78] und das zugegebenermaßen kaum bekannte und unbedeutende, seit 1848 hier befindliche Gemälde «Elisabeths Einzug auf der Wartburg» von Friedrich Wilhelm Martersteig[79].

Die Unterlassungen erzeugen nicht nur eine summarische Unvollständigkeit, sondern berühren beim Rosenwunder eine der Kernaussagen der Studie. Der Verfasser gewann offenbar aus einem Schwindbrief von 1853 (Anm. 25)[80] den Eindruck – was anhand des Brieftextes nachvollziehbar ist –, der Maler habe um die Berechtigung eines Rosenwunder-Bildes kämpfen müssen, und daran habe sich die «Kritik des Großherzogs entzündet»[81]. Nur durch die bereits seit 1835 vorliegende Adaption des Sagenstoffes durch Ludwig Bechstein hätte es vermutlich durchgesetzt werden können (S. 562). Blickwinkel und Eindruck wären wohl anders gewesen, wenn der Verfasser von dem Elisabethgemälde in der Kapelle gewusst hätte, auf dem das Rosenwunder über zwei Jahrhunderte lang bis unmittelbar zur Ausmalung Schwinds im Mittelpunkt stand[82].

Das Motiv als solches brauchte Schwind nicht erst mit großem Kraftaufwand auf die Wartburg zu verpflanzen – wogegen auch die örtliche Pflege der Überlieferung spricht –, da es bereits bildlich vorhanden war. Meinungsverschiedenheiten kann es hingegen um Details gegeben haben. Ein Streitpunkt kann die Darstellung des Rosenkorbs in der Hand Elisabeths gewesen sein, der in der Wartburgkapelle vorhanden war. Wie aus einem von Schweizer zitierten Brief von 1853 (Anm. 27)[83] hervorgeht, hielt der Maler den «mystischen Blumenkorb» für ebenso unabdingbar wie den Heiligenschein um

---

76 Stoessl, Schwindbriefe 1924 (wie Anm. 34) S. 307, Brief Schwinds an Schober vom 6. 2. 1853.

77 Diese Überlegungen sind unveröffentlichtem Material von Frau Renate Lührmann, Marburg, entnommen.

78 Zu einer Lithographie nach dem verlorenen Gemälde siehe Brigitte Rechenberg (Bearb.): Die heilige Elisabeth in der Kunst – Abbild, Vorbild, Wunschbild (700 Jahre Elisabethkirche in Marburg 1283–1983. Katalog 2). Marburg 1983, S. 148, Nr. 91.

79 Vgl. Lührmann, Heiligengemälde (wie Anm. 35) S. 77 f., 83-87.

80 Stoessl, Schwindbriefe 1924 (wie Anm. 34) S. 323, Brief Schwinds an Schober vom 21. 6. 1853.

Elisabeths Haupt. Im Fresko fehlt dann aber jener Korb, und die Rosen quellen – wie bei Montalembert geschildert (Anm. 46) – aus Elisabeths Gewand hervor. Vielleicht hat Schwind hier aber doch ein Zugeständnis gemacht. Auffälligerweise fehlt in den Kopien des hessischen Hofmalers Sebastian Weygandt von 1827 vom Wartburggemälde[84] der Korb durch die Beschränkungen auf ein Porträt. Die mit einem Kruzifix geschmückte Krone Elisabeths auf dem Kapellenbild hat Schwind übrigens im letzten Fresko von Elisabeths Erhebung aufgegriffen[85].

*

Den Wartburgführer Richard Schmidt (1890–1933) nimmt Andrea Lange-Vester (Hannover) zum Ausgangspunkt einer Studie zur Mentalität der Unterschicht («Volksklassen»)[86], die auf ihrer Hannoveraner Dissertation von 2000 fußt. Im Blickfeld liegen allerdings kaum die Zustände auf der Wartburg, zu denen die Verfasserin recht unsicher ist, wie die Bemerkungen zu Burghauptmann und Burgwart zeigen (S. 321, Anm. 517). Vielmehr analysiert sie Habitus, nach Pierre Bourdieu (1930–2002), und Mentalität des Wartburgführers und seiner Familienangehörigen. Richard Schmidt war nach dem ersten Weltkrieg als Arbeiter ohne Broterwerb und konnte mit der Einstellung auf der Wartburg um 1923 einen bescheidenen kulturellen und sozialen Aufstieg nehmen (S. 312–322). Die Studie ist insofern bemerkenswert, als sie sich nicht wie die sonstigen personenbezogenen Arbeiten zur Wartburggeschichte mit dem hervorgehobenen Kreis von Wartburgherren, Künstlern und Baumeistern beschäftigt, sondern mit einem auf unterer sozialer Rangstufe befindlichen Mitarbeiter, was, soweit es weiter zurückliegende Jahrzehnte oder gar Jahrhunderte betrifft, nicht zuletzt wegen der Quellenlage schwierig ist.

81　So auch von Blume wohl übernommen in Blume/Werner, Katalog 2007 (wie Anm. 1) S. 572.

82　Renate Lührmann: Das «große herrliche Gemälde» von der «gutthätigen Elisabeth» in der Kapelle der Wartburg. In: Wartburg-Jahrbuch 2000. 9(2002), S. 134–179, hierzu S. 142, passim.

83　Otto Stoessl (Hrsg. und erl.): Moritz von Schwind. Briefe. Leipzig [1924], S. 327 [bei Schweizer, Anm. 27 fälschlich S. 326], Brief Schwinds an Schober vom 3. 7. 1853.

84　Renate Lührmann: « ... sämtlich ohne Kunstwert»? Historien- und Heiligengemälde auf der Wartburg in der ersten Hälfte des 19. Jahrhunderts, ihre Restaurierung und Aufbewahrung im Stadtschloss und im Hotel Rautenkranz am Markt zu Eisenach in den 1820er und 1830er Jahren und ihr weiteres Schicksal. In: Wartburg-Jahrbuch 2005. 14(2007), S. 62–87, hierzu S. 74.

85　Vgl. Lührmann, Gemälde (wie Anm. 32) S. 152.

86　Andrea Lange-Vester: Habitus der Volksklassen. Kontinuität und Wandel seit dem 18. Jahrhundert in einer thüringischen Familie (Soziale Milieus im gesellschaftlichen Strukturwandel. 4). Münster 2007.

*

Im Elisabethjahr untersuchte Clemens Brodkorb, Leiter des Archivs der Deutschen Provinz der Jesuiten (München), ein Wartburg-Thema aus der zweiten Hälfte des 20. Jahrhunderts: die Vorgeschichte und Durchführung des ersten katholischen Gottesdienstes in der Palaskapelle 1974 [87]. Da er in die Problematik im Wesentlichen nach dem 2. Weltkrieg einsteigt, bleibt die Abwehr eines katholischen Erwerbs des nahen Hainsteins in den 1920er Jahren, die Johann-Friedrich Enke aufgearbeitet hat [88], außerhalb des Blickfeldes. Wie jener kann sich Brodkorb zu den internen Vorgängen kaum auf Literatur stützen, sondern fußt – wie Fußnoten und Zitate belegen – auf Beständen aus Thüringer Archiven: dem katholischen Bistumsarchiv Erfurt, dem evangelischen Landeskirchenamt Eisenach, dem katholischen Pfarrarchiv Eisenach/St. Elisabeth und dem Archiv der Wartburg-Stiftung Eisenach (S. 113, Anm. 1).

Drei Seiten trugen die Auseinandersetzungen um einen katholischen Wartburg-Gottesdienst aus: erstens die evangelische Landeskirche, zweitens die katholische Kirche mit ihrer Eisenacher Gemeinde und mit dem Generalvikariat für Thüringen in Erfurt und drittens die staatliche Seite mit der Wartburg-Stiftung und dem Ministerium für Kultur bzw. seinem Vorgänger. Unter den handelnden Personen traten zunächst besonders der evangelische Landesbischof Moritz Mitzenheim (1891–1977, vgl. S. 116, Anm. 10), der katholische Eisenacher Pfarrer Karl Otto (1914–1979, vgl. S. 114, Anm. 5) und der Erfurter Weihbischof Joseph Freusberg (1881–1964, vgl. S. 126., Anm. 38) hervor.

Die Anfänge des Bemühens der katholischen Gemeinde Eisenachs um einen Gottesdienst auf der Wartburg liegen im Jahre 1946 (S. 116). Es kulminierte 1955 vor allem durch das Engagement des Eisenacher Pfarrers Otto. Dieser erhielt vom Weihbischof Freusberg keine rechte Unterstützung, eher das Gegenteil (S. 129).

Vor allem scheiterten die Vorstöße am Einspruch des Landesbischofs Mitzenheim (S. 116, 118 f., 127, 130). Brodkorb zeigt nicht nur die aufeinander folgenden Abwehrhandlungen Mitzenheims auf, sondern bemüht sich auch um die Ergründung der dahinter stehenden Motive. Mit wörtlichen Zitaten belegt er dessen Argumente: (1) Mit der Achtung der hl. Elisabeth durch die evangelische Kirche und der Nichtachtung Luthers durch die katholische

---

87 CLEMENS BRODKORB: «Lutherburg» oder Verehrung der hl. Elisabeth. Zur Vorgeschichte des ersten nachreformatorischen katholischen Gottesdienstes auf der Wartburg am 19. November 1974. In: Jahrbuch für mitteldeutsche Kirchen- und Ordensgeschichte. 3(2007), S. 113–138.

88 JOHANN-FRIEDRICH ENKE: Wartburg und Hainstein. In: Wartburg-Jahrbuch 1998. 7(2000), S. 80–100.

würde hinsichtlich der Wartburg ein Ungleichgewicht entstehen (1948, S. 119), (2) Die Lutherzimmer auf der Wartburg müssen belassen werden (1946, S. 117). (3) Der «(protestantisch geprägte) Wartburggeist» müsse gewahrt bleiben (1948, S. 119) und (4) die 1855 geweihte Wartburgkapelle habe «von vornherein ausschließlich der Abhaltung protestantischer Gottesdienste» gedient (1951, S. 120). An diesen vorgeschobenen Begründungen macht der Verfasser als «wahre Hintergründe» aus: «Im weitgehend protestantisch geprägten Thüringen hielt man es seinerzeit für so undenkbar, der katholischen Kirche an einem Ort wie der Wartburg auch nur einen Meter Terrain preiszugeben» (S. 119).

Wenn Brodkorb die Verabschiedung des Bischofs Mitzenheim im Sommer 1952 aus dem Ausschuss der Wartburg-Stiftung mit dessen Auflösung als Beleg dafür wertet, dass vom «kommunistischen Regime» im Zuge «staatlicher Kulturpolitik auch die Wartburg ‹gleichgeschaltet› wurde» (S. 125), so urteilt er zumindest hinsichtlich der Kirchenleitung oberflächlich. Als Vertreter der Evangelisch-Lutherischen Landeskirche in Thüringen folgten Mitzenheim in den Verwaltungsausschüssen der Wartburg-Stiftung der Kirchenverwaltungsrat Erich Reinhardt von 1953 bis 1957, der Oberkirchenrat Gerhard Lotz von 1960 bis 1981 und Oberkirchenrat Hartmut Mitzenheim von 1981 bis 1989[89].

Die möglich gewordene Lösung des Konflikts sieht der Verfasser im Wechsel der handelnden Personen, womit er eine sehr personalisierte Sicht der Angelegenheit zeigt. In Erfurt war 1964 Hugo Aufderbeck dem verstorbenen Freusberg als Weihbischof gefolgt und in der Landeskirche 1970 Ingolf Braecklein als neuer Bischof nach Mitzenheim (S. 131). Der neue Landesbischof signalisierte 1972/73 sein Einverständnis, worauf Pfarrer Otto im Herbst 1973 die Genehmigung der staatlichen Stellen einholen sollte. Doch der Direktor der Wartburg-Stiftung und der Staatssekretär für Kirchenfragen gaben dem im September 1973 nicht statt (S. 132 f.), womit Brodkorb das bisherige Verstecken der staatlichen Seite hinter der Evangelischen Landeskirche desavouiert sieht.

Nach Interventionen beim Ministerium für Kultur in Berlin (S. 133) und beim Rat des Bezirkes Erfurt lenkten die staatlichen Organe ein, zumal Bischof Aufderbeck die Sorge zerstreuen konnte, es würde zu vielköpfigen Wallfahrten zur Wartburg kommen (S. 134). Im Dezember 1973 erteilte das Staatssekretariat für Kirchenfragen die Genehmigung, einmal jährlich um den Tag der hl. Elisabeth herum, dem 19. November, einen katholischen Gottesdienst in der Wartburgkapelle durchzuführen (S. 134 f.).

Die Messe am 19. November 1974 unter Bischof Aufderbeck erfolgte bei 300 anwesenden Gläubigen unter Mitbenutzung des angrenzenden Sängersaals (S. 136). Landesbischof Braecklein hatte die Einladung angenommen,

womit das Wartburg-Ereignis zu einem «ökumenischen Signal» (S. 136) wurde. Die staatliche Seite war informiert und beobachtete aufmerksam ohne
den Versuch der Einflussnahme. Der Gottesdienst von 1974 begründete die
Tradition der einmal jährlich um den 19. November herum stattfindenden
Messen, die seitdem «ohne Unterbrechung» gewahrt blieb (S. 138).

Der Beitrag Brodkorbs bringt ein bisher hinter Aktendeckeln schlummern-
des Kapitel der Wartburggeschichte aus DDR-Zeiten ans Licht und legt die
Handlungsweise der betreffenden Personen offen. Er zeigt auf, dass unterhalb
des nicht angetasteten Machtmonopols des DDR-Staats bzw. der SED Spiel-
räume für in die Gesellschaft hinein wirkende Maßnahmen vorhanden waren
und genutzt wurden.

---

89 GÜNTER SCHUCHARDT: 75 Jahre Wartburg-Stiftung 1922–1997. Eine statistische Übersicht.
   Kuratorien, Satzungen und Sitzungen, Organe und deren Mitglieder. In: Wartburg-Jahrbuch
   1997. 6(1998), S. 129–144, hierzu S. 135, 137 und 139.

Wartburgliteratur – Neuerscheinungen und Nachträge

1. Thorsten Albrecht und Rainer Atzbach: *Elisabeth von Thüringen. Leben und Wirkung in Kunst und Kulturgeschichte.* Petersberg 2006

2. Heinz Josef Algermissen, u. a.: *Mehr als Brot und Rosen. Elisabeth von Thüringen heute.* Freiburg i. Br./Basel/Wien 2007

3. Detlef Altenburg: «Die Erde berührte in diesem Moment den Himmel». Franz Liszts «Legende von der heiligen Elisabeth». In: Dieter Blume und Matthias Werner (Hrsg.): *Elisabeth von Thüringen – eine europäische Heilige. Aufsätze.* Petersberg 2007, S. 583–590

4. Daria Barow-Vassilevitch: *Elisabeth von Thüringen. Heilige, Minnekönigin, Rebellin.* Ostfildern 2007

5. Clemens Brodkorb: «Lutherburg» oder Verehrung der hl. Elisabeth. Zur Vorgeschichte des ersten nachreformatorischen katholischen Gottesdienstes auf der Wartburg am 19. November 1974. In: *Jahrbuch für mitteldeutsche Kirchen- und Ordensgeschichte.* 3(2007), S. 113–138

6. Caesarius von Heisterbach: *«Vita S. Elizabeth Lantgrafie». Das Leben der Heiligen Elisabeth, Landgräfin von Thüringen/* Übers. von Aloys Finken. Siegburg 2007

7. Walter-Johann Cornelius: *Elisabeth. Landgräfin von Thüringen. Wie sie in den Gründen ihrer Seele wirklich war.* Norderstedt [2004]

8. Herbert Eilers: Bernhard von Arnswald (1807–1877). In: *Wartburgland.* 38 (2007), S. 26–40

9. Werner Heiland-Justi: *Elisabeth. Königstochter aus Ungarn, Landgräfin von Thüringen und Heilige.* Lindenberg 2007

10. Die heilige Elisabeth. *Eine europäische Heilige.* 43. Kulturtagung im Jugendhaus Volkersberg vom 17.–18. März 2007. Fulda 2007, darin:
   – Dieter Wagner: *Die heilige Elisabeth von Thüringen in der darstellenden Kunst,* S. 25–35,
   – Christfried Boelter: *Elisabeth und die Bauern. Ein Modell für die Hilfe zur Selbsthilfe,* S. 19–24;
   – Hans-Andreas Egenolf: *Die heilige Elisabeth. Mystikerin oder prominente Aussteigerin?,* S. 13–18;
   – Justin Lang: *Elisabeth von Thüringen. Leben und Bedeutung einer Frau in der mittelalterlichen Gesellschaft,* S. 5–11

11. EDUARD HLAWITSCHKA: Waren die Landgrafen von Thüringen, die sogenannten Ludowinger, Nachkommen Ludwigs und Sophies von Bar und Mousson/Mömpelgard? In: HANS-PETER BAUM, RAINER LENG und JOACHIM SCHNEIDER (Hrsg.): Wirtschaft – Gesellschaft – Mentalitäten im Mittelalter. *Festschrift zum 75. Geburtstag von Rolf Sprandel* (Beiträge zur Wirtschafts- und Sozialgeschichte. 107). Stuttgart 2006, S. 271–288

12. RAINER HOHBERG und SYLVIA WEIGELT: *Brot und Rosen. Das Leben der heiligen Elisabeth in Sagen und Legenden.* Weimar 2006, [2]2007

13. UDO HOPF, INES SPAZIER und PETRA WEIGEL: Elisabethverehrung und Elisabethgedenken der Wettiner. Das Elisabethhospital und das Franziskanerkloster St. Elisabeth unterhalb der Wartburg – Archäologische Befunde und schriftliche Zeugnisse. In: DIETER BLUME und MATTHIAS WERNER (Hrsg.): *Elisabeth von Thüringen – eine europäische Heilige.* Aufsätze. Petersberg 2007, S. 245–269

14. UDO HOPF und INES SPAZIER: Die Ausgrabungen am Elisabethplan unterhalb der Wartburg. In: SIBYLLE PUTZKE (Red.): *Die Elisabethkapelle im Turm der Erfurter Nikolaikirche. Ein Wandmalereizyklus und sein künstlerisches Umfeld* (Arbeitsheft des Thüringischen Landesamtes für Denkmalpflege und Archäologie. N.F. 25). Altenburg 2007, S. 106–118, 125 und 132 f.

15. GRIT JACOBS: Carl Alexander, Hugo von Ritgen, Bernhard von Arnswald – das Verhältnis von Bauherr, Architekt und Kommandant im ersten Jahrzehnt der Wiederherstellung der Wartburg. In: C. MÜLLER und H.-H. HÄFFNER (Red.): *Burgenrenaissance im Historismus* (Forschungen zu Burgen und Schlössern. Bd. 10). München/Berlin 2007, S. 25–36

16. GRIT JACOBS: Kaiserkunst auf der Wartburg. Das Glasmosaik in der Elisabethkemenate. In: DIETER BLUME und MATTHIAS WERNER (Hrsg.): *Elisabeth von Thüringen – eine europäische Heilige.* Aufsätze. Petersberg 2007, S. 565–582

17. GERALD JAKSCHE: *Die heilige Elisabeth. Ihr Leben, ihr Wirken, ihre Zeit.* Leipzig [2007]

18. UWE JOHN, HELGE WITTMANN und THOMAS WURZEL (Red.): *Barmherzigkeit heute?* Sieben Vorträge im Elisabeth-Jahr. Dokumentation der Eisenacher Vortragsreihe in Begleitung der 3. Thüringer Landesausstellung «Elisabeth von Thüringen – eine Europäische Heilige». Siegburg 2007

19. MATHIAS KÄLBLE: Reichsfürstin und Landesherrin. Die heilige Elisabeth und die Landgrafschaft Thüringen. In: DIETER BLUME und MATTHIAS WERNER (Hrsg.): *Elisabeth von Thüringen – eine europäische Heilige.* Aufsätze. Petersberg 2007, S. 77–92

20. Mathias Kälble: Wigand Gerstenberg und die Landgrafschaft Thüringen. In: Ursula Braasch-Schwersmann und Axel Halle (Hrsg.): *Wigand Gerstenberg von Frankenberg 1457 – 1522. Die Bilder aus seinen Chroniken Thüringen und Hessen – Stadt Frankenberg* (Untersuchungen und Materialien zur Verfassungs- und Landesgeschichte. 23). Marburg 2007, S. 43–60, [ebenfalls zu den Abbildungen mit Wartburg: L Abb. 38, fol. 275r und L Abb. 42, fol. 279r]

21. Dieter Klaua: Hinweise auf Bausteine und ihre Herkunft in Chroniken, ihre geologische und historische Beurteilung am Beispiel der Wartburg bei Eisenach. In: *Beiträge zur Geologie von Thüringen.* NF. 14(2007), S. 301–312

22. Ewald Könsgen (Hrsg. und Übers.): *Caesarius von Heisterbach. Das Leben der Heiligen Elisabeth und andere Zeugnisse* (Veröffentlichungen der Historischen Kommission für Hessen 67. Kleine Texte mit Übersetzungen 2). Marburg 2007, darin:
– *Caesarius von Heisterbach: Vita Sancte Elysabeth Lantgravie*, S. 7–91;
– *Sermo de Translatione Beate Elysabeth*, S. 93–115;
– *Summa Vitae Konrads von Marburg*, S. 127–135;
– *Libellus de dictis quatuor ancillarum Sancte Elisabeth confectus*, S. 137–193

23. Jutta Krauss und Elisabeth Crettaz-Stürzel: Der Wappensaal im Wartburghotel von Bodo Ebhardt und Léo Schnug. In: C. Müller und H.-H. Häffner (Red.): *Burgenrenaissance im Historismus* (Forschungen zu Burgen und Schlössern. Bd. 10). München/Berlin 2007, S. 49–56

24. Jutta Krauss: *Elisabeth – Leben und Legende einer europäischen Heiligen. Eine Bilderreise durch Ungarn, Deutschland, Italien und die Slowakei.* Regensburg 2007

25. Jutta Krauss: Elisabeth von Thüringen – eine europäische Heilige. Kurzporträt und Epilog zur 3. Thüringer Landesausstellung 2007. In: *Heimat Thüringen.* 14(2007)3, S. 47–50

26. Justin Lang: *Elisabeth von Thüringen. «Mein Gott ist die sieben».* Kehl a. Rhein 2006

27. Andrea Lange-Vester: *Habitus der Volksklassen. Kontinuität und Wandel seit dem 18. Jahrhundert in einer thüringischen Familie* (Soziale Milieus im gesellschaftlichen Strukturwandel. 4). Münster 2007 [zum Wartburgführer Richard Schmidt (1890–1933)]

28. Manfred Lemmer: Elisabeth von Thüringen: Von der Landgräfin zur Hospitalschwester. In: *Mitteldeutsches Jahrbuch für Kultur und Geschichte.* 14(2007), S. 15–28

29. VOLKER LEPPIN: «So wurde uns anderen die Heilige Elisabeth ein Vorbild». Martin Luther und Elisabeth von Thüringen. In: DIETER BLUME und MATTHIAS WERNER (Hrsg.): *Elisabeth von Thüringen – eine europäische Heilige*. Aufsätze. Petersberg 2007, S. 449–458

30. VOLKER LEPPIN: Dreifaches Gedächtnis. Elisabeth, Luther, Burschenschaft – die Wartburg als deutscher Erinnerungsort. In: *Theologische Zeitschrift*. 63(2007), S. 310–330

31. BERTRAM LESSER: Von Hennenberg der hochgeborn. Literarische und historische Hintergründe der Henneberg-Interpolation im «Wartburgkrieg». In: *Jahrbuch des Hennebergisch-Fränkischen Geschichtsvereins*. 22(2007), S. 61–82

32. STEFANIE LIEB: Der Rezeptionsprozess romanischer Formen bei der »Wiederherstellung« der Wartburg im 19. Jahrhundert. In: C. MÜLLER und H.-H. HÄFFNER (Red.): *Burgenrenaissance im Historismus* (Forschungen zu Burgen und Schlössern. Bd. 10). München/Berlin 2007, S. 37–48

33. FRANK LÖSER: *Sagenbuch – Heilige Elisabeth von Thüringen 1207–1231*. Bad Langensalza 2007.

34. JOACHIM KARDINAL MEISNER: *Die heilige Elisabeth. Froh in der Gnade Gottes*. Betrachtungen. Köln 2005

35. ORTRUD REBER: *Elisabeth von Thüringen. Landgräfin und Heilige, eine Biografie*. Regensburg 2006

36. MONIKA RENER (Hrsg. und Übers.): *Das Leben der Heiligen Elisabeth/ Dietrich von Apolda* (Veröffentlichungen der Historischen Kommission für Hessen. 67.3). Marburg 2007

37. KLAUS RIES: *Wort und Tat. Das politische Professorentum der Universität Jena im frühen 19. Jahrhundert* (Pallas Athene. 20). Stuttgart 2007, S. 332–373 zum Wartburgfest 1817. [Zugl.: Jena, Univ., Habil.-Schrift, 2003/04]

38. JÜRGEN RÖMER (Hrsg.): *Krone, Brot und Rosen. 800 Jahre Elisabeth von Thüringen*. Begleitband zur Ausstellung der Evangelischen Kirchen und Diakonischen Werke in Hessen in Kooperation mit dem Hessischen Staatsarchiv Marburg. München/Berlin 2006

39. GÜNTER SCHUCHARDT: Der Sängerkrieg auf Wartburg. In: *Wartburgland*. 38(2007), S. 26–40

40. HILMAR SCHWARZ: Zur Lehnsbeziehung zwischen den thüringischen Landgrafen und den Vögten von Weida. In: *Jahrbuch des Museums Reichenfels-Hohenleuben*. 52(2007), S. 29–45

41. Stefan Schweizer: Der katholische Maler und sein protestantischer Auftraggeber. Moritz von Schwinds Elisabeth-Fresken auf der Wartburg. In: Dieter Blume und Matthias Werner (Hrsg.): *Elisabeth von Thüringen – eine europäische Heilige.* Aufsätze. Petersberg 2007, S. 547–563

42. Heinz Stade: *Elisabeth: Die Fürstin der Armen. Reisen zur heiligen Elisabeth - ungarische Königstochter, Thüringer Landgräfin, europäische Heilige 1207–1231.* Erfurt 2007

43. Wilfried Warsitzka: *Elisabeth. Königstochter, Landgräfin und Heilige.* Jena/Quedlinburg 2007

44. Heinrich Weigel: *Ludwig Bechstein in Briefen an Zeitgenossen.* Frankfurt a. M. 2007; darin:
– *6. Bechsteins Freundschaft mit Bernhard von Arnswald, dem ersten Wartburg-kommandanten, und seine Gründung des Freundschaftsbundes der «Ritter von der heimlichen Kreide»,* S. 83–96;
– *7. Bechsteins lebenslange, echt romantische Verherrlichung der Wartburg in Werken mit zahlreichen Vorhaben,* S. 97–113;
– *18. Bechsteins Beziehungen zu seinen Meininger Herzögen und zu Carl Alexander von Sachsen-Weimar-Eisenach, dem Erneuerer der Wartburg,* S. 251–272

45. Sylvia Weigelt (Hrsg.): *Johannes Rothe. Thüringische Landeschronik und Eisenacher Chronik.* Berlin 2007

46. Sylvia Weigelt: *Thüringen um 1200* (Thüringen gestern und heute. 31). Erfurt 2007.

47. Sylvia Weigelt: *Unterwegs zu Elisabeth.* Jena 2007

48. Gerlinde Gräfin von Westphalen: Elisabeth, eine europäische Heilige. Landesausstellung auf der Wartburg. In: *Mitteilungen. Mitgliedermagazin der Deutschen Burgenvereinigung e. V.* Nr. 91/April 2007, S. 18 f.

49. Ingrid Würth: Elisabeth von Thüringen – eine europäische Heilige. 3. Thüringer Landesausstellung auf der Wartburg und in Eisenach, 7. Juli bis 19. November 2007. In: *Jahrbuch für mitteldeutsche Kirchen- und Ordensgeschichte.* 3(2007), S. 289–301

50. Helmut Zimmermann und Eckhard Bieger: Elisabeth. *Heilige der christlichen Nächstenliebe* (TOPOS-plus-Taschenbücher. 598). Kevelaer 2006

51. Christian Zippert und Gerhard Jost: *Hingabe und Heiterkeit. Vom Leben und Wirken der heiligen Elisabeth.* Kassel 2006, ²2007

*

52. Dieter Blume und Matthias Werner (Hrsg.): *Elisabeth von Thüringen – eine europäische Heilige*. Katalog. Petersberg 2007, darin die Wartburg und Eisenach unmittelbar betreffend:

- Günter Schuchardt: *Geleitwort*, S. 21;
- Mathias Kälble und Stefan Tebruck: *Der Herrschaftsbereich Landgraf Ludwigs IV. von Thüringen (1217–1227)*, S. 62–66;
- Thomas Biller: *Der Wartburg-Palas*, S. 94–98;
- Thomas Biller: *Doppelkapitell aus der hofseitigen Erdgeschossarkade des Palas*, Kat.-Nr. 44, S. 99;
- Thomas Biller: *Bruchstücke eines Kalksinter-Säulenschaftes aus dem Rheinland*, Kat.-Nr. 45; S. 99 f.;
- Thomas Biller: *Adlerkapitell aus dem Eisenacher Steinhof*, Kat.-Nr. 46, S. 100;
- Christine Müller und Petra Weigel: *Die landgräfliche Stadt Eisenach zur Zeit Elisabeths von Thüringen*, S. 121–123;
- Ines Spazier: *Ausgrabungsfunde vom Gelände des Elisabethplans unterhalb der Wartburg*, Kat.-Nr. 69–70, S. 128 f.;
- Ingrid Würth: *Elisabeth pflegt Kranke in einem Haus unter der Wartburg*, Kat.-Nr. 80, S. 138;
- Felix Heinzer: *Das Reimoffizium «Laetare Germaniae» zu Ehren der heiligen Elisabeth*, (Eisenach, Wartburg-Stiftung), Kat.-Nr. 123, S. 193 f.;
- Rita Amedick: *Friedrich Creuzer, Zur Gemmenkunde*, (Eisenach, Wartburg-Stiftung), Kat.-Nr. 137, S. 210 f.;
- Holger Kunde: *Sog. Chronik der Elisabethzelle unterhalb der Wartburg*, Kat.-Nr. 197, S. 292–294;
- Petra Weigel: *Urkunde und Siegel der St. Elisabethzelle unterhalb der Wartburg*, Kat.-Nr. 198, S. 294 f.;
- Klaus Krüger: *Geburtshilfe durch Reliquien der hl. Elisabeth*, (Briefkonvolut), Kat.-Nr. 199, S. 295 f.;
- Udo Hopf: *Maßwerk-Fragmente der Zelle der hl. Elisabeth unterhalb der Wartburg*, Kat.-Nr. 200a und b, S. 296 f.;
- Dieter Blume und Petra Weigel: *Die Dominikanerkirche St. Johannes Baptist und St. Elisabeth in Eisenach*, S. 350–354;
- Matthias Werner: *Gründung des Dominikanerklosters St. Johannes und St. Elisabeth in Eisenach*, (Sammelhandschrift), Kat.-Nr. 232, S. 354–357;
- Anna Rapp Buri und Monica Stucky-Schürer: *Wandteppich mit Szenen aus dem Leben der hl. Elisabeth*, (Eisenach, Wartburg-Stiftung), Kat.-Nr. 270, S. 411–413;
- Dieter Blume und Diana Joneitis: *Die heilige Elisabeth zwischen den Aposteln Philippus und Jakobus d. Ä.*, (Ölgemälde, Eisenach, Wartburg-Stiftung), Kat.-Nr. 274, S. 414 f.,
- Hilmar Schwarz: *Ansicht der Wartburgkapelle vor der Restaurierung im 19. Jahrhundert*, (Kupferstich), Kat.-Nr. 317, S. 466;

– Hilmar Schwarz: *Bildnis der hl. Elisabeth mit Rosenkorb und Kruzifix-Krone,* (Kupferstich), Kat.-Nr. 318, S. 466 f.;

– Hilmar Schwarz: *Predigt zur Einweihung der Wartburgkapelle 1628,* (Druck von 1628), Kat.-Nr. 319, S. 467;

– Barbara Dienst: *Die hl. Elisabeth pflegt Kranke,* (Temperagemälde), Kat.-Nr. 352, S. 505 f.;

– Barbara Dienst: *Die hl. Elisabeth verteilt Almosen auf der Wartburg,* (Ölgemälde von Gustav Heinrich Naeke), Kat.-Nr. 366, S. 526–528;

– Barbara Dienst: *Die hl. Elisabeth empfängt sterbend die letzte Ölung und das Heilige Abendmahl,* (Eisenach, Wartburg-Stiftung), Kat.-Nr. 375, S. 536 f.;

– Barbara Dienst: *Die hl. Elisabeth im Gebet,* (Ölgemälde im St. Annen Stift Eisenach), Kat.-Nr. 378, S. 539 f.;

– Michael Overdick: *Andachtsbildchen mit Rosenwunder, Gebetstext und Spendenaufruf,* Kat.-Nr. 382, S. 543 f.;

– Michael Overdick: *Wandbilddruck mit der hl. Elisabeth vor der Wartburg,* Kat.-Nr. 387, S. 547;

– Grit Jacobs: *Bronzefigur der hl. Elisabeth,* (Eisenach, Wartburg-Stiftung), Kat.-Nr. 393, S. 554;

– Barbara Dienst: *Musivische Glasmalerei mit Darstellung der hl. Elisabeth als Brotspenderin,* (Eisenach, Wartburg-Stiftung), Kat.-Nr. 394, S. 554 f.;

– Klaus-Bernward Springer: *Alban Stolz, Die Heilige Elisabeth,* (Buch, Eisenach, Wartburg-Stiftung), Kat.-Nr. 396, S. 556 f.;

– Peter Langen: *Elisabeth von Thüringen mit Elisabethkirche und Wartburg,* Kat.-Nr. 411, S. 570;

– Dieter Blume: *Regionalisierung – Die Wartburg,* S. 571 f.;

– Hilmar Schwarz: *Genealogische Tafel, (von der hl. Elisabeth bis zu Großherzog Carl Alexander),* Kat.-Nr. 412, S. 572 f.;

– Stefan Schweizer: *Die Elisabethgalerie und ihre Schwindfresken,* S. 573–576;

– Stefan Schweizer: *Moritz von Schwind, Der Zug der Heiligen Elisabeth auf die Wartburg,* Kat.-Nr. 413, S. 576 f.;

– Grit Jacobs: *Moritz von Schwind, Teilentwurf zum Leben der hl. Elisabeth und zu den Werken der Barmherzigkeit,* Kat.-Nr. 414, S. 578;

– Petra Schall: *Brief Moritz von Schwinds an den Wartburgkommandanten Bernhard von Arnswald,* (5. März 1854), Kat.-Nr. 415, S. 578 f.;

– Petra Schall: *Brief Moritz von Schwinds an den Wartburgkommandanten Bernhard von Arnswald,* (11. April 1854), Kat.-Nr. 416, S. 579 f.;

– Stefan Schweizer: *Hugo von Ritgen, Entwurf zur Ausschmückung der Elisabeth-Galerie,* Kat.-Nr. 417, S. 380 f.;

– Hilmar Schwarz: *Reliquie der heiligen Elisabeth,* Kat.-Nr. 418, S. 581;

– Hilmar Schwarz: *«Stein vom Hochzeitsmantel der hl. Elisabeth»,* Kat.-Nr. 419, S. 582;

- GRIT JACOBS: *Das Glasmosaik in der Elisabethkemenate des Wartburgpalas,* S. 582–586;
- HEINRICH WEIGEL†: *Statuette der heiligen Elisabeth,* (Eisenach, Wartburg-Stiftung), Kat.-Nr. 420, S. 586;
- MARKO KREUTZMANN: *Jubiläumspredigt,* (auf der Wartburg am 28. August 1867), Kat.-Nr. 421, S. 586 f.;
- MARKO KREUTZMANN: *Festgabe «Die heilige Elisabeth»,* (1867, Wartburg-Stiftung), Kat.-Nr. 422, S. 587;
- HELMUT G. WALTHER: *Bühnenbildserie zum «Tannhäuser»,* Bayreuth 1891, Nr. 437, S. 605 f.;
- SASCHA WEGNER: *Titelblatt des Librettodrucks mit Autogramm Franz Liszts,* (Eisenach, Wartburg-Stiftung), Kat.-Nr. 442, S. 608 f.;
- KARL SIEREK: *Stummfilm «Die Heilige der Wartburg»,* Kat.-Nr. 448, S. 612 f.

*

Die Literatur zur hl. Elisabeth und zur 3. Thüringer Landesausstellung auf der Wartburg ist in diesem Jahr unübersehbar und kann hier nur teilweise, aber hoffentlich unter Einschluss der maßgeblichsten Publikationen erfasst werden.

JAHRESÜBERBLICK 2007

Laudatio anlässlich der Verleihung des
Wartburg-Preises 2007 am 28. Oktober 2007

Hans Kaiser

Sehr geehrte Damen und Herren, es ist eine große Ehre und Freude für mich, Laudator bei der diesjährigen Verleihung des Wartburg-Preises sein zu dürfen. Die Freude ist um so größer, weil der Preis 2007 einer Persönlichkeit verliehen wird, die in ganz besonderer und herausragender Weise geeignet ist, diese Auszeichnung zu erhalten: Prof. Dr. Ferenc Mádl, Präsident der Republik Ungarn, eine Persönlichkeit, die zu Recht für ihr Engagement für die deutsch-ungarischen Beziehungen und für die Europäische Idee und ihre Verwirklichung gewürdigt wird. Noch dazu in dem Jahr, in dem wir in Thüringen wie in Ungarn und in ganz Europa, das ist das Hocherfreuliche, die 800. Wiederkehr des Geburtstages der ungarischen Königstochter Elisabeth, der späteren Landgräfin von Thüringen, feiern und zum Anlass nehmen, über ihr Leben und ihre Wirkung nachzudenken. Das ist ja bei Elisabeth nicht so ganz einfach, einer Frau, die als Vierjährige ihre Heimat verlassen hat und dann bereits mit 24 gestorben ist. Man darf sicher sein, dass eine ganz herausragende Kraft in ihr war, die dafür gesorgt hat, dass wir uns heute, so viele Jahre danach, an sie in dieser Art und Weise erinnern.

Meine Freude, Sie, verehrter Herr Präsident Prof. Mádl, würdigen zu dürfen, kann gewiss auch nicht dadurch geschmälert werden, dass es schwer fällt zu entscheiden, in welcher Reihenfolge die Würdigung Ihnen am ehesten gerecht wird. Ob man zunächst den hoch anerkannten Präsidenten und Politiker würdigt, der in einer so wichtigen Phase der Republik Ungarn mit höchstem Engagement Einfluss auf die politische Entwicklung Ungarns und auf dessen Beitritt zur Europäischen Union genommen hat. Oder ob man zunächst den Rechtsgelehrten, den Wissenschaftler ansprechen sollte, der sich noch zu Zeiten der kommunistischen Herrschaft hohes Ansehen sowohl in Ungarn als auch auf internationaler Ebene erwarb; eine hoch angesehene Persönlichkeit in der Welt der Rechtsgelehrten und der Rechtswissenschaft, vielfach geehrt und ausgezeichnet, ein gleichermaßen von den Studierenden hoch geschätzter Professor, mit klaren Wertvorstellungen, christlich orientiert, unabhängig, liberal und durch die Herrschenden nicht korrumpierbar.

Möglich wäre ebenso, den engagierten Christen an erster Stelle zu würdigen, der nie einen Hehl daraus machte, dass ihm sein Glaube und seine christliche Orientierung Richtschnur seines Handelns und Kompass war und bis heute ist, christlicher Glaube, Christentum nicht allein mit Blick auf die Religion, sondern auch als Aus- und Nachweis kultureller Identität.

Aber da fließt natürlich das eine in das andere über, ist Europa daher auch für ihn als Politiker nicht denkbar ohne die ideelle Verbindung zum Christentum. In der Phase der Erarbeitung des ursprünglichen Verfassungsvertrages der Europäischen Union – Ungarn war bekanntlich zu diesem Zeitpunkt noch nicht Mitglied – setzte er sich vehement dafür ein, in der Präambel des Vertrages auf die jüdisch-christlichen Wurzeln, speziell auf die christlichen Werte zu verweisen. Ein weiteres Anliegen, das er mit großer Vehemenz verfolgte, war die Frage des Schutzes der Minderheiten. Für Ungarn, das aufgrund des Verlaufs seiner Geschichte – Stichwort Trianon – hier durchaus besondere Interessen verfolgte und ein hohes Interesse daran hatte, die ungarischen Minderheiten im Ungarn umgebenden Ausland zu schützen. Ungarn selbst hat sehr frühzeitig ein vorzügliches Gesetzeswerk entwickelt, um die Minderheiten in Ungarn zu schützen bzw. ihnen zu ihrem Recht zu verhelfen, was in den Nachbarstaaten teils bis zum heutigen Tag so noch nicht der Fall ist. Die Minderheiten, so haben Sie einmal gesagt, sind nie in einer besten Situation. Auch das ist eine Frage der Werteorientierung, denn man hat darauf zu achten, dass eben nicht die Numerik, sondern der Einzelne zählt, was ja unsere Werteorientierung ausmacht und bedeutet. Der Einzelne steht im Mittelpunkt und nicht irgendeine anonyme Masse.

Ich glaube, der Burghauptmann hat vorhin zu Recht dieses wunderbare Bauwerk gepriesen, und ich glaube, man kann sich dem herrlichen Eindruck dieses Saales nie entziehen, noch dazu, wenn man von so einer wunderbaren Musik in eine solche Veranstaltung eingeführt wird, wie das heute mit der Intrada geschehen ist. Ich glaube auch, dass von dieser Burg eine hohe Symbolkraft nicht nur für Deutschland, sondern für ganz Europa und letztlich für die ganze Welt ausgeht. Wir denken an Elisabeth von Thüringen oder an Martin Luther, der hier nicht ganz freiwillig eine Zeit seines Lebens zubrachte, sie aber dazu nutzte, um das Neue Testament zu übersetzen und damit die deutsche Hochsprache entscheidend prägte. Und ich beziehe gerne in diesen Kontext Johann Sebastian Bach mit ein, den Größten von allen in der Welt der Musik, der unweit von hier geboren wurde. Das führt zur Familie der Bachs, die im Übrigen auch für die steten Verbindungen von Thüringen und Ungarn Zeugnis gibt: Einer von Bachs Vorfahren verbrachte eine geraume Zeit seines Lebens in Ungarn.

Ganz ohne Frage hat der Student und spätere Jurist Ferenc Mádl sehr bewusst eine weitsichtige Entscheidung getroffen, als er sich entschloss, eine juristische Fachrichtung zu studieren, die es eigentlich in dem Staat, in dem er aufwuchs, im richtig verstandenen Sinne nicht gab. In einem Staat, der kein Rechtsstaat, sondern eine kommunistische Diktatur war, die dem privaten Recht kaum Raum gab, schon gar nicht dem Recht des Einzelnen, studierte er Internationales Privatrecht! Das eröffnete ihm schließlich die Möglichkeit, seinem Land und seiner Heimat, was er anstrebte, zu dienen, ohne den kommunistischen Staat zu stärken bzw. ihm unmittelbar selbst dienen zu müssen.

Staatsminister a. D. Hans Kaiser während der Laudatio

Das Fachgebiet Internationales Privatrecht eröffnete ihm außerdem Möglichkeiten, auch außerhalb Ungarns erfolgreich wissenschaftlich arbeiten zu können. Zahlreiche Mitgliedschaften in internationalen Wissenschaftsvereinigungen und Ehrungen, die ihm zuteil wurden, zeugen davon. Und seine Entscheidung ermöglichte es ihm außerdem, als Hochschullehrer junge Menschen in seinem Sinn und Verständnis zu Juristen heranzubilden. Ein erheblicher Teil der juristischen Elite Ungarns kommt aus seiner Schule. Einer seiner Schüler war der spätere Ministerpräsident Viktor Orbán, heute Oppositionsführer und Vorsitzender des Fidesz. Als Ferenc Mádl sein juristisches Diplom an der Budapester Eötvös Loránd Universität erwarb, stand

Ungarn ein Jahr vor dem Volksaufstand des Jahres 1956, der dann blutig nie-dergeschlagen und von den Panzern der Roten Armee niedergewalzt wurde.

Meine Damen und Herren, bei aller Bitterkeit und bei all den Opfern: Es war nur ein scheinbarer Sieg der damaligen Machthaber. Der Ungarnaufstand war in Wirklichkeit der Beginn der Niederlage der kommunistischen Dikta-turen im gesamten Ostblock, und es endete mit dem Fall der Mauer und mit der Überwindung der unmenschlichen Grenze, die nicht nur Deutschland, sondern ganz Europa über mehr als vier Jahrzehnte geteilt hatte. Die juristi-schen Themen und Fragestellungen, mit denen sich der Jurist Ferenc Mádl beschäftigte, waren für sein offenes, international orientiertes Denken be-zeichnend. So promovierte er mit dem Thema «Das Unternehmen und der wirtschaftliche Wettbewerb im Recht der europäischen wirtschaftlichen Integration». Das war 1974. Und immer wieder zogen sich Themen wie Handel und Recht, Recht der internationalen Wirtschaftsbeziehungen, Recht der Europäischen Wirtschaftsgemeinschaft, ebenfalls aus dem Jahr 1974, Recht der Außenwirtschaft und der internationalen Investitionen – kurz: das Thema Europa – wie ein roter Faden durch seine Arbeit.

Ferenc Mádl ist ein hochpolitischer Rechtswissenschaftler, der mit seiner Arbeit sichtbar macht, dass Ungarn – wer wollte das bezweifeln – geogra-phisch zu Europa gehört, aber eben auch mit seiner Kultur und den Werten, die das Land über Jahrhunderte im europäischen Geist geprägt haben. Und nicht zu vergessen: Ungarn hat auch selbst seinen Beitrag geleistet, die europäische Kultur zu entwickeln und zu prägen. Mádl vertraute gewiss dar-auf, dass Ungarn eines Tages auch politisch wieder zu Europa gehören werde, ohne natürlich den Zeitpunkt zu ahnen. Es ist immer wieder erstaunlich, wie heute im Rückblick mancher so tut, als habe man wissen oder Jahre davor vor-aussehen können, was sich 1989/90 in Deutschland und Europa ereignen würde. Aber genau das war eben nicht der Fall. Niemand konnte selbst im Frühjahr 1989 ahnen, wie nah die Wende, der politische Paradigmenwechsel war und mit welcher Schnelligkeit er sich vollziehen würde.

1990 war die Möglichkeit für Prof. Ferenc Mádl gegeben, sich für sein Land, wie er das wünschte, einbringen zu können: Er wurde Staatsminister des ersten frei gewählten ungarischen Ministerpräsidenten nach der Wende, er wurde Staatsminister im Kabinett von József Antall. Fast zeitgleich über-nahm er eine Aufgabe, die gewiss auch in Ungarn keinen Neid wecken musste. Er wurde Vorstandsvorsitzender der Staatlichen Treuhand. Es folgte 1994, bedauerlicherweise nur kurz, das Amt des Ministers für Bildung und Kultur. Ein Jahr später schon kam der Regierungswechsel nach dem allzu frühen Tod von József Antall. Dies zog eine Entscheidung Professor Mádls nach sich, die bezeichnend für ihn und seine klare Haltung ist: Er erklärte sich bereit, als Kandidat des bürgerlichen Lagers für das Amt des Präsidenten zu kandidieren, ohne Aussicht wirklich gewählt zu werden, denn die Mehrheitsverhältnisse waren eindeutig. Aber er kandidierte, um ein Zeichen zu setzen. Ein Zeichen dafür, dass das bürgerliche Lager geeint und fähig sei, sich vereint hinter einen Kandidaten zu stellen und Geschlossenheit zu zeigen.

Im Jahr 2000 wurde Prof. Mádl erneut Kandidat und wurde am 6. Juni des Jahres vom ungarischen Parlament zum Präsidenten der Republik gewählt. Ein politischer Präsident, der mutige Entscheidungen traf und der sich durchaus das Recht vorbehielt, Auszeichnungen des Staates nur demjenigen zukommen zu lassen, den er für würdig hielt. Ein respektierter und zugleich bei den Bürgern wegen seiner Menschlichkeit beliebter Präsident, ein Präsident, der den Bürgerinnen und Bürgern nahe war, ein Präsident, «der zuhören konnte». Ein Staatsoberhaupt, der aber auch sagte, was geschehen muss, wenn «nach 40 Jahren Wanderung durch die Wüste», wie er formulierte, der Prozess von Integration und Transformation gelingen soll. «Ungarn musste wie das auserwählte Volk in der Wüste wandern. Aber bei diesem Wandern haben wir unsere Treue zu Europa nicht vergessen, unsere Treue zu den wertethischen nationalen Werten. Die ungarische Revolution 1956 war ein Zeichen, dass diese Länder, diese Völker, diese Nationen ihre Treue zur Freiheit, ihre Treue zu Europa nicht vergessen haben. Im Gegenteil: Sie haben sehr schwere Opfer gebracht, nicht nur für sich selbst, auch für Europa.» Und es sei folgerichtig, dass Europa heute diesen Staaten, die diesen Kampf auf sich genommen hätten, auch helfe.

Er mahnte aber zugleich, dass bei aller Hilfe, die den neuen Mitgliedern der Europäischen Union heute schon zuteil geworden ist und noch zukommen werde, es unerlässlich sei, sich auf die eigenen Kräfte zu besinnen und sie einzusetzen: «... aus eigener Kraft muss das Land, muss die Wirtschaft neu geboren, neu geschaffen werden.» Das sind Zitate aus einer Rede des Präsidenten 2004 über den ungarischen Beitrag zum Zusammenwachsen in Europa.

Der Beitrag Ungarns, das bedeutet für Mádl Blick zurück in die Geschichte, Blick ins heute und Blick nach vorn. Er erinnert an die vielen Male, die Ungarn immer wieder daran beteiligt war, Europa neuen Anstoß zu geben oder die schiere Existenz Europas zu sichern oder zu verteidigen: angefangen von Großfürst Géza, dem Vater Stephans des Heiligen, über Stephan selbst und die von ihm betriebene Verankerung des Christentums in Ungarn und die späteren Kämpfe der vereinten europäischen Heere zur Abwehr der türkischen Invasoren, allzeit mit ungarischer Beteiligung. Und der Präsident verweist auf Thomas Morus, den Lordkanzler von England. Der schrieb in seiner Todeszelle, in der er ein Jahr bis zu seiner Hinrichtung verbrachte, einen Brief mit der inständigen Bitte, den Ungarn doch zu helfen, die ihrerseits den Osmanen so entschieden entgegengetreten seien. In diesen inhaltlichen Kontext gehören die Freiheitskämpfe des Jahres 1848, die Revolutionen oder

Umsturzversuche in Europa und auch der ungarische Freiheitskampf 1848, der dazu beigetragen hat, dass der Freiheitsgedanke in Europa weiterlebte. Und schließlich und nicht zuletzt gehört der Ungarnaufstand des Jahres 1956 dazu, an dessen 50. Jahrestag im vergangenen Jahr erinnert wurde.

Auch dabei sind wir stets hier auf der Wartburg, der Burg, die für den Freiheitsgedanken und auch für die Freiheit der Gedanken in unserem Bewusstsein fest verankert ist, am richtigen Ort. Und es ist gut, dass es dieses Symbol der Freiheit gibt, und auch, dass es die von Präsident Mádl so genannten «markanten Knotenpunkte» gibt, an die er immer wieder erinnert. Merkposten, die freilich nicht dazu auffordern, in der Erinnerung zu verharren, sondern den Blick nach vorn zu richten. Ungarn braucht Europa und Europa braucht Ungarn. Dieser Satz kann auf jeden einzelnen der 27 Mitgliedstaaten bezogen werden, auch auf die so genannten Großen. Keiner dieser Staaten hat auf Dauer für sich allein eine Chance. Die Globalisierung, die als Begründung dieser These herangezogen werden kann, ist dabei nur ein Anklang dessen, was uns Europäern an Konkurrenz im internationalen Wettbewerb noch begegnen wird. Die Einheit Europas ist unsere einzige Chance! Europa bildet keinen Gegensatz zu den einzelnen Staaten, die die europäische Union bilden. Europa nimmt niemandem seine Heimat, im Gegenteil: Europa gewinnt seine Kraft und Energie aus der Vielfalt seiner Staaten, Kulturen und Menschen, die sich in ihm vereinen, Staaten, die durchaus in diesem Europa auch miteinander konkurrieren.

Ich lasse für mich keinen Zweifel daran, dass nicht nur den Ungarn die Zeit zu lange dauerte, bis das Land, dem nach der Wende so viele Hoffnungen auf einen baldigen Beitritt gemacht worden waren, zusammen mit neun anderen Staaten endlich im Jahr 2004, am 1. Mai, Mitglied der Europäischen Union wurde. Das mag freilich auch für weitere zwei oder drei Staaten des früheren Ostblocks gelten. Gleichwohl schmälerte es nicht die Freude, als nun endlich der Beitritt vonstatten ging. Ministerpräsident Bernhard Vogel, selbst Träger des Wartburg-Preises, machte bei seiner Dankesrede auf der Wartburg am 30. Oktober 2003 keinen Hehl aus seiner Vorfreude als er sagte: «Nun endlich können wir das europäische Haus zu einem gemeinsamen Haus der Freiheit, des Friedens und des Wohlergehens ausbauen. Die Trennung in Ost und West wird überwunden. Dieser Prozess wird mit vielen Anstrengungen verbunden sein, nicht nur für die beitretenden Länder Ost- und Mitteleuropas, sondern auch für die 15 Länder, die heute bereits die Europäische Union bilden. Aber diese Anstrengungen sind unerlässlich, um ganz Europa als einen stabilen Raum des Friedens und der Freiheit zu erhalten, denn Europa ist heute als Wertegemeinschaft, als Integrationsgemeinschaft, als politische und wirtschaftliche Einheit wichtiger als jemals zuvor.»

Es ist keine Frage, dass Ungarn, Präsident Prof. Mádl verweist zu Recht darauf, unverändert ein hohes Potenzial in sich trägt und seinerseits auch heute seinen spezifischen Beitrag zur Gestaltung Europas und zur Stabilisierung einer insgesamt schwierigen Region leisten kann. Wir erleben heute, dass die Staaten, die nach dem Zusammenbruch des kommunistischen Systems ihre Freiheit und Selbstbestimmung wiedererhielten, im Jahre 17 nach der Wende oder dem Systemwechsel den schwierigen Transformationsprozess keineswegs bewältigt haben. Die Probleme, mehr oder minder in allen Staaten des früheren Ostblocks, sind gewaltig. Und jegliches Land, so auch Ungarn, führt außerdem seine ganz besonderen eigenen Probleme und Schwierigkeiten mit sich. Im letzten Jahr sind wir durch die Medien, wie in diesen Tagen erneut, Zeugen der Auswirkungen dieser Probleme und Schwierigkeiten geworden. Wir müssen der Tatsache ins Auge schauen, dass sich nach mehr als vier Jahrzehnten anhaltender Verbiegung der Gedanken und Köpfe die Dinge nicht in einer so kurzen Zeit, und es ist eine nur kurze Zeit, in die völlig andere Richtung hin zu Demokratie und Rechtsstaat und zum Aufbau einer funktionierenden Bürgergesellschaft mit dem verantwortlichen Gebrauch der neu gewonnen Freiheit bringen lassen.

Es mag sein, und es gibt vielfältige Hinweise darauf, dass bei allem, was an großartigen Leistungen vollbracht wurde, um die Schäden, die die kommunistischen Diktaturen angerichtet haben, zu bewältigen, es offenbar nicht oder nur ungenügend gelungen ist, deren Vergehen oder Verbrechen auch hinlänglich deutlich zu machen. Anders ist die speziell auch in Deutschland zu beobachtende Indifferenz in der Beurteilung junger Menschen von Demokratie und Diktatur kaum zu erklären. Und manchmal ist auch die Rückkehr des Vergangenen in das Heute nur schwer zu begreifen.

Ich will an dieser Stelle ein paar persönliche Anmerkungen hinzufügen, die näher betrachtet möglicherweise so persönlich nicht sind. Diese Burg steht hart an der früheren deutsch-deutschen Grenze. An einer unnatürlichen, unmenschlichen Grenze, an der Menschen ermordet wurden, weil sie von einem Teil Deutschlands in den anderen Teil Deutschlands wollten; Deutsche, aber auch Bürger anderer Staaten, in den letzten Wochen vor der Öffnung der Grenzen auch ein ungarisches Ehepaar. Er kam ums Leben, sie erlitt schwerste Verletzungen, die sie bis zum Ende ihrer Tage begleiten werden und sie in Not und Armut gebracht haben. Solche Verbrechen dürfen nicht dem Vergessen anheim fallen. Es ist die Wirkung eines Systems, das wahre Gesicht eines Staates, der nicht bereit war, die personale Würde des Einzelnen zu respektieren und sie zu achten. Wir müssen wissen und es sagen, was eine solche Rechtsauffassung in der Realität bedeutet. Ich sagte daher bewusst: an der Grenze ermordet, weil ich denke, dass wir die Dinge beim Namen nennen müssen. Verniedlichung hilft nicht, sie leistet keineswegs einen Beitrag zur Versöhnung. Sie macht allenfalls die Gräben noch tiefer. Vor allem aber frage ich, wie soll der Unterschied bewusst werden, der Unterschied von Freiheit und Diktatur, wenn angesichts historischer Fakten vielleicht aus Artigkeit oder vermeintlicher Political Correctness nicht gesagt wird, was geschehen ist?

Die Wartburg wird gelegentlich die deutscheste aller Burgen genannt. Dem will ich nicht widersprechen, aber hinzufügen: Von dieser Burg gingen wahrhaft europäische Ideen und Gedanken aus. Ideen und Gedanken, die wir, wie schon erwähnt, mit Namen festmachen können: Ob Elisabeth, der Heiligen, Martin Luther – oder, wenn wir die Region mit einbeziehen, Johann Sebastian Bach, deren Gedanken und Ideen die Welt in Besitz genommen haben. Werte, die, wie es Präsident Mádl immer wieder formuliert, Europa zugrunde liegen müssen und ohne die Europa für ihn nicht denkbar, nicht Europa ist. Werte, die uns auch einen, wo immer wir in Europa unsere Heimat haben oder auch einen Teil unserer Wurzeln, wie bei Präsident Mádl, dessen Vorfahren aus Donauschwaben kamen. Wir bekennen uns zu Werten, durch Personen und Ereignisse begreiflich gemacht, die zugleich Weltoffenheit und Perspektive signalisieren: Freiheit, Freiheit der Gedanken, Selbstbestimmung, liberales Denken.

Für mich persönlich war die Wartburg einmal über viele Jahre ein Mahnmal, ein Zeichen der Spaltung und Trennung Deutschlands und letztlich auch Europas, wenn ich zuerst mühsam und nach gelegentlich intensivsten Kontrollen über die Grenze kam, um dann von der Autobahn aus die Wartburg hoch oben auf dem Berg zu sehen. Nach dem Fall der Mauer wurde die Burg dann zum Symbol der wieder gewonnen Einheit und der Freiheit. Wir brauchen diese Symbole, aber nicht nur für unsere persönliche innere Betrachtung und Erbauung! Lassen Sie uns das weiter sagen und vermitteln, wo dies möglich ist. Vor allem aber fühle ich große Dankbarkeit beim Blick auf die Burg auf dem Berg, Dankbarkeit, dass die Teilung überwunden ist, wir die Freiheit für alle Deutschen wiedererlangt und Staaten wie Ungarn oder Polen oder Tschechien die Bevormundung und Unterdrückung überwunden und ebenso ihre Freiheit wieder gewonnen haben.

Man mag es die zweite Chance nennen, die Deutschland bekommen hat. Man mag es für sich aber auch als Wunder begreifen, für das wir Gott zu danken haben. Uns darf um unsere Zukunft in Europa bei allen Sorgen, die wir gelegentlich und auch in großer Unterschiedlichkeit haben, nicht Angst sein. Wir haben es in der Hand, Europa zu gestalten und weiter zu einen. Auch politisch geht es weiter, wir haben es in den jüngsten Tagen erlebt, und wir müssen nicht unbedingt traurig sein, dass es nur eine Art von Grundlagenvertrag und keinen Verfassungsvertrag und erst recht keine Verfassung gibt. Mit Blick auf Europa wollen wir auch unsere Verantwortung, die wir jenseits der europäischen Grenzen haben, nicht aus den Augen verlieren und über den Tellerrand hinausschauen. Denn auch das gehört zu unserer Werteorientierung, Verantwortung zu sehen und zu tragen für diejenigen, die auf unsere Hilfe angewiesen sind, hier und draußen in der Welt.

Der Wartburg-Stiftung einen Glückwunsch zu ihrer Wahl und zu diesem Preisträger! Für die Würdigung einer Persönlichkeit und eines Mannes, der seine Heimat ohne Zweifel liebt, aufrecht durch eine schwierige Zeit gegangen ist und der sich in die Pflicht für Ungarn hat nehmen lassen, der aber stets die europäische Dimension dieser Pflicht erkannt und auch politisch gestaltet hat, wo immer dies möglich war. Die Würdigung Präsident Mádls setzt gerade auch im Ungarn dieser Tage ein deutlich wahrnehmbares Zeichen. Dem Preisträger des Jahres 2007, hoch verehrter Herr Präsident, meinen herzlichen Glückwunsch zu dieser Auszeichnung, die keinen Würdigeren hätte finden können!

Danksagung zur Verleihung
des Wartburg-Preises 2007 am 28. Oktober 2007

Ferenc Mádl

Hochverehrter Stiftungsrat, hochverehrter Herr Minister Goebel, Vorsitzender des Stiftungsrates, hochverehrter Ministerpräsident Vogel, Präsident der Adenauer-Stiftung, hochverehrter Herr Minister Kaiser, dem ich für seine wirklich guten Worte danke – ich kann sagen, es war eine glänzende politische Rede. Ich bedanke mich auch herzlich bei dem Burghauptmann Schuchardt für seine guten Worte und ich möchte mich ganz besonders bedanken für die wirklich außerordentlich beeindruckende Führung durch die Elisabethausstellung, die wir heute mit ihm erleben durften. Es war ein absolut geistiges Erlebnis für uns. Ich begrüße ganz besonders den ungarischen Botschafter.

Meine Damen und Herren! Es ist besonders ehrend, an der feierlichen Verleihung des Wartburg-Preises hier auf der Wartburg als Preisträger beteiligt sein zu können, auf der Wartburg, Symbol und genius loci des geistigen, künstlerischen, literarischen und musikalischen Schaffens, des europäischen Denkens, des Respekts für die bewährten nationalen und europäischen Werte der Kultur.

Wartburg, Symbol so vieler europäischer Einigungswerte und geprägt von so vielem: von der heiligen Elisabeth von Thüringen und Ungarn – unsere Heilige, wie Martin Luther sie so gern nannte, die den mitmenschlichen Solidaritätsgeist europaweit stärken sollte; von Martin Luther, der hier auf der Wartburg mit der Übersetzung des Neuen Testaments die deutsche literarische Sprache erneuert bzw. geschaffen hat; von den legendären Sängerkriegen, von den Literaturgrößen, wie Walther von der Vogelweide; von dem Goethebesuch und der Goethe-Idee, die Wartburg auch zur Museumsstätte zu gestalten, um ihre künstlerischen Werte als europäisches Erbe europaweit mehr wirken zu lassen.

Hochverehrte Damen und Herren! Das Ehren dieses europäischen Erbes bringt mich jetzt zu meinen Danksagungsworten. Als Dank für den hohen Preis, dachte ich an die bedeutenden Kraftquellen, die in der Geschichte Richtung europäisch kultureller Kohäsion und Einigung wirkten. Was ich mit vielen anderen in Ungarn für die politische und kulturelle Einigung Europas geleistet haben soll, ist nur die Wahrnehmung der Ausstrahlung jener Leistungen, die die europäischen und mit ihnen die ungarischen geistigen, kulturellen und politischen Kräfte zum Zusammenwachsen der Völker und Nationen Europas erbracht haben.

In größeren historischen Dimensionen betrachtet liegen die Anfänge Europas und seiner Kultur weit jenseits der Zeitrechnung: «Am Anfang war das Wort», wie es in der Schrift verkündet wurde. Wir finden sie im Alten und Neuen Testament einerseits, der griechisch-römischen Antike andererseits und drittens in deren Aufeinanderwirken, im Prozess der Entwicklung des christlichen Europas in den kommenden Jahrhunderten, im Christentum, das die Völker der frühen und späteren Völkerwanderung Europas in der christlichen Kultur vereinte, im römischen Recht und Rechtsdenken, das in ganz Europa in den ethischen, gesellschaftlichen und politischen Verhältnissen zum Stil, System und Maßstab werden sollte.

Mit der hohen ungarischen Repräsentanz an dem Hoftag des Kaisers Otto des Großen im Jahre 973 in Quedlinburg, wo die meisten Höfe Europas vertreten waren, wurde die Zugehörigkeit auch Ungarns zu dem werdenden christlichen Abendland eindeutig bewiesen. Ungarn wurde mit Polen und anderen neuen Völkern am Rande des Karolingerreiches mit der geistigen und politischen Weisheit und Kraft von Papst Sylvester II., einem Mann des europäischen Denkens, ins christliche Europa integriert. Stephan, der später heilig gesprochene erste ungarische König, erhielt im Jahre 1000 seine Königskrone von Rom. Kreuzzüge der Kaiser und Könige, u. a. des ungarischen Königs András II., des Vaters der heiligen Elisabeth von Ungarn und Thüringen, haben – wie fraglich die Kreuzzüge auch verliefen – sicherlich auch einen bedeutenden europäischen Vereinheitlichungseffekt bewirkt.

Die Jahre der Kathedralen und der Klöster, wie u. a. der Benediktiner und der Franziskaner, die Ausstrahlung und Wirkung dieser Kraftquellen, wie auch jene unserer heiligen Elisabeth, Vorbild des mitmenschlichen Handelns und sozialer Verantwortung, die Universitäten und Künste haben in allen europäischen Ländern entscheidend viel zu der Stärkung der geistigen Werte, der Kultur, der religiösen Spiritualität und Caritasgesinnung beigetragen. Sie sollten den europäischen Menschen prägen und Triebkräfte des christlichen europäischen Erbes werden.

Zwei ungarische Könige sind bei den Kämpfen gegen die osmanischen Eroberer gefallen, bis das große Unternehmen des europäischen Zusammenhaltens zur Rückdrängung der ottomanischen Invasion und zur Befreiung Ungarns führte. Als die vereinten europäischen Heere, u. a. von Lothringen, Bayern, Schwaben, Polen und Ungarn, 1686 Buda zurückerobert haben, waren dies tragische Zeiten, formierten sich aber auch historische Werte und Einheitskräfte Europas!

Gerne wollte man noch andere Werte und Geschehnisse gesichtet haben, die den eben erwähnten vorausgegangen waren und die auf der Ebene des politischen Denkens und Handelns in Europa kulturelle und politische Einheitsprozesse bewirkten. Thomas Morus, Lordkanzler von England, hatte sich nicht nur für die Einheit der Ecclesia Universalis eingesetzt, sondern hat in einem langen Manuskript über Ungarn in seiner Todeszelle darüber geschrie-

Abb. 2:
Preisträger Ferenc
Mádl (rechts)
übergibt dem
Kultusminister
Jens Goebel die
Kupferplastik der
hl. Elisabeth

ben. Die Schrift wurde dann später von seiner Tochter herausgerettet. Morus meinte, dass Ungarn und Europa gegen die osmanische Invasion geholfen werden müsste. Die Einheit der Kirche und Europas war auch für Erasmus von Rotterdam von entscheidender Bedeutung. Er war der erste bewusste Europäer, der sich für ein friedliches Zusammenleben der Völker und Nationen, für die «Vereinigten Staaten in Europa» ausgesprochen hat.

Vision und Handeln dieser Einigungskräfte scheiterten aber an neuen Kräften von historischer Bedeutung, an den von Martin Luther entscheidend geprägten Folgen der Reformation, der Religionskriege. Die Kräfte der Reformation und des Westfälischen Friedens 1648, die Gleichberechtigung der katholischen und protestantischen Konfessionen, die religiöse und politische Erneuerung sollten eine neue Ordnung, Aussöhnung und den Frieden bringen und Europa auf die Dauer stabilisieren. Auf dieser Ebene des Verständnisses und der Toleranz sollten die geistigen Kräfte des christlichen Erbes und der Europavisionen wieder belebt werden und weitere Perspektiven bekommen können.

Wenn wir jetzt einen großen Bogen in unsere Zeit spannen, dann sind wir bei einer historisch besonders bedeutenden Phase des Zusammenwachsens der Völker und Nationen in Europa. Nach den Traumata der Konfrontationen, der Kriege, der Diktaturen und des Gespaltenseins bahnt sich in Europa Aussöhnung, Zusammenarbeit, Solidarität und Einheit an. Die Architektur der Integration wurde zunächst in Westeuropa errichtet und wirksam. Die Nachwirkungen der ungarischen Revolution 1956, die Kräfte und Auswirkungen der europäischen Integration, die Kräfte der teils friedlichen Revolutionen der Jahre 1989/90 führten zur demokratischen Umgestaltung in Mittel- und Osteuropa und zur erweiterten Wiedervereinigung in Europa. Die geistigen und politischen Kräfte vieler Länder haben dazu die Verantwortung übernommen und ihre persönliche Leistung dazu für ihr Land und Europa erbracht.

Für die Anerkennung dieser Leistungen möchte ich mich im Namen dieser vielen bei Ihnen aufrichtig bedanken. Abschließend wollte ich Ihnen, auch als Wartburgehrung, noch einen historischen Kurzbericht vorlesen, der in der ungarischen Geschichtsschreibung vorgefunden wurde, und der so lautet:

«Zu jener Zeit wurde ein großer Sängerwettbewerb auf der Wartburg veranstaltet, als am Himmel ein glänzender Stern erschien. Der aus Ungarn gekommene Ehrengast und Sternenforscher namens Klingsor blickte auf zum Himmel und sagte: Zu dieser Stunde wird dem großen ungarischen König ein Kind geboren, das Elisabeth heißen und heilig sein wird. Das Kind wird dem Sohn des Fürsten dieses Landes zur Frau gegeben. Die ganze Welt wird sie segnen für ihre Güte, besonders dieses Land und so sollte man sagen, Freundschaft und mitmenschliche Liebe wird sie ausstrahlen auf alle Länder.»

Meine Damen und Herren, hochverehrter Stiftungsrat, Exzellenzen, im Zeichen dieser Wartburgbotschaft möchte ich mich für diese Ehre der Verleihung des Wartburg-Preises und für die ehrende Aufmerksamkeit nochmals aufrichtig bedanken. Meine Damen und Herren, aus Dank und Erinnerung an unseren Besuch auf der Wartburg, Dank auch für das Erlebnis, das wir haben durften, und auch als Dank für die schöne Führung auf dieser schönen Burg, möchte ich Ihnen ein kleines Geschenk an die Stiftung übergeben. Ein ungarischer Bildhauer namens Madarassy István hat ein schönes Porträt geschmiedet aus Kupfer und Gold, und das zeigt die heilige Elisabeth[1].

---

1 *Árpádházi Szent Erzébet* (1207–1231), Madarassy István, Szobrászművész (Ungarn) 2007, Kupferplastik, getrieben und gebunzt, mit textilen Elementen, Wartburg-Stiftung Eisenach, Inv.-Nr. P 53.

Die Baumaßnahmen an den Gebäuden und Anlagen der Wartburg-Stiftung Eisenach im Jahre 2007

Annette Felsberg

In Abstimmung mit dem Thüringischen Landesamt für Denkmalpflege und Archäologie (LfDA), dem Kultusministerium des Landes Thüringen und dem Bund wurden im Jahre 2007 umfangreiche konservatorische sowie Bau- und Werterhaltungsmaßnahmen vorbereitet und durchgeführt. Zur Fertigstellung, Weiterführung, aber auch zum Neubeginn der dringend notwendigen Baumaßnahmen wurden insgesamt ~1 Mio. EUR investiert, die anteilig durch 923.000,00 EUR Fördermittel (Bund 248.000,00 EUR / Land 255.000,00 EUR / LfDA 420.000,00 EUR) und Eigenmittel der Wartburg-Stiftung finanziert wurden.

Die Baumaßnahmen des Jahres 2007 standen ganz im Zeichen des Elisabeth-Jahres. Sie waren eine wichtige Voraussetzung für die Präsentation der 3. Thüringer Landesausstellung auf der Wartburg. Neben der Verlegung des Führungsweges im Palas einschließlich Umbau der Wendeltreppe und der Restaurierung des Fürstenschlafzimmers in der Neuen Kemenate wurden umfangreiche Sanierungsarbeiten an den Zugangswegen und in den Burghöfen, allgemeine Werterhaltungs-, Restaurierungs- und Renovierungsarbeiten sowie Kleinreparaturen an den Gebäuden und in den Ausstellungsräumen der Burg durch die Mitarbeiter der Bauhütte realisiert.

Die Landesausstellung vom 7. Juli bis zum 19. November 2007 in den Räumen der Wartburg erforderte außerdem eine Vielzahl zusätzlicher temporärer Baumaßnahmen mit hohen gestalterischen und konstruktiven Anforderungen:

– Ausstellungsbau zur Präsentation der Leihgaben
– Klimatisierung der Ausstellungsräume, um die extrem engen Grenzwerte
  bezüglich Temperatur und Luftfeuchte zu ermöglichen
– Abdunklung der Fenster zur Verhinderung des Tageslichteinfalls
sowie
– Errichtung einer Klimaschleuse vor dem Zugang zum Palas
– Einrichtung einer Garderobe zur Aufbewahrung von Gepäckstücken,
  Mänteln und Schirmen vor Betreten der Ausstellungsräume und
– Installation eines Besucher-Leitsystems zur und innerhalb der Burg.
Der Ausstellungsaufbau war durch die schrittweise Schließung des Museums mit Einschränkungen und Beeinträchtigungen des Besucherrundgangs ver-

bunden. Als kompensierendes Angebot konnten den Besuchern der Wartburg seit Anfang Mai der Tugendpfad als Rundweg am Fuße der Burgmauern und die mittelalterliche Burgenbaustelle einschließlich Schaudepot kostenfrei zugänglich gemacht werden. Ab Mitte Juni waren mit der Fertigstellung des neu gestalteten Elisabeth-Plans weitere interessante Erlebnisbereiche erschlossen.

1. Arbeiten innerhalb der Burgmauern

1.1. Vorderer Burghof

Im Kellergeschoss von Ritter- und Torhaus, den Wachräumen, wurden die begonnenen Änderungen an den technischen und Sicherungsinstallationen fortgesetzt.

Für die Erdgeschossebene von Torhaus, Ritterhaus und Vogtei erarbeitete die Leiterin der Bauhütte, basierend auf den baulichen Strukturen der Grundrisspläne von 1907[1], ein Nutzungskonzept in mehreren Varianten. Durch eine veränderte Zuordnung und Nutzung der Räume wurde eine klare Trennung des öffentlichen Besucherverkehrs von den internen Verwaltungsbereichen erreicht.

Am östlichen Wehrgang (Elisabethengang) wurden in den Wintermonaten die Arbeiten des Vorjahres fortgeführt, die Gefache maurer- und putzmäßig ausgebessert sowie der Dachziegelverstrich erneuert, um bei Sturm das Eindringen von Regen bzw. Flugschnee zu verhindern. Die durch Salzausblühungen geschädigten Sockelmauern wurden mit einem speziellen Sanierputz neu verputzt, nachdem die desolaten Putzschichten abgehackt worden waren.

1.2. Mittelabschnitt der Burg

Anfang des Jahres musste im Erdgeschoss der Neuen Kemenate die Grundleitung (Abwasserleitung) partiell erneuert werden, wobei ein Teil des Parkettbodens im Zentralmagazin aufgenommen und anschließend wieder eingefügt wurde.

Im Obergeschoss der Neuen Kemenate wurde bis Mai 2007 die Restaurierung des Fürstenschlafzimmers fertig gestellt, sodass dieser Raum seit der Landesausstellung in den Museumsrundgang einbezogen werden kann. Neben der Sicherung der historischen Befunde wurden das Rundbogen-Türgewände aus Sandstein zum Sammlungsraum 2 rekonstruiert und die ein-

---

1 Plandarstellung in Max Baumgärtel (Hrsg.): Die Wartburg. Ein Denkmal deutscher Geschichte und Kunst. Berlin 1907, S. 129, 132 und nach 320.

gelagerte Tür des 19. Jahrhunderts wieder in die Holzvertäfelung eingebaut.
Die Sandsteinelemente an der Fensterseite wurden gefestigt und erhielten
mineralische Formergänzungen. Fenster, Holzvertäfelungen und Heizkörper-
verkleidungen wurden tischlermäßig aufgearbeitet. Der einzige noch erhaltene historische Parkettfußboden wurde restauriert, detailgetreu ergänzt und
mit einem Öl-/Wachsauftrag versiegelt. Abschließend wurden Elektroinstal-

lation und Sicherheitstechnik erneuert sowie alle Wand- und Deckenflächen gründlich gereinigt, retuschiert und neu versiegelt. Die Restaurierung des Fürstenschlafzimmers erfolgte entsprechend dem von Jürgen Scholz und Stephan Scheidemann (Natursteinarbeiten) erarbeiteten Konzept unter Mitwirkung der Restauratoren Heiko Koob von KP-Restaurierungen GbR, Heiko Koob & Sirco Päsel (Weimar) für Holzfußboden und Monika Stein (Wart-

burg-Stiftung) für Retusche/Malerei sowie Steinmetzfirma Mathias Albertoni (Eisenach).

Am südlichen Portalbogen der zweiten Torhalle mussten im Frühjahr zur Beseitigung erneuter Salzausblühungen drei Entsalzungszyklen durch Kompressen ausgeführt werden. Nach Vorgaben und unter fachlicher Anleitung durch Restaurator Stephan Scheidemann (Friedrichroda) übernahm dies die Firma Bennert-Restaurierungen GmbH (Hopfgarten).

Um weitere konstruktive Schädigungen am Bergfried zu verhindern, wurde Ende 2007 der Restaurator Scheidemann mit der Planung und Baubetreuung des auf die Jahre 2008–2010 angelegten Projektes für die steinrestauratorische und -konservatorische Instandsetzung der Fassaden beauftragt. Vorbereitend erstellte das Freie Institut für Bauforschung und Dokumentation e. V. (IBD) Marburg ein Bestandsaufmaß sowohl der Fassaden als auch der Räume. Nach der Restaurierungskonzeption für das gesamte Objekt wurden für den 1. Bauabschnitt/Westfassade, angrenzende Eckbereiche und Zinnenkranz die Bestandsdokumentation, Schadkartierung, Ausführungsplanung und Ausschreibung erstellt, um 2008 in diesem Teilbereich zu beginnen.

1.3. Zweiter Burghof –
Gebäude, Freiflächen und Umfassungsmauern

Anfang des Jahres erfuhr auch das Neue Treppenhaus eine grundhafte Instandsetzung. Die Steinmetzfirma Morgenweck Naturstein und Restaurierungen (Wünschensuhl) reinigte mit einem Edelstahlbürsten-Verfahren die anthrazithfarbenen Schieferplatten des Fußbodens und mittels Sandstrahl-Verfahren die Sandsteinelemente, Gewände und Sockel. Der Malerbetrieb Hillmer (Eisenach/Stedtfeld) erneuerte den Wandanstrich.

Bevor die historischen Räume des Palas für die Landesausstellung hergerichtet wurden, begann Ende Januar 2007 die Wiederherstellung der Raumfassungen entsprechend der Wartburg-Restaurierung von 1980 bis 1983 in Speise- und Rittersaal, in der Kapelle, in der Elisabeth-Galerie, im Landgrafenzimmer und im Festsaalgang. Aufgrund des Besucherverkehrs, klimatischer Belastungen, Feuchte- und Salzeinträge ins Mauerwerk sowie immer wieder notwendiger Installationsarbeiten zur Erneuerung technischer Anlagen waren in diesen Räumen über die knapp drei Jahrzehnte zahlreiche Schäden entstanden. Mit fachlicher Betreuung durch den Restaurator Jürgen Scholz (Winne) führte die Restauratorin Gydha Metzner (Eisenach) die Arbeiten bis Mitte März 2007 weitestgehend aus; die noch ausstehenden Maßnahmen wurden für die Dauer der Landesausstellung unterbrochen und sollten im nächsten Jahr ausgeführt werden.

Ebenfalls bis Mai 2007 vollendete die Firma Bennert die noch ausstehenden Restarbeiten zur Neugestaltung des zweiten Burghofs. Vor dem Neuen Treppenhaus wurden die Sandsteinstufen der Freitreppe steinmetzmäßig aufgearbeitet und das Wangenmauerwerk neu verfugt. Der Zugangsbereich zum Gadem-Café wurde verbreitert und Bahnenbelag aus Tambacher Sandstein neu verlegt.

Im Gadem-Keller machten sich in den Wintermonaten erneut Entsalzungsmaßnahmen erforderlich. Im großen und kleinen Gewölberaum wurden die sich lösenden, versalzenen Putzschichten abgestemmt und anschließend Entsalzungskompressen bzw. Sanierputz aufgetragen. Der große, ebenerdig liegende Gewölberaum erhielt Regale und diente als Garderobe für die Besucher der Landesausstellung.

Nach umfangreichen Vorüberlegungen entstand Ende des Jahres ein Konzept für die öffentliche Aufführung eines Hörfilms im Gadem-Keller. Die Projektstudie, initiiert von Prof. Ralf Böse (FH Schmalkalden, Fachbereich Informatik) und dem Architekten Büttner (Schmalkalden), beinhaltet die Prüfung der Raumeignung, der technischen Anforderungen, der Erschließungs- und Refinanzierungsmöglichkeiten. Die Studie ist Bestandteil des vor-

erst noch nicht bestätigten EFRE[2]-Fördermittelantrages «Wartburg barrierefrei», wozu ebenfalls das Projekt zur Errichtung einer Standseilbahn und die
Erstellung eines Tastmodells gehören.

Vor Saisonbeginn erfolgten in der zum Gadem-Café gehörenden Küche
kleinere Umbauten an der Kücheneinrichtung durch die Firma Zeiger-Groß-
kücheneinrichtung (Suhl), wodurch sich die Arbeitsbedingungen verbesser-
ten. Die Rundbogenfenster wurden zu Drehflügelfenstern umgebaut und
konnten nun effektiver für die Raumlüftung genutzt werden. Aufgrund der
Gefahr durch herabfallende Putzflächen wurde der Südgiebel des Gadem im
Oktober eingerüstet, um die unteren zwei Gefachebenen mit Gefachziegeln
neu auszumauern und wieder zu verputzen.

Die Lindenlaube im Kommandantengarten musste im März nach erhebli-
chem Sturmschaden durch den Orkan «Kyrill» vom 18. Januar 2008 grundhaft
instand gesetzt werden. Dabei wurden die auskragenden Rundhölzer, die
stählernen Auflagerbögen und auch Teile des Sandsteinmauerwerks erneuert
oder überarbeitet. Passend zum vorhandenen Steintisch wurde der Sitzplatz
beidseitig mit neuen Bänken ausgestattet, gefertigt aus Sandsteinquadern mit
Eichenbohlenauflagen.

Im Bereich zwischen Senkgarten und südlicher Wehrmauer wurde im
November das Kunstprojekt der Wartburg-Stiftung «7 Künstler – 7 Themen»
installiert. Die sieben christlichen Werke der Barmherzigkeit, jeweils durch

2 EFRE – Europäischer Fonds für regionale Entwicklung.

Abb. 5:
Kunstprojekt
«7 Künstler –
7 Themen» an
der Südmauer

einen plastischen Bronzeguss gestaltet, wurden im Rahmen des Elisabeth-Jubiläums am 19. November 2007 feierlich enthüllt, nachdem sie zum Thüringer Kirchentag vom 13. Mai bis zum 8. Juli im Thüringer Museum ausgestellt waren. Die massiven Sockelblöcke aus Seeberger Sandstein wurden von der Steinmetz-Firma Andreas Schäfer (Eisenach) aufgestellt.

Während der 3. Thüringer Landesausstellung prägten zwei temporäre Bauten das Bild des zweiten Burghofs: ein Pavillon zur gastronomischen Versorgung im Kommandantengarten und die Klimaschleuse vor dem unteren Palaseingang. Der Kommandantengarten wurde in der Zeit der Ausstellung vom Gadem-Café aus gastronomisch bewirtschaftet. Mit Einverständnis des Burghauptmanns ließ der Betreiber, die Arkona Hotel AG, eine Zeltkonstruktion auf einem mit Holzbelag ausgelegten Fußboden errichten.

Der untere Palaseingang, der den Beginn der Landesausstellung markierte, erhielt ein vorgelagertes Eingangsbauwerk, das als Klimaschleuse dient. Die Holzkonstruktion wurde im Mai/Juni nach Entwurf des Eisenacher Architekten Max von Trott zu Solz und Berechnungen des Statikers Dr. Josef Trabert (Geisa) erstellt.

Abb. 6:
Der Pavillon auf
dem Kommandan-
tengarten

Abb. 7:
Wendeltreppe im
Palas, Vorzustand
mit hölzernen
Rundstützen

Abb. 8:
Hölzerne Wendel-
treppe im Palas,
Neuzustand mit
Stahlbandauf-
hängung

1.4. DIE EINRICHTUNG DER LANDESAUSSTELLUNG IN DEN INNENRÄUMEN DER WARTBURG[3]

Die 3. Thüringer Landesausstellung «Elisabeth von Thüringen – eine europäische Heilige» vom 7. Juli bis 19. November 2007 präsentierte sich hauptsächlich auf der Wartburg. Die Herrichtung der Ausstellungsräume wurde bereits zu Jahresanfang begonnen. Die Ausstellungsfläche umfasste die Palasräume und schloss das neue Treppenhaus sowie die Museumsräume von der Neuen Kemenate über die Dirnitzgalerie und Dirnitz bis zur Vogtei ein.

Die Leihgeber der wertvollen Exponate forderten strenge Sicherheitsbestimmungen – darunter die Gewährleistung eines stabilen Raumklimas. Deshalb musste ein in sich geschlossener Rundgang geschaffen werden, den es bisher nicht gab. Die Verbindung von der Elisabeth-Kemenate zur Wendeltreppe führt nunmehr über den südlichen Palasgang (Orgelraum) und nicht mehr über den offenen Arkadengang.

Alle Ausstellungsräume wurden mit neuen Klimageräten, Be- und Entfeuchtern ausgestattet und sämtliche Fenster durch Aufbringen von UV-/Lichtschutzfolie bzw. durch Einstellen von passgenauen Sperrholztafeln ab-

---

3 Ausführlich zu den Arbeiten für die Landesausstellung in diesem Wartburg-Jahrbuch: ANNETTE FELSBERG und JUTTA KRAUSS: Vorbereitung, Aufbau und Ablauf der 3. Thüringer Landesausstellung 2007 auf der Wartburg.

gedunkelt. Besonders dominant im Ausstellungsrundgang waren die raumhohen Einbauten und Installationen in Sängersaal und Treppenhaus, die Ständerwände in den Sammlungsräumen und die Absperrung des Luthergangs. Sofort nach Schließung der Landesausstellung am 19. November begann der Rückbau aller Einbauten.

2. Arbeiten ausserhalb der Burgmauern

2.1. Tugendpfad/Baulehrpfad

Im Januar/Februar wurde der Burgenbauplatz weiter vervollständigt. Für die mittelalterliche Schmiede konnte ein historischer Blasebalg erworben werden. Zwei weitere Schmiede-Blasebälke wurden in der Werkstatt von Bernhard Kutter – Orgelbau & Audiotechnik (Ruhla) für eine reale Nutzung neu angefertigt.

Im April wurde das mittelalterliche Baugerüst (Stangengerüst) an der Umfassungsmauer unterhalb der Vogtei durch die Zimmererfirma Leise aus Heyerode vollendet[4]. Die wichtigsten Arbeitsgänge waren dabei das Bebeilen der Eichenbohlen, das Schälen der Lärchen-Rundhölzer, das Bohren der Auflager im Mauerwerk sowie das Abbinden und Richten mittels traditioneller Seilverbindungen. Die Nachbildung eines mittelalterlichen Ochsenkarrens für den Transport von Baumaterialien, aufgestellt von der Wagner- und Schreinerei Ebert (Harras, Ortsteil im südthüringischen Eichsfeld), erhöhte den Schauwert.

Des Weiteren wurde der Spitzboden als Schaudepot museal gestaltet. Zur Präsentation der von Dr. Seib (Mühlhausen) erworbenen Sammlung historischen Werkzeugs lieferte die TEMUS Technische Museumseinrichtung GmbH (Obrigheim) die Vitrinen mit Unterbauten und Magazinfächern.

Durch das Errichten einer massiven Steintreppe am Zugang zum Spitzboden, den Einbau einer Holztür in den Torbogen zum nördlichen Zugangsbereich, bepflanzte Grünflächen, aufgestellte Sitzbalken und das Ausstatten der Freifläche vor den Objekten mit mobilen Werkzeugen, Geräten und Baumaterial wurde der Burgenbauplatz ganzheitlich gestaltet. Zwölf mannshohe Tafeln mit Bilddarstellungen und Erläuterungen, gestaltet vom Grafiker Gerd Haubner (Erfurt), informieren die Besucher über das mittelalterliche Bauen. Unterhalb der Süd-Ost-Ecke des Palas lassen Sitzbänke den Ausblick genießen und markiert seit dem 17. Juli 2007 ein Münzfernrohr von euroscope (Wuppertal) den Endpunkt des Tugendpfads. Am Welterbetag, dem 3. Juni 2007, erfolgte die Eröffnung des Burgenlehrpfads für die Besucher, womit das seit 2003 laufende Projekt ein vorläufiges Ende fand.

---

4 Vgl. Wartburg-Jahrbuch 2006. 15(2008), S. 178, Abb. 13.

2.2. Wartburg-Hotel

Im Frühjahr führte die Wartburg-Bauhütte an der Südseite des Hotels Dachreparaturen durch, reparierte den Dachkasten an der Nordseite im Innenhof und sicherte provisorisch den abgerissenen Sandsteinerker neben dem Haupteingang. Der stark verwitterte zweizügige Schornsteinkopf wurde im September über dem Dach abschnittsweise abgebrochen und neu aufgemauert. Die oben aufliegende Abdeckplatte wurde geklebt, vernadelt und eine neue Schornsteinhaube aus Kupfer aufgesetzt. Die Stützmauer im Bereich der Hotel-

Abb. 9:
Der Wintergarten an
der Hotel-Westseite
mit auskragender
Stahlkonstruktion

zufahrt und Anlieferzone wurde instand gesetzt, der Anschluss des Straßen-pflasters zum aufgehenden Mauerwerk abgedichtet und auf beiden Seiten die Verfugung erneuert.

Aufgrund starker Durchfeuchtung im Deckenbereich des Traforaumes führte die Groß Hoch- und Tiefbau GmbH (Mechterstädt) im Frühjahr dringende Sanierungsmaßnahmen aus. Am neu errichteten Wintergarten an der Westseite wurde nach Entwurf des Architekturbüros Metzner und Klingenstein (Marksuhl) der noch fehlende äußere Umgang als auskragende Stahlkonstruktion durch die Firma Hanf Metallbau (Nahetal-Waldau/ Hinternah) montiert, der nun als Austritt genutzt werden kann.

Außerdem erstellten in Vorbereitung langfristiger Instandsetzungsarbeiten an den Hotelfassaden der Sachverständige für Holzschutz Hans-Peter Deutsch (Winterstein) und der Steinrestaurator Scheidemann (Friedrichroda) ein Gutachten.

2.3. AUSSENANLAGEN
(SCHANZE, WEGE UND TREPPEN, PARKSCHLEIFE)

Nachdem die bereits vielfach beschädigten Steinstufen der Treppe am Kleinen Schlossberg zur Fahrstraße beim Sturm «Kyrill» am 18. Januar durch umstürzende Baumstämme erneut schwer gelitten hatten, wurde diese entfernt und damit der dortige Zugangsweg aufgegeben.

Von März bis Juni erneuerten die Mitarbeitern der Wartburg-Bauhütte nach einem Konzept des Architekten Max von Trott zu Solz (Eisenach) die zum Tugendpfad führende Ausfalltreppe unter dem Südturm. Die bisher nicht öffentliche Treppe sollte durch Optimierung der Laufbreiten und Steigungsverhältnisse für die Besucher eine sichere Begehbarkeit gewährleisten. Nach dem Abbau der alten Anlage wurde die neue Eichenholztreppe im selben Duktus montiert. Der ursprünglich in den Felsen gehauene Treppenantritt wurde durch neu versetzte Granit-Blockstufen etwas großzügiger ausgebildet, das Podest am Austritt verbreitert und mit geschlossener Verkleidung versehen. Die kupferblechbeschlagene Tür an der Ausfallpforte durch die westliche Burgmauer neben dem Südturm wurde in der Drehrichtung geändert und erlaubt nun einen weiteren Zugang zum Tugendpfad.

Im Mai wurden Instandsetzungsarbeiten an der Zugbrücke durchgeführt. Nach Anlaschen zusätzlicher Stahlträger durch die Zimmerer- und Stahlbaufirma Dreikant (Weimar) konnten die umfangreichen Abstützungen demontiert werden, die seit September 2005 ihre Tragfähigkeit zur Zuführung schweren Gerätes für die Baumaßnahmen im zweiten Burghof erhöht hatten. Nach dem Konzept des Statikers Jörg Sando (Weimar) konnte bis zur kompletten Erneuerung ein Aufschub von drei bis fünf Jahren gewährt werden.

Abb. 10:
Die Ausfalltreppe
unter dem Südturm,
Vorzustand

Abb. 11:
Die Ausfalltreppe
unter dem Südturm,
neue Anlage

Bei der Ausbesserung der Felsentreppe hinter der Schanze wurden die Stufenhöhen durch Nachstemmen angeglichen und vier Tritte aus Wartburgkonglomerat versetzt. Wegebereiche von Eselweg, Elisabeth-Plan und Wolfsweg wurden über den Sommer und Herbst hinweg mit Rotliegendem aus Etterwinden nachgekiest. Stark ausgespülte Teilstücke erhielten zusätzlich Entwässerungsrinnen. Im Nesselgrund und am Droschkenplatz wurden Geländer und Handläufe montiert und an der Straße schadhafte Eichen-Kanthölzer erneuert.

Im Eisenacher Wartburg-Objekt An der Münze 3 ersetzte im Juli die Firma für Heizungs- und Sanitärinstallation Mario Stitz (Eisenach) den vorhandenen Heizkessel durch eine neue Brennwertanlage.

Abb. 12:
Die Zugbrücke
vor Abbau der
Abstützung

Abb. 13:
Die Zugbrücke
mit Strahlträger
nach Abbau der
Abstützung

Das Ingenieurbüro für Kommunal- und Wasserwirtschaft (IKW) Ohrdruf führte die Planung der zu erneuernden historischen Wasserleitung von der Rennsteigquelle bis zur Wartburg fort. Noch vor angekündigten Baumaßnahmen am Gasthaus «Hohe Sonne» wurde das Teilstück um die dortige Überquerung der Bundesstraße (B 19) ca. 60 m in Richtung Ruhla und ca. 250 m in Richtung Wartburg realisiert. Die Arbeiten vom 10. April bis zum 10. Mai 2007 führte die ROTUS (Rohrtechnik und Servis) GmbH Erfurt zusammen mit der Firma Bierwisch & Zöller Elektroanlagen GmbH Eisenach aus.

2.4. ELISABETHPLAN

Die Gesamtanlage, bestehend aus dem Hospital der hl. Elisabeth und den Anlagen des spätmittelalterlichen Franziskanerklosters, wurde bis zum Frühjahr 2007 neu gestaltet und am 24. Juli mit einer katholischen Wallfahrt feierlich eröffnet. Unter Einbeziehung und Dokumentation der Befunde der archäologischen Grabung von 2006, geleitet von Frau Dr. Spazier vom Thüringischen Landesamt für Denkmalpflege und Archäologie in Weimar, sollte die Freifläche mit der authentischen Wirkungsstätte der hl. Elisabeth als Ort der Begegnung, für Gottesdienste, Pilger und Wallfahrten genutzt sowie als deren Bestandteil in die 3. Thüringer Landesausstellung einbezogen werden. Nach einer Planung des Landschaftsarchitekten Rolf Tügel vom Büro Rentsch & Tschersich (Chemnitz) führte die Firma Groß Hoch- und Tiefbau GmbH (Mechterstädt) die Baumaßnahmen vom 2. Mai bis 20. Juni 2007 aus.

Die Darstellung der Gebäudegrundrisse erfolgte mittels Gabionen (Steinkörbe) unter Verwendung von Tambacher Sandstein und Wartburg-Konglomerat. Zur Verbindung der unterschiedlichen Teilbereiche wurden mit Rotliegendem gekieste Wege und Plätze angelegt. Verbleibende Restflächen erhielten eine naturnahe Bepflanzung mit einheimischer Waldflora, um die Gesamtanlage harmonisch in die umgebende Landschaft einzubetten. Den Grabfund kennzeichnet ein Sandstein mit den Initialen F.E. (Fritz Erbe).

Die künstlerische Ausstattung mit Integration der vorhandenen Objekte wurde Peter Schäfer (freier Künstler und Metallbaumeister, Eisenach) übertragen. Große Elisabeth-Figur, Altarstein, Taufbecken, Bänke mit aufliegenden Eichenbohlen, das aus Lärchenholz erneuerte Kreuz sowie symbolhafte Türen wurden mittels «rostender» Stahlplatten gestaltet. Zur Information der Besucher entwarf der Grafiker Gerd Haubner (Erfurt) Tafeln, die die Gesamtanlage und die historischen Befunde erklären.

Bis zum Ende des Sommers setzte die Wartburg-Bauhütte die Arbeiten am Elisabethplan fort. An der Brunnenstube und Treppenanlage zwischen den beiden Ebenen des Elisabethplans sollte der Zustand weitestgehend wiederhergestellt werden, den der Wartburgarchitekt Hugo von Ritgen um die Mitte des 19. Jahrhunderts geprägt hatte. Das Mauerwerk der Brunnenstube wurde partiell ausgebessert oder neu aufgemauert. An erdberührenden Bauteilen mussten einzelne Steine ausgebaut und ersetzt werden. Am Sandsteinbogen wurden Formergänzungen ausgeführt. Abschließend wurden die fehlenden Säulen einschließlich Basis und Kapitell wieder eingebaut. Alle Stufen der Treppenanlagen, bestehend aus Konglomerat-Steinen, wurden gerichtet und neu verfugt. An den früher archäologisch erschlossenen Befunden in dem an die Asphaltstraße angrenzenden Bereich wurden die vorhandenen historischen Mauerreste bzw. Mauerzüge instand gesetzt, teilweise ergänzt, neu aufgemauert und abschließend verfugt.

Vorbereitung, Aufbau und Ablauf
der 3. Thüringer Landesausstellung 2007 auf der Wartburg

Annette Felsberg und Jutta Krauß

2007 jährte sich zum 800. Mal der Geburtstag der heiligen Elisabeth von Thüringen. Weit über den regionalgeschichtlichen Rang hinaus zählt die 1235 kanonisierte Fürstin zu den bedeutendsten Persönlichkeiten des europäischen Mittelalters und wird bis heute verehrt. Nach den großen Elisabeth-Würdigungen 1981 und 1983 im hessischen Marburg[1] wurde das diesjährige, vielerorts bedachte Jubiläum mit einer Thüringer Landesausstellung gekrönt. Als deren geeignetes Lokal boten sich die Wartburg und ihr spätromanischer Palas geradezu an – zum einen als authentischer Lebensbereich der Landgräfin, zum anderen durch die hier über Jahrhunderte gepflegte Erinnerung an sie. Unter dem Titel «Elisabeth von Thüringen – eine europäische Heilige» war die zweigeteilte Exposition vom 7. Juli bis zum 19. November 2007 auf der Wartburg und in der Kirche des einstigen Eisenacher Dominikanerklosters zu sehen.

KONZEPTIONELLE, INHALTLICHE UND ORGANISATORISCHE VORBEREITUNG DER AUSSTELLUNG

Einig über das erstmals in Thüringen zu würdigende Jubiläum nahmen die verantwortlichen Vertreter der Wartburg-Stiftung, der Friedrich-Schiller-Universität Jena und des Thüringer Kultusministeriums das Vorhaben bereits Ende der 1990er Jahre in Aussicht. 2004 begannen Kooperationen, Konzepte, Finanzierung und Organisation allmählich Gestalt anzunehmen. Mit fortschreitender Ausarbeitung zeichnete sich jedoch spätestens im zweiten Halbjahr 2005 ab, dass die Ausstellung über den vorgesehenen Rahmen hinaus wachsen und neben den Räumlichkeiten der Wartburg nun einen zweiten Ausstellungsort beanspruchen würde. Dieser wurde in der seit 1899 museal genutzten und dem Thüringer Museum Eisenach zugehörigen Predigerkirche gefunden. Das um 1240 und vermutlich von Elisabeths Schwager Heinrich Raspe IV. mitgetragene Bauwerk gilt nicht nur als eine der ersten Bettelordenskirchen, sondern besaß auch das erste Elisabethpatrozinium Thüringens und erfüllte damit den gewünschten historischen Bezug.

---

1 1981: Ausstellung zum 750. Todestag der heiligen Elisabeth im Landgrafenschloss und in der Elisabethkirche vom 19. November 1981 bis zum 6. Januar 1982; 1983: 700 Jahre Elisabethkirche in Marburg 1283–1983.

Gemäß des 2005 abgeschlossenen Kooperationsvertrags mit der Friedrich-Schiller-Universität Jena übernahmen Prof. Matthias Werner – Lehrstuhl für Thüringische Landesgeschichte und mittelalterliche Geschichte am Historischen Institut, zugleich auch stellvertretender Vorsitzender des Wissenschaftlichen Beirats der Wartburg-Stiftung – und der Leiter des Kunsthistorischen Seminars, Prof. Dieter Blume, die Ausarbeitung von Konzept und Inhalten sowie die wissenschaftliche Führung. Mit Ingrid Würth M.A., Anette Kindler M.A., Peter Langen M.A., Dr. Petra Weigel (alle Jena), Dr. Helge Wittmann (Erfurt), Grit Jacobs M.A. (Eisenach) und Dr. Barbara Dienst (Friedrichshafen) stand ihnen dabei ein starkes Team junger Wissenschaftler zur Seite.

Im Frühjahr 2006 organisierten die Professoren Werner und Blume in Kooperation mit der Wartburg-Stiftung eine internationale Tagung zum Ausstellungsthema. Deren Ergebnisse sowie die wissenschaftliche Ausbeute eines anschließend abgehaltenen Workshops zum neuzeitlichen Teil der Exposition flossen in die Feinkonzeption ein und erbrachten die wesentliche Grundlage für den Aufsatzband. Besonders zu würdigen war die Leistung des wissenschaftlichen Redakteurs Dipl.-Hist. Uwe John, dessen Einsatz wesentlich dazu beitrug, dass zum Ausstellungsbeginn auch Katalog- und Essayband vorlagen.

Die technische Organisation des Leihverkehrs sowie Koordinierung und Durchführung oblagen weitestgehend Mitarbeitern der Wartburg-Stiftung unter Verantwortung des Burghauptmanns Günter Schuchardt und seiner Stellvertreterin Jutta Krauss. Höchst vorteilhaft zeigte sich dabei das Vorhandensein einer wissenschaftlichen Abteilung, deren erfahrene Mitarbeiter – der Magazinmeister Michael Jacobs, die Historiker Hilmar Schwarz und Petra Schall, die Kunsthistorikerin Grit Jacobs, die Restauratorin Monika Stein sowie Elke Ehrich – in alle Vorbereitungen integriert waren.

Abb. 1:
Die Klimaschleuse
zum Palaseingang
im Aufbau

Zur Bewältigung der vielfältigen Aufgaben wurde am 1. Januar 2006 das zunächst mit zwei, später drei Mitarbeitern – Dipl. phil. Rainer Krauß, Beatrix Leisner M.A. sowie Anette Kindler M.A. – besetzte Ausstellungsbüro auf der Wartburg eröffnet. Dessen Tätigkeit endete nach Ausstellungsschluss und erfolgter Rückführung aller Leihgaben an die Eigentümer erst im Dezember 2007.

Obwohl relativ spät in das Projekt einbezogen, identifizierten sich auch die Mitarbeiter des Thüringer Museums Eisenach unter Leitung von Desireé Baur M.A. mit dem der Predigerkirche zugewiesenen Ausstellungsteil. Ihr Beitrag bestand vorwiegend in der museumstechnischen Vorbereitung ihres Hauses sowie in der Gewährleistung des reibungslosen Ausstellungsablaufs.

Bei zahlreichen Leihersuchen kam den Verantwortlichen die Unterstützung durch die Bischöfe beider Kirchen in Thüringen sowie durch den Thüringer Ministerpräsidenten zugute, deren Empfehlungsschreiben an die Eigentümer von erbetenen Exponaten zum Erfolg beitrug.

Unabdingbar sowohl in Vorbereitung als auch Durchführung des Projekts war die enge Kooperation mit den Fachrestauratoren Jürgen Scholz, Heike Glaß, Cornelia Hanke, Christine Machate, Christian Maul und Eve Sautner. Die Kunsttransporte übernahm Hasenkamp Internationale Transporte GmbH Dresden, die Garantieleistung die Mannheimer Versicherung AG Artima über das Versicherungsbüro Hey & Meyer Eisenach.

FINANZIERUNG

Der Freistaat hatte für seine 3. Landesausstellung 1,5 Mio. EUR zur Verfügung gestellt, das Nachbarland Hessen gewährte neben großzügiger Handhabe bei erbetenen Leihgaben eine finanzielle Unterstützung von 150.000 EUR. Die Suche nach Sponsoren aus der freien Wirtschaft blieb dagegen - abgesehen von einem großzügigen Geldgeber, der anonym bleiben wollte – ergebnislos. Umso hilfreicher waren die Spenden der Sparkassen-Kulturstiftung Hessen-Thüringen[2], der Sparkassen-Finanzgruppe Hessen-Thüringen, der Kulturstiftung des Freistaates Thüringen, der SV Sparkassenversicherung AG, der Wartburg-Sparkasse, der Mannheimer Versicherung AG und der Wartburg-Wirtschafts-

Abb. 2:
Die Klimaschleuse vor
dem Palaseingang

Abb. 3:
Der Haupteingang
in der Klimaschleuse

betriebe. Aber auch durch geldwerte Leistungen von der AOK Thüringen, der Deutschen Post und der Deutschen Bahn AG wurde das Vorhaben wesentlich unterstützt.

Die mit hohem persönlichem Einsatz verbundene wissenschaftliche Vorbereitung durch die Jenaer Professoren Werner und Blume geschah ehrenamtlich. Keine Kosten im Etat verursachte auch das durch die Ausstellung in Anspruch genommene Team auf der Wartburg.

Werbung und Marketing

Für die werbewirksame Vermarktung der Landesausstellung[3] konnten zwischen Wartburg-Stiftung (hier vor allem initiiert vom Leiter für Öffentlichkeitsarbeit Andreas Volkert) und Thüringer Tourismus GmbH (Erfurt) effiziente Beziehungen aufgebaut werden, die sich u. a. in der durchgängigen Ausstellungsbewerbung auf der Bundesgartenschau in Gera-Ronneburg, Sales- Guide und Messeauftritten äußerten. Als besonders gelungenes Produkt der Zusammenarbeit darf die Elisabeth-Card[4] genannt werden. Weitere Angebote wie etwa das Kombi-Ticket der Deutschen Bahn[5] machten die Ausstellung leichter erreichbar und besucherfreundlich.

Die ab 2005 bestehende Präsenz bei Tourismusmessen[6], die ständige Kontaktpflege zu den Medien[7], hier insbesondere zum Mitteldeutschen Rundfunk[8], die Anbindung an das ThILLM[9] sowie das länderübergreifende Netz-

---

2 Durch die projektbezogene Mitarbeit von Herrn Dr. Helge Wittmann erbrachte die Kulturstiftung zudem eine geldwerte Leistung.

3 In der Vorbereitungszeit entstanden Plakat, mehrere Flyer sowie die ständig aktualisierte Internetpräsentaion mit diversen Links.

4 Eintrittskarte zur Ausstellung, die bis 18 Uhr des Folgetags kostenlosen oder ermäßigten Zutritt in weitere 80 Museen oder Kulturstätten Thüringens und Hessens gewährte; Nachnutzung 144.000 Mal (davon in Eisenach 81.500, im Radius bis Weimar 33.700).

5 2007: Nutzung des Kombi-Tickets 15.100 Mal.

6 Internationale Tourismus-Börse (ITB) Berlin, Germany Travel Mart (GTM), Messe des Internationalen Bustouristik Verbands e. V. (RDA) Köln, Reisemarkt-Wien und TRAVEL Thüringen.

7 Über eine Pressedatenbank wurden rund 150 Redakteure über Neues von der Landesausstellung informiert. Die Zeitungsgruppe Thüringen stellte in einer Artikelserie ausgewählte Exponate vor.

8 Der mdr produzierte und sendete eine zehnteilige Reihe zur heiligen Elisabeth. Die mdr-Museumsnacht am 14. Juli berichtete life von der Wartburg und zog 2.000 Besucher an.

9 Das Thüringer Institut für Lehrerfortbildung, Lehrplanentwicklung und Medien Institut für Lehrerfortbildung, Lehrplanentwicklung und Medien entwickelte in Absprache mit der Wart-

werk zwischen Kirchen und Kommunen in den Bundesländern Thüringen und Hessen trugen bereits im Vorfeld zu einer hohen Wahrnehmung durch Reiseveranstalter und Publikum bei.

GESTALTERISCHE, BAULICHE UND TECHNISCHE AUFGABEN

Für die Gestaltung der gesamten Ausstellung, des Leitsystems, der Geschäftsausstattung und aller Werbeträger zeichnete das Ende 2004 unter mehreren Bewerbern ausgewählte Designerbüro gewerk GmbH + Co. KG Berlin verantwortlich. Nicht zuletzt durch die außergewöhnlich tiefe Einarbeitung ins

Abb. 4:
3. Thüringer
Landesausstellung,
Kellergeschoss des
Palas, zum Thüringer
Landgrafenhof

Thema entstanden Ideen, Entwürfe und Produkte, die dem Projekt von Anbeginn ein unverwechselbares Erscheinungsbild verliehen. Unter Vorgabe der Nachnutzung in möglichst großem Umfang, aktuell und in ständiger Verbindung mit den wissenschaftlichen Leitern vor allem aber dem Ausstellungskonzept verpflichtet, entwickelte das gewerk-Team gemeinsam mit der Firma TEMUS Technische Museumseinrichtungen GmbH (Obrigheim) das Gros der Vitrinen und Präsentationshilfen. Größte Resonanz auch beim Publikum fanden die von gewerk und Subunternehmen erarbeiteten digitalen Präsentatio-

burg-Stiftung Lehrmittelbroschüre und Faltblatt für Schulen und unterstützte Klassenfahrten zur Landesausstellung.

nen von nicht auszuleihenden, für die Ausstellung jedoch unverzichtbaren Objekten wie etwa dem in Stockholm verwahrten Kopfreliquiar[10], das trotz Abwesenheit als ein Highlight angesehen wurde, oder die «umzublätternden» Seiten einer prachtvoll illustrierten Elisabeth-Vita[11]. Soweit das Designerbüro die Herstellung nicht in eigener Regie behielt, wie es z. B. bei Texttafeln und Beschilderungen der Fall war, gewährleistete dies die Weimarer Firma Schilder-Maletz GmbH.

Den Ausstellungsauf- und Abbau bewältigten vor allem die Mitarbeiter der Wartburg-Bauhütte und diverse Fremdfirmen, so die Zimmererfirma Holzbau Bode GmbH (Mackenrode), die Tischlerei Schüffler (Kaltennordheim), die Firma Korda-Ladenbau GmbH Thüringen (Barchfeld), das Architekturbüro von Trott zu Solz (Eisenach) und Klaus Neuendorf (Eisenach). Der Aufbau der temporären Ausstellungsbauten vollzog sich im Palas mit Ausnahme des ersten Raums im Sockelgeschoss unter weitgehender Wahrung der vorhandenen Raumstrukturen, was noch konsequenter auf die Lutherstube in der Vogtei zutraf. In den historistisch reich ausgestatteten Schauräumen des Palas wurden einzelne, freistehende Einbauten, Vitrinen, Stellwände und weitere Ausstellungselemente platziert. Der Museumsbereich in Neuer Kemenate, Dirnitz und Vogtei gestattete hingegen die Verfremdung durch fast raumhohe Ständerwände zur Aufnahme von Vitrinen, Klimageräten, technischen Installationen etc. Die Wände erhielten eine Bekleidung aus intensivroter Strukturtapete, den horizontalen Raumabschluss unterhalb der vorhandenen Decke bildete eine blickdichte schwarze, aber luftdurchlässige Gaze. Planung, Koordinierung und fachliche Begleitung aller baulichen und technischen Arbeiten lagen in den Händen der Leiterin der Wartburg-Bauhütte, Dipl.-Ing. Architektin Annette Felsberg, und des beauftragten Bauleiters Dipl.-Ing. Steffen Dieck.

Nachweis und Garantie der in Museen und Ausstellungen international üblichen Klima- und Sicherheitsstandards in allen Räumen – eine der wesentlichsten Voraussetzungen für die Zusage von Leihgaben – stellte auf der teils mittelalterlichen, teils im 19. Jh. erneuerten Burg, insbesondere in den Räumen des romanischen Palas, ein schwieriges Problem dar. In Bezug auf die klimatischen Bedingungen entwickelten Prof. Dr.-Ing. Harald Garrecht (TU Darmstadt) und das Ingenieurbüro für Bauwerkserhaltung Weimar – in Zusammenarbeit mit den verantwortlichen Restauratoren und Mitarbeitern von Wartburg-Stiftung und Bauhütte – das entsprechende Konzept, waren für die Auswahl der Geräte zuständig und begleiteten auch die Installation der Technik. Hierbei war die Firma Brune Luftbefeuchtung Proklima GmbH (Aglasterhausen) der Hauptlieferant. Für die Klimatisierung aller Ausstellungs-

---

10 Dieter Blume und Matthias Werner (Hrsg.): Elisabeth von Thüringen – eine europäische Heilige. Katalog. Petersberg 2007, Kat.-Nr. 98, S. 158.

11 Blume/Werner, Katalog 2007 (wie Anm. 10) Kat.-Nr. 207, S. 313.

Abb. 5:
3. Thüringer
Landesausstellung,
Rittersaal im Palas,
Hinwendung zur
religiösen
Armutsbewegung

räume auf ca. 18°C und ca. 50% Luftfeuchtigkeit sorgten XFETTO-Geräte mit Außenluftanschluss für Heizung bzw. Kühlung sowie Be- und Entfeuchter. Nach dem Probelauf seit August 2006, dessen Ergebnisse Bestandteil der Leihkorrespondenz zu sein hatten, übernahm das Weimarer Ingenieurbüro Regelung und Überwachung der Funktionskomplexe auch für die Dauer der Ausstellung.

Eine weitere Schwierigkeit stellten Tageslichtfreiheit und künstliche Beleuchtung innerhalb der zulässigen Beleuchtungsstärke dar. Die Abdunklung aller Räume erfolgte durch das Bekleben der Fensterscheiben mit UV- und Lichtschutzfolien bzw. das Einpassen von Hartfaserplatten. Die Beleuchtung selbst hatte neben brandschutz- und sicherheitstechnischen Parametern auch energetische und ästhetische Anforderungen zu erfüllen, denen die Leuchtenfirma von Wolfgang Schwarze (Blankenhain) und deren individuell angefertigte Leuchten gerecht wurden. Speisesaal, Landgrafenzimmer und Sammlungsraum 6 erhielten standardisierte Strahler, baugleich denen im Palas-Sockelgeschoss an schwarzem Schienensystem mit Seilabhängung von der Decke. In Elisabeth-Galerie und Sängerlaube kamen Cardanleuchten in Einzelabhängung zum Einsatz, Orgelraum und Wendeltreppe wurden mit schwarzen, kaum wahrnehmbaren Strahlern in Wandmontage ausgestattet, Rittersaal und Festsaalgang mit schwarzen, nach oben und unten strahlenden Röhrenleuchten an den Wänden.

Abb. 6:
3. Thüringer
Landesausstellung,
Speisesaal im Palas,
zur Biographie u. a.

Verantwortlich für die Einhaltung der Sicherheitsbestimmungen war die Burgvögtin Heike Breitenstein (in der Predigerkirche Michael Kunze), hierin unterstützt von Dr. Martin Pietraß sowie den Firmen Securitas (Weimar), Funktechnik Obermaßfeld, Ahlbrandt Technische Anlagen GmbH (Erfurt).

Wichtige Bauleistungen im Einzelnen

Die praktischen Vorbereitungen begannen zum Jahresanfang 2007 in Treppenhaus und Museum sowie ab Mitte März in den Räumen des Palas und wurden hauptsächlich durch die Bauhütte der Wartburg geleistet. Neben Beräumung und Rückbau der bestehenden Dauerausstellung mussten Wände, Fußböden und Decken instandgesetzt sowie Änderungen an den technischen Installationen ausgeführt werden.

Die bereits dargelegte Schwierigkeit der Klimatisierung des romanischen Palas wäre im Eingangsbereich des Sockelgeschosses ohne die Errichtung einer Klimaschleuse unlösbar gewesen. Als temporäres Funktionselement an sich keineswegs problematisch stellte das für Juni 2007 geplante Bauwerk auf dem Hof der Wartburg und als Hauptzugang zur Landesausstellung eine doch erhebliche Herausforderung dar.

An die Konstruktion, die nach einem Entwurf des Eisenacher Architekten Max von Trott zu Solz und nach Berechnungen des Statikers Dr. Trabert (Geisa) entstand, wurden hinsichtlich ästhetischer Anpassung an das denkmal-

Abb. 7:
3. Thüringer
Landesausstellung,
Sängersaal im Palas,
Anfänge des
Elisabethkultes

geschützte Ensemble, kurzer Montagezeiten, statischer Sicherheit und Wetterfestigkeit sowie pragmatischer Nutzung vielfältige Ansprüche gestellt[12]. Der Baukörper wurde als Holzkonstruktion aus sieben Segmenten ausgeführt, wobei jedes einzelne Bogenelement zwischen Zisterne und Palas individuell gefertigt werden musste[13]. Zwei raumhohe Zugangstüren in die Schleuse erlaubten wechselseitige Öffnung und dadurch die Trennung von Reisegruppen bzw. Einzelgästen. Die Verkleidung der Schmalseite mit Fenstern aus Plexiglas gestattete den Ausblick auf den Burghof, die Tür zur Löschwasser-Entnahmestelle in der Zisterne blieb jederzeit zugänglich. In die einzelnen Wand- und Deckensegmente wurde eine zusätzliche Dämmung eingebaut. Die Außenfassade erhielt eine im Layout der Landesausstellung bedruckte LKW-Plane durch die Eisenacher Firma Schrift + Grafik Klaus Neuendorf, der gesamte Innenraum eine Bespannung mit grobem weißem Leinenstoff (Polsterei

12 Das äußere Erscheinungsbild hatte das Ensemble der Wartburg wie das Layout der Landesausstellung zu berücksichtigen; die Montage bei laufendem Besucherverkehr mit möglichst geringen Belästigungen der Gäste einherzugehen und durfte keine Schäden an Palasfassade oder Plattenbelag des Burghofes hinterlassen.

13 Komplett vorgefertigte Rahmenkonstruktion aus Kerto- und Multiplex-Platten von der Zimmererfirma Holzbau Bode GmbH; Verstärkung durch Eisenbügel, die über die Abdeckplatten der Zisterne geführt wurden, Zuganker im Zisternenmauerwerk und vertikale Bodenanker in der Aufstandsfläche.

Abb. 8:
3. Thüringer
Landesausstellung,
S 1, Tochter Gertrud
von Altenberg

Iffland, Eisenach). Zur Anpassung an das genormte Raumklima im Palas sollten sich die Besucher etwa zehn Minuten in der Klimaschleuse aufhalten.

Ohne Gefährdung der Klimastandards konnte auch die bisherige Wegeführung von der Elisabethkemenate im Palas-Erdgeschoss über den offenen Arkadengang zur Wendeltreppe (Einbau 1954 als zusätzlicher Fluchtweg[14]) nicht bestehen bleiben. Die praktikable Alternative bot sich in einer innenliegenden Verbindung von der Kemenate durch den schmalen Raum im Südostbereich des Palas zum Treppenhaus. Der hier bereits vorhandene Durchgang mit einer Höhe von 1,38 m war zu vergrößern, das bisher unterschiedliche Fußbodenniveau bedarfsgerecht anzupassen[15]. Die Wendeltreppe erfuhr außerdem eine konstruktive Änderung[16].

---

14 Mit dem Einbau und den damit verbundenen Deckendurchbrüchen waren bereits damals erhebliche baukonstruktive Eingriffe in die Gebäudestruktur vorgenommen und Verluste an der originalen Denkmalsubstanz akzeptiert worden.

15 Zur besseren Begehbarkeit wurde das Fußbodenniveau des in der Verlängerung des Arkadengangs liegenden Vorraums zur Wendeltreppe auf dessen Höhe abgesenkt. Dazu brach man die vorhandene Betondecke ab und ersetzte sie durch eine neue, nun tiefer liegende Stahlbetondecke, die mit Sandsteinplatten im Duktus des Arkadengangs gestaltet wurde. Die verbliebene Sandsteinschwelle im Bereich der Zwischentür wurde entfernt und das Türblatt detailgetreu nach unten verlängert.

16 Zwei der tragenden Holzsäulen in direkter Lauflinie wurden abgehängt. Nach Durchschrauben mit Stahllaschen und Verankerung im Mauerwerk der angrenzenden Wände konnten die in der Wegeführung störenden Rundhölzer abgesägt werden, sodass nun eine ausreichende Durchgangshöhe und -breite vorhanden war (vgl. Abbildungen auf S. 296).

Basierend auf dem von der Leiterin der Wartburg-Bauhütte erarbeiteten Konzept und den statischen Berechnungen von Karl Stein (Eisenach) erstellte der Restaurator Stephan Scheidemann eine detaillierte Planung, die von der Steinmetz-Firma Albertoni (Eisenach) und der Schlosserei Klaus Günther (Eisenach) umgesetzt wurde. Die Wartburg-Bauhütte erledigte alle Installations-, Zimmerer-, Tischler- und ergänzende Verputzarbeiten, sodass die im Februar begonnenen Arbeiten zum 5. April 2007 fertig gestellt werden konnten. Abgesehen davon, dass der neu geschaffene Durchgang für die Ausstellung unerlässlich war, wird er für den künftigen Besucher-Rundgang durch den Palas eine Wintervariante darstellen.

Abb. 9:
3. Thüringer
Landesausstellung,
S 4, religiöse
Gemeinschaften

DIE ERÖFFNUNGSFEIERLICHKEITEN

Die Ausstellungseröffnung war als ein Höhepunkt in den 11. Thüringentag integriert, der vom 6. bis 8. Juli 2007 in Eisenach begangen wurde. Die Festveranstaltung am 6. Juli im Festsaal der Wartburg leitete der Thüringer Kultusminister Jens Goebel ein. Das Wort ergriffen auch die Ministerpräsidenten Thüringens und Hessens, Dieter Althaus und Roland Koch. Anwesend waren die Präsidentin der ungarischen Nationalversammlung Katalin Szili und der Rektor der Friedrich-Schiller-Universität Jena, Prof. Klaus Dicke. Am Samstag, dem 7. Juli, war die Wartburg-Ausstellung für den Besucherverkehr freigegeben, nach der separaten Eröffnung des zweiten Ausstellungsteils in der Predigerkirche am Vormittag des 7. Juli öffneten sich dem Publikum auch hier die Pforten.

GLIEDERUNG DER AUSSTELLUNG

Die Ausstellung gliederte sich in elf Abteilungen, die bis zur neunten auf der
Wartburg gezeigt werden (siehe Abb. 10 bis 19):

I.   Elisabeth als Angehörige des europäischen Hochadels
II.   Der Thüringer Landgrafenhof zur Zeit Elisabeths
III.   Hinwendung zur religiösen Armutsbewegung
IV.   Die Heiligsprechung – ein juristisches Verfahren
V.   Anfänge und erste Verbreitung des Kultes
VI.   Das Leitbild evangelischer Armut – die vielen Seiten
        der Elisabeth-Verehrung
VII.   Elisabethverehrung in der spätmittelalterlichen Stadt
VIII.   Europäischer Horizont und regionale Bezüge –
        die Elisabethtexte des Spätmittelalters
IX.   Luther und die Reformation
X.   Elisabeth in der frühen Neuzeit
XI.   Elisabeth in der Moderne

Insgesamt wurden rund 448 Originalexponate von etwa 219 Leihgebern aus 17
Ländern präsentiert. Aus der Vielzahl ragten besonders zwei Werke der mittelalterlichen Buchmalerei heraus, die am thüringischen Landgrafenhof Elisabeth
in den Händen gehalten hatte und die nach fast 800 Jahren wieder auf der
Wartburg zusammengeführt wurden: der Landgrafenpsalter – heute in Stuttgart – und der Elisabethpsalter – heute im norditalienischen Cividale[17]. Neben
biografischen Zeugnissen von hoher Authentizität befanden sich unter den
Exponaten zu kultischer Verehrung und Rezeptionsgeschichte ebenfalls größte
Kostbarkeiten, mit denen auch der neuzeitliche Ausstellungsteil noch aufwar-
ten konnte. So war in der Predigerkirche u.a. ein Stummfilmstreifen[18] zu
sehen, der 1926 am Originalschauplatz Wartburg gedreht wurde.

DURCHFÜHRUNG

Für den gesamten Ausstellungszeitraum entfielen die traditionellen Wartburg-
bzw. Palasführungen; Wartburgbesucher wurden automatisch zu Ausstellungs-
besuchern, was jedoch eine überwiegend positive Resonanz nach sich zog[19].
Angesichts der Fülle von Objekten und Inhalten, die die Ausstellung bot, wäre
die generelle Form der Führung wünschenswert gewesen, was sich aus logisti-

---

17 BLUME/WERNER, Katalog 2007 (wie Anm. 10) Nr. 21 und Nr. 22. Dieser Katalogband enthält
   auch Angaben zu den anderen Exponaten, auf die hier nicht eingegangen wird.
18 BLUME/ WERNER, Katalog 2007 (wie Anm. 10) Nr. 448, S. 612.

schen Gründen allerdings als nicht realisierbar erwies. So wurde ein Modell praktiziert, das sich auf drei Säulen stützte:

Erstens gestatteten die visuell gut voneinander zu unterscheidenden Ausstellungsabschnitte mit ausführlichen Texten und Beschilderungen eine selbständige, durchaus gewinnbringende Besichtigung. Zum Aufpreis von 3 EUR (für Kinder 1,50 EUR) wurde zweitens ein Audio-Guide angeboten, dessen ausgezeichnete Führung (auch in Englisch) sowohl auf die wichtigsten Ausstellungsinhalte als auch auf ausgewählte Exponate und die zum Thema gehörigen Schauräume des Palas einging. Besonders hervorzuheben war die gelungene Audio-Führung für Kinder. Gestaltung, Produktion und Vertrieb der Guides übernahm komplett Antenna Audio GmbH Berlin, deren Resümee[20] durchweg positiv ausfiel. Die dritte Möglichkeit, logistisch realisierbar bis 10 sowie ab 16 Uhr, war angemeldeten Gruppen vorbehalten, die eine persönliche Führung wünschten. Von diesem Angebot machten ca. 400 Gruppen Gebrauch; hinzu kamen 82 Sonderführungen außerhalb der Öffnungszeit. Der zum Geleiten durch die Ausstellung befähigte Personenkreis rekrutierte sich aus Mitarbeitern und Saisonbeschäftigten der Abteilung Führung sowie aus wissenschaftlichen Mitarbeitern der Wartburg-Stiftung und des Ausstellungsbüros; Sonderführungen nahmen in der Regel die federführenden Professoren Werner und Blume sowie deren Assistenten wahr.

Zur notwendigen Absicherung durch Aufsichten reichte der fixe bzw. variable (saisonbeschäftigte) Personalbestand der Wartburg-Stiftung nicht aus. Dieses Defizit konnte mit Hilfe der Bundesagentur für Arbeit reguliert werden, wodurch zeitweise bis zu zwölf weitere Arbeitskräfte zur Verfügung standen.

Es standen darüber hinaus auskunftsfähige Hof- und Einlassdienste sowie Sanitätspersonal bereit. Neu für die Besichtigung der Wartburg-Innenräume war die Einrichtung einer Garderobe, in der gleichzeitig Vorbereitung und Ausgabe der Headsets erfolgte und ggf. Schirme ausgeliehen werden konnten. Führungseinteilung, Aufsicht und Service lagen vor allem im Verantwortungsbereich des Abteilungsleiters Günter Krüger.

Im Zeichen der Ausstellung stand auch das Veranstaltungsprogramm 2007. So präsentierte u.a. der mdr-Musiksommer die Konzertreihe «Ungarischer Akzent – Musik aus dem Land der Heiligen», wurden Vorträge zum Thema «Barmherzigkeit heute?»[21] angeboten und fanden themenbezogene Gottesdienste statt.

---

19 Diese Feststellung bestätigten z. B. Einträge in die über den gesamten Zeitraum autoliegenden Gästebücher.

20 Insgesamt wurde der Audio-Guide rund 40.000 mal verkauft (davon ca. 2.000 in Englisch) und 8.000 mal der Kinderführer in Anspruch genommen.

21 Referenten: Georg Kardinal Sterzinsky, die Bischöfe Wolfgang Huber, Christoph Kähler, Joachim Wanke, der ehemalige Bundesarbeitsminister Norbert Blüm, der Politikwissenschaftler

RESÜMEE

Bereits während ihrer Laufzeit durfte die 3. Thüringer Landesausstellung als die bisher erfolgreichste gewertet werden. Rückblickend zählte die Wartburg in 136 Tagen 237.896, die Predigerkirche 42.325 Besucher[22]. Auch wenn das hier verbuchte Plus zum Teil dem touristisch beliebten (Ausstellungs-)Ort zu verdanken sein mochte, bewies die vorherrschend positive Resonanz durch Medien und Publikum die hohe Anziehungskraft und Attraktivität der Landesausstellung, dessen international interessierendes Thema auch viele ausländische Gäste zu einem Besuch der Wartburg und Eisenachs motivierte. Trotz der mit Schwierigkeiten verbundenen Entscheidung zum zweiten Ausstellungsort zeigte die unvergleichlich hohe Besucherzahl in der Predigerkirche[23], aber auch die deutlich höhere touristische Frequenz der Stadt den erhofften Werbe- und Wirtschaftseffekt[24] für die Kommune und dortige Kultureinrichtungen.

Problematisch stellte sich die Finanzierung des Vorhabens dar. Ungeachtet der zu erwartenden Ausgaben für die im Unterschied zur 2. Thüringer Landesausstellung[25] aus ganz Europa beigebrachten, durchweg hochkarätigen Leihobjekte war der Etat vergleichsweise schmal. Dass im Zuge der wissenschaftlichen Vorarbeit die Dimensionen der Ausstellung wuchsen, durch das beschränkte Platzangebot auf der Wartburg die Predigerkirche einbezogen und aus dem zunächst geplanten handlichen Katalog eine zweibändige Publikation wurde, schlug sich selbstverständlich in steigenden Kosten nieder. Freistaat, Kommune und die evangelisch-lutherische Landeskirche Thüringens stellten zusätzliche Fördergelder für die zu sanierende Predigerkirche und deren museumstechnische Ausstattung zur Verfügung. Einige Sponsoren konnten gefunden, Leih-Patenschaften und Unterstützung durch geldwerte Leistungen organisiert sowie ein finanzieller Nachtrag des Kultusministeriums verbucht werden. Dennoch aber überstiegen die Ausgaben für das Ausstellungsprojekt den ursprünglichen Rahmen im Netto um etwa ein Viertel – eine Summe, die zu Lasten der Wartburg-Stiftung ging. Die Anbindung der Landesausstellung

THOMAS FUES vom Deutschen Institut für Entwicklungspolitik und der Präsident des Diakonischen Werkes der EKD KLAUS-DIETER K. KOTTNIK.

22 Die Prognose lag für die Wartburg bei 200.000 bis 250.000 Besuchern. Im Vergleich zum Vorjahr mit insgesamt 462.390 Gästen kamen 2007 nahezu 60.000 mehr auf die Wartburg. Dieses Ergebnis hebt sich von der 2. Thüringer Landesausstellung von 2004 in Sondershausen positiv ab, wo von angestrebten 100.000 Besuchern nicht einmal die Hälfte erreicht werden konnte.

23 Hier war ein Anstieg von schätzungsweise 1.500 % zu verzeichnen.

24 Steigerung der Übernachtungen im Ausstellungszeitraum um 17,6 %.

25 «Neu entdeckt. Thüringen – Land der Residenzen», Ausstellung vom 15. Mai bis 3. Oktober 2004 in Sondershausen.

an eine Einrichtung wie die Wartburg, die sowohl über personelle als auch technisch-organisatorische und betriebswirtschaftliche Kapazitäten verfügt, hat sich demnach als wesentlicher Erfolgsfaktor erwiesen.

Mit der 3. Thüringer Landesausstellung, die inhaltlich wie gestalterisch höchsten Ansprüchen gerecht geworden ist, überreichten die Welterbestätte Wartburg, die Friedrich-Schiller-Universität Jena, die Stadt Eisenach und der Freistaat Thüringen ganz Europa ihre Visitenkarte.

Abb. 10:
3. Thüringer
Landesausstellung,
Kellergeschoss des
Palas

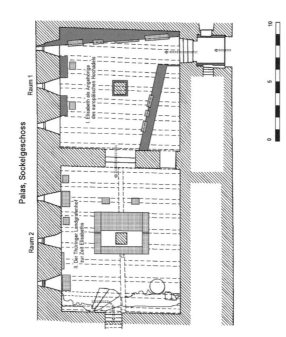

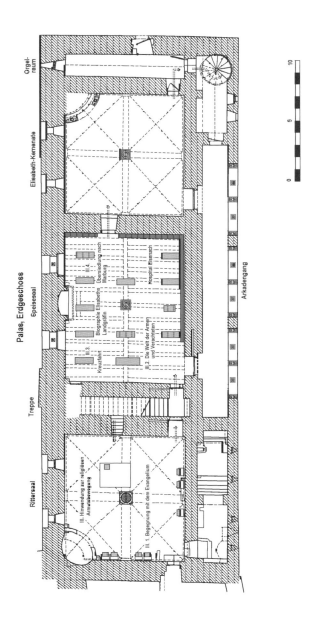

Abb. 11:
3. Thüringer Landes-
ausstellung,
Erdgeschoss des Palas

Abb. 12:
3. Thüringer
Landesausstellung,
1. Obergeschoss
des Palas

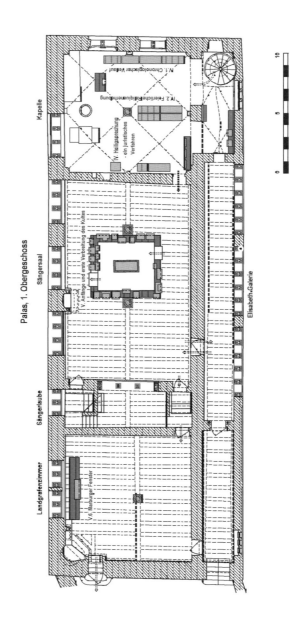

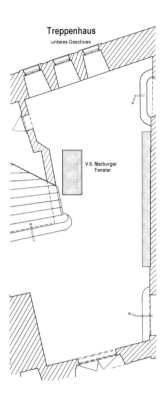

Treppenhaus
unteres Geschoss

V.6. Marburger
Fenster

Abb. 13:
3. Thüringer
Landesausstellung,
unteres Geschoss des
Treppenhauses

Abb. 14:
3. Thüringer
Landesausstellung,
oberes Geschoss
des Treppenhauses

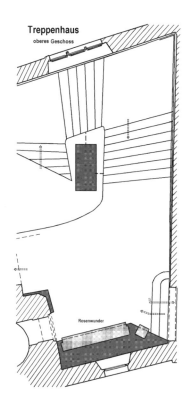

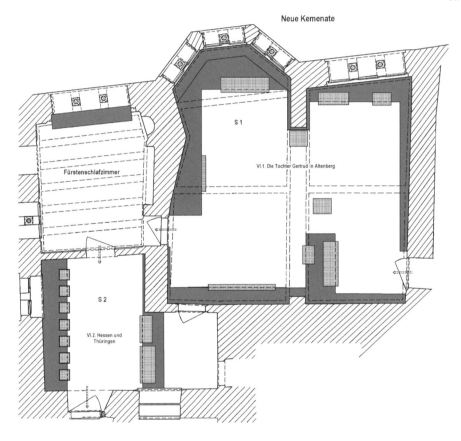

Neue Kemenate

Fürstenschlafzimmer

S 1

VI.1. Die Tochter Gertrud in Altenberg

S 2

VI.2. Hessen und
Thüringen

Abb. 16:
3. Thüringer
Landesausstellung,
S 3 in der
Dirnitzgalerie

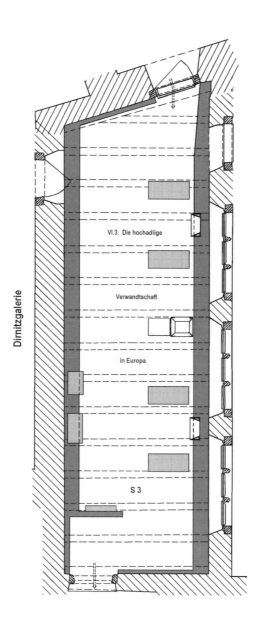

Abb. 16:
3. Thüringer
Landesausstellung,
S 3 in der
Dirnitzgalerie

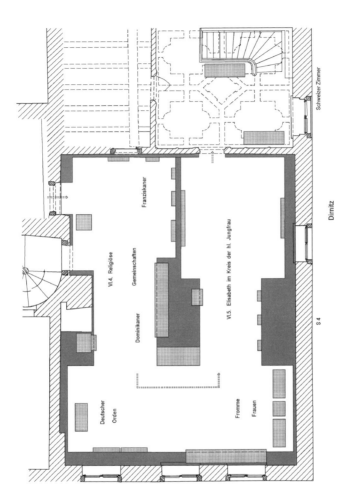

Abb. 17:
3. Thüringer
Landesausstellung,
S 4 in der Dirnitz

Abb. 18:
3. Thüringer
Landesausstellung,
S 6 in der Dirnitz

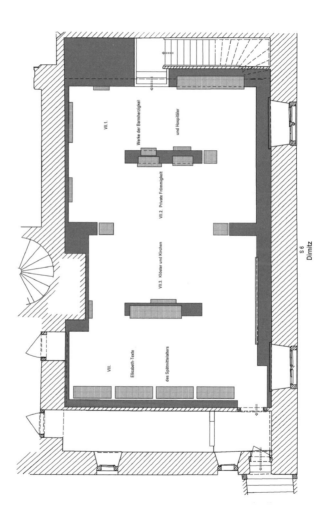

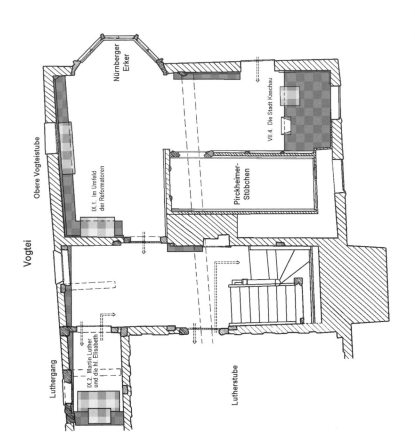

Abb. 19:
3. Thüringer
Landesausstellung,
Vogteiräume

Chronik 2007 der Wartburg-Stiftung

JANUAR

18. Januar
Der Orkan «Kyrill» richtet auf dem Burggelände (Kommandantenlaube) und durch umfallende Bäume im umliegenden Gelände der Wartburg-Stiftung schwere Schäden an.

29. Januar
Die Wiederherrichtung der historischen Räume des Palas entsprechend der Wartburg-Restaurierung von um 1980 beginnt, die wegen der durch verschiedene Belastungen und bauliche Veränderungen hervorgerufenen Schäden notwendig geworden war. Für den Aufbau der Landesausstellung müssen die Arbeiten nach einer Teilabnahme am 15. März 2007 unterbrochen werden.

FEBRUAR

23. Februar
In einer Pressekonferenz im Wappensaal des Wartburg-Hotels berichten die Verantwortlichen von Wartburg-Stiftung, Friedrich-Schiller-Universität Jena und dem Berliner Gestalterbüro gewerk über den Vorbereitungsstand der 3. Thüringer Landesausstellung.

26. und 27. Februar
Am Kleinen Schlossberg werden die Stufen und Geländer entfernt, die

schon vorher schadhaft waren und durch umstürzende Bäume am 18. Januar schwer beschädigt worden sind; die Treppenverbindung zwischen dem Gehweg zum Parkhäuschen und der Fahrstraße wird damit beseitigt.

MÄRZ

12. März
Der wissenschaftliche Beirat der Wartburg-Stiftung kommt zu seiner 15. Arbeitsberatung zusammen. Nach Berichten zur Vorbereitung der Thüringer Landesausstellung von Prof. Matthias Werner, dem wissenschaftlichen Leiter des Vorhabens (Universität Jena), und Burghauptmann Günter Schuchardt wird das EU-Projekt «Wartburg – barrierefrei» vorgestellt, das den behindertengerechten Ausbau der Burg zum Ziel hat. Mit Beendigung der Legislatur werden der bisherige Vorsitzende Prof. Badstübner und sein Stellvertreter Prof. Werner aus dem Gremium ausscheiden.

22. März
Unter dem Vorsitz von Kultusminister Prof. Goebel tagt zum 42. Mal der Stiftungsrat der Wartburg-Stiftung. Als neues Mitglied wird der im Juli 2006 gewählte Landrat Reinhard Krebs begrüßt. Dem vorläufigen Bericht über den Jahresabschluss der

Wartburg-Stiftung und die Bilanz der Wirtschaftsbetriebe GmbH zum 31. 12. 2006 folgen die Ausführungen des Burghauptmanns zum Vorbereitungsstand der 3. Thüringer Landesausstellung und zum EU-Förderprojekt «Wartburg barrierefrei», das neben der Personenbeförderung vom Parkplatz zur Burg auch einen Hörfilm für sehbehinderte und blinde Menschen beinhaltet. Desweiteren informiert er über eine Ausstellung in St. Petersburg, in der vermutlich zwei Stücke der Rüstkammer der Wartburg gezeigt werden. Im Interesse eines größeren internationalen Publikums beschließt der Stiftungsrat die Auftragsvergabe einer Marketingkonzeption, die vom Burghauptmann vorzubereiten ist. Der Wartburg-Preis 2007 soll an den ungarischen Staatspräsidenten a. D. Prof. Ferenc Mádl verliehen werden, dessen Zusage vorliegt.

März bis Juni
Von März bis Juni wird die Ausfalltreppe aus dem zweiten Burghof neben dem Südturm erneuert. Die Tür erhält eine veränderte Drehrichtung und erlaubt offen stehend während der Öffnungszeiten nun einen weiteren Zugang zum Tugendpfad.

APRIL

6. bis 9. April
Vom Karfreitag bis Ostermontag halten Hobbykünstler bei eigener Fabrikation zum elften Mal den Ostereiermarkt im Gewölbekeller des Gadems ab.

7. April
Das Wartburg-Festival beginnt zum Thema «Zauber des Barock» mit Otto Sauter (Trompete) und István Dénes (Klavier/Cembalo) und Werken von J. S. Bach, St. Otto, B. Marcello und D. Scarlatti. Im vierten Jahr des Wartburg-Festivals (7. April bis 9. Juni) lädt der Piccolo-Trompeter Otto Sauter wieder gute Freunde und weltbekannte Musiker in den Festsaal der Wartburg.

8. April
Erste diesjährige konzertante Aufführung der romantischen Oper «Tannhäuser und der Sängerkrieg auf Wartburg» von Richard Wagner im Palas-Festsaal durch die Landeskapelle Eisenach. Weitere Aufführungen finden am 22. April und 27. April, 18. Mai und 26. Mai 2007 sowie am 23. Juni 2007 statt.

11. April
Am südlichen Portalbogen der Torhalle wird mit einer Entsalzungsmaßnahme begonnen, die im Juni abgeschlossen ist.

14. April
Im Rahmen des Wartburg-Festivals spielt das «Austrian Brass Consort», ein Blechbläserquintett österreichischer Konzertmusiker, «Brass-Highlights von Bach bis Beatles».

28. April
330. Wartburgkonzert
Deutschlandradio Kultur: Die sächsische Staatskapelle Dresden unter

Leitung des 1. Konzertmeisters Kai
Vogel spielt zur Live-Übertragung
Werke von Johann Sebastian Bach,
Johan Amadeus Mozart und Antonin
Dvořák. Zum Auftakt der nunmehr
50. Spielzeit musiziert damit derselbe
Klangkörper wie zum ersten
Wartburgkonzert am 21. Juni 1958.

MAI

4. Mai
Am Tage von Luthers Wartburg-
Ankunft 1521 beginnt der
Sommerzyklus der in der Regel 14-
täglichen evangelisch-lutherischen
Gottesdienste in der Wartburg-
Kapelle. Weitere Termine: 9. und
30. Juni, 21. Juli, 4. und 18. August,
1. und 22. September, 6. und 20. Ok-
tober.

5. Mai
Im Rahmen des Wartburg-Festivals
bieten James Thompson (Trompete),
John Marcellus (Posaune) und
Christian Schmitt (Klavier) unter dem
Motto «Remember the Time» Werke
von G. Gershwin, K. Clarke, A.
Piazzolla u. a. dar.

15. Mai
Im Rahmen der Benefizkonzert-Reihe
«Grundton D» trägt das Leipziger
Gewandhaus-Quartett Werke von
J. A. Mozart, A. v. Webern und
F. Schubert vor. Der Intendant des
Deutschlandradios, Ernst Elitz, erhält
den Sieghardt-von-Köckritz-Preis der
Deutschen Stiftung für Denkmal-
schutz. Das Wort ergreifen der Thü-

ringer Kultusminister Jens Goebel
und der Stiftungsvorsitzende
Gottfried Kiesow. Die ausgelobten
25.000 EUR spendet der Preisträger
für die Restaurierung der Liborius-
kapelle in Creuzburg.

19. Mai
331. Wartburgkonzert Deutsch-
landradio Kultur: Das Pawel Haas
Quartett (Violinenquartett,
Tschechien) spielt Werke von
P. Haas, A. Dvořák und L. Janacek.

25. Mai
Die seit Oktober 2006 laufende
Restaurierung der Außentreppe und
des Wangenmauerwerks vor dem
neuen Treppenhaus kann abgeschlossen werden.

27. Mai
Zu Pfingsten spielt im Rahmen des
Wartburg-Festivals die international
renommierte Pianistin Klára Würtz
unter dem Motto «Von Mozart bis
Liszt».

29. Mai
Beginn des unmittelbaren Aufbaus
der 3. Landesausstellung

Mai
Die im Vorjahr begonnene Restaurierung des Fürstenschlafzimmers im
ersten Obergeschoss der Neuen
Kemenate kann im Mai 2007 beendet
werden, so dass der museale Raum
bereits zur Landesausstellung verfüg-
bar ist.

Mai–Juni
Der untere Palaseingang, der den Beginn der Landesausstellung markiert, erhält eine Klimaschleuse in Form eines Vorbaus in Holzkonstruktion, die mit einer roten Plane verkleidet wird.

JUNI

2. Juni
Im Rahmen des Wartburg-Festivals präsentieren Prof. Julius Berger und Marcin Zdunik (Polen) das Meisterprogramm «Celissimo» mit Werken von J. Barrere, J. S. Bach, A. Vivaldi, L. Boccerini und N. Paganini. Dabei kommt das älteste Violoncello der Welt, eine Andrea Amadi von 1566, zum Einsatz.

3. Juni
Am Welterbetag 2007 öffnet sich erstmals für das Publikum der Burgenbauplatz. Damit hat die 2003 begonnene Neugestaltung des Tugendpfades ein vorläufiges Ende gefunden. Im März wurde der zum Hotelkomplex gehörende Spitzboden als Schaudepot eingerichtet und im April das mittelalterliche Baugerüst an der Umfassungsmauer unterhalb der Vogtei vollendet.

4. und 5. Juni
Die Wirtschaftsministerkonferenz (WMK) der Bundesländer findet unter Vorsitz des Thüringer Wirtschaftsministers Jürgen Reinholz auf der Wartburg statt. Neben dem Klimaschutz sind Strompreis, Post-

markt, Armut und Arbeitslosigkeit sowie fehlendes Eigenkapital von Mittelständlern weitere Themen.

9. Juni
Den Schlusspunkt unter das diesjährige Wartburg-Festival setzen der Gitarrist Dominic Miller (Gitarrist von Sting) und der Pianist Mike Lindup (Gründer von «Leveal 42») unter dem Motto «Shape of my Heart» mit Klängen des britischen Rockmusikers Sting und Noten von Bach.

16. Juni
332. Wartburgkonzert Deutschlandradio Kultur: Die Geigerin Elise Båtnes und der Konzertpianist Håvard Gimse, beide aus Norwegen, spielen Werke von W. A. Mozart und S. Prokofjew.

22. Juni
feierliche Übergabe der Abitur-Zeugnisse im Palas-Festsaal an 86 Schüler des Elisabeth-Gymnasiums Eisenach und sieben Absolventen der Waldorf-Schule

24. Juni
Mit einer katholischen Wallfahrt wird der vom 2. Mai bis 20. Juni neu gestaltete Elisabethplan eröffnet.

24. Juni
Der neue Elisabethpfad zwischen Eisenach und Marburg mit 180 km Länge wird in Eisenach von Ministerpräsident Althaus, den Bischöfen Kähler, Hein und Hauke sowie den Oberbürgermeistern Doht (Eisenach)

Abb. 1:
Katholischer
Festgottesdienst am
24. Juni 2004 auf
dem Burghof der
Wartburg zum
Elisabeth-Jubiläum

und Vaupel (Marburg) eröffnet. Am Start befinden sich 43 Pilger, die am 7. Juli 2007 in Marburg ankommen.

25. Juni
feierliche Übergabe der Abitur-Zeugnisse im Palas-Festsaal an 112 Schüler des Ernst-Abbe-Gymnasiums Eisenach

28. Juni 2007
feierliche Übergabe der Abiturzeugnisse an die diesjährigen Absolventen des Beruflichen Gymnasiums «Ludwig Erhard» Eisenach

29. Juni
feierliche Übergabe der Abitur-Zeugnisse im Palas-Festsaal an 47 Schüler des Martin-Luther-Gymnasiums Eisenach

JULI

6. Juli
Die 3. Thüringer Landesausstellung «Elisabeth von Thüringen – Eine europäische Heilige» vom 7. Juli bis zum 19. November 2007 wird auf der Wartburg feierlich eröffnet. In Anwesenheit der Präsidentin der ungarischen Nationalversammlung Katalin Szili, des Rektors der Friedrich-Schiller-Universität Jena Klaus Dicke und weiterer Repräsentanten aus Politik und Kultur ergreifen die Ministerpräsidenten Dieter Althaus (Thüringen) und Roland Koch (Hessen) das Wort. Die Ausstellungseröffnung fügt sich in den 11. Thüringentag 2007 ein, der vom 6. bis 8. Juli in Eisenach begangen wird.

7. Juli

333. Wartburgkonzert von Deutschlandradio Kultur: Sonderkonzert zur
Eröffnung der Thüringer Landesausstellung mit den Ensembles
«Ioculatores», «Ars Choralis Coeln»
und «amarcord»

12. Juli

Orgelkonzert in der Burgkapelle mit
«Musik aus Ungarn und dem
Wartburgland», Werke von Z.
Kodály, F. Liszt, J. S. Bach u. a.

14. Juli

Im Rahmen des 16. MDR-Musiksommers beginnen die «Konzerte auf
der Wartburg» (bis 26. August) zum
800.Geburtstag der heiligen Elisabeth
von Thüringen. Die Mittelalter-
Formation «Ordo Virtutum» unter
Leitung von Stefan Johannes Morent
trägt im A-Capella-Gesang «O beata
Sponsa Christi Elisabeth» vor.
Zwischen den Gesängen rezitiert
die MDR-Sprecherin Conny Wolter
mittelalterliche Texte.

14. Juli

Erstmals findet eine «Mitteldeutsche
Museumsnacht» mit 2.000 Besuchern
statt. Sie wird durch die drei Portale
Sachsenspiegel, Sachsen-Anhalt und
Thüringen-Journal innerhalb des
MDR-Fernsehens veranstaltet und
soll die Sixtinische Madonna in
Dresden, die Himmelsscheibe von
Nebra und die hl. Elisabeth auf der
Wartburg symbolisch vereinen.
Von 22.00 bis 02.00 Uhr wird life
gesendet.

17. Juli

Unterhalb der Süd-Ost-Ecke des
Palas, dem Abschluss des
Tugendpfades, wird ein
Münzfernrohr aufgestellt.

27. Juli

Zum zweiten Mal streiten unter dem
Motto «HipHop trifft Minnesang 2.0»
in einem Sängerkrieg des 21.
Jahrhunderts die Teilnehmer.
Veranstalter ist die Abteilung Jugend
der Stadt Eisenach. Bei 500
Besuchern treten auf dem Burghof
vor dem Palas Künstler aus der
Region Eisenach auf, u. zw. neben
dem Sieger «Da Capo» (Bad
Salzungen) «Burgbesetza»,
«Gedankengut», «Zweideutig»,
«Melody Mind» und «Beatkeller».

28. Juli

334. Wartburgkonzert
Deutschlandradio Kultur: «voces8» –
A-cappella-Gesang acht junger engli-
scher Sänger von Renaissance bis 20.
Jahrhundert unter den Motto «Von
Gibbons zu Gershwin», altenglische
Vokalmusik von W. Gibbons, Th.
Weelkes, A. Parsons, W. Byrd u. a.

AUGUST

2. August

Die Restarbeiten zum Wintergarten
an der Westseite des Hotels finden
ihren Abschluss.

3. August

Im Rahmen des 16. MDR-
Musiksommers und als Teil des

Festivals «Ungarischer Akzent» spielen das Keller-Quartett (Streicher) und Ildiko Vekony am Cymbalon, einer Kastenzither, (alle Ungarn) Werke der ungarischen Komponisten G. Ligeti und G. Kurtág sowie von L. von Beethoven und J. S. Bach.

4. August
Den ca. 500 Gästen der 10. Museumsnacht stehen die Elisabeth-Ausstellung und der große Turm (Bergfried) offen. Durch die Eisenacher Firma «Dach Alpin» können sich Interessierte in das Verlies des Südturms abseilen lassen. Höhepunkt ist die Feuershow der «Radugas» (Creuzburg/Rochlitz). Zur Unterhaltung tragen die Gruppe «tris kilian» und Adelhalm vom Eselsstieg alias Thomas Wagner (Eisenach) bei.

11. August
Im Rahmen des 16. MDR-Musiksommers und als Teil des Festivals «Ungarischer Akzent» tragen die Folkloregruppe Muzsikás und die Sängerin Mária Petrás (alle Ungarn) mit Gesang und Saiteninstrumenten traditionelle Volkstänze ihrer Heimat vor.

15. August
Der SPD-Vorsitzende Kurt Beck besucht auf seine Sommertour Eisenach und die Wartburg. Die Thüringer Landespartei gibt im Wappensaal des Hotels auf der Wartburg einen Empfang. Auf der Wartburg trägt er sich in das Goldene Buch der Stadt Eisenach ein.

17. August
Im Rahmen des 16. MDR-Musiksommers und als Teil des Festivals «Ungarischer Akzent» gastieren Barnabás Kelmen (Geige), Dora Kokas am Violoncello und Peter Nagy am Klavier (alle Ungarn) mit Werken von B. Bartók, F. Liszt, Z. Koldály und D. Popper.

18. August
Zur 6. Bluesnacht im Rahmen der «Sommernächte auf der Wartburg» finden sich rund 500 Gäste ein. Einen Hauch von Groove und New Orleans vermitteln Max Greger jun. und seine Blues- and Soul-Family, Dieter Gasde, Alex Exon und die Sängerin Vera Love (USA).

25. August
335. Wartburgkonzert Deutschlandradio Kultur: Solisten des Rundfunk-Sinfonie-Orchesters Berlin tragen Werke von F. A. Berwald, C. Diethelm und L. Spohr vor.

31. August
Im letzten der diesjährigen «Konzerte auf der Wartburg» innerhalb des 16. MDR-Musiksommers erklingen unter dem Titel «Gaudeat Hungaria – Letare Germania – Eine musikalische Vesper zu Ehren der Heiligen Elisabeth» Frauenstimmen von Ars Choralis Coeln und Instrumtalmusik von «Oni Wyters». Das Programm mit Lobhymnen (Lauden) verschiedener Heiliger wurde speziell für dieses Konzert konzipiert.

31. August
Die Premiere der Wartburg-Vesper erleben rund 100 Gäste, die zugunsten der Lippmann & Rau Stiftung gespendet haben. Als Stargast und Kuratoriumsmitglied kommt der Rock-Musiker Udo Lindenberg auf die Wartburg und gibt spätabends im Palasfestsaal ein kleines Konzert.

SEPTEMBER

7. und 8. September
Das mittelalterliche Schauspiel «geteiltez spil 2007 – Der Sängerstreit auf der Wartburg» mit historischem Gesang, Instrumenten und Kostümen steht dieses Mal im Zeichen des Geburtsjahrs der heiligen Elisabeth.

8. September
Den 15. Tag des offenen Denkmals unter dem Motto «Orte der Einkehr und des Gebets – historische Sakralbauten» eröffnet die Rede des Thürin-

ger Kultusministers Jens Goebel auf der Wartburg. Im Freistaat laden 1230 Gebäude und Einrichtungen zum Besuch ein.

9. September
Der Keyborder der Gruppe «The Rolling Stones» Chuck Leavell (USA) gastiert mit einer eigenen 4-Mann-Band auf der Wartburg.

14. September
In einer Veranstaltung des Kulturamtes der Stadt Eisenach und der Academia Musicalis Thuringiae e.V. liest im Festsaal die Schauspielerin Nina Hoger zum Thema «Elisabeth zwischen Orient und Okzident» Texte der deutsch-jüdischen Dichterin Else Lasker-Schüler (1876– 1945). Das Quartett «Noisten» um den Klarinettisten Reinald Noisten begleitet mit Klezmer-Musik, einer weltlichen okzidental-jüdischen Musiktradition.

15. September
Der Eisenacher Franz-Schubert-Chor gibt unter dem Thema «Ein Abend mit Franz Schubert» sein 40. Wartburgkonzert.

26. September
Der ehemalige französische Präsident Valéry Giscard d'Estaing macht auf einer Reise nach Weimar in Eisenach Station und besucht die Wartburg.

28. September 2007
Mit einem Festakt auf der Wartburg empfängt die Staatliche Studienaka-

Abb. 2:
Der Rock-Musiker
Udo Lindenberg am
31. August 2008 in
der Lutherstube

demie Thüringen, Berufsakademie
Eisenach 327 Studienanfänger, von
denen die eine Hälfte das Studium
der Betriebswirtschaft zum Bachelor
of Arts und die andere ingenieurwis-
senschaftliche Studiengänge zum
Bachelor of Engeneering aufnimmt.

29. September
336. Wartburgkonzert Deutschland-
radio Kultur: Zum Ungarischen
Kulturjahr in Deutschland spielt das
Instrumental-Quartett «Trio LaKriA»
Werke von J. Haydn, S. Veress,
B. Bartók und J. Brahms.

OKTOBER

2. Oktober
Am eingerüsteten Südgiebel des
Gadems werden bis zum 6. November zwei untere Gefachebenen
erneuert.

3. Oktober
Der Tag der Deutschen Einheit wird
auf Einladung der Thüringer Landes-
regierung mit einem Festakt auf der
Wartburg begangen. Das Wort ergrei-
fen Ministerpräsident Dieter Althaus,
der Eisenacher Oberbürgermeister
Matthias Doth und der Bischof der
Evangelischen Kirche Kurhessen-
Waldeck Martin Hein. Die Festrede
hält die Historikerin und Publizistin
Brigitte Seebacher, die Witwe Willy
Brandts.

6. Oktober
Die Deutsche Debattiergesellschaft
(DDG) führt im Palas-Festsaal das

Finale des diesjährigen Master Cups
durch, in dem im Elisabethjahr das
Thema «Almosen oder Anspruch auf
Hilfe» behandelt wird. Von den ange-
tretenen 35 studentischen Rednern
haben sich in der Vorrunde vier für
das Finale qualifiziert, in dem sich die
Berliner Jurastudentin Isabelle Loewe
als Siegerin durchsetzt. Anschließend
findet noch ein Streitgespräch zum
gleichen Thema zwischen dem FDP-
Landesvorsitzenden Uwe Barth und
dem parlamentarischen Geschäfts-
führer der Partei Die Linke, André
Blechschmidt, statt.

12. Oktober
Zum 1. Wartburgtreffen des Rings
Christlich-Demokratischer Studenten
(RCDS) sprechen Ministerpräsident
Dieter Althaus, sein Amtsvorgänger
Bernhard Vogel, der Politikwissen-
schaftler Eckhard Jesse und der
Studentenvertreter Thomas Hinde-
lang (Erfurt) während einer Podiums-
diskussion im Palas-Festsaal zu «Leit-
kultur und Patriotismus». Es mode-
riert der Deutschlandfunk-Intendant
Ernst Elitz.

13. Oktober
Das Blechbläsersextett «Ensemble
Classique» richtet ein Benefizkonzert
für das UNESCO-Hilfsprojekt
«Kinder in Not» aus.

19. Oktober
Sonderkonzert der «Capella Antiqua
Bambergensis» unter dem Thema
«Musik der Rose – eine musikalische
Reise ins Mittelalter». Das Ensemble

musiziert seit 26 Jahren. Fast 80 historische Instrumente gelangen zum Einsatz.

26. Oktober

Mit der 16. Arbeitssitzung des Wissenschaftlichen Beirats der Wartburg-Stiftung wird auch die Legislatur beendet. Nach dem Abschlussbericht und Zwischenbilanz zur laufenden Landesausstellung führt Prof. Werner als deren wissenschaftlicher Leiter die Beiratsmitglieder durch die Ausstellungsräume auf der Wartburg und der Predigerkirche. Er und Prof. Badstübner verabschieden sich aus dem Beirat, da sie sich bei der turnusgemäßen Neubesetzung aus Altersgründen nicht mehr bewerben.

28. Oktober

Der frühere ungarische Präsident Ferenc Mádl wird mit dem diesjährigen Wartburg-Preis geehrt. Die Laudatio hält der Staatsminister a. D. und Leiter des Büros der Konrad Adenauer Stiftung in Budapest, Hans Kaiser.

31. Oktober

Zum Reformationstag findet in der Kapelle der Wartburg ein Festgottesdienst statt.

NOVEMBER

14. November

Der Thüringer Minister für Bundes- und Europaangelegenheiten und Chef der Staatskanzlei Gerold Wucherpfennig lädt zu einer Informationsreise durch Thüringen ein, an der rund 30 Botschafter und Konsuln unter Leitung des Generalkonsuls der USA, dem Doyen des Thüringer Konsularkorps, teilnehmen. Auf der Wartburg werden sie von Oberbürgermeister Matthias Doht begrüßt und besichtigen die Landesaustellung.

18. November

Der Generalminister des Franziskanerordens José Rodriguez Carballo besichtigt die Ausstellung zum 800. Geburtstag der Elisabeth von Thüringen auf der Wartburg. Das Oberhaupt der Franziskaner befindet sich auf einer Visite der Ordensprovinz Thuringia.

19. November

Am 19. November 2007 findet die Präsentation des Kunstprojekts der Wartburg-Stiftung «7 Künstler – 7 Themen» statt. An der südlichen Wehrmauer werden sieben Plastiken zu den christlichen Werken der Barmherzigkeit aufgestellt. Die für die Wartburg geschaffenen Werke stammen von:
Karl Heinz Appelt (Kahla/Leipzig):
Die Kranken pflegen
Lutz Hellmuth (Erfurt):
Die Gefangenen trösten
Christoph Reichenbach (Halle/Saale):
Die Hungrigen speisen
Regina Lange (Jena-Laasau):
Die Heimatlosen beherbergen
Steffen Ahrens (Rumpin):
Die Durstigen tränken
Martin Konietschke (Dieburg):
Die Toten begraben
Thomas Duttenhoefer (Darmstadt):
Die Nackten bekleiden

19. November

Das Thüringer Sozialministerium vergibt zum 15. Mal die «Thüringer Rose», die an das karitative Wirken der hl. Elisabeth anknüpft. Sozialminister Klaus Zeh überreicht im Palas-Festsaal die Medaillen an zwölf Frauen und Männer als Auszeichnung für ihre ehrenamtliche Sozialarbeit.

19. November

Am Tag der heiligen Elisabeth endet die 3. Thüringer Landesausstellung, die auf der Wartburg in 136 Tagen 237.896 Besucher zählte.

22. November

Unter Vorsitz von Kultusminister Prof. Dr. Goebel findet die 43. Sitzung des Stiftungsrates der Wartburg-Stiftung im Eisenacher Rathaus statt. Das Gremium nimmt den vorläufigen Bericht über die 3. Thüringer Landesausstellung sowie Informationen zur künftigen Dauerausstellung entgegen, dankt für die geleistete Arbeit und gratuliert zum Ergebnis. Der Oberbürgermeister konstatiert für die Stadt Eisenach das positivste Tourismus-Ergebnis seit der Wende.

Vorgestellt wird des Weiteren die Studie «Barrierefreie Erschließung der Wartburg», die mit der Oberen Naturschutzbehörde und dem Landesamt für Denkmalpflege und Archäologie abgestimmt und aus Mitteln des europäischen Regionalfonds erarbeitet worden ist.

Da die Professoren Badstübner und Werner auf eigenen Wunsch aus dem wissenschaftlichen Beirat ausscheiden

werden, verlängert der Stiftungsrat die Amtszeit der Professoren Großmann, Wolgast, Haustein und Mai um weitere fünf Jahre und beruft die Professoren Enno Bünz (Leipzig) und Volker Leppin (Jena) als neue Mitglieder.

30. November

Die letzten ausgeliehenen Exponate der 3. Thüringischen Landesausstellung verlassen die Wartburg.

30. November, 1. und 2. Dezember

Nach einer Idee von Otto Sauter und unter dem Motto «Swinging Christmas Melodies» erklingen Adventskonzerte von zehn der führenden Trompeter der Welt unter dem Namen «Ten of the Best».

DEZEMBER

1. und 2., 8. und 9. sowie 14. bis 16. Dezember

An den Adventswochenenden des Dezembers wird der «7. Historische Weihnachtsmarkt auf der Wartburg» mit mehr als 50 Händlern abgehalten. Mit insgesamt 33.000 Besuchern werden die Erwartungen erfüllt, das Rekordergebnis des Vorjahres jedoch nicht ganz erreicht.

4. Dezember

Der Staatssekretär für Arbeit und Soziales überreicht im Palas-Festsaal die Auszeichnungsurkunden für bundesweit 62 «Unternehmen mit Weitblick», darunter an das Hotel «Thüringer Hof» in Eisenach. Die zum zweiten Mal vergebene Auszeichnung

würdigt im Rahmen des Bundes-
programms «Perspektive 50plus –
Beschäftigungspakt für Ältere in den
Regionen» die Bereitschaft zur
Beschäftigung älterer Mitarbeiter.

8. Dezember
Die Deutsche Bahn AG richtet von
Saalfeld über Weimar nach Eisenach
einen Sonderzug «Wartburg-Express»
zu den Weihnachtsmärkten ein.

7., 8. und 9. Dezember
Innerhalb der Adventskonzerte gastiert
bereits zum sechsten Mal das Vokal-
ensemble «amarcord» mit Weihnachts-
liedern aus aller Welt im Festsaal.

15. und 16. Dezember
Unter dem Titel «Gloria in Cielo e
Pace in Terra» («Ruhm sei im Himmel
und Friede auf Erden») erklingt im
Festsaal mittelalterliche Musik zur
Weihnachtszeit vom Ensemble
«belladonna». Die darin eingebettete
Weihnachtsgeschichte liest Conny
Wolter.

22. Dezember
Zum letzten der diesjährigen Adventskonzerte spielt im Sängersaal die
Gruppe «belladonna» Weihnachts-
musik aus europäischen Ländern.

Besucher der Wartburg im Jahr 2007

Januar	8.908
Februar	12.469
März	17.234
April	36.902
Mai	46.463
Juni	46.468
Juli	51.901
August	61.635
September	53.562
Oktober	57.809
November	22.538
Dezember	46.501
insgesamt 2007:	462.390

Autorenverzeichnis

Sabine Birkenbeil, Dr., wissenschaftliche Mitarbeiterin, Thüringisches Landesamt für Denkmalpflege und Archäologie, Dienststelle Weimar

Raphael Dlugosch, Praktikant am Thüringischen Landesamt für Denkmalpflege und Archäologie, Dienststelle Weimar

Annette Felsberg, Dipl. Architektin, Leiterin der Bauhütte der Wartburg

Udo Hopf, Bauhistoriker, Gotha

Hans Kaiser, Staatsminister a. D., Leiter des Büros der Konrad Adenauer Stiftung in Budapest

Jutta Krauss, Diplom-Philosophin, Leiterin der Abteilung Wissenschaft, Wartburg-Stiftung Eisenach

Ferenc Mádl, Prof. Dr., ehemaliger Präsident der Republik Ungarn

Tim Schüler, Dr., Leiter der Abt. Archäonaturwissenschaften, Thüringisches Landesamt für Denkmalpflege und Archäologie, Dienststelle Weimar

Hilmar Schwarz, Dipl.-Historiker, Wartburg-Stiftung Eisenach

Ines Spazier, Dr., wissenschaftliche Mitarbeiterin, Thüringisches Landesamt für Denkmalpflege und Archäologie, Dienststelle Weimar

Petra Weigel, Dr., Historikerin, Universitäts- und Forschungsbibliothek Erfurt/Gotha

BILDNACHWEIS

Landschaftsarchitekturbüro Rentsch+Tschersich (Römhild/Chemnitz)/R. Tügel: S. 231

R. Salzmann, Eisenach: Schutzumschlag, S. 278, 286, 287, 334, 337

Thüringisches Landesamt für Denkmalpflege und Archäologie, Dienststelle Weimar, – Archiv: S. 11
– H.-J. Barthel: S. 16 (2x), 17, 20
– H.-J. Barthel (Aufnahme), I. Spazier (graphische Umsetzung): S. 14, 19
– S. Birkenbeil, H. Künzel: S. 171
– R. Dlogusch, T. Schüler: S. 82, 83, 84 (2x), 85, 86, 87, 88
– R. Frimel (Zeichnung), I. Spazier (graphische Umsetzung): S. 90, 91, 93, 94, 95 (Nr.1–4), 100 (Nr. 1–5), 116, 126 (Nr. 1–4), 130, 131
– U. Hopf, R. Rohbock, K. D. Tischler, A. Zakrozinsky: 24, 25, 28–35, 37, 40, 41, 43, 44, 45, 46, 47, 48, 51, 52, 54, 56, 57, 59, 60, 62, 66, 67, 69, 70, 71, 72, 73, 74, 75, 76
– U. Hopf, I. Spazier, T. Spazier, E. Fink, A. Zakrozinsky: Vorsatz vorn
– U. Hopf, I. Spazier, T. Spazier, E. Fink, A. Zakrozinsky, T. Schüler, R. Dlugosch: Vorsatz hinten
– H. Künzel (Zeichnung): S. 95 (Nr. 6), 100 (Nr. 6), 126 (Nr. 5+6)
– G. Schade (Zeichnung), I. Spazier (graphische Umsetzung): S. 95 (Nr. 5), 105, 106, 108, 110, 111 (Nr. 1–2), 113 unten, 114, 121, 122, 124, 133, 136
– B. Stefan: 96, 97 (2x), 98 (2x), 99, 101 (3x), 102, 103, 111 (2x), 113 oben, 115, 117 (2x), 118 (7x), 125, 127, 128, 129, 132, 134 (2x), 135

Wartburg-Stiftung Eisenach, Archiv und Fotothek: S. 12, 13, 225, 226, 227, 228, 229 (3x), 230, 232, 292, 293, 294, 296, 297 (2x), 298 (2x), 300, 302 (4x), 306, 307, 308, 309, 311, 312, 313, 314, 315, 320, 321, 322, 323, 324, 325, 326, 327, 328, 329

T. Werner, U. Hopf, (Wartburg-Stiftung Eisenach, Archiv): S. 77–79

R. Wichmann, Gotha: S. 15

Entnommen aus:

ANDREAS TACKE (Hrsg.): Lucas Cranach 1553/2003. Wittenberger Tagungsbeiträge anlässlich des 450. Todesjahres Lucas Cranachs des Älteren (Schriften der Stiftung Luthergedenkstätten in Sachsen-Anhalt. 7). Leipzig 2007: S. 254, 255

LUTZ SCHERF: Das Obere Schloss in Greiz und seine hochmittelalterlichen Backsteinbauten. In: Jahrbuch des Museums Reichenfels-Hohenleuben. 52 (2007): S. 250

Bild auf Schutzumschlag: Blick auf auf die Klimaschleuse
als temporärer Eingangsbereich zur 3. Thüringer Landesausstellung auf der Wartburg
Signet auf Einband: hl. Elisabeth nach einem Fenster (Detail)
des 13. Jh. in der Marburger Elisabethkirche

© 2008 Wartburg-Stiftung Eisenach
Alle Rechte vorbehalten
Wartburg-Jahrbuch 2007, 16. Jahrgang 2008
Herausgegeben von der Wartburg-Stiftung
Redaktion: G. Jacobs, J. Krauß, P. Schall, G. Schuchardt
Redaktionsschluss: Dezember 2008
Gesamtgestaltung: Gerd Haubner, Erfurt
Herstellung: Druck und Repro Verlag OHG, Erfurt

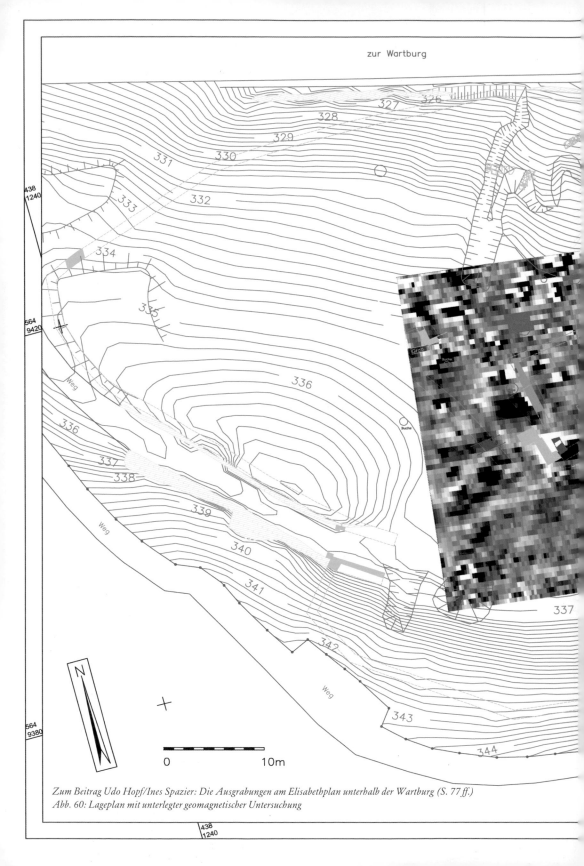

zur Wartburg

Zum Beitrag Udo Hopf/Ines Spazier: Die Ausgrabungen am Elisabethplan unterhalb der Wartburg (S. 77 ff.)

Abb. 60: Lageplan mit unterlegter geomagnetischer Untersuchung